U0137654

周易象数学史

林忠军 著

第二册
————
宋元卷

第
二
册

宋元卷

目 录

第一编　北宋：图书之学的兴起与发展

第二编　南宋：图书之学流行及其合法地位之确立

第三编　元代：图书之学发展，并与汉易进一步融合

第一编

北宋：图书之学的兴起与发展

概　述

　　宋初，为了高扬和强化皇权意识，重建大一统的王朝，巩固新建立的社会秩序，统治者大力提倡经术，发挥儒家事功之用，实行了一系列措施，尊孔崇经，积极推动儒学研究。帝王不仅亲自祭孔，还组织经学家校订经书，并设立专官收集失散的经学典籍。同时，积极改革以诗赋、帖经、墨义取士的科举制，以"更通经旨"为要，彰显经学在科举制度中的地位。另一方面，宋代学校兴盛，尤其是私人讲学的书院大量出现，冲破了官学的束缚，活跃了学术空气，迅速推进了儒学的传播。

　　然而，汉唐以来的以训诂为方法、笺注为主要形式的经学，具有承师传、守古义、排异端等特点，已不能适应宋代急剧变化的社会，尤其是无法强有力地反击佛、道二教的冲击。因此，儒学的革新势在必然。北宋儒者秉承了唐末以来的"疑古惑经"之风，全面检讨和反思汉唐经学，从疑经改经到以己意注经，形成了一种以研究心性道德、体贴天理为主要内容的全新的儒学，又被称为"理学"。理学发端于唐代韩愈，由宋初的胡瑗、孙复、石介三先生开其先河。经周敦颐、张载、邵雍、二程兄弟等人著书立说，理学正式形成。

　　而从经学史看，宋代亦是一个变革时代，被清儒皮锡瑞称为"经学变古时代"。所谓"变古"，是变汉唐之古。汉人尊五经、守师说、重训诂、释辞意，而宋人疑经改经、尊四书、明道统、阐义理。这种学术风气的转变到北宋庆历年间已经颇为明显，如王安石、苏轼、刘敞等人的经学皆标新立异，但尚不属于理学。自二程兄弟始，以"理"或"天理"作为最核心的概念，以此解释经典，使得经学理学化，即经学与理学合而为一。

　　作为经学的重要组成部分，宋代易学也以变古、创新为特点。由于易学包涵了贯通天人的哲学体系、"精义入神以致用"的经世之学，迎合了当时社会的需求，故而成为当时学者的重点研究对象。如余敦康先生所言："宋代易学发展是和儒学复兴运动紧密联系在一起的，这种儒学复兴运动的主要目的，一方面在于排斥佛老，承接道统，站在理论高度来论证儒家的仁义礼乐的文化理想，建立一个取代佛老特别是佛教的新儒家哲学。另一方面，在于力图从这种哲学中引申出一套经世之学和心性之学，以配合当时改革事业，培养一批以天下为己任的人才。"[1]

　　另外，宋代易学的形成与发展，与道教的兴盛是分不开的。从东汉魏伯阳的《周易参同契》到宋初陈抟等人撰写的《龙图》，皆以《易》印道，以道发《易》。正是因为易学与道

---

[1]　余敦康《汉宋易学解读》，华夏出版社，2006年，第135页。

教有着这种特殊的关系，二者随着时代的变迁，以各种方式相互吸收，相互促进，共同发展。宋初道教兴盛，与道教相关的、融修炼与易学为一体的图书之学也流行开来。

同时，以图书为主要内容的象数易学兴起，也是易学发展的需要。两汉易学家以象数为工具揭证《易》辞，应该说符合"观象系辞"之旨，但他们却又夸大了象数的作用，把象数易学置于登峰造极之地，从而远离了《周易》本义。魏晋以后，玄学易流行，并被定为官学，自此易学只崇尚玄理，象数之学浸微，又走向另外一个极端。在这种情况下，以新的形式复活象数易学，以修正两汉象数易学之偏，补充玄学易之不足，又成为时代的要求，图书之学遂应运而生。

宋代易学承传起自于陈抟，数传而至周敦颐、邵雍和刘牧，图书之学始具规模，且很快传播开来。南宋朱震《汉上易传》将陈抟视为象数易的创始人，从陈抟之学分化出周敦颐的象学、邵雍的数学、刘牧的河洛之学，且二程的义理之学也被视为源于陈抟。虽然学界有人对此提出异议，但朱震记载的图书之学之传承系统基本可信。按照朱震说法，北宋易学，由道教发展而来，由象数到义理，然后象数、义理并存，形成了"或明其象，或论其数，或传其辞，或兼而明之，更唱迭和，相为表里"的局面。也就是说，北宋时期易学分象数与义理两类，如周敦颐《太极图》是"明其象"者，然后由象而言理；邵雍的先后天之学是"论其数"者；刘牧的河洛之学是兼谈象数者；胡瑗、张载、程颐等则是"传其辞"、言其理者，如胡瑗以人事解《易》，张载以气解《易》，程颐以儒理解《易》，苏轼以老解《易》。当然，这里所说的象数，已不是汉人的象数，而是宋人的河洛之学和先后天之学。

其实，宋代易学渊源主要有二：一是主象数者，本之道教，或者说改造了道教的一些理论，援道入儒。一是主义理者，本之王弼等人。如四库馆臣所言："王弼尽黜象数，说以老庄。一变而胡瑗、程子，始阐明儒理。"宋代义理派代表人物程颐，也明言义理之学本自王弼易与宋初易学："若欲治《易》，先寻绎令熟，只看王弼、胡先生、王介甫三家文字，令通贯，余人《易》说无取，枉费劲。"当然其也与道教有一定联系。

就其象数而言，《河图》《洛书》、先后天之学、《太极图》是北宋易学家讨论的重要问题。其最大的特点是改变了汉唐以来"注不破经"、"疏不破注"的解释传统，以融象数理为一体的符号图式来解《易》。宋代图书之学的源头是道士陈抟。陈抟撰有《易龙图》和《正易心法注》等著作，皆逸失，目前只存《龙图序》一文。据传，陈抟有《太极图》《河图》《洛书》《先天图》传于后世，对后世图书之学产生了重大影响。但是，陈抟所传授的图书之学的真实情况已不得而知，换言之，后世所言的图书之学是否就是陈抟图书之学，因为材料欠缺，尚无法定论。

刘牧作《易数钩隐图》，探讨了易学起源，主张《河图》《洛书》是伏羲时代的瑞兆，《河图》出自天，《洛书》出自地，

《河图》显象，《洛书》显形。伏羲据此画出八卦，推出六十四卦。刘牧以《河图》《洛书》解释了八卦起源及大衍之数等易学问题。他的《河图》是以黑白点符示一至九之数而构成的图式，其《洛书》是以黑白点符示一至十之数而构成的图式，被古人称为"图九书十"。这是目前能见到的最早的河洛图式。后来李觏作《删定刘牧易图序论》，批评刘牧的图式过于繁杂，遂删去了刘牧图式中重复的五十二图，只保留了《河图》《洛书》和《八卦图》。他认为八卦方位取自《河图》，八卦五行之象取自《洛书》。而欧阳修作《易童子问》，认为"圣人观《河图》《洛书》画八卦"与"《河图》《洛书》即是八卦"二说矛盾，遂否定《河图》《洛书》的真实性，进而怀疑《系辞》非孔子所作。

周敦颐曾作《太极图》，并以《太极图说》解说此图。周氏《太极图》，以图式形式推演宇宙由简单到复杂的演化过程，建构了儒家的形上宇宙图式。《太极图》渊源问题是易学家探讨的重要话题，朱震等人主张《太极图》源于道教，系改造道教图式而成。潘兴嗣等人则主张《太极图》为周敦颐自作。考《道藏》可知，周氏《太极图》是改造了道教《无极图》而成。周氏《太极图》属象学，其《太极图说》，通过解释《太极图》，阐发出"主静立人极"的人文思想。

邵雍通过对《系辞》"易有太极"一节的解读，悟出"加一倍法"，以此法推演出"伏羲先天八卦图"和"伏羲先天六十四卦图"等图式。他还通过解读《说卦传》"天地定位"

一节画出"伏羲八卦方位"，又从《说卦传》"帝出乎震"一节推出"文王八卦方位"，进而提出了伏羲先天易为"心"，文王后天易为"迹"，以此建立了先天之学，由于邵氏《皇极经世书》中未载先后天图，有人怀疑邵氏先后天图的存在。不过他明确说过："图虽无文，吾终日言未离乎是，盖天地万物之理尽在其中矣。""先天学，心法也，故图皆自中起，万化万事生乎心也。""先天图中，环中也。"（《观物外篇》）可见邵氏确有先后天图。邵雍用数字计算和推衍，阐明了易学文本符号的形成，解释了大衍筮法，自成一家之说，深深地影响了后世易学。

另外，北宋易学对汉儒提出的卦变说和卦气说也有所发展。宋儒将卦变说用图式表现出来，就成为"卦变图"。宋元时期的卦变图各具特色，其中最为出名的是李之才的卦变图。其图有二：一是《卦变反对图》，此图以乾坤为主，其他卦皆由乾坤变来，体现了两两反对的思想；一是《六十四卦相生图》，此图是由乾坤两卦相交而生出复姤、临遁、泰否，然后由此六卦变出其他卦。北宋的李溉则以图示形式高度概括了卦气说，就其思想内容而言，是以汉人卦气说为主，兼收宋以前历学的内容。若就表现形式而言，他以图说卦气，具体形象，一目了然，尤其是在象数易学衰微之时，以一种新形式复活了汉儒卦气说。

北宋象数、义理两派易学虽然在形式上互不相干，甚至有大相径庭之处，在内容上却往往互为表里，自觉或不自觉地趋向一致。宋代易学的主题仍然是象数与义理的关系，象数偏于天道，义理偏于人道，转换成哲学话语则是天与人的关系。宋代图书之学偏于天道，义理之学偏于人道。如余敦康先生所说："刘牧的图书象数之学言天不及人，李觏、欧阳修的经世义理之学言人不及天，司马光偏于儒家的名教理想而言天人，苏轼则偏于道家的天道自然而言天人。周敦颐作为理学的开山人物，走的是一条象数与义理合流、儒道两家互补的路子，他以天道性命为主题，致力于沟通天人关系。"[①] 这也是中国儒学的特色，天道与人道之间绝无不可逾越的鸿沟。即使专言天道者或专言人道者，仍然未脱离"天人相即"之语境。如言天道者，则以人道理解天道之德性与功用，使天道具有浓厚的人道色彩；言人道者则以天道为本，以人道为天道的再现，使得天道、人道互显互诠，融为一体。

宋代图书之学固然存有种种不合理的因素，其各种理论也未必完全符合《周易》本义，但是它是宋代易学家在新语境下为了改变汉唐经学的笺注形式，重新寻找新的解《易》方式而作的努力。它以清新直观、内涵数理的图式复活了汉代象数易学，对探索《周易》起源、解释《周易》意义做了许多新的尝试。因而，图书之学开启了易学研究的一种新范式。

图书之学也是中国古代特有的一种图像符号学。《周易》文本本身的符号系统过于抽象，与其对象的相似程度不高，其

---

① 余敦康《汉宋易学解读》，第 300 页。

指代意义更浓厚一些；汉代的易学符号学主要是通过注经展现出来的，虽然可以感受到其与外在世界的相似性，但是仅仅停留在理论描述的层面上，还未以直观的图像形式呈现出来。宋代的图书之学摆脱了《周易》文本与汉代象数符号学的局限，以更为直接、可观的图式展示其符号体系，是典型的"图像"符号。此符号的特点是将其指称的对象抽象为一种可观的图像，并与所指称的对象有某种相似性。即不仅可以模拟指称对象，还展示了指称对象的形态和属性。宋代易学家为了追溯《周易》起源、解读《周易》文本，以《易传》为据，通过符号图式的推演与转换，形成了一套完整的、有一定秩序的、与"外在世界"相似的符号系统。美国学者李斯特指出，以形式为主要内容的符号学也是哲学分支，因为"哲学是有关显现事物的形式科学（即皮尔斯所谓的现象学），它研究的是应然的状况（即皮尔斯所谓的规范科学）"。[①] 而图书之学作为符号学，也属于中国哲学的一种表现形式。它以独特的思维方式展现出丰富的哲学意义。尽管图书之学与外在世界未必完全符合，它却深刻地反映出宋人对客观世界的理解与认知，是解读外在世界的一种新的方式，成为当时义理易学的生动注脚。

① （美）李斯卡《皮尔斯符号学导论》，见赵星植译《皮尔斯：论符号》之附录，四川大学出版社，2014年，第146页。

第一章 宋初道家陈抟及后学李之才和 李溉的象数思想

宋代的象数易学发端于道家陈抟。陈抟本为五代至宋初著名道士和道教学者，"抟好读《易》，手不释卷"，宋代的河图、洛书、太极图、先天图皆传自陈抟。《东都事略·儒学传·李之才传》云："初华山陈抟读《易》，以数学授穆修，修授之才，之才授雍。以象学授种放，放授许坚，坚授范谔昌。"传陈氏易学者绵延不绝，从而形成了宋代以易图为主的象数易学。但是，陈抟及早期传陈氏易的资料大多逸失，其易学全貌已不可见，故今人研究其思想只能依据保留在宋代以降的易学著作中的一些零散资料。

一、陈抟的图书之学

（一）生平事迹

陈抟（871—989），字图南，亳州真源（今安徽亳县）人，或谓西蜀崇龛（今四川安岳）人。少年时勤奋好学，"及长，读经史百家之言，一见成诵，悉无遗忘"。(《宋史·隐士传上》)后唐长兴中，举进士不第，遂不求禄仕，以山水为乐，过着隐居的生活。先在武当山九室岩服气辟谷二十余年，后"移居华山云观台，又止少华石室，每寝处，多百余日不起。"(同上)周世宗闻其名，召见命为谏议大夫，他辞而不受。北宋太平兴国时，太宗待之甚厚，曾三次派遣使者宣诏进京，前两次陈抟皆撰答诏诗以辞之。第三次召见，以羽服见于延英殿，太宗甚礼重之，赐号"希夷先生"。

陈抟一生于《老》《易》皆有建树，他的老学"通过弟子张无梦传给陈景元，推动了宋代之后道教教理的研讨"。[①]在易学方面，好读《易》，读之爱不释手，常自号"扶摇子"，以传《易》而闻名，宋人易图（包括龙图、太极图、无极图等）多传自陈抟。陈抟生平事迹主要见《宋史·陈抟传》《东都事略·陈抟传》。陈抟著述很多，据《宋史·陈抟传》载，有《指玄篇》八十一章、《三峰寓言》及《高阳集》《钓潭集》及诗六百余篇。又据郑樵《通志·艺文略》著录，陈抟著有《赤松子八诫录》一卷，《指玄篇》一卷，《九室指玄篇》一卷，《人伦风鉴》一卷。《宋史·艺文志》有《易龙图》一卷，《宋文鉴》收《龙图序》一文。今除了《龙图序》一文，其他皆佚失。

---

① 詹石窗《道教文学史》，上海文艺出版社，1992年，第411页。

（二）龙图

龙图，系指龙马负图，即河图。据《宋史·艺文志》，陈抟有《易龙图》，又《宋文鉴》录有陈氏《龙图序》一文。但是古代许多学者对《易龙图》《龙图序》真伪提出质疑。清儒胡渭曾对这一问题作了考辨："按李邯郸淑书目有《易龙图》一卷，陈抟撰。朱子以为假书，其《序》则录于《宋文鉴》。刘静修云：'龙图之说未必出于刘牧之前。吕伯恭从而误信之，犹张敬夫为戴师愈所欺也。希夷未闻有书。今观其《序》之荒谬，则有不可胜言者。'未合之数'，以为探三陈九卦之旨而得之，夫三陈九卦于河出图之义有何干涉？比拟不伦，殊为可笑。……狂瞽之谈不足深辨，而宋景濂谓《序》非图南不能作，甚矣，儒者之易愚！非独一吕伯恭也。余姚黄先生云：'河出未合之图，圣人合而用之，是伏羲画卦，又画图也。'一言破的。此书之伪妄，灼然可睹矣。"（《易图明辨》卷四）胡渭对以往在这个问题上的观点作了陈述，这为我们今天了解和研究这个问题提供了资料和线索，但他用《龙图序》中存在的问题来否定该文为陈抟所作，令人难以信服。我们不能因为《易数钩隐图》多有牵强附会处而否定其为刘牧所作，同样，也不能因为《龙图序》"荒谬则有不可胜言者"而否定其文为陈抟所作，这实际上是两个问题。按《东都事略·儒学传》及朱震所记，河洛之学皆传自陈抟，又考宋雷思齐《易图通变》记载，陈抟著《龙图》，雷氏曾"幸及全书"，其引孔子三陈九卦之义、言离合变通图等皆与今存《龙图序》合，故《易龙图》及《龙图序》为陈抟所作，基本可信。

《龙图序》一文是我们能见到陈抟唯一的一份资料，它反映了陈抟关于图书之学的基本思想，它是刘牧等人所传河图洛书的雏形。兹录全文如下：

> 且夫龙马始负图，出于牺皇之代，在太古之先也。今存已合之序尚疑之，况更陈其未合之数邪？然则何以知之？答曰：于夫子三陈九卦之义，探其旨，所以知之也。况夫天之垂象，的如贯珠，少有差，则不成次序矣。故自一至于盈万，皆累然如系之于缕也。且若龙图便合，则圣人不得见其象，所以天意先未合，而形其象，圣人观象而明其用。是龙图者，天散而示之，伏羲合而用之，仲尼默而形之。始龙图之未合也，惟五十五数。上二十五，天数也，中贯三、五、九，外包之十五。尽天三、天五、天九，并十五之位，后形一、六无位，又显二十四之为用也。兹所谓天垂象矣。下三十，地数也，亦分五位，皆明五之用也。十分而为六，形地之象焉。六分而成四象，地六不配，在上则一不配，形二十四；在下则六不用，亦形二十四。后既合也，天一居上，为道之宗；地六居下，为器之本，三干地二地四为之用，三若在阳，则避孤阴；在阴则避寡阳，大矣哉！龙图之变，歧分万途，今略述其梗概焉。（引自张理《易象图说内篇》）

此《龙图序》用"三陈九卦之义"来言龙图的演变，即经过了"三陈"而成形。"盖天地未合之数已合之位，一陈也；龙马负图，二陈也，所谓散而示之者也；伏羲重定五行生成之数，地上八卦之体，三陈也，所谓合而用之者也。"（胡渭《易图明辨》卷四）

所谓"三陈九卦之义"，出自《系辞下》第七章。此章三次明九卦之德。九卦指履、谦、复、恒、损、益、困、井、巽，《系辞》三次讲九卦所蕴含道德意义。陈抟认为，孔子不明言龙图，而于《易传》三陈九卦以微示其意。根据元人张理《易象图说内篇》记载，三陈九卦是龙图三变图式而成。

第一变是龙图天地未合之数。如下图：

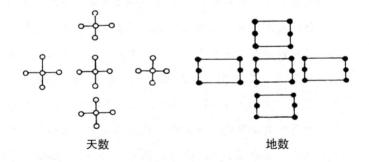

天数　　　　　　　　　　　　地数

此图分为天数、地数。左为天数，天数二十五，分为五组（位），每组为五，五乘五为二十五，二十五又是一、三、五、七、九之和。天数之排列，纵横之数皆为三组，每组纵横之数也为三，三乘三为九，而每组之数为五，纵横三组则五乘三为十五，故此图式"中贯三五九，外包之十五，尽天三天五天九并十五之位"。天数中的"一"，地数中的"六"，在以后的变化中不配位，故天数二十五只用其二十四。右为地数，地数三十，分为五组（位），每组为六，即"地数也，亦分五位，皆明五之用"。五乘六为三十，地数二、四、六、八、十之和也为三十。三十除以五为六，故"十分为六"，此"十"指三十。陈抟的未合之数，是指五十五个数，只分成天地之数，在天垂象，在地成形，还未合成龙图。

第二变，龙图天地已合之位。如下图：

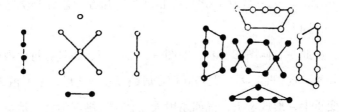

此两图分别为天数、地数图式所变。其具体变化如下：天数图"上五去四得一，下五去三得二，右五去二得三，左五去一得四，惟中五不动"（张理《易象图说内篇》）而成左图。此图所表示的意义则为：一为阳之始，用—表示。二为阴之始，用--表示。其中五，表示四象五行。左上〇为太阳，火之象；右上〇为少阴，金之象；左下〇为少阳，木之象；右下〇为太阴，水之象；中间〇为土居中，"以运四方，畅始施生，亦阴亦阳"（同上）。右旁三，三才之象，故八卦皆三画；左旁四，为四时之象，故蓍占以揲四。因此，此图中一二三四表示"蓍数卦爻之体"，图中五表示四象五行。同时，此图又合《说卦》"参天两地"之说，"合一、三、五为'参天'，偶二、四为'两地'"（同上），而其和为十五，十五又是五行之生数。

右图是由地数图式所变。将地数图中六分开，取一放在上六成七，取二放在左六成八，取三放在右六成九，惟下六不配而自为六，这就是《序》所谓"六分而成四象，地六不配"。此图式中的六、七、八、九则是蓍数卦爻之用，"七者，蓍之圆，七七而四十有九；八者，卦之方，八八六十有四；九者，阳之用，阳爻为百九十二；六者，阴之用，阴爻亦百九十二。……是故下形六、七、八、九者，蓍数卦爻之用也。"（同上）

从此左右两图参照看，左图一、二、三、四是五行生数以示天象，六、七、八、九是五行之成数以示地之形，上下相交，象变于上，形成于下，犹如遁甲天盘在上，随时运转，地盘在下，布定不易一样，说明天地已合之位。这里所说已合之位，是指天地阴阳之数已掺杂，天数图中不单是奇数、阳数，也有偶数、阴数，地数图中不单是偶数、阴数，也有奇数、阳数。

第三变，龙图天地生成之数。如下图：

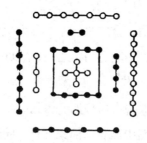

　　此图由"天地已合之位"的二图旋转相合而成。"一、二、三、四，天之象也，动而右旋；六、七、八、九，地之形，静而正位。是故一转居北，而与六合；二转居南，而与七合；三转居东，而与八合；四转居西，而与九合；五、十居中，而为天地运行之枢纽。"（同上）此是说将已合之位的第一图旋转一百八十度（以示天阳之动），与第二图相配（此图不动以示地阴之静），而形成龙图，即今日之河图（刘牧称之为洛书），此即陈抟《序》所言的"后既合也，天一居上为道之宗，地六居下为器之本，三干地二地四为之用。三若在阳则避孤阴，在阴则避寡阳"。文中"干"，有"统"之意。"三干地二地四为之用"，是由天三统领地二地四，效仿天一，按照黄宗羲的解释，此句"明九六之用，谓天三统地二地四成为九，为乾元之用也"。（《易学象数论》卷一）后面的"三"，指一三五或六八十。孤阴，指二四两数。寡阳，指七九两数。因卦有三位，故两位数不能表示三位卦而称"寡"，此是说一三五不能与二四相处，六八十不能与七九相处，只能一六、三八、二七、四九、五十相处。黄宗羲对此也作过解释："成八卦者，三位也，谓一三五之三位，二与四只两位则不成卦体，是无中正不为用也。在阳则为孤阴，四二是也。在阴则为寡阳，七九是也。三皆不处之，若避之也。"又说："一三五则三在阳，六八十则三在阴。"（同上）

　　关于陈抟龙图说，可以概括为以下几点：一，龙图出现在伏羲时代；二，龙图最早是一种天象，由天"散而示之"；

三，伏羲合天象而用之，孔子推衍而画出其形。

陈抟这些观点多为刘牧继承。如三变图中"第二为天地已合之位，上位一上二下，四左三右，五居其中，即刘牧所谓上下未交之象也。及其已交，则天一下生地六，地二上生天七，天三左生地八，地四右生天九，故下位六七八九十皆以生数乘中五而得之，即刘牧之洛书五行成数也。其纵横十五之象，本龙图三变，刘牧所谓龙马负图是也"。（胡渭《易图明辨》卷四）而与陈抟不同的是，刘牧将龙图称为洛书。

那么，陈抟的龙图思想是否完全是独创？回答是否定的。因为"历史思想家在每一科学部门中都有一定的材料，这些材料是从以前的各代人的思维中独立形成的，并且在这些世代相继的人们的头脑中经过了自己的独立的发展道路"[①]。陈抟龙图的思想也不例外，他是受启于《系辞》。《系辞》云："河出图，洛出书，圣人则之。"此是言圣人作《周易》时曾经效法了黄河出图、洛水出书这种自然征兆。按照《系辞》之意，"图"、"书"是《周易》的源头，但不是唯一的。陈抟从《系辞》这句话出发，掺杂"天地自然之数"和汉代的五行生成数及九宫数的学说，而推衍出"龙图"。然后将此"龙图"视为已失传了的圣人所作的古龙图。对于这一点，宋代的雷思齐曾作过分析。他说："由汉而唐，《易经》行世，凡经、传、疏、释之外，未有及于图书之文刊列经首者。迨故宋之初，陈抟图南始

① 《马克思恩格斯选集》第四卷，人民出版社，2012年，第477页。

创意推明象数，自谓因玩索孔子三陈九卦之义，得其远旨，新有书述，特称'龙图'，离合变通，图余二十，是全用《大传》天一、地二至天五、地十、五十有五之数，杂以纳甲，贯穿易理。"(《易图通变》卷五)又说："宋之初，陈抟图南始创古推明象数，闵其贱用于阴阳家之起例，而芜没于《乾凿度》'太一取其数以行九宫'之法，起而著为'龙图'以行于世。"(同上卷四)而其黑白圈，出于道家炼丹术。清儒胡渭云："易图以白为阳，黑为阴，自《参同》'水火匡廓'始。"(《易图明辨》卷四)因此，陈抟的龙图，不是古图，而是托古而作，其中对龙图的解说及推衍也不足为信。如视《系辞》"三陈九卦"之义为龙图三变，把龙图看作是《易》之起源，其中有蓍卦爻之体用等，都经不起推敲。

虽然如此，陈抟龙图仍有其价值和意义。其一，它复活了象数易学。象数易学发展到汉末达到了顶峰，一字一句必有其证的以象注《易》法已山穷水尽，经晋唐玄学易的冲击，很快趋向式微。陈抟从道家入手，参证易学，发明图说，彰显象数，一改象数学原有的烦琐、乏味的注经方式，使象数易学绝处逢生，再度向前发展，在易学史上占有重要的地位。其二，在总结前人研究成果基础上，以新的形式注经。陈抟的龙图说，是由《系辞》"河出图，洛出书"而发，故可以视为是对《系辞》的诠释。这种诠释有两个方面可以肯定：一方面把图书和数联系起来，以数衍图，以图表数，这是他的独创；另一方面紧紧围绕《周易》本义（即《易》为卜筮之书），来阐

发其中蓍、卦、爻等问题，这对理清《周易》性质，批判玄学
易有重要意义。其三，陈抟的图书之学对后世有深远的影响。
由他开启的图书之学，经过师承传授，逐渐受宋人关注，成为
宋学一个重要组成部分。尤其当它被置入朱子《周易本义》之
后，其声望随着朱子的地位升高而提升，这种来自道家的文化
很快被儒家吸收，遂即成为正宗的官学，对中国文化发生了重
要的影响。因此，陈抟对易学乃至中国文化的贡献不可磨灭。

二、李之才卦变说

李之才（？—1045），字挺之，青州（今山东青州市）人，
其性朴率自信，不肆不窘，倜傥不群。天圣八年举进士，初为
卫州获嘉主簿、权共城令，后升殿中丞、佥书泽州判官。他
"能为古文章"，有大才却"安于卑位，无仕进意"，人推荐其
升迁，而不能"决其归心"。学术上，事从河南穆修。穆修
（979—1032），字伯长，汶阳（今山东汶上）人，官至颍州文
学参军等职，师陈抟而传《易》，其性卞严寡合。之才虽常受
到怒诃，但事之益谨，故于《易》得其真传。"时苏舜钦辈亦
从修学《易》，其专授受者，惟之才尔。"（《宋史·李之才传》）
北宋儒者邵雍和刘羲叟均出自李之才门下。其生平见《宋史》
《东都事略》。

李之才的易学已失传，其卦变图尚见于朱震《汉上易传》、
黄宗羲《易学象数论》、胡渭《易图明辨》等书中。因这种卦

变图是讲卦与卦之间关系的，而这种卦与卦之间的关系通过卦象变化而表现出来，故李氏卦变图被称为"象学"。李之才的卦变图包括两个图：一是变卦反对图，一是六十四卦相生图。兹对这两种图介绍如下：

（一）变卦反对图

此图由八个图组成，或者称"八篇"。这八篇基本精神是"六十四卦刚柔相易周流而变易"，故称变卦，其图大旨由乾坤交索变卦，变出的卦除了六卦外，其他皆反对之卦，即某一卦卦象倒置成为另一卦卦象，汉末虞翻称之为"反卦"，唐代孔颖达称之为"覆卦"。李氏卦变图又叫作"反对图"。八组图如下：

乾　　　坤

乾坤二卦为《易》之门万物之祖图第一

按照李氏之意，乾为老阳，称乎父；坤为老阴，称乎母。天道变化，万物资始；坤厚载物，万物化生。也就是说，世界上万事万物皆起自于天地阴阳变化。模拟天地万物变化而成书的《周易》亦始于乾坤，故图首列乾坤。

颐　　　小过　　　坎

大过　　　中孚　　　离

乾坤相索三交变六卦不反对图第二

　　此图是言乾坤相索三次交变而变出六个不反对卦。具体地说，乾来交坤体变出颐、小过、坎三卦。乾阳爻来居坤上下爻位则为颐卦，居坤卦三四爻位则为小过卦，居坤卦二五爻位则为坎卦。坤来交乾体变出大过、中孚、离三卦。坤阴爻来居乾上下爻位则为大过卦，居乾中间三四爻位为中孚卦，居乾二五爻位则为离卦。此六卦卦象特点，倒置自身的卦象后，其象不变，这就是所谓的"不反对卦"。

姤	同人	履		复	师	谦
☰	☰	☰		☷	☷	☷

乾卦—阴下生反对变六卦图第三　　　**坤卦—阳下生反对变六卦图第四**

　　此两图是一阴来居乾和一阳来居坤，各变出六卦。一阴来居乾初为姤卦，来居乾二为同人卦，来居乾三为履卦，来居乾四为小畜卦，来居乾五为大有卦，来居乾上为夬卦，一阴逐渐上升而变出六卦。而这六卦是反对卦，姤与夬、同人与大有、履与小畜，卦象倒置互变，故此六卦皆可视为由姤变出，姤倒置变夬；姤初升二为同人，同人倒置变大有；同人二升三为履，履倒置变小畜。坤卦—阳下生反对变六卦图同理可推，皆由复卦变出六卦。这就是朱震所说的"姤变夬、同人、大有、履、小畜六卦，复变剥、师、比、谦、豫六卦"。其实这是卦变说中一阴一阳之卦的体例。汉代虞翻卦变说，出于注经需要，一阴一阳之卦各持其例，如比是"师二上之五"，履是"变讼初为兑"，豫是"复初至四"，小畜是"需上变为巽"。蜀才曾对虞氏说作了修正，如他认为，师本剥卦，同人本夬卦，但仍然不规范。李之才则用姤、复生卦，认为一阴一阳之卦皆来自姤、复，是由姤、复变出，显然，是对汉儒卦变说的发展。

遯　　讼　　无妄

　　　　（卦图）

　　　　（卦图）

睽　　兑　　革

　　　　（卦图）

乾卦下生二阴各六变反对变十二卦图第五

临　　明夷　升

　　　　（卦图）

　　　　（卦图）

蹇　　艮　　蒙

　　　　（卦图）

坤卦下生二阳各六变反对变十二卦图第六

以上两图是乾卦下生二阴，坤卦下生二阳，各变出十二卦，共二十四卦。乾卦初二生二阴为遯卦，遯二三两爻升降互易为

讼，讼初二两爻升降互易为无妄。遁、讼、无妄倒置分别为大
壮、需、大畜。无妄二五升降互易为睽，睽四五升降互易为
兑，兑二三升降互易为革，睽、兑、革倒置分别为家人、巽、
鼎。坤卦下生二阳变出十二卦与此类似。这实际上是汉儒二阴
二阳之卦卦变说。所不同的是汉儒二阴二阳之卦是由遁、大
壮、临、观四卦变出，而李氏二阴二阳之卦是由遁、临两卦变
出，且去掉了坎、离、大过不反对之卦，加上了屯、蒙两卦。

乾卦下生三阴各六变反对变十二卦图第七

坤卦下生三阳各六变反对变十二卦图第八

此两图是乾卦下生三阴，坤卦下生三阳，各六变而变出
十二卦，共二十四卦。乾卦下生三阴而为否卦，否二三与五上

升降互易为恒卦，恒卦初二升降互易为丰，否、恒、丰三卦倒置分别为泰、咸、旅三卦。丰二三升降互易为归妹，归妹四五升降互易为节，节二三升降互易为既济，归妹、节、既济三卦倒置分别为渐、涣、未济。这实际上是汉易三阴三阳卦变说。不同的是，泰否变卦是间接的，而且有重复之卦，如泰否、既济未济。

李氏变卦八图，除了乾、坤、颐、小过、坎、离、大过、中孚八卦外，其余五十六卦皆有反对卦，共二十八对。即邵雍所说的"重卦之象，不易者八，变易者二十八"。（《观物外篇上》）"则六阳六阴者十有二对也，去四止者，八阳四阴、八阴四阳者各六对也。十阳二阴、十阴二阳者各三对也。"（同上）按照邵氏解说，六阳六阴卦（即三阴三阳之卦，因为反对卦，则称六阳六阴，其他几阳几阴类似）十二对，八阳四阴、八阴四阳卦十二对，十阳二阴、十阴二阳卦六对，共三十对，因泰否、既济未济重出，故共为二十八对。

李之才的变卦反对图之思想来源，有以下几个方面：一、《易传》中《系辞》"《易》之为书也不可远，为道也屡迁。变动不居，周流六虚，上下无常，刚柔相易"的变化思想与《序卦》《杂卦》两两为对的思想。李氏反对图正所谓"六十四卦刚柔相易，周流而易，于《序卦》于《杂卦》尽之"。二、汉儒升降卦变说。升降说和卦变说二者是一个问题两个方面，升降是着眼于爻之变化，卦变是着眼于卦之变化。正是因为爻之升降，才使一卦变成另一卦，二者基本是一致的。李氏反对图既讲升降，亦讲卦变，显然本于升降卦变说。如清胡渭所言："大抵卦变八图，阳在下者以升为变，在上者以降为变，故升降之对，此为升，则彼为降；此为降，则彼为升然。"（《易图明辨》卷九）三、汉末虞翻反卦说和唐孔颖达"非覆即变"说，虞氏首次用"反卦"注《易》，唐孔颖达根据《序卦》，提出《周易》六十四卦卦象排列具有"二二相耦，非覆即变"的特点。此"变"是相反之意，实即李氏"不反对卦"。此"覆"即是虞氏反卦，也就是李氏的"反对卦"。因此，李氏"变卦反对图"是对《易传》和汉唐易学的继承和发展。

（二）六十四卦相生图

李之才"六十四卦相生图"，与"变卦反对图"一样，也是一种卦变图。只是二者的侧重点不同，"变卦反对图"注重卦与卦之间反对关系，而"六十四卦相生图"注重爻变而致卦变。朱震《汉上易传》所载六十四卦相生图如下：

姤   复

凡卦五阴一阳者皆自复卦而来，复一爻五变而成五卦。

师   谦   豫   比   剥

凡卦五阳一阴者皆自姤卦而来，姤一爻五变而成五卦。

同人   履   小畜   大有   夬

遯　　　临

䷠　　　䷒

凡卦四阴二阳者皆自临卦而来，临五复五变而成十四卦。

第一四变

明夷　　震　　屯　　颐

䷣　　　䷲　　䷂　　䷚

第二复四变

升　　　解　　坎　　蒙

䷭　　　䷧　　䷜　　䷃

第三复三变

小过　　萃　　观

䷽　　　䷬　　䷓

第四复二变

蹇　　　晋

䷦　　　䷢

第五复一变

艮

䷳

凡卦四阳二阴者皆自遯卦而来，遯五复五变而成十四卦。

第一四变

讼　　　巽　　鼎　　大过

䷅　　　䷸　　䷱　　䷛

第二复四变

无妄	家人	离	革
䷘	䷤	䷝	䷰

第三复三变

中孚	大畜	大壮
䷽	䷙	䷡

第四复二变

睽	需
䷥	䷄

第五复一变

兑

否　　泰

凡卦三阴三阳者皆自泰卦而来，泰三复三变而成九卦。

第一三变

归妹	节	损
䷵	䷻	䷨

第二复三变

丰	既济	贲
䷶	䷾	䷕

第三复三变

恒　　　井　　　蛊

凡卦三阳三阴者皆自否卦而来，否三复三变而成九卦。

第一三变

渐　　　旅　　　咸

第二复三变

涣　　　未济　　　困

第三复三变

益　　　噬嗑　　　随

　　李氏"六十四卦相生图"基本思路，系先确立乾坤为"诸卦之祖"，由乾坤一交而为姤复（乾一交而为姤，坤一交而为复），再交而为遁临（乾再交而为遁，坤再交而为临），三交而为否泰（乾三交而为否，坤三交而为泰），然后由姤、复、遁、临、否、泰六卦生出其他卦。李氏弟子邵雍曾就卦变开端作过阐发，他认为，《易》根于乾坤而生于姤复，其根据在于宇宙的生成演化及其所表现出的阴阳变化。他说："无极之前，阴含阳也；有象之后，阳分阴也。阴为阳之母，阳为阴之父，故母孕长男而为复，父生长女而为姤，是以阳始于复，阴始于姤也。"（《观物外篇》上）又说："夫《易》根于乾坤而生于姤复，盖刚交柔而为复，柔交刚而为姤，自兹而无穷矣。"（《观物外篇》下）以上两段话与李氏六十四卦相生图含义相符合，可以视为是对李氏"乾坤者诸卦之祖"、"乾一交而为姤"、"坤一交而为复"的诠释。从而也证明了"邵雍的六十四卦先天图，来自李氏的六十四卦相生图"。[①]

李氏"六十四卦相生图"主要本于虞氏等人的卦变说。虞氏等人的卦变说是以乾坤两卦为本，乾坤消息而生出十二消息卦，由消息卦变出其他卦。李氏与虞氏等人的思路大致上相同。从卦变的具体内容而言，有一多半相同，如朱震所言："今以此图考之，其合于图者三十有六卦。"（《汉上易传·卦图卷上》）

当然，李氏六十四卦相生图与虞氏等人的卦变又有明显的区别。具体表现在以下几个方面：其一，虞氏卦变说是以注经为目的，是通过注释经文而阐发出来的，而李氏则不是以注经为目的，而是从经传文中抽出卦变说的有关资料，加以阐发，旨在建立一个完善的卦变说体系。也就是说二者谈论卦变说的方式和目的不同。其二，二者从大思路上也存在一定差别。虞氏是以十二消息卦变卦，而李氏以十二消息卦中的复、姤、遁、临、泰、否六卦为变卦。其三，就具体内容而言，二者也

① 朱伯崑《易学哲学史》第二卷，华夏出版社，1994年，第56—57页。

有不同之处。如前所言，李氏六十四卦相生图与虞氏卦变说相合者有三十六卦，但又有不合者，"时有疑不合者二十有八卦"。（同上）如李氏卦变修正了虞氏的特例，规范了一阴一阳之卦卦变等。

（三）李氏卦变图的价值及影响

李氏的"变卦反对图"，以卦变的形式，阐明了六十四卦之间存在着两两反对关系，有助于对六十四卦卦象及《序卦》《杂卦》的理解。按照《周易》通行本卦序及《序卦》《杂卦》的解说，六十四卦之间的确潜藏着这种两两反对的关系，只是没有明确地表述出来而已。虞氏等人提出了"反卦"说，孔颖达提出"二二相偶、非覆即变"的思想，二者各自从不同方面来揭示六十四卦存在着这种反对关系，但由于他们注重的是注经，忽略了理论建构的整体性、逻辑性，故其反对卦的学说很不系统。李氏继承了前人的成果，将卦变说和反卦说有机地结合起来，建立了一个具有一定逻辑性的变卦反对卦图式，使反对卦在更高层次上得到了升华和总结。同时，也推动了卦变说的研究。李氏的反对图，实是卦变说，所不同的是其卦变说突出了反对卦，避免了虞氏注经中所出现的特例，克服了其卦变说的前后矛盾。也正是基于此，清儒对李氏作了较高的评价。黄宗羲称，虞氏、蜀才于卦变说中一阴一阳之卦，"已发其端"，"特未以此通之于别卦"，"至挺之所传变卦反对图，可谓独得其真"。（《易学象数论》卷二）胡渭言："李挺之言卦变，莫善于反对"，"反对者，经之所有"。（《易图明辨》卷九）李氏"变卦反对图"对后世影响比较大，邵雍"亲受此图，故有乾坤大父母、姤复小父母之说"。（同上）朱熹受其影响，重新建立了卦变说体系。明代来知德"颇以此说变而以反对者为综，奇偶相反者为错"（同上）。因此，"变卦反对图"是李氏对易学所做的重要贡献。

但是，李氏变卦反对图也存在着许多问题，清胡渭对此作了批评："李氏反对图，首列乾坤二卦为《易》之门，则诸卦宜皆出于乾坤，而乃乾坤下生之卦，一阴生自姤，一阳生自复，二阴生自遁，二阳生自临，三阴生自否，三阳生自泰。何其纷纠之甚也。……夫乾坤生六子是为八卦，因而重之遂为六十四，六十四卦皆乾坤之所生也。姤、复、遁、临、否、泰同在六十四卦之中，安能生诸卦乎？然姤复以一爻升降，其踪迹犹可寻求，遁临否泰则两三爻递为升降，而否泰、二济未免重出，益杂乱而无章矣。乾坤虽诸卦所自出，第以《象传》证之，则唯三阴三阳者可通，而二阴二阳者不可通，不如专主反对之为得也。"（《易图明辨》卷九）胡氏指出李氏图有否、泰、既济、未济重复，可以说看到了李氏以体现反对卦为内容的卦变图中的局限。但他以八卦相重生六十四卦的演卦说来否定卦变说，则未免欠妥。因为这是两个问题，乾坤生六子，相重为六十四卦，讲的是六十四卦形成，而卦变说探求的是六十四卦形成之后卦与卦之间的内在的联系，二者不可混淆。他又从《象传》出发，认为三阴三阳者可通，二阴二阳者不可通，否定李氏卦变，也令人难以接受。一种学说是否有价值，不能单以原有学说为标准，关键在于看它是否发展了前人的理论。也就是说，李氏卦变说虽然有些不合经传，但却能以经传某一说为出发点，引而伸之，自圆其说，我们应该肯定其学说的意义。

如果说李氏的"变卦反对图"言卦变而偏重反对卦的话，那么其"六十四卦相生图"则是专言卦变问题，故对"六十四卦相生图"的评价着重在于卦变问题上。笔者认为，李氏"六十四卦相生图"与"变卦反对图"一样，是对易学史上卦变说的发展和完善。自《彖传》始以卦变注《易》，至虞氏等人推而广之，卦变体系已形成，但其体系很不完备，如二阴四阳之卦、二阳四阴之卦、三阴三阳之卦卦变皆有特例出现，一阴一阳之卦则各持其例，破坏了卦变体系的严密性。虞氏等人不是不知，而是知之却无奈。既要考虑卦变体系严密性，又要融通经文，二者不可得兼。即若以一贯之标准建立卦变体系，则不可能将经传文一一融通；要融通经传文，在许多地方，则必须打破卦变常规。虞氏反复审辨特例，恐怕出于不得已而为之。蜀才曾对虞氏的卦变的个别地方作了修正，但没有从根本上脱离虞氏的困境。至李之才才完成了这个任务。他的"六十四卦相生图"以十二消息卦中复、姤、遁、临、否、泰六卦为主变，解决了易学史中在卦变问题上所留下的问题。一方面，"（六十四卦相生图）不以观、壮四阴四阳之卦为主变，可以无虞氏重出之失矣"。（黄宗羲《易学象数论》卷二）另一方面，李氏以复姤为主变，克服了虞氏各持其例的缺点，从而使卦变体系更加完备。李氏之所以能克服虞氏等人的缺陷，原因在于他摆脱了注经的困扰，从历代《易》注中抽出卦变问题，专就此问题加以阐发，因而使这一问题得以解决。但是失也正在于此，李氏卦变说不以注经为目的，将卦变说变成了一种抽象的、脱离了经学轨道的学问，故它存在的价值大大降低。另外，其卦变说的局限还表现在内容上，有一爻动，两爻俱动，三爻俱动，似比较复杂。如黄宗羲所言："然临、遁自第二变以后，主变之卦两爻皆动，在《象传》亦莫知适从，又不如虞氏动以一爻之有定法也。"（《易学象数论》卷二）胡渭也明确指出："姤、复以一爻主变犹有定法，若遁、临、否、泰则两爻俱动，或独升，或同升，主变者非一，纷然而无统纪矣。"（《易图明辨》卷九）

李之才的卦变说，影响比较大。他开了宋代卦变说研究的先河。由于他的倡导和传授，其卦变说很快为时人接受。受其影响，苏轼、朱熹、林至等大易学家皆言卦变。在义理之学兴盛的时代，象数易学的卦变说成为时人关注的问题，这当然归功于李之才。

三、李溉卦气图

李溉，生卒年代不详。据史书记载，他曾从种放受河图、洛书，是宋初陈抟再传弟子。刘牧的图书之学则传自李溉等人。《宋史·朱震传》云："陈抟以先天图传种放，放传穆修，修传李之才，之才传邵雍。放以河图、洛书传李溉，溉传许坚，坚传范谔昌，谔昌传刘牧。"李溉易学的全貌已不可见，今所见只有载入朱震《汉上易传》及惠栋《易汉学》中的卦气图，今取《汉上易传》所载"卦气图"如下，并分析李溉的思想。

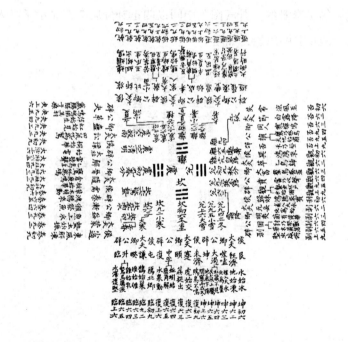

上图旨在表现汉人的卦气思想。汉人卦气说的特点是引历法入易学，即将《周易》卦爻与四时、十二月、二十四节气、七十二候有机结合起来，形成了一整套融《周易》与历法为一体的易学理论。按照这一理论，先取《周易》中坎、震、离、兑为四正卦，分主一年四季。每卦六爻，四卦共二十四爻，分主一年二十四节气。具体地讲，坎六爻自下而上分主冬至、小寒、大寒、立春、雨水、惊蛰；震六爻自下而上分主春分、清明、谷雨、立夏、小满、芒种；离六爻自下而上分主夏至、小暑、大暑、立秋、处暑、白露；兑六爻自下而上分主秋分、寒露、霜降、立冬、小雪、大雪。（详见《通卦验》《乾元序制记》等）李溉的"卦气图"中间以四正卦分居四方显示了汉人这一四正卦的思想，如图：

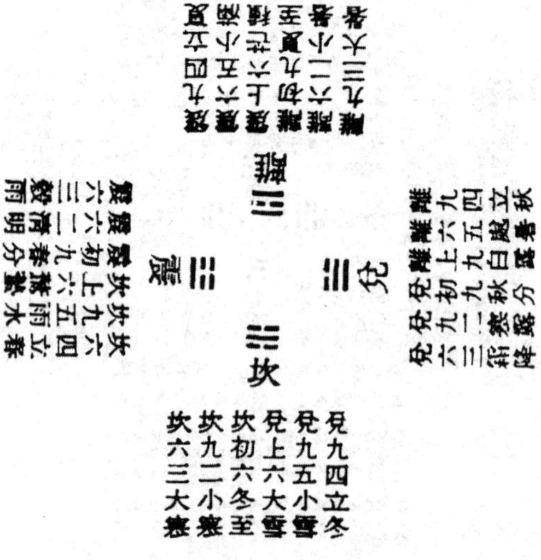

然后，用其余六十卦与十二个月三百六十五又四分之一日、七十二候相配。以月与卦相配，将六十卦分成十二份，每月主五卦，如十一月：未济、蹇、颐、中孚、复。十二月：屯、谦、睽、升、临。正月：小过、蒙、益、渐、泰。二月：

需、随、晋、解、大壮。三月：豫、讼、蛊、革、夬。四月：
旅、师、比、小畜、乾。五月：大有、家人、井、咸、姤。六
月：鼎、丰、涣、履、遁。七月：恒、节、同人、损、否。八
月：巽、萃、大畜、贲、观。九月：归妹、无妄、明夷、困、
剥。十月：艮、既济、噬嗑、大过、坤。自中孚始，依次以
公、辟、侯、大夫、卿命名，其中辟卦十二：复、临、泰、大
壮、夬、乾、姤、遁、否、观、剥、坤。辟，犹君主。十二
辟卦卦象阴阳消息大致与十二个月阴阳气变化一致，主十二
个月，这就是所谓十二消息卦。另外，公卦十二：中孚、升、
渐、解、革、小畜、咸、履、损、贲、困、大过。侯卦十二：
屯、小过、需、豫、旅、大有、鼎、恒、巽、归妹、艮、未
济。卿卦十二：睽、益、晋、蛊、比、井、涣、同人、大畜、
明夷、噬嗑、颐。大夫卦十二：谦、蒙、随、讼、师、家人、
丰、节、萃、无妄、既济、蹇。（详见《易纬·稽览图》《魏
书·律历志》《新唐书·历志》）

　　以六十卦与三百六十五又四分之一日相配，六十卦
三百六十爻，一爻主一日，还余五又四分之一日，将每日分为
八十份，五又四分之一则为四百二十份，即 $5\frac{1}{4} \times 80 = 420$，再
为六十卦分之，每卦主七分（$420 \div 60 = 7$）。加上六日，每卦
主六日七分，这是汉人所谓六日七分说，《卦气图》中四正卦
外一层图集中反映了汉人的六日七分说。其中辟卦是十二消息
卦，主十二个月，如下图：

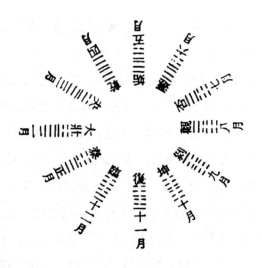

二十四节气，每一气主十五日，而五日为一候，一气则
为三候（初、次、末）。二十四节气共七十二候：其中初候
二十四，次候二十四，末候二十四。初候配公卦和侯卦，次候
配辟卦和大夫卦，末候配侯卦和卿卦。这里侯卦既与初候配，
又与末候配，这是因为六十卦、七十二候相配，还缺十二卦，
故让侯卦内卦配末候，外卦配初候。李溉卦气图最外一层主要
显示了六十卦与七十二候相配及七十二候与十二消息卦七十二
爻相对应的情况。

从以上分析可以看出，李溉的卦气图所表现的内容，是
以汉人卦气说为主，同时兼收宋以前历法的内容。从现有资料
观之，汉孟喜、京房、《易纬》多言卦气说，被汉唐历法吸收，
形成了具有易学特色的历法。因此，就思想内容而言，李溉卦
气图对卦气说没有创新，而若就表现形式而言，他以图说卦

气，具体形象，使人一目了然，易于人们学习和传播。尤其在象数之学衰微之时，义理之学兴盛之日，他以图示形式高度概括卦气说，并传授之，这对象数易学流传和发展起到了一定的作用，他的贡献也正在于此。

第二章　刘牧图书之学

一、生平事迹

刘牧（1011—1064），字先之，号长民。原为杭州临安（今杭州）人，后因祖父刘彦琛为吴越王将，"有功刺衢州，葬西安"（王安石《刘君墓志铭》，见《王文公文集》卷九五），故又为西安（今浙江衢县）人。他"少则明敏，年十六求举进士，不中"，（同上）故买书闭门读之，再考而为举首，授饶州军事推官。后在范仲淹、富弼等推举下，曾任兖州（今山东兖州）观察推官、大理寺丞、广南西路（今桂林）转运判官、湖北路（今湖北）转运判官、尚书屯田郎中等职。刘牧一生治盗贼，平叛乱，政绩显著。宋石介评价他治理馆陶之绩说："若夫行乎仁义，使百里之内咨而嬉，癯而肥，疮而良，匮而昌，兹县令之事也。先之固能行之矣。"（《徂徕先生文集》卷十八）他为官极为清廉，"于财物无所顾计"，以至"家贫无以为丧，自棺椁诸物皆荆南士人为具"，复才学双全，为当时人所赞颂。《宋元学案》称："先生既优于学，复优于才，又为范、富二公所知，一时士大夫争誉之。"（《宋元学案》卷二）他曾拜范仲淹为师，致力于实学。在任兖州观察推官时，又学《春秋》于孙复，与石介为友，"从学于泰山之间"，属宋代泰山学派，被《宋元学案》列入"泰山学案"中。其易学师承范谔昌，传陈抟河洛之学。《宋元学案》云："先生又受《易》学于范谔昌，谔昌本于许坚，坚本于种放，实与康节同所自出。"《东都事略·儒学传》云："陈抟读《易》，以数学授穆修，以象学授种放。放授许坚，坚授范谔昌。"《宋史·朱震传》云："陈抟以先天图传种放，放传穆修，修传李之才，之才传邵雍。放以《河图》《洛书》传李溉，溉传许坚，坚传范谔昌，谔昌传刘牧。"从以上记载看，刘牧易学师承分明，当来自道家。清朱彝尊《经义考》载其易学著作有：《卦德通论》一卷（《绍兴书目》作《统论》），新注《周易》十一卷（《绍兴书目》作十卷），《周易先儒遗论九事》一卷，《易数钩隐图》一卷（《郡斋读书志》《绍兴书目》作三卷）。其门人"祕（吴祕）上其书于朝，黎献（黄黎献）序之"（《宋元学案》卷二）。其易注今不传，而《易数钩隐图》保存在《道藏·洞真部·灵图类》。其生平事迹主要见王安石为其撰写的《墓志铭》和《宋元学案》《宋史翼》二书。

二、设立数理图式，推衍八卦生成

关于八卦生成，《系辞》早已作过说明："易有太极，是生两仪，两仪生四象，四象生八卦。"但是对其中概念的含义及太极生八卦过程则没有明言，致使众多易学家对此进行注释和阐发。如马融云："太极，北辰也。"郑玄云："极中之道，淳和未分之气也。"马、郑等人只是对"太极"概念作了解说，而对其他却只字不提，这恐怕是解不通，未敢妄言。对此节注之较详者当推虞翻。他说："太极，太一也。分为天地，故生两仪也。四象，四时也。两仪谓乾坤也。乾二五之坤，成坎离震兑，震春兑秋，坎冬离夏，故两仪生四象。归妹卦备，故《彖》独称'天地之大义'也。乾二五之坤，则生震、坎、艮；坤二五之乾，则生巽、离、兑，故四象生八卦。乾坤生春，艮兑生夏，震巽生秋，坎离生冬者也。"虞氏以宇宙衍化过程为据，说明了太极生八卦的过程。以宇宙衍化言之，太一神生天地，由天地而生成四时，又据月体纳甲由四时而生成八方八卦。《易》之八卦产生则取法自然。即太极生成阴阳乾坤，由乾坤二五作用可以生成震、坎、艮、巽、离、兑"六子"。震、兑、坎、离为四象。乾坤与六子为八卦。刘牧在精研前人成果基础上，一改前人文字注释之风，而代之以数理图式。即用《系辞》中"天地之数"进行有规律的排列，构成图式。然后，再用图式排列变化，自"太极"推衍出"八卦"。具体地说分以下几个步骤：

第一，取天地之数十，以五个黑圆点、五个白圆点表示，并使十个黑白圆点相间围成一个圆形。以示天地未分之前无数无象、元气混而为一的太极。如下图，白圆点表示阳气，黑圆点表示阴气，阴阳相间，且连成一个圆，以示阴阳未分太极。

第二，据天左旋、地右动之规律及阳气上升、阴气下降的特点，取天一、天三之位画天，取地二、地四之位画地。天地即两仪，"两仪乃天地之象，天地乃两仪之体"。故由太极生成两仪。如下图。

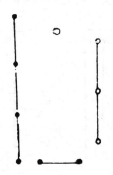

第三，取天五与天一地二天三地四相配以生成七八九六四象。刘牧对取天五之原因作了说明："天一地二天三地四，此四象生数也，至于天五则居中而主乎变化。不知何物也，强名曰中和之气，不知所以然而然也。交接乎天地之气，成就乎五行之质。……经虽云'四象生八卦'，然须三五之变易备七八九六之成数，而后生八卦而定位矣。"（《易数钩隐图》卷上）故他取天五置于"两仪"之中。如下图。

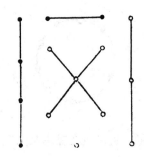

　　然后，天一与天五相匹下生地六，地二与天五相匹上生天七，天三与天五相匹左生地八，地四与天五相匹右生天九，四象六、七、八、九生成，即为"两仪生四象"。其图见下：

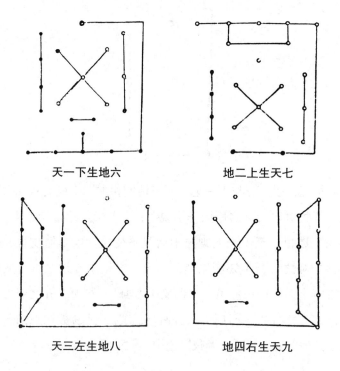

天一下生地六　　　　　　　地二上生天七

天三左生地八　　　　　　　地四右生天九

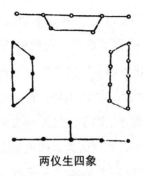

两仪生四象

第四，从居四方的四象六、九、七、八中依次分出三、六、四、五四个数，分居西北、西南、东南、东北四个方向。三表示三画之乾☰，六表示六画之坤☷，四表示四画之巽☴，五表示五画之艮☶。乾、坤、巽、艮四卦加上居四方的震（东）、兑（西）、坎（北）、离（南）四卦，共为八卦。由此，四象生出八卦。此即刘牧所谓的"五行成数者，水数六、金数九、火数七、木数八也。水居坎而生乾，金居兑而生坤，火居离而生巽，木居震而生艮，己居四正而生乾坤艮巽，共成八卦"。如下图：

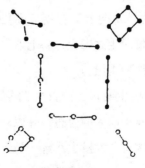

四象生八卦

在太极生八卦问题上，刘牧没有满足于数图之推衍，并进而对孔颖达观点进行了批驳。在他看来，孔氏的错误有两点：其一，将"两仪生四象"之"四象"视为有形之物。孔颖达说："两仪生四象者，谓金、木、水、火，禀天地而有，故云两仪生四象。土则分王四季，又地中之别，故唯云四象也。"（《周易正义》卷七）而刘牧认为，四象是由天地之数而生，它表征的是气象，气象是无形的。孔氏视四象为金、木、水、火，"金、木、水、火有形之物，安得为象？"（《易数钩隐图》卷上）其二，混淆了"两仪生四象"之"四象"和"易有四象所以示"之"四象"。刘牧认为，这两个概念是不同的。前者是天地之数所生的四象，即：七、八、九、六。后者是指《系辞》所谓的"吉凶者失得之象也，悔吝者忧虞之象也，变化者进退之象也，刚柔者昼夜之象也"之"四象"。孔氏一方面批判了庄氏、何氏在"易有四象所以示"之四象问题上的错误，另一方面又将两个"四象"等同起来，故也陷入错误。用刘牧的话说："疏家以七八九六之'四象'为'所以示'之'四象'，则驳杂之甚也。"（同上）刘牧又说孔氏释"易有四象所以示"时"复引二仪所生之四象，举七八九六之数，则其义非也，不亦失之甚乎？"（同上）

刘牧通过对太极生两仪，两仪生四象，四象生八卦的诠释，提出了一系列异于前人的思想，并以一种特殊的方式来阐发这些思想。他首次将"太极生八卦"与天地之数、河图联系起来，认为太极生八卦是天地之数的交合、变化而成，其结果可以产生河图，并在此基础上批判了孔颖达等人的错误。更为重要的是，他改变了汉儒取象数注《易》的形式，克服了汉代象数易学烦琐、支离的缺陷，转而采用了抽象的数和由数组成的图式来诠解《易》，生动形象，为象数易注入了新的活力。当然，从现在看，他的这些思想仍然存在问题，如四象生八卦，四象生出三个白圆点以示三个阳爻为乾，生出六个黑圆点表示三个阴爻（三个阴爻为六）为坤，生出四个黑圆点表示两阳爻一个阴爻为巽，生出五个白圆点表示一阳爻两个阴爻为艮，从这里可以看出一个圆点表示一画，坤卦六画三阴爻，乾卦三画三阳爻。按照此种表示法，则表现不出四正卦，从四象图看，六、七、八、九表示四方的成数即四正卦的成数，而不表示其画数。从四象生八卦图看，剩余数分别为三，即或三个白圆点，或三个黑圆点，与经卦震、兑、坎、离画数没有关系。因此，刘牧在推衍四象生八卦时，其黑白圆点数的含义前后不一致，违背了逻辑学的不矛盾律。

三、设立图式，诠释大衍之数

刘牧先列图式，由天地之数的图式推衍出大衍之数的图式。具体方法是：将天地之数一、二、三、四、五组成的"二仪"之图中各个部分加五，然后分解此图，并变化数十排列形式，推出天数图、地数图。按照天左旋、地右动的道理将天数图和地数图排列在一起，组成天地之数图。然后舍去天地之数图中的五，即为大衍之数图，如下图：

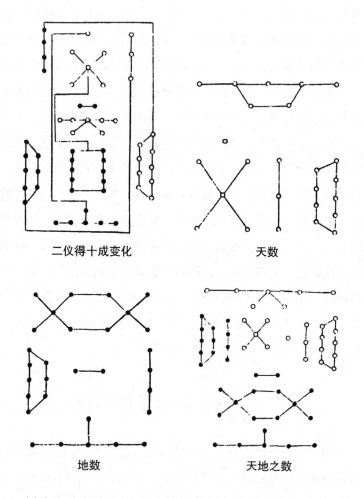

二仪得十成变化

天数

地数

天地之数

刘牧又从理论上对这个问题作了阐发。他认为，大衍之
数来自天地之数，天地之数五十有五，减去五就是大衍之数
五十。二者是天地之"极数"和"用数"的关系。"五十有

五，天地之极数也；大衍之数，天地之用数也。"（《易数钩隐图》卷上）这里的关键问题就是大衍之数用五十，而不用五十五，当做何解释。刘牧对其中的原因加以解说。他认为，天地之数有生数，由生数而加五生成四象，四象已有五，故当减去。他说："天五不用，非不用也，是用四象者也。且天一、地二、天三、地四，此四象生数也。天五所以斡四象生数而成七、九、六、八之四象，是四象之中皆有五也。则知五能包四象，四象皆五之用也。举其四则五在其中矣，故《易》但言四象以示，不言五象也。"（同上）从这段引文看，刘牧在这个问题上受启于郑玄，郑玄曾以五行生数成数说明大衍之数。他说："天一生水于北，地二生火于南，天三生木于东，地四生金于西，天五生土于中。阳无耦，阴无匹，未得相成。地六成水于北，与天一并；天七成火于南，与地二并；地八成木于东，与天三并；天九成金于西，与地四并；地十成土于中，与天五并。大衍之数五十有五，五行各气并，气并而减五，惟有五十。"（《礼记疏》，引自惠栋辑《郑氏周易》卷下）与郑玄不同的是，刘牧将数变成图，用图推衍之，又用"四象"取代四方五行。实际上刘氏的由数组成的四象，所象征的意义就是四方，也有五行之义，如前面所言："五行成数者，水数六、金数九、火数七、木数八也。水居坎而生乾，金居兑而生坤，火居离而生巽，木居震而生艮，己居四正而生乾坤艮巽，共成八卦也。"他还取郑玄思想对这个问题加以说明："天一与地六合而生水，地二与天七合而生火，天三与地八合而生木，地四与天九合而生金，天五与地十合而生土。"
（《易数钩隐图》卷上）

　　同时，刘牧还就大衍之数"其用四十有九"作了总结。他先引韩康伯之说，又引京房、马融、荀爽、郑玄、姚信、董遇、顾欢等说，评论道："今详诸家所释义，有多端，虽各执其说，而理则未允。"其中专就王弼、韩康伯论点进行了批判。他认为"韩氏注以虚一为太极，则未详其所出之宗"，理由如下：一是太极生两仪，生四象五行之数，合而为五十有五，这是天地之极数。若以太极为虚一之数，大衍之数当用五十四。"不然则余五之数无所设耳。"二是大衍之数来自天地之数，也就是说大衍之数在后，故"太极不可配虚其一之位"。三是太极不是无，"太极者，元气混而为一之时也，其气已兆，非无之谓"。因此，他下结论说，"韩氏之注义亦迂矣"。而韩氏承王弼之学，并加以推崇，此必韩氏之"寓言"，是谓"狂简"。

　　刘牧在总结批判前人观点的基础上，发表了自己的看法。在他看来，大衍之数用四十九，是由于"天五为变化之始，散在五行之中，故中无定象，又天一居尊而不动以用天德"的原因，进而解释道："天一者，象之始也，有生之宗也，为造化之主，故居尊而不动也。惟天三地二地四之数合成九阳之数也。天三则乾之三画，地二地四则坤之六画也。地道无成而代有终，阳得兼阴之义也。故乾之三兼坤之六，成阳之九，斡运五行成数而通变化也。所以揲蓍之义以象其数也。"

刘牧在这里，除了解释天一之外，还提出了天地之数与乾坤卦象、爻之九六的关系问题。他视天数为乾三画（三），地数二、四之和为坤六画（三三），而乾坤画数总和为九，即为阳爻称九。故乾元用九。言九，则六在其中，"数六是少数，举其多则少则可知矣，是知阳进而乾元用九，阳退则坤元用六也"。从而揭示了天地之数与卦象及阴阳九六数的联系，这是他的独创。

四、设立图式，推衍乾坤生
"六子"和卦气说

乾坤生"六子"说，出自《说卦》。《说卦》云："乾，天也，故称乎父。坤，地也，故称乎母。震一索而得男，故称为长男。巽一索而得女，故谓之长女。坎再索而得男，故谓之中男。离再索而得女，故谓之中女。艮三索而得男，故谓之少男。兑三索而得女，故谓之少女。"《说卦》乾坤生六子说是根据人间父母交合生子经验而推导出的。古人的思维水平低下，在思考问题时，往往从自身的行为或经验出发，采用比类的方法，即用自身行为或经验推及其他事物。人的繁衍靠的是男女交媾，每一个人皆由父母而生，以此比拟自然，万物是由天地阴阳二气所生，"天地絪缊，万物化醇"说的就是此意。那么天地就是父母。这种天地生万物的思想，用《周易》来概括，就是乾坤生"六子"。乾坤是纯阳纯阴，乾坤交合则生成含有

不同性质的"六子"（震、坎、艮、巽、离、兑）。这就是《系辞》所谓的"乾道成男、坤道成女"，《文言》所谓的"本乎天者亲上，本乎地者亲下，则各从其类"。但是，从《周易》说，乾坤三画之卦如何生出其他三画之卦？易学家曾就这个问题作过一些探讨，而在宋之前论述比较详尽者当推孔颖达。他说："索，求也。以乾坤为父母，而求其子也。得父气者为男，得母气者为女。坤初求得乾气为震，故曰长男。坤二求得乾气为坎，故曰中男。坤三求得乾气为艮，故曰少男。乾初求得坤气为巽，故曰长女。乾二求得坤气为离，故曰中女。乾三求得坤气为兑，故曰少女。"（《周易正义》卷九）而刘牧没有直接用语言而是用图式表达了他的思想。他的思路是"画图，为乾者四，为坤者四，乾天左旋，坤地右转，乾坤上下自然相交而成六子，则非数策之义也"。（《汉上易传·丛说》）具体推衍见下图：

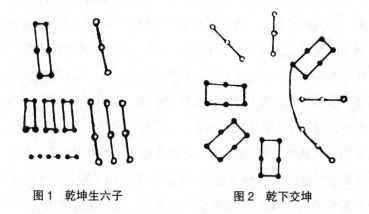

图1　乾坤生六子　　　　　图2　乾下交坤

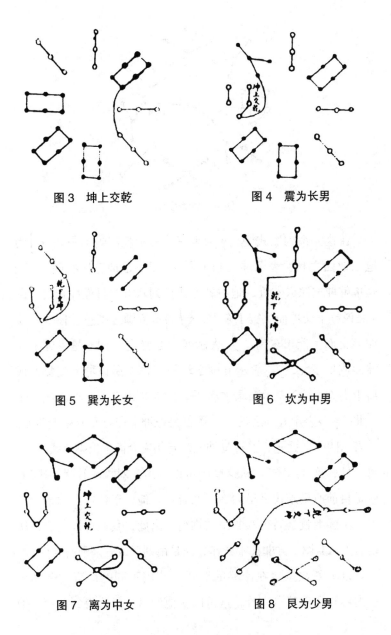

图 3　坤上交乾　　　　　　　图 4　震为长男

图 5　巽为长女　　　　　　　图 6　坎为中男

图 7　离为中女　　　　　　　图 8　艮为少男

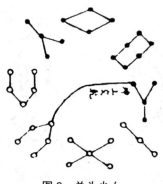

图9　兑为少女

在这一系列图式中，🜚为天三，表示乾三画（☰）；🜃为地二地四之和，表示坤六画（☷）。图1是指乾坤各四。图2是指乾坤按照天左旋、地右转方式排列八方，且乾坤相交。图4是说乾下交坤而生震于东方，🜨表示五画之震☳。图5是说坤上交而生巽于东南，🜔表示四画之巽☴。图6是说乾下交坤而成坎于北，🜒表示五画之坎☵。图7是说坤上交乾而成离于南方，◇表示四画之离☲。图8是说乾下交坤而成艮于东北。🜖表示五画之艮☶。图9是说坤上交乾而成兑于西方。Ｙ表示四画之兑☱，经过乾坤六次互相交合而生出震、巽、坎、离、艮、兑"六子"。从这些图可以看出，刘牧八卦图的排列，就是目前所见宋代最早的后天八卦图。他关于乾坤生六子的推衍，实际上就是后天八卦图的推衍。由此，我们可以断定，所谓后天八卦图，并非文王所作，而是由刘氏或其宗师所为。

以上刘牧虽然在诠释的形式上使用不同的语言，但其思想内容与孔氏基本一致。这可以从他的另一段话得到证明。他说："乾，天也，故称乎父。巽、离、兑三女皆由乾而索也。坤，地也，故称乎母。震、坎、艮三男自坤而生也。"（《易数钩隐图》卷下）此与前面孔氏所言坤求得乾气为震、坎、艮，乾求得坤气为巽、离、兑，同出一辙。刘牧的可贵之处，在于把抽象的乾坤生六子学说化为形象可观的、由数组成的图式，这就使人们更容易了解和掌握其内涵，进而深化这一问题的研究。

刘牧没有停留在乾坤生六子学说上，而是进一步地引申发挥，又沿着《易传》的思路推出重卦的问题。按照《系辞》，太极生两仪，两仪生四象，四象生八卦，八卦相重而成别卦六十四。在此，刘牧不是要重复《易传》八卦相重之论断，也不是描述八卦相重的过程，而是要解决《易传》未涉及的重卦起自何卦及重卦与历法的关系问题。他认为，重卦之首当为复卦，复卦为十一月之卦，与复卦相对应的是姤卦，姤卦为五月之卦。他从四象生八卦图式出发对此作了说明。如前所述，刘牧的四象即是四正卦，代表四时，分十二个月，用数表示为六七八九。根据阳生于阴、阴生于阳的理论，"复卦生于坎中，动于震，上交于坤，变二震、二兑、二乾而终，自复至乾之六月，斯则阳爻上生之义。姤卦生于离中，消于巽，下交于乾，变二巽、二艮、二坤而终，自姤至坤之六月，斯则阴爻下生之义"（《易数钩隐图》卷中）。因此，别卦与历法关系，取决于自复至坤诸卦阴阳消长："自复至坤，凡十二卦主十二月，卦主十二月，中分二十四气，爻分七十二候，以周其日月之数。"（同上）

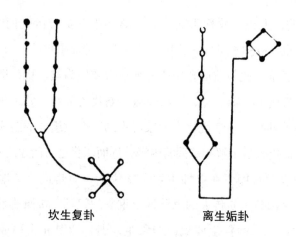

坎生复卦　　　　　离生姤卦

从现有资料看，卦气说最早是由孟喜提出来的，京房和《易纬》皆袭之。但是对十二消息卦产生的根据，孟喜及京房等人皆未作说明，刘牧着眼于图式，从四正卦推衍出十二消息卦，揭示了四正卦与十二消息卦的关系，这是刘牧对卦气说的贡献。

刘牧还就天地之数与五行之数及其与阴阳的关系从理论上作了深入的、系统的说明。如前所言，刘牧继承了汉儒郑玄等人的思想，认为天地之数一至十为五行生成之数，"天一生水，地二生火，天三生木，地四生金，天五生土，此其生数也。如此则阳无匹阴无偶，故地六成水，天七成火，地八成木，天九成金，地十成土，于是阴阳各有匹偶，而物得成矣。故谓之成数也"。(《易数钩隐图》卷中）刘牧在此的重点不是重复这一思想，而是以此为基点研究数与阴阳的关系。刘牧认为，数"起于阴阳"，即有自然界阴阳变化，才有五行数，他说："阴阳往来，在于日道。十一月冬至以及夏至，当为阳来；正月为春，木位也，日南极，阳来而阴往。冬水位也，当一阳生为水数。五月夏至，日北极，阴进而阳退。夏火位也，当以一阴生为火数。但阴不名奇数，必六月二阴生为火数也。是故《易》称'乾贞于十一月，坤贞于六月'。来而皆左行，由此冬至以及夏至当为阳来也。正月为春，木位也。三阳已生，故三为木数。夏至以及于冬为阴进。八月为秋，金位也，四阴以生，故四为金数。三月春之季，土位，五阳以生，故五为土数。"（同上）

刘牧关于阴阳消长的理论完全依据太阳在一年四季中位置的南北移动。由于太阳南移和北移，从而使一年四季十二个月阴阳有规律地消长变化。这一阴阳消长理论加以量化就是孟喜等人的十二消息卦，即复䷗为十一月，临䷒为十二月，泰䷊为正月，大壮䷡为二月，夬䷪为三月，乾䷀为四月，姤䷫为五月，遁䷠为六月，否䷋为七月，观䷓为八月，剥䷖为九月，坤䷁为十月。这十二消息卦可以理解为乾坤消息。由此可以看出，刘牧所谓五行之数起自阴阳，实际上是起自十二消息卦。如"一阳生为水数"，指复卦一阳。"六月二阴生为火数"，指遁卦二阴。"三阴已生故三为木数"，指泰卦三阳。四阴以生，四为金数，指观卦四阴。五阳以生、五为土数，指剥卦五阴。简言之，刘牧的五行之数就是十二消息卦的阴阳爻数。

进而，他又从象形、道器的高度对这个数进行论述。从道器言之，"地六而上谓之道，地六而下谓之器也。谓天一、地二、天三、地四，止有四象，未著乎形体，故曰形而上者谓之道也。天五运乎变化，上驾天一，下生地六，水之数也；下驾地二，上生天七，火之数也；右驾天三，左生地八，木之数也；左驾地四，右生天九，金之数也。地十应五而居中，土之数也。此则已著乎形数，故曰形而下者谓之器。"（同上）这也就是说，五行之生数只是象，未成事物之形；而五行之成数，已显其形。由数构成的道器的关系也就是象形关系。

综上，刘牧揭示了象与数之间的内在联系，深化了汉代象数思想，但是他提出的五行之数起于消息卦仍然存在着问题，五行思想应早于十二消息卦。五行思想最早见于《尚书》。这说明了五行思想形成在商或商以前，而十二消息卦则出现在汉代，虽然学界有提出在汉之前甚至在《周易》成书之际已有消息卦，但无确证，不足为信。故刘牧从五行与消息卦的关联中推出五行之数起自消息卦是本末倒置。

同时，刘牧还对宋以前诸儒在象数注经中存在的问题进行了检讨。主要集中在以下几个问题。其一，关于"七日来复"的注解。郑玄注云："建戌之月，以阳气始进。建亥之月，纯阴用事。至建子之月，阳气始生。隔此纯阴一卦，卦主六日七分，举其成数言之，而云七日来复。"（《周易正义序》）褚氏、庄氏云："五月一阴生，至十一月一阳生，凡七月。而云七日不云月者，欲见阳长须速，故变月言日。"（《周易正义》卷三）王弼云："阳气始剥尽，至来复时，凡七日，以天之行反复不过七日，复之不可远矣。"孔颖达引郑六日七分说破褚氏、庄氏七月即七日说，疏证王弼注，他说："仲尼之纬分明，辅嗣之注若此，康成之说遗迹可寻，辅嗣注之于前，诸儒背之于后，考其义理，其可通乎？"（《周易正义序》）又说："今辅嗣云剥尽至来复，是从尽至来复经七日也。若从五月言之，何得云始尽也。又临卦亦是阳长而言八月，今复卦亦是阳长，何以独变月而称七日，观注之意必谓不然。"（《周易正义》卷三）孔氏在这一问题上主张汉易与王弼的玄学是一致的。而刘牧认为，孔疏之失就在于此，并试图加以论证。他说："孔氏之疏虽得之于前，而又失之于后也。"（《易数钩隐图》卷中）他所谓"得之于前"，指孔氏破褚氏、庄氏之注。"失之于后"，指孔氏引郑玄《易纬》六日七分说。他指出："辅嗣之注又言七日，虽则引经注破褚氏、庄氏之误，于义为得，末又引《易纬》郑氏六日七分，则其理又背经注之义。且《易纬》郑氏言每卦得六日七分，则未详六日七分能终一卦之义。"（同上）而按照消息卦，复卦主一个月，"故以六日七分为义则作疏者不思之甚也"。（同上）最后，刘牧就此问题发表了自己的见解。他认为，"七日来复"是就十月之末而言的，坤卦为十月，坤卦之后为复卦，由坤到复，经历了阴阳转化过程。这个过程是十天（坤上爻五天，复初爻为五天），"坤卦既终，阴已退，阳气复生"，"上生至七为少阳，阴阳交易而生，当阳复来之时。"故"七日来复"之"七日"指少阳。刘牧对前人的批判在某种程度上切中要害，而他自己的观点亦不失为一家之言。

其二，关于临卦"八月有凶"的注解。对于"八月有凶"
之"八月"历来争讼不已。何氏认为从建子阳生至建未为八
月，褚氏认为自建寅至建酉为八月，孔颖达认为以临卦建丑
而至否卦建申为八月。刘牧首先分析了诸家观点存在的问题：
"何氏从建子阳生而数，则卦辞当在复卦之下，不当属临卦也；
褚氏从寅而数，则卦辞当在泰卦之下，亦不当属临卦也；孔氏
宜据建申否卦为八月，则否卦之六三当消泰之九三，又与临
卦六三之不应也。"进而他又指出："何氏以建子至建未为八
月，则是究其末而不原其本矣。至于孔氏引辅嗣之注，以君子
道消、小人道长必以否卦之义也。但阴则小人之道长，阳则君
子之道长，不必专在否卦之义也明矣。"（《易数钩隐图》卷中）
故他认为"诸家之说皆与临卦之义不相偶契"，"理有未安"。
然后，刘牧申明自己的观点，即"今若以建未为八月，取遁卦
之六二消临卦之九二，则于义为允矣"。（同上）他立足于卦辞
之义加以阐述。他说："临卦之《象》曰'浸而长'，注云'阳
道转进，阴道日消也'。遁卦之《象》亦曰：'浸而长'，注云：
'阴道欲进而长，正道亦未全灭也'。今以二卦之义既相偶合，
又《象》辞皆有阴阳浸长之说，则其义不得不然也。"（同上）
那么刘牧为什么取遁卦为八月？而不直接取临卦为八月呢？其
原因就在于临卦卦义与卦辞存在矛盾。其卦义是阳长阴消，当
为吉卦，而卦辞却言八月有凶。为了解决这一矛盾，刘牧不得
不舍弃孔颖达等人的思想而采用旁通法说明之。即遁卦是二阴
居四阳之下，阴长阳消，为凶卦。遁又为未，地支自子始，至

未为八。临与遁两卦卦画相反而旁通，故临称"八月有凶"。如刘牧所言："又王氏《卦略》云遁小人浸长，难在内，亨在外，与临卦相对者也。临刚长则柔危，遁柔长则刚危矣。临二阳居内，君子之道日长。遁二阴在内，小人之道日进。"

刘牧的思想受启于汉末郑玄、虞翻。郑注《临》"八月有凶"云："临卦斗建丑而用事，殷之正月也。当文王之时，纣为无道，故于是卦为殷家著兴衰之戒，以见周改殷正之数云。临自周二月用事，讫其七月，至八月而遁卦受之。此终而复始，王命然矣。"（《周易集解》卷五）虞注云："与遁旁通。临消于遁，六月卦也，于周为八月。遁弑君父，故至于八月有凶。"（同上）虽然在表述上刘牧与郑、虞有一定的差别，但不难看出他在这一问题上是要为汉儒翻案。

五、设立图式，诠释河图洛书

"河图"、"洛书"之名，早在先秦就有之，其含义多不确定，或指珍奇的宝器。《尚书·顾命》云："赤刀、大训、弘璧、琬琰在西序，大玉、夷玉、天球、河图在东序。"或指瑞祥之兆。《论语·子罕》："凤鸟不至，河不出图，吾已矣夫。"或指圣人画八卦的依据。《易传·系辞》："河出图，洛出书，圣人则之。"降至汉代，经学家对河图洛书作了种种解说。其中比较典型的有两种，一是视河洛为《周易》之源。刘歆云："伏羲氏继天而王，受河图，则而画之，八卦是也。禹治洪水，赐洛书，法而陈之，《洪范》是也。"（《汉书·五行志》）孔安国云："河图则八卦也，洛书则九畴也。"（《周易集解》卷十三）此以八卦释河图，以《洪范》释洛书。一是视河洛为帝王受命的著作。郑玄云："《春秋》云：河以通乾出天苞，洛以流坤吐地符。河龙图发，洛龟书成。河图有九篇，洛书有六篇。"（同上）

　　汉以后，出现了有关河图洛书的纬书，如《隋书·经籍志》著录《河图》二十卷、《河图龙文》一卷。这些著作是否有图，若有的话是否就是宋儒所言河图洛书？因无实据，难以断言。刘大钧先生根据纬书中河图洛书著作，疑当有图。[①] 管见认为不妥。《隋志》所著录的有关河图洛书的著作皆属于纬书。今能见到的纬书中称"图"者，有《易纬坤灵图》《易纬稽览图》等，皆无图，很难据书名而推断此类著作有图存在。又据现存的宋以前的史料显示：宋以前出现过河图、洛书之名和以此命名的著作，却未见有关河图洛书具体排列的记载，言九宫数、天地五行数者却不言河图、洛书，故即使河图洛书一类著作中有图，也很难想象就是宋儒所谓"河图"、"洛书"。

　　首次将九宫数、天地自然之数、五行之数与图联系起来的为陈抟。《宋史·艺文志》著录陈抟《易龙图》一卷，"龙图"是指"龙马负图"，即河图。按照宋人雷思齐所见，这河图就是九宫图式。雷氏云："及宋之初，陈抟图南始创古推明象数，闵其贱用于阴阳家之起例，而芜没于《乾凿度》'太一取

---

① 刘大钧《象数易学史研究》（一），齐鲁书社，1996年，第3页。

其数以行九宫’之法，起而著为龙图，以行于世."(《易图通变》卷四）又说，陈抟"于本图之外就以五十有五之数，别出一图，自标之以为形洛书者."（同上）

其说传至刘牧，图书之学大显于世。刘牧承袭陈抟之学，对河洛之说加以详尽的推衍和阐发，形成了一整套融数理、图式为一体的理论体系。观其大要，主要包括以下几方面的思想：

其一，河图取自然之数一至九，洛书取自然之数一至十，即所谓"以九为河图、十为洛书"。他说："今河图相传于前代，其数自一至九，包四象八卦之义而兼五行之数；洛书则惟五行生成之数也."（《易数钩隐图》卷下）又说："（河图）虽兼五行，有中位而无土数，唯四十有五，是有其象而未著其形也。唯四象八卦之义耳。龟书乃具五行生成之数，五十有五矣."（同上）刘牧所谓的"一至九"，是指《系辞》所言天地之数一至九这几个自然数。"五行生成之数"，是指《系辞》所言天地之数一至十这几个自然数。一至五被视为五行之生数，六至十被视为五行之成数，故此言"五行生成之数"。自然数"一至九"之和为四十五，自然数一至十之和为五十五。因而河图"唯四十五"，洛书有"五十有五"。此河图又被称为"龙图"，即今日所见的"洛书"。其排列"以五为主，六八为足，二四为肩，左三右七，戴九履一"。或言："戴九履一，左三右七，二与四为肩，六与八为足，五为腹心，纵横数之皆十五"。此"洛书"即是今日所见的"河图"，其排列以五行之生数分居五方（南、西、北、东、中），然后再以五行土数分主四季。

即所谓"先陈其已交之生数，然后以土数足之，乃可见其成数也"。河图、洛书排列见下：

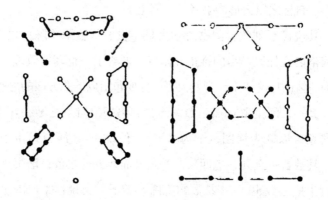

其二，河图、洛书是天降之瑞兆，出自伏羲之时，是画卦之根据。刘牧指出："河图、洛书出于羲皇之世矣，乃是古者河出龙图，洛出龟书。"他又说："昔虑羲氏之有天下，感龙马之瑞，负天地之数出于河，是为龙图者也。"这就是说，河图、洛书不是人为的，而是先天的，是上天赐予伏羲的。伏羲氏之王天下，感动上天，有龙马负图而出黄河，神龟负书而出洛水。此"图"就是河图，"书"就是"洛书"。在刘牧看来，河图、洛书内涵天地自然之数、四象八卦之义。"今河图相传于前代，其数自一至九，包四象八卦之义而兼五行之数；洛书则惟五行生成之数也。"（《易数钩隐图》卷下）因此，河图、洛书成为《周易》之源，刘牧对此又展开了深入的阐述。他说：

> 今龙图其位有九，四象、八卦皆所包揾，且其图纵

横皆合天地自然之数，则非后人能假伪而设之也。夫龙图呈卦，非圣人不能画之。卦含万象，非圣人不能明之。（《易数钩隐图》卷下）

昔虑羲氏之有天下，感龙马之瑞，负天地之数，出于河，是谓龙图者也。戴九履一，左三右七，二与四为肩，六与八为足，五为腹心，纵横数之皆十五，盖《易·系》所谓"参伍以变，错综其数"者也。太皞乃则而象之，遂因四正定五行之数，以阳气肇于建子为发生之源，阴气萌于建午为肃杀之基。二气交通，然后变化，所以生万物焉、杀万物焉。且天一起坎，地二生离，天三处震，地四居兑，天五由中，此五行之生数也。且孤阴不生，独阳不发，故子配地六，午配天七，卯配地八，酉配天九，中配地十，既极五行之成数，遂定八卦之象，因而重之，以成六十四卦三百八十四爻，此圣人设卦观象之奥旨也。（《遗论九事》）

刘牧在此提出了河图、洛书早于八卦，八卦乃至六十四卦源于河图、洛书并为太皞（伏羲）所作的观点，并就伏羲观河图画卦的过程进行了解说。按照他的看法，八卦起源于河图之数，错综河图中天地自然之数即可成八卦。具体地说，就是将天一、地二、天三、地四、天五分居五方（北南东西中），生出坎、离、震、兑，然后由这五行生数加五变成六、七、八、九五行成数，而构成四象，由四象生成八卦。至于四象生成八卦，他又作了补充说明：

> 原夫八卦之宗起于四象，四象者，五行之成数也。水
> 数六，除三画为坎，余三画布于亥上成乾；金数九，除三
> 画为兑，余六画布于申上成坤；火数七，除三画为离，余
> 四画布于巳上成巽；木数八，除三画为震，余五画布于寅
> 上成艮。此所谓四象生八卦也。(《遗论九事》)

从他的论述看，四象生八卦，就是用六、七、八、九四个数去
掉三，余数变卦象得出乾（三画 ☰）布于亥、巽（四画 ☴）布
于巳、艮（五画 ☶）布于寅、坤（六画 ☷）布于申。乾、巽、
艮、坤加上原四正卦为八卦，然后由八卦相重成六十四卦。这
就是他所谓"观象画卦"。此象是指河图之象，"河图所以示其
象也"。(《易数钩隐图》卷中）而观象即观河图之象，"圣人观
象画卦，盖案龙图错综之数也"。(《遗论九事》)

　　从这里可以看出，刘牧关于河图生八卦的理论实际上是对
《系辞》"河出图"及太极生八卦思想的阐发，按照他的理解，
太极生八卦，是数的推衍，而这些数来自河图。然而伏羲画卦
是否只依河图，刘牧作了否定的回答："（河图）虽兼五行，有
中位而无土数，唯四十有五，是有其象而未著其形也。唯四象
八卦之义耳。龟书乃具五行生成之数，五十有五矣。易者包象
与器，故圣人资图书而作之也。"(《易数钩隐图》卷下）此肯
定了圣人据河图洛书而作《易》。

其三，河图与洛书的关系是象与形的关系。刘牧认为河图、洛书虽然皆由先天的数构成，"非后人能假伪而设"、"非人智能所设"，但二者存在着明显的差异：河图出自天，洛书出自地，从而河图显象，洛书显形。他说："《易》云'见乃谓之象'，河图所以示其象也；'形乃谓之器'，洛书所以陈其形也。'本乎天者亲上，本乎地者亲下'，故曰河以通乾出天，洛以流坤吐地"。(《易数钩隐图》卷中) 刘牧所说的象就是河图所包含的四象、八卦之象，形就是五行。无论是象还是形，皆由数构成，归根到底二者区别在于数。如他论述道：

> 河图之数，惟四十有五，盖不显土数也。不显土数者，以河图陈八卦之象，若其土数则入乎形数矣，是兼其用而不显其成数也。洛书则五十五数所以成变化而著形器者也。故河图陈四象而不言五行，洛书演五行而不述四象。然则四象亦金、木、水、火之成数也。在河图则老阳老阴少阳少阴之数是也，在洛书则金、木、水、火之数也，所以异者，由四象附土数而成质，故四象异于五行矣。(《易数钩隐图》卷中)

河图、洛书之区别从宏观上言之，是象与形之别。河图显示的是抽象的象，洛书显示的是具体的形。而从微观言之，是数之多少及其排列方式不同。河图数之和四十五，不显土数，不言五行。河图四象中虽有金、木、水、火之成数，则称为老

阳、老阴、少阳、少阴之数。洛书数之和五十五，其构成是由
四象附土数而成，显示的是五行生成之数。从刘牧所作二者
图示看，区别也十分明显（见下图）。河图有"河图天地数"、
"河图四象"、"河图八卦"图、洛书有"洛书五行生数"、"洛
书五行成数"图。

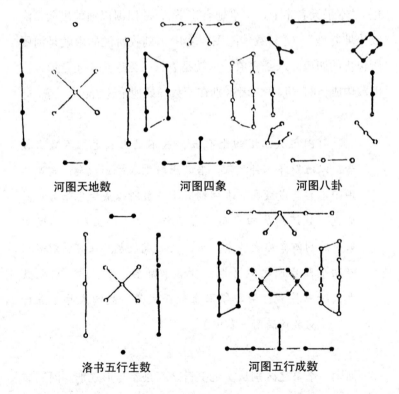

河图天地数　　　　河图四象　　　　　河图八卦

洛书五行生数　　　　河图五行成数

以上是刘牧关于河图、洛书的学说。刘氏之学出于道家
陈抟，却与道家思想有殊，他是以论述易学为指归。从其学的
构成看，有《易传》中的易数说，有汉代盛行的阴阳说、五行

生成说、九宫说、卦气说等。从这个意义上讲，刘牧河洛说是《易传》中的易数说与汉代象数思想相结合的产物。他围绕着《易传》提出的问题，以极其独特的图式排列形式，阐发了象数之大义，揭示了象数之间的内在联系，重新确立了象数在易学中的地位，建立了以数为核心的庞大体系。这是对晋唐占主导地位的玄理易学的否定和对两汉易学的发展。但是其体系中仍然存在许多问题，如他将数看作是先天的，是人感天而出，决定其他一切事物，带有神秘主义色彩。他说河图、洛书是八卦之源，亦令人生疑。如前所言，秦汉以降虽有五行生成说、九宫说，也有河图、洛书之名，却不能证明二者有何联系。至于由河图推衍八卦，更是牵强附会，如清儒黄宗炎称刘牧"立论则荒诞而不可执，取义则恍惚而无当大道"。(《图学辨惑》) 胡渭言《钩隐图》"支离破碎，缴绕窒塞，真无一可取"。(《易图明辨》卷四) 显然是看到了刘牧破绽而发。

六、刘牧图书之学的价值与影响

刘牧的易学实际上是宋易中的数学。即以数为基本出发点，建立起融象数理图为一体的易学体系。这个体系从构成看，是数；从表现形式看，是图；从其内涵看，有象有理。数、象、图、理在这里达到了高度的统一，而其中数起决定作用。刘牧《自序》云："原其本则形由象生，象由数设，舍其数则无以见四象所由之宗矣。是故仲尼之赞《易》也，必举天地之极数，以明成变化而行鬼神之道，则知《易》之为书，必极数以知其本也。"由此，刘牧易学体系中，数是最高的范畴，是其本质。关于这个问题，今人朱伯崑先生分析极为精确："（刘牧易学）就其理论思维说，是从抽象的数的概念出发，以数目自身的排列组合构造其河洛的图式，进而用来解释世界。此种易学，由于以数为核心，解释卦象和物象，实际上属于象数学派中的数学派。"①

刘牧易学有着重要的意义，主要表现在以下三个方面。

其一，通过批判玄学易，纠正了易学发展中长期存在的忽视象数、义多浮华的问题。自汉魏以来，玄学易适应了时代的要求而产生，并成为易学的主流。尤其隋定王弼易学为国学，唐孔颖达等人奉命撰《周易正义》，采王弼注而为之疏，玄学易获得独尊地位。但是玄学易弃象数而言义理，使易学走向一偏。就连为玄学易作疏的孔颖达也承认玄学易存在着"辞尚虚玄，义多浮诞"的弊病。就在这种情况下，刘牧崛起，承袭陈抟之学，推衍易数，建立图式，公开批判王弼、韩康伯、孔颖达等人的玄学易，这对于人们认清和纠正玄学易的流弊和推动易学发展有着积极的意义。

其二，通过对易数的阐发和改造，复活了象数易学。象数易发展至汉末达到顶峰，魏晋时在玄学易冲击之下，由盛转衰，其书大量散失，或有书无师，唯郑玄易行于世。而刘

---

① 朱伯崑《易学哲学史》第二卷，华夏出版社，1994年，第44页。

牧"采摭天地奇偶之数，自太极生两仪，而下至于《复》卦，凡五十五位，点之成图，于逐图下各释其义"（《易数钩隐图序》）。以新的形式复活和发展了象数易学，开创了易学研究的新局面，形成了新的易学派别。其功德不可磨灭。四库馆臣是如此评价的："汉儒言《易》多主象数，至宋而象数之中复歧出图书一派，牧在邵子之前，其首倡者也。"（《四库全书总目》卷二）这个评价可以说十分恰当。

其三，刘牧易学对当时及后世产生了重要的影响。刘牧易学为当时学界所推崇。晁公武云："仁宗时，言数者皆宗之，庆历初吴祕献其书于朝，优诏奖之。"（《郡斋读书志》卷一）不仅如此，随着理学的发展，刘牧的象数易学成为易学研究的一个焦点。"黄黎献作《略例隐诀》，吴祕作《通神》，程大昌作《易原》，皆发明牧说。而叶昌龄则作《图义》以驳之，宋咸则作《王刘易辨》以攻之，李觏复有《删定易图论》，至蔡元定则以为与孔安国、刘歆所传不合，而以十为河图，九为洛书。朱子从之，著《易学启蒙》，自是以后，若胡一桂、董楷、吴澄之书皆宗朱蔡，牧之图几于不传。"（《四库全书总目》卷二）一直到清，关于刘牧之学的研究仍然很盛行，尽管主流是持否定态度的，仍可见刘牧的图书之学影响之大。

但是，我们应当看到，刘牧的图书之学，无论是论点，还是论证，存在着大量的问题。如前面所言的关于河图洛书与八卦之关系问题、河图洛书产生及构成的问题、关于数的问题等等，从目前掌握的资料看，都不能令人置信，有些完全错误。

先儒对这些问题曾多次作过批判。元胡一桂指出:"《钩隐》一书,自易置河图、洛书二图外,余皆破碎穿凿。"(《周易本义启蒙翼传》中篇)雷思齐指出:"至其传及刘长民,因之泛出五十五图,名以'钩隐',则以增异。……是长民不揣其本,其事固非。"(《易图通变》卷四)清儒胡渭等人的批评则更加尖刻。他说:"按刘牧之学,当时皆谓其源出于希夷,而不知希夷所传者乃天地自然之图,白黑回互之状,康节之所受而演之者也。于'龙图'曷与焉?于《钩隐》又曷与焉?盖自天禧之后,伪书盛行而天地自然之图隐矣,说者以刘牧之学为希夷之传,是犹吕之代嬴,牛之易马,世仍以秦晋目之,而不知其血脉之已非也。……《钩隐》支离破碎,缴绕窒塞,真无一可取。譬诸田功,圣人之《易》,五谷也;希夷之《易》,黄稗也;牧之《易》,进不可穷理以尽性,退不可养生以尽年,徒为稂莠而已矣。"(《易图明辨》卷四)这些批判多有偏激之辞,却看到了刘牧图书之学的局限。

第三章　周敦颐"太极图"之象学

在中国文化发展史上，儒道释三家在政治势力的干涉下，消长起伏，相互攻取，历经几百余年，终于在宋代合流，形成了一种新的理论形态——理学。宋初的周敦颐以《太极图》为中介，援道入儒，开了理学之先河。由于《太极图》问题比较复杂，且在周子思想乃至整个宋代理学思想形成中占有极为重要的地位，故成为历代学者研究的一个焦点。

一、周敦颐生平及著述考

周敦颐（1017—1073），字茂叔，原名敦实，因避宋英宗旧讳改。道州营道（今湖南道县）人。谥元公。曾筑书堂于庐山莲花峰下，堂前有溪，洁清甘寒，遂名濂溪书堂，晚年退居书堂讲学，世称濂溪先生，其学被称为"濂学"。其官位不高，历任县主簿、县令、州判官、州通判、知州军等官职，多从事刑狱工作。据有关史料记载，他在处理刑狱时，尽心尽职，公平合理，果断不疑。他为分宁县主簿，能"一讯立辨"难决之疑狱。提点广南东路刑狱时，务在矜恕，得罪者自以不冤。潘兴嗣作《墓志》，称其"为政精密严恕，务尽道理"。(《周子全书》卷二十)蒲宗孟作《墓碣》则云："屠奸剪弊，如快刀健斧，落手无留。"(同上)可见，周敦颐以善断刑狱而著称于当时。学术上，师承道家，传授易图。朱震等人详细地记载了他传授易图的情况。朱震云："陈抟以先天图传种放，放传穆修，修传李之才，之才传邵雍。……穆修以太极图传周敦颐，敦颐传程颢、程颐。"(《汉上易传表》，见《汉上易传》)胡宏也称，周敦颐"推其道学所自，或曰传《太极图》于穆修也，传《先天图》于种放，种放传于陈抟。"(《通书序略》，《周子全书》卷十一)朱震和胡宏的论述虽有一定的差别，但有一点可以肯定，周敦颐之学源于道家。然而，他并不是一个道家学者，而是一个新式的儒家代表人物，即杂糅儒道，将道家思想融入儒家之中，尤其是以《周易》为框架，兼取道家炼丹理论和儒家的《孟子》《中庸》的思想，融旧铸新，建立了以诚为核心的思想体系。对于这一点，南宋张栻曾作过说明："濂溪始学陈希夷，后来自有所见，其学问如此。"(《南轩语录·答程子问》，《周子全书》卷十八)这里所谓"自有所见"，就是指他对儒家之改造发展而言的。正因为他学有根源，又有心得，在当时许多人追随，或与之论学。他在任合州判官时，"从学者甚众"。宋代大儒程氏兄弟曾受其学。王安石遇之而"语连日夜"，"退而精思，至忘寝食"。(《年谱》，《周子全书》卷二十)

但是，与政绩人品比较，其学问在当时隐而不显。宋人黄庭坚曾对其人品给予很高的评价："春陵周茂叔人品甚高，胸中洒落，如光风霁月。"（《濂溪词并序》，《周子全书》卷十九）朱熹也明言："濂溪在当时，人见其政事精绝，则以为宦业过人。见其有山林之志，则以为襟袖洒落，有仙风道气。无有知其学者，惟程太中独知之。"（《周子遗事》，《周子全书》卷十八）

　　周敦颐易学著作，后人多有争议。潘兴嗣在《濂溪先生墓志铭》中指出：先生"尤善谈名理，深于易学，作《太极图》《易说》《易通》数十篇"。（《周子全书》卷二十）朱熹对潘氏记载做了解释："故清逸潘公志先生之墓，而所著述之书，特以作《太极图》为首称，而后乃以《易说》《易通》系之，其知此矣。"朱熹自注云："先生《易说》，久矣不传于世，向见两本，皆非是。其一《卦说》，乃陈忠肃公所著；其一《系辞说》，又皆佛老陈腐之谈。其甚陋而可笑者，若曰易之冒天下之道也，犹狙公之罔众狙也。观此，则其绝非先生所为可知矣。《易通》，疑即《通书》，盖《易说》既依经以解义，此则通论其大旨，而不系于经者也。"（《〈太极图说〉〈通书〉书后》，《周子全书》卷十一）按照朱熹的理解，周子有《太极图说》《易说》《易通》三书，今人多信从。但有学者认为朱熹解说"并不完全符合实际"，理由是《太极图》《易说》南宋初刊时，附在《易通》后面，"按潘兴嗣所撰的墓志则叙在《易通》与《诗》十卷之前"，这表明了《太极图》《易说》是同一篇著作，即《太极图说》。"非《太极图》并说之外，别有所谓《易说》。"①此说可信，兹从之。

又考周敦颐与傅耆的通信，知周子有《姤说》《同人说》。周子在判合州时，傅耆复书中写道："蒙示《姤说》，意远而不迂，词简而有法，杂之《元结集》中，不知孰为元，孰为周也。"（《年谱》，《周子全书》卷二十）后摄邵州事，傅耆又复书云："蒙寄贶《同人说》，徐展熟读，较以旧本，改易数字，皆人意所不到处。"（同上）据此，有的学者认为周敦颐的著作有《姤说》《同人说》。周氏的《姤说》《同人说》早已佚失，宋人度正虽曾设法"访求之"，"仅得其目录"，（《年谱》，《周子全书》卷二十）未见其原作，而今其目录亦不可见，故两篇是否为独立著作无从考证。但从其篇名看，姤、同人是《周易》六十四卦中的两卦，而《姤说》《同人说》当是对两卦的解说。周子对《周易》作过系统研究，将两卦解说视为两部独立著作，似不太合乎情理。故笔者管见，他示两卦之解说于人，说明他对此两卦尤有心得，即是他易书中最得意的部分。对于这一点，宋人度正很有见地。他在跋周敦颐《贺傅伯成手谒》时云："按傅氏家集，濂溪在吾州，尝以《姤说》示之，其后在零陵，又寄所改《同人说》，二说当即所谓《易通》者。"（《周子全书》卷十七）又在《书晦庵太极图解》指出："闻之先生，今之《通书》本名《易通》，则六十四卦疑皆有其说。今考其书，独有乾、损、益、家人、睽、复、无妄、蒙、

---

① 侯外庐等主编《宋明理学史》上卷，人民出版社，1987年，第5页。

艮等说,而亦无所谓《姤说》《同人说》者,则其书之散逸亦多矣。"(《周子全书》卷五)

二、"太极图"易学释义

周敦颐改造儒家,建立一个全新的体系,主要表现在"太极图"的绘制。"太极图"是其思想的精髓,集中体现了他的易学观及价值理想趋向,而其他著作皆是训释和阐发"太极图"之义的。如朱熹所言:"周子立象于前,为说于后,互相发明,平正洞达,绝无毫发可疑。"(《朱文公文集》卷四十二)"盖先生之学之奥,其可以象告者,莫备于太极之一图。若《通书》之言,盖皆所以发明其蕴,而《诚》《动静》《理性命》等章为尤著。"(《〈太极图说〉〈通书〉书后》,《周子全书》卷十一)这是说,《太极图说》和《通书》皆为阐发"太极图"之作。由此可见"太极图"在他思想体系中的重要性。

按照《年谱》记载,周敦颐在宋仁宗庆历六年作"太极图"。自南宋始,许多思想家在其著作中收录了周敦颐的"太极图"。如南宋朱震《汉上易传》、佚名氏《周易图》、朱熹《太极图说解》皆有此图。清人黄宗炎《图学辨惑》、张惠言《易图条辨》等也收有此图。这些太极图画法大同小异。其中较早的是朱震所收的"周子太极图"。按照清人毛奇龄考证,朱震所收的"太极图"是朱震"亲见其图而摹画之","其图之最真而最先已瞭然矣"。(《西河合集·太极图说遗议》)

兹以朱震所收"太极图"为准，参照《太极图说》及后人解释分析其义。"太极图"自上而下可分解为五个图，其含义如下：

图中最上一个圆圈，表示混沌未分的太极。"太极"从文字意义上讲，是高大之义。传世本《周易》"太"多作"大"。极，《广雅释诂》训为"至"和"高"。汉儒有的训为"北辰"、"太一"，恐也是因为北极星或太一星居高且为生气之本。晋人韩康伯等人释为"无"："太极者，无称之称。"（《周易正义》卷七）周子吸收了前人的成果，尤其是吸收了道家思想，以"无极而太极"而释之。无极是无，太极是有，这是宇宙从无到有的过程，也就是说，为了摆脱在宇宙生成问题上的困扰，他不得不在"太极"前加上"无极"。这实际上是老子"有生于无"的翻版。

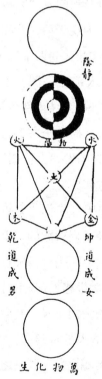

《汉上易传》太极图

第二层是黑白三轮图，黑白三圈轮廓环抱，象征太极内涵阴阳动静，其中央的○是本体。左为阳动，右为阴静，此所谓"太极动而生阳，动极而静；静而生阴，静极复动。一动一静，互为其根"。（《太极图说》）

第三层是五行变合图，象征阴阳变化而产生水火木金土五行。＼表示阳之变，

╱表示阴之合，而五个小圆表示五行。此所谓"阳变阴合，而生水火木金土"。（同上）水，阴盛，故居右；火，阳盛，故居左；木，阳稚，故次火；金，阴稚，故次水；土，冲气故居中。五行之间自相联系，水生木，木生火，火生土，土生金，金复生水，生生不息，循环往复，而使"五气顺布，四时行焉"。（同上）五行下有一小圈与五行相连，以示二气五行交合密切无间。

第四层图象征气化。即阴阳五行交感而成两大类事物，禀受阳气而形成的事物显阳性，禀受阴气而形成的事物显阴性，这就是"乾道成男，坤道成女"。《文言》所谓"本乎天者亲上，本乎地者亲下"也是此意。

最下一层圆圈，象征万物受阴阳之气而成形，自相交感，生生不已，变化无穷。

周敦颐"太极图"及其解说，生动形象地绘制了一整套宇宙演化的模式，是宇宙生成论的图像化，也是宇宙本体论的图像化。这个图像化的理论，从易学这个角度言之，是对《易传》思想的阐发。《系辞传》云："易有太极，是生两仪，两仪生四象，四象生八卦。"这一段简短古奥的文字，成为历代易学家争论的焦点，有视为画卦，有视为行蓍，有视为宇宙生成，莫衷一是。宋人受道家启发，独辟蹊径，以图说《易》，太极生八卦也成为图释的一个重要的内容。刘牧等人以"天地之数"为要素，邵雍以数的"加一倍"法作图推演太极生八卦，而周敦颐不同，他以汉人所使用的阴阳五行为要素，作图推太极生八卦。从解说看，周氏"太极图"最上层圆圈，表达的是"易有太极"的思想。第二层黑白三轮图表达的是"是生两仪"的思想。《太极图说》明言"分阴分阳，两仪立焉"。第三层五行图，表达的是"两仪生四象"的思想。《太极图说》云："阳变阴合，而生水、火、木、金、土，五行顺布，四时行焉。"这里的"四时"即四象。第四层图和第五层图表达的是"四象生八卦"的思想。《太极图说》云："无极之真，二五之精，妙合而凝，乾道成男，坤道成女。二气交感，化生万物。"此处虽未明言"八卦"，但从"二气交感，化生万物"看，已包含了八卦。万物，在《周易》中，总是与八卦或六十四卦相联系。《系辞传》云："于是始作八卦，以通神明之德，以类万物之情。"《说卦》云："水火相逮，雷风不相悖，山泽通气，然后能变化，既成万物也。"从以上引述看，八卦可以代表八种物质，而这八种物质经变化可以生万物。故此有"四象生八卦"。

周敦颐的"太极图"及《太极图说》反映了其易学观。自古治《易》分为象数、义理两种方法，"太极图"运用了汉人所使用的阴阳、五行等易象，故当属象数学中的象学。对于这一点，朱熹讲得极为清楚："太极图，立象尽意，剖析幽微，周子盖不得已而作也。"（《文集·答张敬夫》）但周子这个象学与汉儒不同，具体表现在两个方面：一，表达形式不同，汉儒用文字表示象，周子用图式表示象。二，治《易》方法不同，汉儒将象视为一种解经的工具，而周子突破了这种注释形式，代之以不受经文局限的、蕴含易理的、生动形象的图式，即以图释《易》。

三、"太极图"渊源考辨

周敦颐"太极图"之来源，也是学术史上一大悬案。一部分人称周子"太极图"来自道家系统，或得之陈抟，或得之陈抟以前道教典籍。总之，系改造了道家修炼图而成。宋朱震撰《进周易表》、清毛奇龄撰《太极图说遗议》、胡渭撰《易图明辨》、黄宗炎撰《图学辨惑》、朱彝尊撰《太极图授受考》、今人侯外庐等编《宋明理学史》、朱伯崑撰《易学哲学史》等皆主此说。另一部分人称"太极图"是周敦颐自作，宋潘兴嗣《濂溪先生墓志铭》、度正《太极通书发明论》（见《周子全书》卷十一）及今人任俊华等人皆主此说。这里以清儒黄宗炎和朱彝尊的考据成果为例，对周子"太极图"渊源加以辨析。黄氏认为，周子的"太极图"受自陈抟，是改造了陈抟修炼图而成的。他列陈抟修炼图及周敦颐"太极图"（图如下），作了比较说明：

他说，陈抟修炼图"本名无极图"，由陈抟刻于华山石壁。此图"创自河上公，魏伯阳得之，以著《参同契》。钟离权得之，以授吕洞宾。洞宾后与图南同隐华山，因以授陈。陈又受先天图于麻衣道者，皆以授种放。放以授穆修与僧寿涯。……修以无极图授周茂叔，茂叔又得先天地之偈于寿涯，乃方士

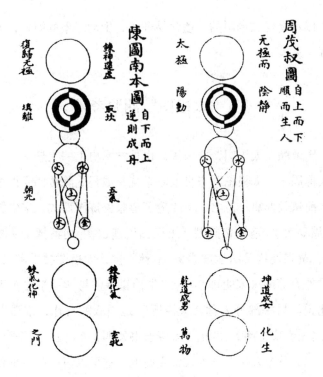

修炼之术"。按照他的解说，此图"其义自下而上，以明逆则
成丹之法"。其最下一○名为"玄牝之门"，玄牝即谷神。稍上
一○名为"炼精化气，炼气化神"。中一层名为"五气朝元"。
由于水火交媾，而又上为阴阳环抱三轮图，名为"取坎填离"，
此为圣胎。最上一层名为"炼神还虚，复归无极"。这一过程归
结为："始于得窍，次于炼己，次于和合，次于得药，终于脱
胎，诚仙真求长生之秘术也。"（见《图学辨惑·太极图说辩》）

　　他又指出："茂叔得此图于穆修，又得先天地之偈于寿
涯，乃颠倒其序，更易其名，以附于《大易》，指为儒者之秘

传。……方士之诀，逆则成丹；茂叔之意，以为顺而生人。"
（同上）具体地说，改上层一圈"炼神还虚，复归无极"之名为
"无极而太极"，改"取坎填离"之名为"阳动阴静"，改"五气
朝元"之名为"五行各一性"，改"炼精化气，炼气化神"之名
为"乾道成男，坤通成女"，改"玄牝之门"为"万物化生"。

　　黄氏重申了周子"太极图"传自陈抟，并就两图作以比
较，提出了周子改"在逆成丹"之图为"在顺生人"的"太
极图"。黄氏考证基本可信，周子"太极图"源于陈抟，朱震
早有记载，同时，从周子的《读英真君丹诀》诗中可以得到
印证，其诗曰："始观丹诀信希夷，盖得阴阳造化机。子自母
生能致主，精神合处更知微。"（《周子全书》卷十七）此诗是
读了道家《英真君丹诀》后所作。根据有关学者考证，《道
藏·洞真部·玉诀类》有《阴真君还丹歌注》，署名陈抟注，
周氏所读即是此书。[①]其诗的内容赞美陈抟得阴阳之机，教人
修炼成丹。

　　由此知周子深谙道家修炼之术。又从其《墓碣铭》《年谱》
记载看，他平生襟怀飘洒，志趣高远，"常以仙翁隐者自许"，
与高僧道人游乐山水，"经月不反"，与道家结下不解之缘。以
上资料显示，其"太极图"源于道家陈抟应该是事实。

　　与黄氏同时代的朱彝尊及毛奇龄等人则认为周敦颐"太极

----

① 余敦康《内圣外王的贯通——北宋易学的现代阐释》，学林出版社，
　　1997年，第147—148页。

图"与唐以后道家修炼图有关。朱氏明确地指出：

> 　　自汉以来，诸儒言《易》，莫有及太极图者，惟道家
> 者流，有《上方大洞真元妙经》，著太极三五之说。唐开
> 元中明皇为制序。而东蜀卫琪注《玉清无极洞经仙经》，
> 衍有无极、太极诸图。（《曝书亭集·太极图授受考》）

朱氏认为《道藏》中的图早于周子"太极图"，故断定"周子
取而转易之"，"更名之太极图"。毛奇龄也有相似的论述。他
认为，隋唐与宋不相接，"方士画于前，儒臣进于后，不相谋
也。一入《道藏》，一入纶馆，又未尝相通也，而两图踪迹，
若合一辙，谁为之者！"（《西河合集·太极图说遗议》）根据
朱氏、毛氏的提示，查阅《道藏》，其中的确有"太极先天之
图"，其图如下：

细观"太极先天之图"的框架，与周氏"太极图"极为相似，所不同的只是文字的标注位置。虽然朱氏、毛氏之观点和图式与黄氏还有一定的差别，而且目前我们还搞不清这几种图式的内在关系，但就图论图，基本上是一致的，这说明了周子"太极图"必有师承，绝不可能闭门造出。然而，今人李申、任俊华等人就周敦颐"太极图"源于道家说再次提出质疑。如任俊华认为《太极先天之图》根本不是周敦颐之前的作品"。其根据是此图之前唐明皇所制的序使用了"世民"二字，未避唐讳。由此推断此序是后人之作。[①]

笔者管见，仅以是否避讳为标准否定此序的真实性，过于轻率。唐人的确有避讳皇帝名字的习惯。但是，我们所见到的《道藏》是明本，其中所收的唐代作品经明人编纂修订，很可能会将当时避讳的字改过来。以唐朝李鼎祚《周易集解》为例，李鼎祚生活在唐朝中后期，对唐朝前、中期的皇帝名字当避讳，但观现存的《周易集解》却屡不避讳。太祖讳"虎"，而《集解》有"虎"字。《乾文言》云："风从虎。"《集解》引荀爽曰："虎喻国君。"虞翻曰："坤为虎。"世祖讳"丙"，而《集解》有"丙"字。《蛊·象》云："后甲三日。"《集解》引《子夏传》曰："乙丙丁也。"高祖讳"渊"，而《集解》有"渊"字。《乾·九四》云："或跃在渊。"《集解》引崔

---

① 任俊华《易图考辨观点论析》，收于段长山主编《周易与现代化》（二），中州古籍出版社，1993 年。李申先生也有此论，见《话说太极图》，知识出版社，1992 年。

憬曰："疑而处渊。"干宝曰："渊，谓初九。"中宗讳"显"，而《集解》有"显"字。《自序》云："斯乃显诸仁而藏诸用。"玄宗讳"隆基"，而《集解》有"隆基"字。《大过·九四》云："栋隆吉。"《集解》引虞翻曰："隆，上也。"《系辞传》云："是故履德之基也。"《集解》引虞翻曰："坤柔履刚，故德之基，坤为基。"据清人刘毓崧考证，李鼎祚在唐代宗登基后献《周易集解》于朝，(《通义堂文集》) 必定会避讳皇帝名字，今本不避是后人所改。另外一个证据是《道藏》中的《唐玄宗御注道德真经》。《新唐书·艺文志》《宋史·艺文志》《崇文总目》《郡斋读书志》《董氏藏书志》皆有著录，证明该书为唐玄宗的作品。但该书亦不避"渊"字。如《道经上》云："渊兮似万物之宗。"玄宗注曰："渊，深静也。道常生物而不盈满，妙本渊兮深静，故似万和宗主。"又云："心善渊。"注曰："用心深静亦如水之渊停矣。"《道经下》云："鱼不可脱于渊。"注曰："失渊则为人所擒。"这不是玄宗不避"渊"，而是后人所改。据史志、读书志所载，此书二卷，而《道藏》本为四卷，这是该书经后人重编之例证。由此视之，我们不能因为该书中有"渊"字而否定其真实性，以此类推，也不能因《太极先天之图》前唐明皇所制序中出现"世民"而否定其图的真实性。

　　另一个问题是，有人提出《上方大洞真元妙经图》中的文字说明出现"子明"、"希夷"、"山谷"、"冲和"等人名，从而否定《太极先天之图》是宋以前的修炼图。对于这个问题，今人祝亚平在考证了真元道形成及有关典籍后提出了新解。他说："其《妙经图》则取原图而加以注说，说解之文出于宋人之手，而图却是原来就有的，在真元道中流传已久。""太极图确为道家所创，因其理论自《道德经》已具备，而唐代《真元妙道修丹历验钞》中的'还丹五行功论图'已有此思想，图式亦具其结构。后世真元道人将其抽象化，成为'太极先天之图'，经陈抟之手传于世，为周敦颐所得，一改而为'太极图'。"[①] 笔者赞同这个观点，其理由补充如下：

其一，隋唐时已有了以图解《易》之作。如《隋书·经籍志》著录有《九宫图》一卷、《九宫变图》一卷、《九宫八卦式蟠龙图》一卷。《旧唐书·礼仪志》已有"戴九履一、左三右七、二四为上、六八为下"的九宫数的记载。道教有援《易》为说的传统，而形成于唐以后的真元道教吸收和改造各种图为修炼之用，完全是可能的。

其二，陈抟是一个生活在五代至宋初的道士，许多资料记载，他传授图书之学。尤其不可忽视的是离他生活时代较近的南宋人的记载，如朱震《汉上易传表》、胡宏《通书序》、《东都事略·儒学传》等皆有明确的记录。更为重要的是《道藏》中有文献说他曾以图来修炼。《上方大洞真元阴阳陟降图书后解》记载："（陈抟）文言制录伏砂之道，全在左三右七，二四

---

① 祝亚平《道家文化与科学》，中国科学技术大学出版社，1995 年，第 105—108 页。

之膊肩，六八当为足膝，戴乎其九，履乎其一，腹宽五宫，嘉来中央而方备功。"这说明了唐宋时期道士以图式作为炼丹的示意图已成为事实。

其三，《道藏》中《太极先天之图》前之《唐明皇御制序》明言："凡修短福祸增减，是以图立形仪。"这是《上方大洞真元妙经图》中包括《太极先天之图》在内的诸图流行于宋以前之铁证。

因此，笔者认为，就其图式而言，周氏的确是抄袭了道家的修炼图。但是，他将道教修炼图置于儒家文化中，以恢复易学精神为旨归，变"逆则成丹"之法为"顺则生人"的图式，阐发了《系辞》"太极"生"两仪"、生"四象"、生"八卦"之大义，这又是他的创造和心得，也是他的"太极图"与道教修炼图的本质区别。古代思想家言周敦颐"太极图"非自作，多就其基本图式而言的；而称其为周氏自作者，多是就他将道教修炼图巧妙改造成为具有易学意义的图式而言的。朱震、朱熹等人有时称"太极图"是传自陈抟，有时又说是周氏自作，原因也正在于此。如朱熹指出："按张忠定公尝从希夷学，而其论公事之有阴阳，颇与图意合。窃疑是说之传，固有端绪。至于先生然后得之于心，而天地万物之理，巨细、幽明、高下、精粗，无不贯于是，始为此图，以发其秘尔。"（《朱文公文集·再定太极通书后序》）显然，朱熹一方面肯定了周氏之学固有端绪，一方面又肯定了周氏"得之于心"，然后才画出"太极图"。

四、"太极图"的意义及对易学发展的影响

承认周氏"太极图"源于道教修炼图，并不会削弱周氏的功绩，降低他在思想史上的地位。恰恰相反，正是因为他援道入儒，融旧铸新，才使他的思想既有深厚的根基，又有勃勃的生机，能够在各种思想的交汇、撞击中立住脚，成为新思潮的标志，而他也被尊崇为承上启下的新儒学开山鼻祖。黄百家站在儒学发展的角度上曾给予很高的评价：

> 孔孟而后，汉儒止有传经之学，性道微言之绝久矣。元公崛起，二程嗣之，又复横渠诸大儒辈出，圣学大昌。故安定、徂徕卓乎有儒者之矩范，然仅可谓有开之必先。若论阐发心性义理之精微，端数元公之破暗也。（《宋元学案·濂溪学案》）

黄百家看到了周敦颐心性之学的精微，指出了其在儒学发展中所起到的扶微起废、承传孔孟之学的作用，确立了其应有的地位，但他忽略了周子心性之学对孔孟的心性之学的发展。孔孟心性之学的基础是天人一体，只要尽心、知性，便可以知天，而周敦颐已不满足于孔孟的思想，而是采用图示这种全新的方式，生动形象地将人之心性置于宇宙生成论和宇宙本体论之中加以阐发，论证了心性就是太极，其目的是以太极立

人极，为儒家的道德本体论确立天道自然的哲学基础。对于这个问题，他直言不讳："圣人定之以中正仁义而主静，立人极焉。"（《太极图说》）很显然，无论是论证的方式还是所运用的概念及用这些概念所建立起的体系，与早期的儒家相比，要高明得多。究其原因，就在于他接受了道家的修炼图，并加以改造而形成自己的"太极图"，然后由"太极图"引发出一套融贯儒道两家思想的、生机勃勃的心性理论。因此，源于道家的"太极图"是周子思想在当时能战胜佛道、承传发展儒学的关键。

从易学上讲，周敦颐成功地把道教炼丹图改造成为儒家的易学图式，除了他自身有着深厚的道家和易学知识外，还得益于道家与易学之间特殊的关系。易学与道家理论相通，并在长期发展中相互吸收，相互促进。如东汉时道家经典《周易参同契》是以《周易》理论阐发炼丹的著作，是援《易》入道。三国时虞翻既精通《参同契》又精通易学，曾以道家理论（如纳甲）注《易》，是援道入《易》。由于二者相互渗透，都在不同程度上得以发展。道教的修炼图也源于易学理论，其中既包含了汉代易学中的太易说、五行说，也有太极生八卦的思想，如《道藏》中，对《太极先天之图》有如此的解释："粤有太易之神，太始之气，太初之精，太素之形，太极之道，无古无今，无始无终也。故'易有太极，是生两仪，两仪生四象，四象生八卦，八卦定吉凶，吉凶生大业'。言万物皆有太极、两仪、四象之象。四象、八卦具而未动，谓之太极。太极也者，天地之大本耶？天地分太极，万物分天地，人资天地真元一气之中以生成长养。观乎人，则天地之体见矣。"这段文字虽然为唐以后的人所为，但却揭示了道家修炼图所本的易学思想。周敦颐将道家带有易学成分的图式和思想，重新置于易学当中，通过改造整合，画出"太极图"，并作《太极图说》和《通书》解释易学问题，这与虞翻吸收道家天体纳甲说注《易》一样，有其重大意义，具体地说，其意义表现在两个方面：

其一，以新的形式说《易》，复兴了象数易学。象数易学发展到汉末，弊端日益显露，失去独尊的地位，加之魏晋王弼玄学尽扫象数和唐朝定王弼易为国学，象数易学趋向式微。唐宋以降，由于统治者大力提倡道教，道教思想及修炼图式极为流行。在这种条件下，周敦颐和刘牧、邵雍等人从道教中吸取营养，开始以图注《易》，使已沉寂了六七百年之久的象数易学又以崭新面貌出现，重获生机成为易学发展中一股不可忽视的思潮，即使在义理之学鼎盛的宋明仍占有一席之地。因此，宋代的河洛之学兴起和发展，与周敦颐所作的"太极图"及这种以图说《易》的形式是密切相关的。

其二，注重义理之阐发，开一代之新风。"太极图"是"象"，立象目的是尽意。周敦颐重视"太极图"这个象的建构，但不停滞在"象"上，更进一步阐发这个象所蕴含的义理。故他除了作《太极图说》外，又专作《易通》。朱熹曾就这个问题作了说明："周子留下太极图，若无《通书》，却教人如何晓得，故太极图得《通书》而始明。"(《朱子语类》卷九十四）他又运用具体的例子证明之："《通书》中所谓诚无为者，太极也。几善恶者，阴阳也。德曰仁义礼智信者，五行也。皆就图上说出。其余如静虚动直、礼先乐后、淡且和、果而确之类，亦是图中阴阳动静之意也。"（《周子全书》卷七）因此，从社会实践意义上说，周子以"太极图"为根据，参照《大学》《中庸》等经典而著成的《通书》一书则具有更重要的价值，他在该书中所阐发出的宇宙论、道德论、学术论、政治论对于易学乃至整个儒学发展都有重要意义，朱熹在多年"潜玩"《通书》之后说：

> （《通书》）大抵推一理、二气、五行之分合，以纪纲道体之精微；决道义、文辞、禄利之取舍，以振起俗学之卑陋。至论所以入德之方、经世之具，又皆亲切简要，不为空言。顾其宏纲大用，既非秦汉以来诸儒所及；而其条理之密，意味之深，又非今世学者所能骤而窥也。（《通书序》，《周子全书》卷七）

朱熹对于《通书》的评价，未免溢美，但绝非泛泛之言，他的确感悟到了周敦颐易学之精神。易学史上，有郑玄、王弼为代表的两大派，"郑则多参天象，王乃全释人事"。（李鼎祚《周易集解序》）周敦颐试图克服这两种倾向，由象而释人事，而且将人事作为其理论的指归，这为宋代义理之学形成和发展奠定了基础。宋代二程兄弟、张载、朱熹等大易学家，以义理治《易》，重视易理的社会性、实践性，以此而建立起博大精深的理学体系，从而改变了易学研究的大方向，追根求源，当归功于周敦颐。同时，也正因为程朱等大儒竭力地阐扬，周子之学得到了历代统治者的推崇，成为官方哲学，而周子本人也先后被封为"汝南伯"、"道国公"等，促进了其思想流传后世。

第四章 邵雍先天数学（上）

一、生平事迹

邵雍（1011—1077），字尧夫，谥康节。其家祖籍河北范阳（今河北涿州），后移衡漳（今河北南部），邵雍少时随父邵古迁共城（今河南辉县），晚年定居洛阳。

邵雍少时刻苦自学，博览群书。史称："雍少时，自雄其才，慷慨欲树功名。于书无所不读。始为学，即坚苦刻厉，寒不炉，暑不扇，夜不就席者数年。"（《宋史·道学传》）共城令李之才闻其好学，授其物理、性命之学。其人品极高，"德气粹然，望之知其贤，然不事表襮，不设防畛，群居燕笑终日，不为甚异。与人言，乐道其善而隐其恶。有就问学则答之，未尝强以语人"。（同上）邵雍具有儒者大家之风范，在当时影响很大，"故贤者悦其德，不贤者服其化，一时洛中人才特盛，而忠厚之风闻天下"（同上）。他成为时人的楷模，受人尊敬。

邵雍一生不求功名，过着隐逸的生活。嘉祐之时，朝廷诏求天下遗逸名士，留守王拱辰和尹洛以邵雍应诏，授将作监主簿。吕海、吴克荐他补颍州团练推官。他皆以种种理由推托。

富弼、司马光、吕公著等高官十分敬仰他，常与之饮酒作诗，并买园宅送他居住。他在此过着耕种自给的生活，名其居曰"安乐窝"，自号"安乐先生"。

他勤于著书，著有《皇极经世》《观物内外篇》《渔樵问对》《伊川击壤集》等书。

邵雍思想渊源于道家陈抟，已成为定论，众家皆有论述。朱震说："陈抟以先天图传种放，放传穆修，修传李之才，之才传邵雍。"（《汉上易传·表》）而朱熹则认为邵雍传自陈抟，陈抟也有所承传。他说："邵子发明先天图，图传自希夷，希夷又自有所传。"（《周易参同契考异·附录》）从朱震、朱熹记载看，邵雍的思想源于道家系统，而直接传授者是李之才。关于这一点，张岷等人皆有说明。张岷为邵雍所作《行状略》中指出："先生少事北海之才挺之，挺之闻道于汶阳穆修伯长，伯长以上虽有其传，未之详也。"（《邵子全书·附录》）

值得说明的是邵子之学虽有渊源，但更多的是出于自己的体悟。《宋史·邵雍传》对此论述得极为清楚：邵雍"乃事之才，受河图、洛书、宓羲八卦六十四卦图像。之才之传，远有端绪，而雍探赜索隐，妙悟神契，洞彻蕴奥，汪洋浩博，多其所自得者"。邵雍的贡献不是承传道家思想或重复前人的思想，而是以数为框架建立了庞大的思想体系，即所谓"自得者"。

二、邵雍先天数学的特征

邵雍易学的核心是易数。他以易学中天地之数、大衍之数为出发点，经过层层深入的推演和论证，融会贯通，构筑了一个极为缜密、博大的有关数的理论体系，并以此为工具探究宇宙天地之演化、社会历史之变迁、阴阳万物之消长。《东都事略》曾这样概括其学："自天地运化，阴阳之消长，皆以数推之。"（《隐逸传·邵雍》）这种以易数洞察和驾驭天地万物的理论，在易学史上被称为"数学"。

"数学"属于象数易学的范畴，它起源于《周易》筮法。现存最早的筮法——保留在《易传》中的大衍筮法就是建立在数的基础上。该法以蓍草为工具，推演其数，经过"分二"、"挂一"、"揲四"、"归扐"四个步骤而完成一变，三变而成一爻，十八变而成一卦。由此，大衍筮无非是推演和计算数而已，对于此，早在春秋时韩简作过概括："筮，数也。"（《左传》僖公十五年）至汉唐，易学家为了达到注经的目的，由易之筮数扩展到五行之数、干支数、九宫数等，进而探讨它们之间的关系及其与辞的关系。这些都是数学的研究对象。当然，中国古代的数学，还包括了与易学有千丝万缕联系的数字的推衍和计算，如天文、历法、算术也隶属于数学。

邵雍的数学源于《易》之筮数，而不以研究筮法为目的。即他在运用丰富的自然科学知识印证易数时，更加关注数的理论建构和具体的运用，反对琐碎的讲解式的易学。他说过："知《易》者不必引用讲解，始为知《易》。""人能用《易》，是为知《易》。"（《观物外篇》）他的易学很少讲解经文，即使偶尔有解释，也只释其大义，而不拘泥于字句诠释。因此，邵雍的数学与以往易学家的数学有着本质的区别。以往易学家的易学是一种笺注之学，这种学问是适应了经学的需要而产生，在经学研究中发展，以注经为目的。而邵氏的数学不是着眼于经文的诠释，而是通过对经文有关数问题的研究，建立一种逻辑性较强的新理论。这种理论冲破了经学研究的束缚，思想更为深刻，普适性更强。它除了可以解释易学自身一些问题外，还可以解释世界上一切事物及其变化。就社会而言，它强调人事之用，言"道德的功力"、政治体制、圣贤事业，把探讨古今成败之变作为其理论的指归，是一种"内圣外王之道"。就宇宙而言，注重对于天人的探讨，视"自然而言者"为天，视"圣人能索之效法者"为人，以"天人同谋"为处事之原则，将"以物观物"认识方法作为一种天人之学。而且，他认为天人之学是学问的本质。他曾说："学不际天人，不足以谓之学。"（《观物外篇》）这表明了他的易学是一种天人之学。这是邵氏数学乃至整个先天之学特色之一。

特色之二，尊重伏羲先天易。按照他的理解，易学分为两个阶段：伏羲易、文王易。伏羲易是先天易，文王易是后天易。这两种易学有着明显的不同："先天者，伏羲所画之易也；后天者，文王所演之易也。伏羲之易初无文字，只有一图以寓其象数，而天地万物之理、阴阳始终之变具焉。文王之易即今之《周易》而孔子所为作传者是也。"（朱熹语，《文集》卷三十八）伏羲先天易，其实就是伏羲先天图式，后天易则是融卦画和文辞为一体的《周易》。邵雍认为，先天易比后

天易更为根本，先天易体现了天地生物之心，后天易表现的是
万事万物。他说："先天之学，心也；后天之学，迹也。"（《观
物外篇》）此"心"，指天地生物之心，不是人心，有时他还将
此"心"称为"太极"。（同上）这里的"心"或"太极"是天
地之本，天地皆由它而生："生天地之始，太极也。"（同上）
"天地之心者，万物之本也。"（同上）这种天地之本的"心"
或"太极"用图式表示即是图之中心处。对于这一点，邵氏曾
明确指出："先天之学，心法也。故图皆自中起，万化万事生
乎心。"（同上）"天地之本，其起于中乎。是以乾坤屡变，而
不离乎中。"（同上）后人承袭了这种思想。如林学履问："图
皆从中起，万化万事生于心，何也？朱子云：'其中间白处便
是太极。三十二阳，三十二阴，便是两仪。八阴八阳便是八
卦。'"（引自《皇极经世全书解》卷七）黄畿说："自《复》至
《乾》，自《姤》至《坤》，起于中也。自《临》至《师》，自
《遁》至《同人》，亦起于中也。自中而起，自中而止，横图与
圆图，莫不皆然。"（同上）正是因为先天图是一张宇宙演变
图，其中包含着天地万物之理，故邵氏大加尊崇之，深入研
究之，并达到了"吾终日言未离乎是"的地步。如他说："图
虽无文，吾终日言未离乎是，盖天地万物之理尽在其中矣。"
（《观物外篇》）这是他推崇伏羲先天易，并以此阐发和建构自
己思想体系之明证。这与以往的易学有明显区别。汉唐以来，
无论是象数易，还是玄学易，皆以《周易》经传（即后天易）
作为研究对象，以注经作为目的，而其思想体系是借助于注经

形式表现出来。换言之，易学家的思想多本于"后天易"。

这里需要说明的有两点：第一，"先天"概念并非邵氏最早提出的。《易传》最早使用了"先天"之辞："先天而天不违，后天而奉天时。"（《文言》）此"先天"是指在天之前。郑注《易纬·乾坤凿变》"乾先也"云："圣文先天之名。"此与《文言》意一致。晋人干宝说："伏羲之易小成，为先天；神农之易中成，为中天；黄帝之易大成，为后天。"（引自何楷《周易订诂》）此"先天"与邵氏"先天"意同。第二，尊先天易，是宋初道家易学传统，并非邵氏所独有。《宋史·艺文志》著录陈抟《易龙图》一卷，"龙图"即龙马负图，指河洛一类图式。此书虽失传，但从保存下来的陈抟《龙图序》中可以看出，陈抟推崇伏羲易。如他说："且夫龙马始负图，出于牺皇之代，在太古之先也。今存已合之位或疑之，况更陈其未合之数邪？……且若龙图本合，则圣人不得见其象，所以天意先未合而形其象，圣人观象而明其用。是龙图者，天散而示之，伏羲合而用之，仲尼默而形之。"刘牧老师范谔昌著《太易源流》言："龙马负图出河，羲皇穷天人之际，重定五行生成之数，定地上八卦之体。"（引自《易图通变》卷五）刘牧笃信河洛之学，对伏羲图式更是推崇备至，认为河图、洛书在八卦之前，为八卦之本，他说："昔者宓羲氏之有天下，感龙马之瑞，负天地之数，出于河，是为龙图者也。"（《易数钩隐图·遗论九事》）"圣人始得之于河图、洛书，遂观天地奇偶之数，从而画之，是成八卦。"（《易数钩隐图》卷中）虽然陈抟、范谔昌、刘牧所言"龙图"与邵氏先天图式不同，但皆属伏羲无字先天易。因此，尊先天易是道家系统一个特点，而邵雍表现得尤为突出。

特色之三，注重先天之数。伏羲先天易是由象、数、理三大部分构成，象是指先天图式的卦象，数是指每一卦所代表的数，理是象数所蕴藏的万物之理。象与数比较，邵氏则更偏爱数，这可以从两个方面看出。其一，他认为，数与"神"紧密相关，比"象"更为根本，"象"是由"数"生。他指出："太极不动，性也。发则神，神则数，数则象，象则器。""太极一也，不动。生二，二则神也。神生数，数生象，象生器。"这里所谓"太极"，是宇宙之本，万物之始，"生天地之始，太极也"。"神"是指"阴阳不测"，即太极中含有阴阳，阴偶阳奇，这就是数，"奇偶者，数也"。（张行成《皇极经世外篇衍义》卷八）象是指事物形象，即在事物形成之前所表现出的可见的形象。从事物生成看，先有阴阳奇偶数，然后有"象"，再由象生成具体的、实在的"器"。数在象先，由数生象。他说："君子于《易》，玩象、玩数、玩辞、玩意。""象起于形，数起于质，名起于言，意起于用。……有意必有言，有言必有象，有象必有数。数立则象生，象生则言彰，言彰则意显。"（《观物外篇》）这是说，象数不可分离，"有象必有数"。二者共同表现事物的特征，"象也者，尽物之形也；数也者，尽物之体也"。（《观物内篇》）但是，《易》之形成，先有阴阳奇偶之数，才有卦画，卦爻之象起于卦画。这就是所谓"象起于形，数起于质"，"数立则象生"。显然，在象数关系上，邵氏所着重的是数。其二，从其体系看，他注重数的计算，试图用数概括世间万事万物，揭示宇宙发展变化的规律，以达到认识世界、驾驭世界的目的。如他用天地方圆之数代表天地生成变化，用卦爻之数表示万物之数量及宇宙发展的周期等，这一切皆显示了他对数的器重，从而使他的易学具有重先天数的特征。

宋代易学，虽多本于陈抟道家易，但各有偏重。周敦颐从穆修处受太极图，以图说易，实属象数易学中的象学。刘牧等人虽尊伏羲易，大谈其数，但他们所说的数不离河洛之数。而邵氏所研究的数包含河洛之数在内，是比河洛之数更为广泛的数。因此，邵氏先天数学在宋代独树一帜，自成一家。那么，邵氏先天数学有哪些内容呢？兹从圆方之数、天地之数、先天卦图数等几个方面加以分析。

三、圆方之数

按照邵氏的观点，伏羲氏是易学的创始人。在创《易》过程中，伏羲以数立象，即根据河洛之数创立了卦象。而这个河洛之数从形状上看，象天地圆方。他说："盖圆者，河图之数；方者，洛书之文，故羲文因之而造《易》。"（《观物外篇》）因此，邵氏对天地方圆之数进行了深入的研究。

邵氏认为，自天地产生后，就有数，天地本身之形体可以用数概括，天为圆形，地为方形，方圆皆是数。如他说："圆数有一，方数有二，奇偶之义。"（《观物外篇》）这是从宏观而言的，圆方即一二，有奇偶。若从其形状构成看，亦为数。圆直径为一，则周长为三，三之倍数为六，六是天之用数。六加一则为七，天之用极于七，七也为其用数。方边长为一，则周长为四，四之倍数为八。八为天地之体数。地体数为四，一分为三，则数为十二，十二是地之用数，如四方可分为十二次，四时可分为十二月。六、八、十二就是圆方之数，也就代表天地之体用。这就是邵氏所谓"天圆而地方。圆者，数之起一而积六；方者，数之起一而积八。变之则起四而积十二也。六者常以六变，八者常以八变，而十二者亦以八变，自然之道也。八者，天地之体也；六者，天之用也；十二者，地之用也。天变其体而不变其用也，地变其用而不变其体也。六者并其一而为七，十二者并其四而为十六也。阳主进，故天并其一而为七；阴主退，故地去其四而止于十二也。是阳常存一而阴常晦一也，故天地之体止于八，而天之用极于七，地之用止于十二也"（同上）。

依邵氏看法，天地之形状不同，其数的构成也有很大差异，天为圆，其用数为六；地为方，其体数为八，自然界皆依此数变化，即所谓"六者常以六变，八者常以八变，而十二者亦以八变"。这个六变、八变、十二变是阴阳数所经过的变化的次数。对于变化的次数，邵雍又作了具体的说明：

圆者，六变。六六而进之，故六十变而三百六十矣。

方者，八变。故八八而成六十四矣。阳主进，是以进之为
六十也。……阴几于道，故以况道也。六变而成三十六
矣，八变而成六十四矣，十二变而成三百八十四矣。（《观
物外篇》）

所谓"六变"，是指圆数六的六次变化，即"一变则生
六"，"二变则生十二"，"三变则生十八"，"四变则生二十四"，
"五变则生三十"，"六变则生三十六"，因阳主进，六变进十，
即六十变，而为三百六十。所谓八变，是指方数八的八次变
化，即一变为八，二变为十六，三变为二十四，四变三十二，五变
四十，六变四十八，七变五十六，八变六十四。十二变是指十二
以八变为九十六，九十六变为三百八十四。六变、八变和十二
变形式上讲的是数的运算，实际上是代表自然界发展变化的两
大规律。一种规律是圆之六变，另一种是方之八变。其中六变
中的用数和八变中的体数，是天地运行生物的符号，邵氏明
言："体数何为者也？生物者也。用数何为者也？运行者也。
运行者天也，生物者地也。"

而在现实中，天地阴阳这两大类变化往往又不可分，二
者交互作用，相互渗透。如邵氏指出："阳之类圆，成形则方；
阴之类方，成形则圆。"此说的是事物在生成过程中，阳之
圆和阴之方共同发生作用。宋人张行成解释得比较生动形象：
"类者，生之序也。体者，象之交也。体必交而后成。故阳之
类圆，天类也，成形者则方，交于地而成也。阴之类方，地类

也，成形则圆，交于天而成也。故胎卵圆而形体方，根茎方而枝叶圆，又多似舅，盖母类也。"（《皇极经世观物外篇衍义》卷六）邵氏将圆与方的关系上升到体和用的层面加以论述，即"阳者，道之用；阴者，道之体。阳用阴，阴用阳，以阳为用则尊阴，以阴为用则尊阳也"。具体表现在圆方关系上，圆者以方为用，方者以圆为体，用数表示，则为圆方数之间互含互变。他说：

> 圆者，刓方以为用，故一变四，四去其一则三也。三变九，九去其三则六也。方者引圆以为体，故一变三，并之四也。四变十二，并之十六也。故用数成于三而极于六，体数成于四而极于十六也，是以圆者径一而围三，起一而积六；方者分一而为四，分四而为十六，皆自然之道也。（《观物外篇》）

邵氏这段话，可以从两方面去理解。一方面，就形状而言，圆方互变，"削去方体之四角，然后成圆，故刓方以为用。加上圆体之四角，然后成方，故曰引圆以为体"（余本《皇极经世观物外篇释义》卷二）。另一方面，就数而言，方是径一围四，四去一为三，径一围三即为圆。三为圆数。三乘四为十二，十二去三为九，九去三为六，十二为方之用数，六则为圆之用数，此是谓圆数自方数而来，在方数中求圆数，裁方为圆，方转化为圆。圆是径一围三，一三相合为四，径一围四为方，四为方数。四乘以三为十二，十二加四为十六。十二为方之用数，十六为方之体数，此是谓方数自圆而来，在圆数中求方数，展圆为方，圆转化为方。宋人张行成解释得很清晰："圆则行圆者，用也；方则止方者，体也。变体为用，皆去一者，裁方为圆之义也。变用为体，皆并一者，展圆为方之义也。方者言一变四，去一则三，三变十二，去三则九。而云三变九去三则六者，盖天以一变四者，初自方数而来，从体生用也。去一为三，裁方为圆矣。地以一变三者，初自圆数而来，从用生体也。并一为四，展圆为方矣。"（《皇极经世观物外篇衍义》卷二）

圆方之数何以能相互转化、且为体用？

原因就在于，圆方之数相互包含，即圆数中有方数，方数中有圆数。方数中有圆数易理解，如前所言，方数是由圆数组成的，圆数一三相加为四，四为方数，四中有一、三之圆数。同样，圆数中有方数，除了圆数相加为方数外，圆数勿需相加即含有生成方数的数，如三是圆数，三是由一二相加而成，即三包含一二，二可以生成四，四即方数。三可以生九，九是一与八之和，九减一为八，八为方数。对于这一点邵氏作过论述："一役二以生三，三去其一则二也。三生九，九去其一则八也，去其三则六也。故一役三，三复役二也。三役九，九复役八与六也。是以二生四，八生十六，六生十二也，三并一则为四，九并三则为十二也，十二又并四则为十六。故四以一为本，三为用，十二以三为本，九为用，十六以四为本，十二为用。"

（《观物外篇》）

邵氏不厌其烦地申述圆方之数，解说它们之间的关系，不是为了论证数学的某些命题，更不是教人以数字计算的常识，而是在探求易数的客观根据。按照他的说法，天圆地方是客观的，是先天的，而其数及其关系也具有客观性，符合"自然之道"。易数则是圣贤据先天之数而作的，即后天数得之于先天数。如奇数策数合而为八，"以应方数之八变"；归奇合卦之数有六，"以应圆数之六变"。著存一而卦去四则得之圆方数："圆者本一，方者本四，故著存一而卦去四也。"（《观物外篇》）卦之策数也得之于圆方数。他说："一生六，六生十二，十二生十八，十八生二十四，二十四生三十，三十生三十六，引而伸之，六十变而生三百六十矣。此运行之数也。四生十二，十二生二十，二十生二十八，二十八生三十六，此生物之数也。故乾之阳策三十六，兑离巽之阳策二十八，震坎艮之阳策二十，坤之阳策十二也。"（同上）从其论证看，圆方之数与大衍之数一一对应，邵氏关于易数法先天圆方之数的观点似乎正确无误，无可争辩。然而有一个关键问题不可忽视，即二者谁为先谁为后？考《易传》，《系辞》最早言"大衍之数"，曾指出"著之德圆而神，卦之德方以知"。邵氏之前历代注家（如郑玄、崔憬等）亦有涉及圆方之数，然作《易》者在发明筮法时未必参照圆方之数。邵氏为了探求易数的客观根据，证明其存在的合理性，阐述了圆方之数及其关系，但以此推断易数源于圆方之数，并无历史根据。

然而，邵雍之圆方之数的理论在易学发展史上有其重要意义，表现在以下两个方面：其一，丰富发展了易数理论。自《周易》成书起，易学家就开始了对于易数的研究。但多围绕《易传》而展开，以传解传、注不离传已成为一种研究模式。邵氏冲破了这种笺注之学的局限，大胆地引圆方之数入易学，探求其内在的联系，这是对易数理论的丰富和发展，也是对历代笺注之学的超越。其二，增强了易数的科学性，复活了象数易学。以往的易学，尤其是两汉易学曾将历法、天文、数学引进易学，创立了象数易学，为易学与科学相结合提供了典范。但随着社会的发展，两汉象数易学趋向式微。邵氏借助于道家易兴起之势，用有关几何知识解释易数，为象数易学注入活力，客观上再次促进了易学与科学的结合，推动了数的理论的研究和象数易学的发展。

四、天地之数

除了方圆之数外，邵氏先天之数还包括了天地之数。所谓天地之数就是一至十这十个自然数，即《系辞传》所言的"天一地二天三地四天五地六天七地八天九地十"。天地之数与圆方之数虽皆基于天地，是天地阴阳表现形式，但其立足点是不同的。圆方之数是着眼于天地外在形体，表现的是天地圆方形体及其之间的数量关系；而天地之数是着眼于天地构成及演变规律，表现的是天地内部所包含的物体的数量和在演化过程中按照自然数由小到大递增的规律。按照邵氏之意，天地皆由数构成，如日月星辰为天体，各一位，则天有"一"。天是一气而生则为一，"本一气也，生则为阳"。地由刚柔构成，刚柔数为"二"。构成天体的有辰，构成地体的有四行，"天有三辰，地有四行"，则其表现为天数三、地数四。但是，对于天数和地数的规定不是绝对的，而是相对的。也就是说，在一定条件下，天阳和地阴相互包含，"天覆地，地载天，天地相函，故天上有地，地上有天"。(《观物外篇》) 以数示之，也表现为阴阳奇偶互涵。故从构成言之，天数中也有偶数，地数中也有奇数。如二四本为地数，而天也有之。"天有二正，地有二正"，"天有四正，地有四正"，"天有四时，地有四方"，天有四体 (阴阳老少)，地有四体 (刚柔老少)。在许多情况下，天自身就有一二三四这四个数："日起于一，月起于二，星起于三，辰起于四。"此为天数中有阴数。三本为天数，地也用之。"地体数四，而用其三。"如地有四方，不用北方，而用其他三方。"阴阳之中各有天地人。"也是说地中有三数。邵氏对天地之数奇偶性的规定得之于对天文地理的观察。如他自己所言："天奇而地偶，是以占天文者，观星而已；察地理者，观山水而已。观星而天体见矣，观山水而地体见矣。"(同上) 同样，天数中有偶数，地数中有奇数，也是对诸多客观现象的抽象。天地阴阳交错，日月星辰为天之体，水火土石为地之体，但各自又分阴阳刚柔，"日月天之阴阳，水火地之阴阳；星辰天之刚柔，土石地之刚柔"。从形体观之，如前所言，天地互含转化，圆中有方，方中有圆。从人体而视之，"阳与刚交而生心肺，阳与柔交而生肝胆"。"心居肺，胆居肝，何也？言性者必归之天，言体者必归之地，地中有天，石中有火，是以心胆象之也。"正是由于观察到大量事物阴阳互相包含，使他推导出阴阳奇偶数相互渗透。这些理论虽然含有许多非科学的东西，但是的确揭示了事物规律性，闪耀辩证思维的火花。

同时，他的天地之数不是单从天地构成上而言的，更重要的是研究了宇宙衍化而得到的，也就是说，邵氏的天地之数具有宇宙演化规律的意蕴。按照古人的观察，各种具体的事物发展总是由小到大，由微而著，由少到多，这种理论加以提炼运用到宇宙衍化之中，同样会得到宇宙从小到大、由少到多、由微而著的演化规律，其中有一个规律就是以十个自然数递增，然后以此为基础扩展。邵氏正是按照这样一个思维来研究问题的，他认为，一不是数，是本，或是元。"一者数之始也，而非数也。""太极，一也"。由一生二，即太极动而生阳，静而生阴，有阴阳即有天地，此为一生二然后生人，天地人为三才，然后依此生四、五、六、七、八、九。这是天地之数另一种含义。

然而，邵氏所关注的不是天地之数的来源和含义，而是由这些自然数的运算求得更深的意义，因此，他倾注很大的精力探究天地之数种种演算。他指出：

天一地二，天三地四，天五地六，天七地八，天九地十。参伍以变，错综其数也。如天地之相衔，昼夜之相交也。一者数之始也，而非数也。故二二为四，三三为九，四四为十六，五五为二十五，六六为三十六，七七为四十九，八八为六十四，九九为八十一，而一不可变也。百则十也，十则一也，亦不可变也。是故数去其一而极于九，皆用其变者也。五五二十五，天数也；六六三十六，乾之策数也；七七四十九，大衍之用数也；八八六十四，卦数也；九九八十一，玄范之数也。

天数五、地数五，合而为十，数之全也。天以一而变四，地以一而变四。四者，有体也；而其一者，无体也，是谓有无之极也。天之体数四而用者三，不用者一也。地之体数四而用者三，不用者一也。是故无体之一以况自然也，不用之一以况道也，用之者三以况天地人也。体者八变，用者六变，是以八卦之象，不易者四，反易者二，以六卦变而成八也；重卦之象，不易者八，变易者二十八，以三十六变而成六十四也。故爻止于六，卦尽于八，策穷于三十六，而重卦极于六十四也。卦成于八，重于六十四，爻成于六，策穷于三十六，而重于三百八十四也。

邵氏在此从两个方面阐述了天地之数及其作用。其一，天地之数皆用其变。变，指天地之数相互掺杂。他认为，天地之数相掺杂，如天地相衔、日月相交，是一种自然之道。从其论述看，这种掺杂，无非是指除了一和十以外的八个自然数按照一定规律的递增，其特征表现为用其倍数相乘，如二乘二为四，三乘三为九，四乘四为十六，五乘五为二十五，六乘六为三十六，七乘七为四十九，八乘八为六十四，九乘九为八十一。这些按其倍数相乘而获得的数值，有其特定的意义。一至五之内诸数的变数仍属于天地之数内部的运算。由二乘二得到的四，是地之数，地之形是径一围四，又是天地之体数。由三乘三得的九，是天地之用数。天地之体数四，其用三，"故用者止于三而极于九"。（《观物外篇上》）由四乘四得到的十六，为方之数，"方者分一而为四，分四而为十六，皆自然之道也"。（同上）由五乘五而得的二十五是天数之和，天数一、三、五、七、九相加为二十五。邵氏虽未言四、九、十六、二十五与易数的关系，但从其论述看，这些数仍与易数有关。如四，蓍数卦数皆用四，即他所说的"蓍存一而卦去四"，"蓍数四而九，卦数四而十也，犹干支之相错"。（同上）九为老阳之数。"九者，阳之极数。"十六是由八卦到六十四卦的中间数，即"一分为二，二分为四，四分为八，八分为十六，十六分为三十二，三十二分为六十四"。（同上）二十五，其倍数为大衍之数，"天数二十五，合之为五十"。（同上）

　　在这里，如果说二至五的变数与易之数是间接关联的话，那么六至九的变数与易之数则是直接关联。由六乘六得的三十六是乾一爻之策数；由七乘七而得的四十九，是大衍之数五十的用数，"大衍之数五十，其用四十有九"。（《系辞》）由八乘八而得的六十四，则正是《周易》卦数。由九乘九而得的八十一则是玄数，扬雄仿《易》作《玄》有八十一首。

这里需要指出的是，天地之数用其倍数相乘不是"错综其数"的全部内容，它还应当包括天地数彼此相乘和诸数自身倍数的相加。天地数彼此相乘，其所得数值皆与其他数相应，符合自然之道。他说："三四十二也，二六亦十二也。二其十二二十四也，三八亦二十四也，四六亦二十四也。三其十二三十六也，四九亦三十六也，六六亦三十六也。四其十二四十八也，三其十六亦四十八也，六八亦四十八也。五其十二六十也，三其二十亦六十也，六其十亦六十也，皆自然之相符也。"（同上）邵氏看到了天地数相乘所得数值往往两两相等，如三与四相乘，二与六相乘，皆为十二。三与八相乘，四与六相乘，皆为二十四。四与九相乘，六与六相乘，皆为三十六。这些两两相等的数值代表自然界中的事物，且与易数相应，如十二代表十二个月，二十四代表二十四节气，三十六代表一年三十六旬。六十代表甲子之数。四十八为蓍数，大衍之数五十，用四十九，挂一则为四十八。另外，三十六为乾一爻之策数，又指卦爻而言："四九三十六也，六六三十六也，阳六而又兼阴六之半，是以九也，故以二卦言之，阴阳各三也，以六爻言之，天地人各二也。阴阳之中各有天地人，天地人之中各有阴阳，故参天两地而倚数也。"（同上）

天地之数相加和相减，反映了它们之间内在的联系，即相互包含，相互过渡。如一加一为二，二中则有两个一。二加一为三，三含有一和二，去一则为二。三加一为四，四含一和三，去一为三。四加一为五，五含一和四，去一则为四。九是由八和一相加而成，或三和六相加而成，去一为八，去三为六。其中小数为大数之本，而且组成前后相因的数列，如他说："一生二，去一则一也；二生三，去一则二也；三生四，去一则三也；四生五，去一则四也。是故二以一为本，三以二为本，四以三为本，五以四为本，六以五为本也。"（同上）"一役二以生三，三去其一则二也。三生九，九去其一则八也，去其三则六也。故一役三，三复役二也。三役九，九复役八与六也。"役，有用、使成等义，这里所表述的是天地数之间通过加减运算而使其联结沟通。

其二，用一而变四，体四而用三，这种思想植根于其宇宙演化的理论。按照他的思路，宇宙演化是数的分解，这个数正是天地之数。天数一是数之始，从宇宙演化看它是本，是太极。地数四从宇宙演化看是天地之体数。用一变四，其含义是一分为二，二分为四，四分为八。太极生天地，"天生于动者也，地生于静者也"，（《观物内篇》）此为一分为二。天动生阴阳，地静生刚柔，"动之始则阳生焉，动之极则阴生焉"，"静之始则柔生焉，静之极则刚生焉"。（同上）此为二生四。阴阳刚柔各有变化，天地各有四体。天之体为太阳、少阳、太阴、少阴，"太阳为日，太阴为月，少阳为星，少阴为辰，日月星辰交而天之体尽之矣"。（同上）地之体为太刚、少刚、太柔、少柔，"太柔为水，太刚为火，少柔为土，少刚为石，水火土石交而地之体尽之矣"。（同上）此为四分为八，也就是邵氏所谓"天以一而变四，地以一而变四"。一与四，从有无关系言之，一无体，为道，为自然，四则有体。一变四是从无到有的转化，是谓"有无之极"，正是由于四得之于一，而一四又有本质的区别，故天地之体数四，用三而不用一。所谓用三不用一，是说天体四，而常虚其一，或不用之。如天体日月星辰，不用辰，天辰不见。地体水火土石，不用火，地火常潜。又如天有四时，用春夏秋以生长成熟万物，而不用冬。地有四维，用东南西，而不用北。在邵氏看来，这种以一变四和体四而用三的思想成为易卦爻形成的理论基础。八卦三画得之于一画，即由一画之符号生成二画之符号，由二画之符号生成三画之符号，用图示之如下：

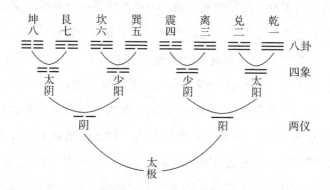

从图示看出，八卦形成，是由一变四，即阳爻以一变四卦，阴爻以一变四卦。从生成的八卦来看，有不变卦四：☷、☵、☲、☰。有反易卦两对：☶与☳、☴与☱。反易卦两对四卦，其实是两卦，因此八卦从卦象看实际上是六个卦，或者说八卦是从六卦产生的。八卦是体，六卦是用，这体现的正是体四用三的思想。依此来推，六十四卦也是如此。八卦相重而为六十四卦，六十四卦有不易卦八：乾☰、坤☷、大过☴、中孚☲、颐☶、小过☳、坎☵、离☲，有反易卦二十八对。二十八对反易卦其卦象互为倒置，故实有二十八卦。故六十四卦实际上是三十六卦（8+28＝36），或者说由三十六卦而变成六十四卦，六十四卦是体，三十六卦是用，二者比数是四比三，恰恰体现了"体四用三"。由此邵雍推出，易卦数之演变，是本于天地之数，是对客观现实的效法。他说："三天两地而倚数，非天地之正数也。倚者，拟也。拟天地正数而生也。"这进一步揭示了天地之数与易数的关系，当然，他强调二者之间联系，是以二者之区分为前提的。这一点往往被他以前的易学家所忽略，或者没有专门提出来加以研究。而邵氏从先天和后天或曰客观和主观的角度区分天地之数和易数，应该说是对象数易学的发展和贡献。同时，应当指出，《易》不是本于所谓的天地之数，而是邵雍在用天地之数和自然现象来解释易卦象数，为论证卦象数寻求根据而已。

　　如前所言，邵氏对天地之数作了深刻的分析，提出天地之体数四而用其三，并试图依此揭示天地之数与易数的关系，从而建立易数的理论。但是这并不是邵氏的目的，其真正的目的是借助于易数的推算建立一整套探究世界上万事万物的数论，以实现"观物"的愿望。关于这一点，从他对天地之体数的进一步规定可以看出。他指出：

　　太阳之体数十，太阴之体数十二；少阳之体数十，少阴之体数十二；少刚之体数十，少柔之体数十二；太刚之体数十，太柔之体数十二。进太阳、少阳、太刚、少刚之体数，退太阴、少阴、太柔、少柔之体数，是谓太阳、少阳、太刚、少刚之用数；进太阴、少阴、太柔、少柔之体数，退太阳、少阳、太刚、少刚之体数，是谓太阴、少阴、太柔、少柔之用数。太阳、少阳、太刚、少刚之体数一百六十，太阴、少阴、太柔、少柔之体数一百九十二。太阳、少阳、太刚、少刚之用数一百一十二，太阴、少阴、太柔、少柔之用数一百五十二。以太阳、少阳、太刚、少刚之用数唱太阴、少阴、太柔、少柔之用数，是谓日月星辰之变数。以太阴、少阴、太柔、少柔之用数和太阳、少阳、太刚、少刚之用数，是谓水火土石之化数。日月星辰之变数一万七千二十四，谓之动数。水火土石之化数一万七千二十四，谓之植数。再唱和日月星辰水火土石之变化通数二万八千九百八十一万六千五百七十六，谓之动植通数。(《观物内篇》)

　　太阴、太阳、少阴、少阳、太刚、少刚、太柔、少柔在宇宙是天地之体。数八，在《周易》是八卦。他取数十、十二是因天干有十，地支有十二。他说："阳数一，衍之为十，十干之类是也；阴数二，衍之为十二，十二支、十二月之类是也。"(《观物外篇》) 邵氏先将天地之体与干支数相配，然后通过计算，求出太阳、少阳、太刚、少刚之体数用数和太阴、少阴、太柔、少柔之体数用数，最后求出动植物的总数。其方法如下：太阳、少阳、太刚、少刚体数和为：$10+10+10+10=40$。太阴、少阴、太柔、少柔体数和为：$12+12+12+12=48$。进太阳、少阳、太刚、少刚之体数为：$40×4=160$。此为太阳、少阳、太刚、少刚之体数。退太阴、少阴、太柔、少柔之体数为：$160-48=112$。此为太阳、少阳、太刚、少刚之用数。同理，进太阴、少阴、太柔、少柔之体数为：$48×4=192$。此为太阴、少阴、太柔、少柔之体数。退太阳、少阳、太刚、少刚之体数为：$192-40=152$。此为太阴、少阴、太柔、少柔之用数。上文中"进"即乘四，或加四倍，此取象于天有四体四方，地有四体四方。此"退"即减去一倍，正好体现了天地体数四而用其三之思想。用阳刚之用数乘阴柔之用数，或用阴柔之用数乘阳刚之用数，为 $112×152=17\,024$ 或 $152×112=17\,024$。$17\,024$ 是日月星辰的变数和水火土石之化数，用日月星辰变数和水火土石化数相乘则为动植物之总数：$17\,024×17\,024=289\,816\,576$。邵氏所求得之数值从数学角度看是正确的，但由于其前提所规定的数是主观设定的，而不是来自客观，故其结论是不符合实际的。从易学发展看，《易传》首将万物之数视为"二篇之策万有一千五百二十"。邵氏所求得数大大超过了《易传》，则更接近于现实，从这个意义上讲，也不可全部否定之。

第五章 邵雍先天数学（下）

一、先天图及卦爻数

南宋朱震、朱熹等人有邵雍从陈抟处间接获得先天图之说。朱熹在《周易本义》卷首，还列有"伏羲八卦次序"、"伏羲八卦方位"、"伏羲六十四卦次序"、"伏羲六十四卦方位"四图，并解释说，"伏羲四图，其说皆出邵氏"。然邵氏《皇极经世》书中却不见其图。考其书内容，有先天图的记载，大多数思想也出自先天图。他明确指出：

> 图虽无文，吾终日言而未尝离乎是，盖天地万物之理尽在其中矣。（《观物外篇》）
>
> 先天学，心法也，故图皆自中起，万化万事生乎心也。（同上）
>
> 先天图中，环中也。（同上）
>
> 数往者顺，若顺天而行……夫易之数由逆而成矣，此一节直解图意。（同上）
>
> "起震终艮"一节，明文王八卦也；"天地定位"一

节，明伏羲八卦也。（同上）

透过这些论述，可以清楚地看出，邵氏确实传授、研习过伏羲图，并将这些图视为涵盖万物之理的先天图，并自称其言论思想"未尝离乎是"。可见朱熹之言并非无根之谈，邵子《皇极经世》中应该有伏羲图，后来或者被人为删去，或者意外佚失，以至不见于其书之中。图虽出自邵子，并不能断定为他创作。但这并不重要，重要的是他借助这些图而阐发的博大的、独具风格的思想，这是他对易学发展的贡献。如前面所探讨的圆方之数、天地之数，表面看来似纯就自然而言的。其实，这些推算皆可以从邵氏图式中得到印证。朱熹曾解释道："圆图象天，一顺一逆，流行中有对待，如震八卦对巽八卦之类。方图象地，有逆无顺，定位中有对待，四角相对，如乾八对坤八之类。此方圆图之辨也。"（引自《宋元学案·百源学案》）因此，其数的理论与其说是发于自然，不如说是发于圆方易图。兹参照伏羲图和邵子有关论述，探讨其易数的思想。

（一）八卦和六十四卦形成及其数

《系辞》曰："易有太极，是生两仪，两仪生四象，四象生八卦。""八卦成列，象在其中矣。因而重之，爻在其中矣。"邵子从《系辞》这句话中悟出其中的数，然后加以扩展和推演，用以解说八卦和六十四卦的形成，取代以往易学家的种种解说。他认为，八卦和六十四卦形成，是一种数的有规律的增殖，这种数的增殖就是程颢所说的"加一倍法"。邵氏在《观物外篇》中指出：

> 太极既分，两仪立矣。阳下交于阴，阴上交于阳，四象生矣。阳交于阴，阴交于阳，而生天之四象；刚交于柔，柔交于刚，而生地之四象，于是八卦成矣。八卦相错，然后万物生焉。是故一分为二，二分为四，四分为八，八分为十六，十六分为三十二，三十二分为六十四。故曰分阴分阳，迭用柔刚，故易六位而成章也。

邵氏在此将宇宙由简单到复杂的衍化过程概括为数的自大而小的分割：一分为二，二分为四，四分为八……并视此为宇宙万物普遍适用之规律。这个递增数列，就自然世界而言，是事物繁衍过程："犹根之有干，干之有枝，枝之有叶，愈大则愈小，愈细则愈繁。"就阴阳符号而言，是八卦和六十四卦的形成，由一至八是八卦形成，由八至六十四是六十四卦形成（见下图）。在这里八卦和六十四卦之形成与宇宙衍化和事物繁殖是一致的，皆是数有规律增殖的结晶。也就是说，八卦之"八"和六十四卦之"六十四"这两个数不是随意杜撰的，它们是客观的定数，可以支配万物，邵氏所说的"八卦定日月之体，八卦生万物之类，重卦定万物之体"，其意也在于此。同时，邵氏还重点探讨了八卦和六十四卦的次序及其卦象之体用数。

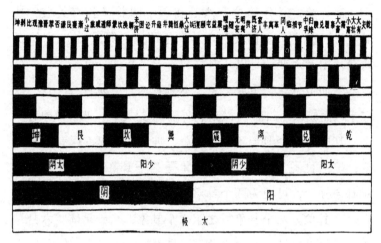

先天六十四卦次序图

就次序言之，八卦有顺逆之数："顺数之，乾一、兑二、离三、震四、巽五、坎六、艮七、坤八；逆数之，震一、离兑二、乾三、巽四、坎艮五、坤六也。"明余本解释："顺数之者，顺其本生之序也；逆数之者，逆其本生序也。"（《皇极经世释义》）八卦形成有先后之次序，这个次序就成为八卦之数。逆数中，离兑合二，坎艮合五，是因离坎为日月，按照天体纳甲，"日月居中，原不在数也，故此附其数于兑艮"。（同上）六十四卦与八卦一样也有其数，如"一生二为夬"，"二生四为大壮"，"四生八为泰"，"八生十六为临"，"十六生三十二为复"，"三十二生六十四为坤"。这里一为乾，一、二、四、八、十六、三十二、六十四分别为乾、夬、大壮、泰、临、复、坤在六十四卦中的顺序数。

就卦象之体用言之，八卦和六十四卦又各有其数。其卦象数，是谓体。而实际用数，是谓用。邵氏指出："体者八变，用者六变，是以八卦之象，不易者四，反易者二，是以六变而成八也。重卦之象，不易者八，反易者二十八，以三十六而成六十四也。"（《观物外篇》）这是说，八卦卦象有八个，其中有四个卦象不变，为乾、坤、坎、离，还有两对互变，震☳艮☶卦象倒置互变，巽☴兑☱卦象倒置互变。这两对卦象互变，可视为两个卦象。故从卦象数量看，可视为共有六个卦象。八个卦象得之于六个卦象，八卦是体，六卦是用。这就是所谓"八卦之象，不易者四，反易者二，是以六变而成八也"。六十四卦也存在互变问题，也有体用。六十四卦从其卦象数看是六十四个，但其中有乾、坤、坎、离、大过、小过、中孚、颐八个卦卦象倒置不变，而剩余二十八对倒置互变，可视为二十八个卦象。如此计算，《周易》有三十六（8+28）个卦象，六十四卦是从三十六个卦象变出，六十四卦是体，三十六卦是用，这就是"重卦之象，不易者八，反易者二十八，以三十六而成六十四也"。

依此，邵氏又将六、八、二十八、三十六与爻数、策数、天数、地数联系起来，认为它们之间存在一一对应的关系。他指出："故爻止于六，卦尽于八，策穷于三十六，而重卦极于六十四也。""卦之正变共三十六，而爻又有二百一十六，则用数策也。三十六去四则三十二也；又去四，则二十八也；又去四，则二十四也。故卦数三十二位，去四而言也，天数二十八位，去八而言之也，地数二十四位，去十二而言之也。"（《观物外篇》）这是说，一卦六爻与经卦用六个卦象，著策最大的数三十六与重卦用三十六，相对应。而且重卦用三十六与策数三十二、二十八、二十四及天数二十八、地数二十四相关。三十六依次减四则为三十二、二十八、二十四，三十二、二十八、二十四是行著所得策数。同时，六十四卦按照圆形排列（即伏羲六十四卦方位图），左为天，右为地，各三十二位，三十二是三十六减去四而得。天数二十八是三十六减去八而得，地数二十四是三十六减去十二而得。总之，无论著策数，还是天数、地数，皆与三十六相关。至于这些数为何要减四、减八、减十二，这取决于特殊的卦，如邵氏解释道："四者，乾、坤、坎、离也；八者，并颐、中孚、大小过也；十二者，并兑、震、泰、既济也。"（同上）

（二）伏羲圆图六十四卦阴阳爻数

《周易》六十四卦，每卦六爻，共三百八十四爻。以阴阳分之，阳爻一百九十二，阴爻一百九十二，这是人人皆知的常识。邵氏以此作为依据，对圆图重新排列的六十四卦阴阳爻数作了推算。他说：

　　复至乾，凡百有十二阳；姤至坤，凡百有十二阴。姤至坤，凡八十阳；复至乾，凡八十阴。乾三十六，坤十二，离兑巽二十八，坎艮震二十。（《观物外篇》）

伏羲圆图六十四卦分左右两半，左边从复到乾三十二卦，阳爻
一百十二，阴爻八十，阳爻多，故象征阳；右边从姤到坤，亦
三十二卦，阴爻一百二十，阳爻八十，阴爻多，故象征阴。左
边自复至乾分属乾、兑、离、震四卦。别卦乾、夬、大有、大
壮、小畜、需、大畜、泰，其内卦皆为乾，故此八卦属乾一；
履、兑、睽、归妹、中孚、节、损、临，其内卦皆为兑，故
此八卦属兑二；同人、革、离、丰、家人、既济、贲、明夷，
其内卦皆为离，故此八卦属离三；无妄、随、噬嗑、震、益、
屯、颐、复，其内卦皆为震，故此八卦属震四。右边依次类
推，姤、大过、鼎、恒、巽、井、蛊、升八卦属巽五，讼、
困、未济、解、涣、坎、蒙、师八卦属坎六，遁、咸、旅、小
过、渐、蹇、艮、谦八卦属艮七，否、萃、晋、豫、观、比、
剥、坤八卦属坤八。（见下图）

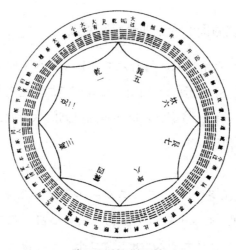

先天六十四卦圆图

　　若按照分组阳爻数，则乾八卦有三十六阳爻，坤八卦有十二阳爻，离、兑、巽所属八卦分别为二十八阳爻，坎、艮、震所属八卦分别为二十阳爻，即邵氏所谓"乾三十六，坤十二，离兑巽二十八，坎艮震二十"。其实，这八组卦，每一组八卦，每一卦六爻，共四十八爻。乾八卦阳爻三十六，阴爻十二；坤八卦阴爻三十六，阳爻十二。离、兑、巽所属八个卦阳爻二十八，阴爻二十。坎、艮、震所属八个卦阴爻二十八，阳爻二十。邵氏所说的"乾四十八而四分之一分为阴所克也，坤四十八而四分之一分为所克之阳也，故乾得三十六，而坤得十二也"即是此意。

　　邵氏对六十四卦作了重新的排列，并就其阴阳爻数进行了准确的计算。通过这些计算，试图从量的角度说明宇宙发展过程中阴阳互根、互含。他在《观物外篇》中曾如此解释道："无极之前，阴含阳也。有象之后，阳分阴也。阴为阳之母，阳为阴之父。故母孕长男而为复，父生长女而为姤，是以阳起于复，而阴起于姤也。"更为重要的是，邵氏以此印证生物之数，换句话说，把宇宙生物的动力归结为这种阳爻之数。如他说："四生十二，十二生二十，二十生二十八，二十八生三十六，此生物之数也。故乾之阳策三十六，兑、离、巽之阳策二十八，震、坎、艮之阳策二十，坤之阳策十二也。"很显然，他是将六十四卦的排列及其数学运算的作用加以夸大，用来解释自然界，虽然牵强，却是中国古代一种独特的数理逻辑，也是一种认识世界的方式。

（三）易数与皇极经世数

邵氏所画的六十四卦圆图，形式上是一个易学图式，表征着易卦阴阳爻按照一定的数学规律变化。而其实质是一个宇宙历史变化图，其中的易数的变化正是宇宙历史演化规律的集中表现。在邵氏看来，宇宙历史的发展有规律，按照这个规律而描绘的图式是皇极经世图，"其所谓皇极经世，即按三皇所立的至高法则，观察和推测人类历史的变化以御世。因为此法则为伏羲氏所立，故又称其易学著作为《皇极经世》"。[①] 这个皇极经世的大致框架是元会运世相互配合，相互统率。即他在《观物内篇》所说："日经天之元，月经天之会，星经天之运，辰经天之世。以日经日，则元之元可知之矣。以日经月，则元之会可知之矣。以日经星，则元之运可知之矣。以日经辰，则元之世可知之矣。以月经日，则会之元可知之矣。以月经月，则会之会可知之矣。以月经星，则会之运可知之矣。以月经辰，则会之世可知之矣。以星经日，则运之元可知之矣。以星经月，则运之会可知之矣。以星经星，则运之运可知之矣。以星经辰，则运之世可知之矣。以辰经日，则世之元可知之矣。以辰经月，则世之会可知之矣。以辰经星，则世之运可知之矣。以辰经辰，则世之世可知之矣。"元、会、运、世成为宇宙衍化的单位，一元为

---

① 朱伯崑《易学哲学史》第二卷，华夏出版社，1994 年，第 150 页。

十二会、一会为三十运、一运为十二世、一世为三十年。以
元为单位计算，一元为十二会、三百六十运（30×12＝360）、
四千三百二十世（12×360＝4 320）、十二万九千六百年（30×
4 320＝129 600）。若以会为单位计算，会之元为十二，会之会
为一百四十四（12×12＝144），会之运为四千三百二十（12×
360＝4 320），会之世为五万一千八百四十（12×4 320＝51 840）。
若以运为单位计算，运之元为三百六十，运之会为四千三百二十
（360×12＝4 320），运之运为十二万九千六百（360×360＝
129 600），运之世为一百五十五万五千二百（360×4 320＝
1 555 200）。若以世为单位计算，世之元为四千三百二十，世
之会为五万一千八百四十（4 320×2＝51 840），世之运为
一百五十五万五千二百（4 320×360＝1 555 200），世之世为
一千八百六十六万二千四百（4 320×4 320＝18 662 400）。这就
是邵氏在《观物内篇》中所说："元之元一，元之会十二，
元之运三百六十，元之世四千三百二十。会之元十二，会之会
一百四十四，会之运四千三百二十，会之世五万一千八百四十。
运之元三百六十，运之会四千三百二十，运之运一十二万
九千六百，运之世一百五十五万五千二百。世之元四千三百
二十，世之会五万一千八百四十，世之运一百五十五万
五千二百，世之世一千八百六十六万二千四百。"因元会运世
之间是以十二、三十为单位的，故宋黄瑞节曾将这种数推衍方
法概括为以十二、三十反复乘之，他说："《经世》始终之数，
以十二、三十反复乘之也。元之运三百六十，是以三十乘十二

也。元之世四千三百二十，是以十二乘三百六十也。会之元以下仿此。"（《邵子全书》卷二十四）

这种元会运世理论，用六十四卦圆图概括之，则表现为六十四卦与元会运世岁月日辰在不同层次上的匹配。六十四卦分为八组，依次配元会运世岁月日辰：乾为元、兑为会、离为运、震为世、巽为岁、坎为月、艮为日、坤为辰。而每一组八卦再分别配以元会运世岁月日辰。如乾所属的八个卦，《乾》为元之元，《夬》为元之会，《大有》为元之运，《大壮》为元之世，《小畜》为元之岁，《需》为元之月，《大畜》为元之日，《泰》为元之辰。兑所属八个卦，《履》为会之元，《兑》为会之会，《睽》为会之运，《归妹》为会之世，《中孚》为会之岁，《节》为会之月，《损》为会之日，《临》为会之辰。其他以此类推。至坤八卦，《否》为辰之元，坤为辰之辰。在此邵氏以天地为界限规定了宇宙周期的规律，圆图中天表示元会运世，地表示岁月日辰，这是大周期，而六十四卦则表现为元会运世岁月日辰小周期，依此循环。

既然如此，那么六十四卦圆图则可以用数表示。邵雍对这个数作了说明：

> 天自《临》以上，地自《师》以上，运数也；天自《同人》以下，地自《遁》以下，年数也。运数则在天者也，年数则在地者也。

六十四卦圆图，左边为天，右边为地，天主元会运世之数，地主岁月日辰之数，这就是"运数则在天者也，年数则在地者也"。若以天地各分之，天中有天地，地中亦有天地，"乾兑二图为天之天，巽坎二图为地之天，皆大数运数也。离震二图为天之地，艮坤二图为地之地，皆细数年数也"。（明余本《皇极经世释义》卷一）乾兑所属十六卦是自《乾》至《临》，巽坎所属十六卦是自《姤》至《师》，这三十二卦居圆图之上，为天之天、地之天。离震所属十六卦是自《同人》至《复》，艮坤所属十六卦是自《遁》至《坤》，这三十二卦居圆图之下，为天之地、地之地。如张行成所言："天自《临》以上，地自《师》以上，为天之天、地之天，元会运世数。天自《同人》以下，地自《遁》以下，为天之地、地之地，年月日辰数。"（《易通变》卷四）同时，邵氏还就卦所主的数作了解说：

> 乾为一，乾之五爻分而为《大有》，以当三百六十之数也；乾之四爻分而为《小畜》，以当十二万九千六百之数也；乾之三爻分而为《履》，以当一百六十七亿九千六百一十六万之数也。乾之二爻分而为《同人》，以当二万八千二百一十一兆九百九十万七千四百五十六亿之数，乾之初爻分而为《姤》，以当七秭九千五百八十六万六千一百十垓九千九百四十六万四千八京八千四百三十九万一千九百三十六兆之数也。是谓分数也，分大为小，皆自上而下，故以阳数当之。如一分为十二，十二分为三百六十也。（《观物外篇》）

一生二为《夬》，当十二之数也。二生四为《大
壮》，当四千三百二十之数也。四生八为《泰》，当五
亿五千九百八十七万二千之数也。八生十六为《临》，
当九百四十四兆三千六百九十九万六千九百一十五
亿二千万之数也。十六生三十二为《复》，当二千
六百五十二万八千八百七十垓三千六百六十四万八千八百
京二千九百四十七万九千七百三十一兆二千万亿之数。
三十二生六十四为坤，当无极之数也。是谓长数也。长小
为大，皆自下而上，故以阴数当之。（同上）

以上皆言经世之数。按照邵氏之意，以元会运世岁月日辰
八个名目相重叠，共六十四项，用六十四卦主之，一卦一个数
字，共六十四个数。如蔡元定所言："天地之数穷于八八，故
元会运世岁月日辰数极于六十四也。"（《皇极经世指要》）若以
元为单位计算会、运、世、岁、月、日、辰，则依次以十二、
三十相乘，用公式表示如下：

元 1

会 $1 \times 12 = 12$

运 $1 \times 12 \times 30 = 360$

世 $1 \times 12^2 \times 30 = 4\,320$

岁 $1 \times 12^2 \times 30^2 = 129\,600$

月 $1 \times 12^3 \times 30^2 = 1\,555\,200$

日 $1 \times 12^3 \times 30^3 = 45\,656\,000$

辰 $1 \times 12^4 \times 30^3 = 559\,872\,000$

……

自乾始元之元至辰之辰六十四项依次皆主一数。邵氏从两个角度解说这个问题：其一，以《乾》爻变为例说明每一卦所主的一元之会、运、世、岁、月、日、辰数，《乾》五爻变《大有》是元之运，其数为 $12 \times 30 = 360$，《乾》四爻变《小畜》为元之岁，其数为 $12^2 \times 30^2 = 129\,600$，《乾》三爻变《履》为会之元，其数为 $12^4 \times 30^4 = 167\,961\,600$，《乾》二爻变《同人》为运之元，其数为 $12^8 \times 30^8 = 2\,821\,109\,907\,456$（亿）。《乾》初爻变《姤》为岁之元，其数为 $12^{16} \times 30^{16} = 7\,958\,661\,099\,464\,884\,391\,936$（兆）。其二，以"加一位法"取卦说明卦主数。因这几个卦阴爻数量自上而下依次增加，故亦可视为以阴爻数量而取卦。《乾》为一，一生二为《夬》，《夬》一阴，为元之会，其数 $1 \times 12 = 12$。二生四为《大壮》，《大壮》二阴，为元之世，其数 $1 \times 12^2 \times 30 = 4\,320$。四生八为《泰》，《泰》三阴，为元之辰，其数为 $1 \times 12^4 \times 30^3 = 559\,872\,000$。八生十六为《临》，十六生三十二为《复》，其数以此类推。

邵氏以卦象和数相结合，创立了一个宇宙发展的周期图式，视宇宙发展每一个环节皆为一个定数。从哲学上讲，这是一种中国人独有的宿命论的循环论。虽然如此，它仍具有重要的价值，如他对宇宙发展进行深入探索的精神，所使用的那种整体性、连续性的方法及高度抽象的数学运算，具有深刻的哲学意味。如余敦康先生所言："邵雍依据这种具体的算法，就一元数编织了一个宇宙年表，从实证的自然科学角度来看，这个宇宙年表可以说毫无意义，完全是一种胡编乱造，根本站不住脚，但是其中却蕴含着一种哲学的宇宙观，开拓了人们的视野，扩大了人们的时间观念，特别是启发人们把自然史与人类文明史联系起来作为一个绵延而不可分割的整体统而思之，具有极为深刻的哲学意义。"[1]而从易学看，邵氏的宇宙发展周期理论是易学与自然科学相结合的产物，其基本框架是《周易》先天图，并以数学知识为工具，按照历法形式编织出这一套理论体系。从其指归而言，这套理论是含有易学特色的宇宙历史发展年表。从其来源而言，它出自易学的先天图，是对先天图的诠释和阐发，是一种富有科学特色的易学理论，是对衰微已久的两汉象数易学的阐扬和发展。

二、后天之数

按照邵子先天易与后天易划分，后天易即是《周易》，而《周易》中的数就是后天数。后天数是对先天数的模拟。他说："《易》有真数，三而已。参天者，三三而九；两地者，倍三而六。三天两地而倚数，非天地之正数也。倚者，拟也。拟天地正数而生也。"（《观物外篇》）此是对《说卦》"参天两地而倚

① 余敦康《内圣外王的贯通——北宋易学的现代阐释》，学林出版社，1997年，第207—208页。

数"的解说。在他看来，三是先天数，六、九是《周易》数。六、九数得之于三，故《周易》数是拟先天数而立。邵氏在此着重探讨了《周易》蓍数的客观根据、推演、功能等问题。

出于注经和筮法的需要，蓍数是历代易学研究的一个焦点。《易传·系辞》最早言蓍数，但由于文辞过于简单，而对一系列问题皆未明言，这就为后人留下疑案。自两汉到唐代，易学家多就蓍数问题展开讨论，并取得了一些进展，如京房、马融用天文历法释大衍之数五十，荀爽用卦爻数释五十，郑玄将天地之数与大衍之数联系起来，并运用五行说加以阐释，虞翻依据天体纳甲释天地之数，视天地之数之和为大衍之数之本。孔颖达以诠释王、韩易学为目的，在总结前人成果的基础上全面地、系统地论述了大衍筮法。崔憬以"参天两地"为出发点，取天地之数中八个数配八卦，解说大衍之数五十。邵氏承袭前贤之思路，从各个角度对筮法展开研究，主要表现以下三个方面：

其一，关于天地之数与大衍之数的关系。他认为大衍之数五十来源于天数，卦数来源于地数。他说：

> 《易》之大衍何数也？圣人之倚数也。天数二十五，合之为五十，地数三十，合之为六十。故曰五位相得而各有合也。
>
> 五十者，蓍数也。六十者，卦数也。五者，蓍之小衍，故五十为大衍也。八者，卦之小成。则六十四为大成

也。著德圆以况天之数，故七七四十九也，五十者存一而言之也。卦德方以况地之数，故八八六十四也，六十者去四而言之也。著者，用数也；卦者，体数也。用以体为基，故存一也；体以用为本，故去四也。（《观物外篇》）

邵氏开宗明义，提出大衍之数是圣人所倚之数。倚，即拟。"倚者，拟也。"此是说大衍之数五十是拟天数而成。具体地讲，天数一、三、五、七、九之和为二十五，其倍数就是大衍之数：$25 \times 2 = 50$。这种说法与他以前易学家相比，有独创之处。郑玄、虞翻等人主张大衍之数五十源于天地之数之和五十五，但有一个问题就是天地之数的和比大衍之数多出五，为了解决这一问题，郑、虞绞尽脑汁，略去五，融通此说。邵氏取天数之和的倍数释大衍之数五十，虽未必正确，却摆脱了郑、虞等人在这个问题上的困惑。

同时，他又将地数与卦数相应，把卦数看作是地数之和三十的倍数：$30 \times 2 = 60$。《周易》六十四卦，而此却言六十，这主要是着眼于易之用卦而言的。对此，邵氏作过解释："卦有六十四，而用止于六十者，何也？六十卦者，三百六十爻也，故甲子止于六十也，六甲而天道穷矣。"（同上）这就是说，卦用六十，是因为六十卦与六十甲子相符，一甲子六十日，一年六甲三百六十日，正好与六十卦三百六十爻相合。不仅如此，而且行著之策数也为六十，"策数应之三十六与二十四，合之则六十也；三十二与二十八，合之亦六十也"。

这里所谓六十卦，是指六十四卦去掉乾坤坎离四卦。乾坤为天地，坎离为月日，万物变化，四者则不变，故当去之。更主要的原因，去四则合天道。如他自己所言："体有三百八十四，而用止于三百六十，何也？以乾坤坎离之不用也。乾坤坎离之不用何也？乾坤坎离之不用所以成三百六十之用也。故万物变易，而四者不变也。"（同上）邵氏所言用卦六十的思想，其实就是汉人卦气说。不同的是卦气说是取《周易》坎离兑震四正卦主一年四季二十四节气，而用其他六十卦与一年三百六十日相配，而邵氏则是去乾坤坎离四卦。因此，邵氏关于卦数本于地数的理论是受启于汉人的卦气说，是对卦气说的改造和整合。

从整体言之，他的大衍数、卦数本于天地之数的思想亦非自己杜撰，也有其易学依据。《易传·系辞》云："蓍之德圆而神，卦之德方以知。"天为圆，地为方，这就明确地告诉人们，蓍与天有关，卦与地有关。唐人崔憬曾以此为根据，探讨蓍卦问题。他在注"大衍之数"时指出："其用四十有九者，法长阳七七之数也；六十四卦，既法长阴八八之数。故四十九蓍则法长阳七七之数焉。蓍圆而神，象天。卦方而智，象地。阴阳之别也。"（《周易集解》）邵氏也是以《系辞》"蓍圆卦方"为出发点，从诸多方面探求蓍、卦数与天地之数关系的。他一方面继承了崔憬的思想，用七、八两数论证蓍卦之数，认为七为天数，七乘七为四十九，四十九为蓍之用数；八为地数，八乘八为六十四，六十四为卦之数。这就是所谓"蓍德圆以况天之数"、"卦德方以况地之数"。另一方面，他从天地之数"五位相得各有合"中体味到"五十者，蓍之数也；六十者，卦数也"。从而完成了这一理论的推导和论述。

另外，他在这里按照《系辞》的逻辑进行推理，提出"小衍"和"大成"的概念，以说明蓍数。所谓"小衍"，是相对"大衍"而言的，按照《系辞》"大衍"为一三五七九奇数之和五十，那么"小衍"则为一二三四五之和十五。宋人张行成解释说："五为小衍者，一二三四五得十五数，则七、八、九、六在其中也。"（《皇极经世观物外篇衍义》卷三）五为小衍，取决于这五位数所具有的阳性。"天数五，地数五，以奇偶言，则一、三、五、七、九为天，二、四、六、八、十为地。以生成言，则一、二、三、四、五为天，六、七、八、九、十为地。"（同上卷一）此谓五为小衍，是取生成之义。所谓"大成"，是相对"小成"而言的。按照《系辞》之意，行蓍中，求得三爻卦时是谓"小成"，引而伸之，求得六爻卦时，是谓大成。邵氏探讨了小成与大成卦之变与不变，认为小成八卦不变者四卦，即乾坤坎离，变者两卦即震与巽、兑与巽两对互变，共六卦。大成六十四卦不变者八卦，即乾、坤、坎、离、中孚、大过、小过、中孚，其余皆变者二十八卦，共三十六卦，这就是他所谓的"小成之卦正者四，变者二，共六卦也；大成之卦正者八，变者二十八，共三十六卦也"。（《观物外篇》）邵氏"小衍"、"大成"概念的提出，有助于对蓍卦的研究，是对《易传》"大衍法"的补充和发展。

其二，关于筮法中归奇之数及与阴阳老少策数的关系。关于归奇于扐之数，《系辞》言"归奇于扐以象闰"。其意不明。三国虞翻注云："奇，所挂一策。扐，所揲之余，不一则二，不三则四也。"（《周易集解》）虞氏将"奇"训为"所挂一策"，将"扐"训为"所揲之余"，这种解释后人多不能接受。一般说来，奇是指揲数至最后剩余的策数。即韩康伯所说的"凡四揲之余，不足复揲者也"。（《周易正义》）然而虞氏的贡献，揭明了所余之策"不一则二"，"不三则四"。唐代孔颖达在此基础上较为详细地描述了行蓍过程中"三变"中每一变归奇于扐的策数情况。他说："每一爻有三变，谓初一揲不五则九，是一变也；第二揲不四则八，是二变也；第三揲亦不四则八，是三变也。"（同上）这是说每一爻经过三变而成，第一变归奇于扐策数或五或九，第二变或四或八，第三变或四或八。邵氏所探讨的不是三变中每一变归奇于扐的策数，而是十八变中每三变归奇于扐策数的情况。他认为，归奇之数不外乎六种情况，"谓五与四四也，九与八八也，五与四八也，九与四八也，五与八八也，九与四四也"。（《观物外篇》）按照他的解释，这六种情况每一种策数相加皆可得到一个和，即 $5+4+4=13$，$9+8+8=25$，$5+4+8=17$，$9+4+8=21$，$5+8+8=21$，$9+4+4=17$。有两个十七，两个二十一。这就是说十八变中每三变归奇于扐策数之和，只有四种情况：一是十三，一是二十五，一是十七，一是二十一。行蓍神妙莫测，而其三变归奇于扐之和不外乎四个数，这四个数，在邵氏看来，与三变后所求得阴阳老少策数密切相关。如果三变归奇于扐数和为十三，则所求策数为三十六：$49-13=36$。如果三变归奇于扐数和为二十五，则所求策数为二十四：$49-25=24$。如果三变归奇于扐数和为十七，则所求策数为三十二：$49-17=32$。如果三变归奇于扐数和为二十一，则所求策数为二十八：$49-21=28$。这就是他所说的"归奇合卦之数得五与四四，则策数四九也；得九与八八，则策数四六也；得五与八八，得九与四八，则策数皆四七也；得九与四四，得五与四八，则策数皆四八也。"（同上）邵氏运用数学计算方法，剖析著数的变化，凸显了著策数之间关系，其计算准确，分析透彻，令人赞叹。这些探讨对后世易学家研究著数或筮法皆有裨益。但应当指出的是，邵氏在此，并不是以研究筮法为目的，而是为了揭证先天数与后天数的关系。如他在谈奇数和策数时指出："奇数四，有一、有二、有三、有四；策数四，有六、有七、有八、有九，合而为八数，以应方数之八变也。归奇合卦之数有六，谓五与四四也，九与八八也，五与四八也，九与四八也，五与八八也，九与四四也，以应圆数之六变也。奇数极于四而五不用，策数极于九而十不用……奇不用五，策不用十，有无之极也，以况自然之数也。"（同上）此言奇数策数八以拟方数八变，归奇合卦数六以拟圆数六变。奇数极于四不用五，策数不用十，以拟自然之数。又如他在谈著策时指出："著之用数挂一以象三，其余四十八，则一卦之策也。四其十二为四十八也。十二去三而用九，四三十二，所去之策也，四九三十六，所用之策也，以当乾之三十六阳爻也。十二去五而用七，四五二十，所去之策也，四七二十八，所用之策也。以当兑离之二十八阳爻也。十二去六而用六，四六二十四，所去之策也，四六二十四，所用之策也，以当坤之二十四阴爻也。十二去四而用八，四四十六，所去之策也，四八三十二，所用之策也，以当坎艮之二十四爻，并上卦之八阴为三十二爻也。……震巽无策者，以当不用之数，天以刚为德，故柔者不见，地以柔为体，故刚者不生，是以震巽不用也。乾用九，故其策九也。四之者以应四时，一时九十日也。坤用六，故其策亦六也。"（同上）此言后天的蓍策与先天爻数相应，大衍之数，其用四十九，挂一则为四十八。四十八是四乘十二：$4 \times 12 = 48$。十二减三为九，三四十二为归奇于扐策数，十二是筮法所去之策，四十八减去十二等于三十六，四乘九为三十六，此为所用之策，即乾一爻之策。按照邵氏先天卦图，八卦中每一卦可变为八卦，乾阳爻为三十六，故乾一爻策数与其阳爻数相应。十二去五为七，四五二十为归奇于扐之数，二十是所去之策，四十八减二十等于二十八，此为所用之策，兑离两卦各二十八阳爻。十二去六为六，四六二十四为归奇于扐之数，是所去之策，四十八减二十四等于二十四，此为坤一爻之策。坤变八卦之阴爻为本体（或内卦）二十四。十二去四为八，四四十六为归奇于扐之数，十六为所去之策，四十八减去十六等于三十二，艮坎本体二十四阴爻加上体所生坤艮坎巽四阴卦之八阴为三十二阴爻，故合于三十二策。震为天之辰，阴多为柔，故柔不见。巽为地之石，阳多为刚，故刚者不生。策数与先天八卦阴阳数，十分吻合。邵氏因而推断后天的策数系效法于先天八卦的阴阳数。如宋人张行成所言："邵雍之言，以明后天之用，故取蓍策之用，以当先天之爻也。先天乾兑离为阳，以阳为用，故后天以九之用策，当乾之阳爻，而以归奇当其阴爻；以七之用策，当兑离之阳爻，而以归奇当其阴爻也。先天坤艮坎为阴，以阴为用，后天以六之策当坤本体之阴爻，而以归奇当其上体之爻。"（《皇极经世观物外篇衍义》卷三）

三、邵氏先天数学的思路及其方法

邵氏凭借先天图式，运用数学、历法等知识，建立了一个庞大的思想体系。撇开内容不言，单就其体系外在的形式而言，条理贯通，思路清晰，论证严密，不能不令人赞叹。宋代理学大家朱熹如此称道邵雍："自《易》以后，无人做得一物如此整齐，包括得尽。"（《朱子语类》卷一〇〇）朱子所谓"如此整齐"就是指体系逻辑性。那么邵氏沿着什么样的思路或逻辑来建立体系的呢？程颢认为，邵氏思路"只是加一倍法"（《程氏外书》卷十二）。而朱熹认为"只是一分为二，节节如此，以至无穷"。（《朱子语类》卷六十七）程朱所说"加一倍法"或"一分为二"法，其实是将数按照倍数分解，这个数的分解过程是从抽象到具体，由简单到复杂。具体言之，是从数而象，由象而器。数是抽象的符号，是体系最基本的概念。就像西方黑格尔将"存在"这个"无规定性的单纯的直接性"概念作为思想开端一样，邵氏以"一"作为其思想的开始。这"一"在数字中是最抽象的，也是最圆满的，一内含二或其他数，故可以分二、四或者其他更多的数。这个数的分解是宇宙的初始："太极一也，不动生二，二则神也。"（《观物外篇》）"太极"是宇宙之本，二指阴阳，阴阳不测谓之"神"。由二生四，四是指有阴阳又有刚柔，即四象："天之大阴阳尽之矣，地之大刚柔尽之矣"。（《观物内篇》）随着数的递增，阴阳刚柔动静交互作用，产生日月星辰、水火土石一直到动物植物乃至人类社会。这就是由"象"向"器"过渡。这个象数体系实际上采用了这样的思路：从一始，"推数之无穷"，这是从本体到现象。另一方面又将无穷数合起来，就是一，这是从现象到本体。用邵氏自己的话说就是"合之为一，衍之为万"，这个思路与周敦颐"是万为一，一实万分"（《通书·理性命》）相一致，而其论证则远在周子之上。对于这一点朱熹看得比较透彻："故论其格局，则《太极》不如《先天》之大而详。论其义理，则《先天》不如《太极》之精而约。盖合下规模不同，而《太极》终在《先天》范围之内，又不若彼之自然，不假思虑安排也。若以数言之，则《先天》之数，自一而二，自二而四，自四而八，以为八卦。《太极》之数，亦自一而二，自二而四，遂加其一，以为五行，而遂下及于万物。盖物理本同，而象数亦无二致，但推得有大小详略耳。"（《朱子大全》卷六十四）朱子所言极是。

　　而观邵子诸数之计算，非"一分为二法"所能概括。其论天地方圆之数，卦爻之数，万物之数，皇极之数，由小而大，由大而小，纵横交错，至杂至繁，似无端绪可寻。然细心玩索，则不难发现其中的方法即加减乘除计算法。加法，其形式多样，最常用的是"分数"即程氏所谓的"加一倍法"。如前所言，邵氏在论八卦六十四卦形成时采用了这一方法，这也是他的大思路。他说："是故一分为二，二分为四，四分为八，八分为十六，十六分为三十二，三十二分为六十四，故曰'分阴分阳，迭用刚柔，易六位而成章'也。十分为百，百分为千，千分为万，犹根之有干，干之有枝，枝之有叶，愈大则愈少，愈细则愈繁，合之斯为一，衍之斯为万。"（《观物外篇》）当然，有时也加一个固定的数，如加六："一生六，六生十二，十二生十八，十八生二十四，二十四生三十，三十生三十六。"（同上）如加八："四生十二，十二生二十，二十生二十八，二十八生三十六。"（同上）或者加一个递增的数列，如依次加四、八、十二、十六等。"方者，一变而为四，四生八，并四而为十二。八生十二，并八而为二十。十二生十六，并十二而为二十八。十六生二十，并十六而为三十六也。"（同上）减法与加法雷同，形式多样，或减去一，或减去数列，如："一生二，去一则一也；二生三，去一则二也；三生四，去一则三也；四生五，去一则四也。"（同上）此为减一。又如："一变则生六，去一则五也。二变则生十二，去二则十也。三变则生十八，去三则十五也。四变则生二十四，去四则二十也……"（同上）乘除也是邵氏惯用的计算方法，他对此曾直言不讳："乘数，生数也；除数，消数也。算法虽多，不出乎此矣。"（同上）乘与除比较，他更重视乘法，其先天数的推衍多用乘法。如皇极数多使用十二乘三十，如黄端节所言："《经世》始终之数，以十二、三十反复乘之也。"天地生物数皆由乘而得，邵氏说："天以独运，故以用数自相乘，而以用数之用为生物之时也。地偶而生，故以体数之用，阳乘阴为生物之数也。天数三，故六六而又六之，是以乾之策二百一十六也。地数两，故十二而十二之，是以坤之策百四十有四也。乾用九，故三其八为二十四，而九之亦二百一十六。两其八为十六，而九之亦百四十有四也。""阳四卦十二爻，八阳四阴，以三十六乘其阳，以二十四乘其阴，则三百八十四也。"（同上）另外，蓍数计算多用乘法，此不再赘述。除法，邵氏用之较少，原因是他重点在论证"一衍之为万"。故减法、除法用得少。如他计算圆图六十四卦中的乾的爻数是用除法。他说："乾四十八而四分之，一分为阴所克，坤四十八而四分之，一分为所克之阳也。故乾得三十六，而坤得十二也。阳主进，是以进之为三百六十日；阴主消，是以十二月消十二日也。"（同上）这是说乾宫每一卦六爻，八卦共四十八爻（6×8=48），为四所除（四分之），每份为十二。其中三份是阳爻，即三十六。一份为阴所克，即为阴爻，阴爻十二。坤宫每一卦六爻，八卦共四十八爻（6×8=48），四分之则为十二，其中一份为"所克之阳"，即有十二阳爻，其余为阴爻。阳主进，故乾三十六阳爻乘以十为三百六十，以示三百六十日；阴主消，坤十二阳爻表示十二月每两月积闰二日，共十二日。因此，邵氏运算无论怎么复杂，皆不外乎加减乘除之法。

黑格尔曾指出："哲学史上所表现出的种种不同的体系，一方面我们可以说，只是一个哲学体系在发展过程中的不同阶段罢了。另一方面我们可以说，那些作为各个哲学体系的基础的特殊原则，只不过是同一思想整体的一些分支罢了。那在时间上最晚出的哲学体系，乃是前此一切体系的成果，因而必定包括前此各体系的原则在内。"[①] 邵子的先天数学也是如此，与之前的其他思想体系和思维方法有着种种的联系，这种联系实际上就是其思想渊源。朱熹曾将邵子的先天数与汉代扬雄《太玄》数作比较，想以此推出先天数源于《太玄》数。他说："康节之学似扬子云。《太玄》拟《易》，方、州、部、家皆自三数推之。玄为之首，一以生三，为三方。三生九，为九州。九生二十七，为二十七部。……康节之数，则是加倍之法。"（《朱子语类》卷一○○）固然，邵氏很赞赏扬雄及《太玄》，如他曾说过："扬雄作《太玄》，可谓见天地之心者也。""扬雄知历法，又知历理。"（《观物外篇》）但将邵氏数之渊源仅仅归于扬雄恐失之于偏颇。笔者管见，邵子的数及方法主要受启于《易传》。《系辞》"太极生两仪"节，本来就蕴含了数一至八的分解。"太极"为一，"两仪"为二，"四象"为

---

① 黑格尔《小逻辑》，商务印书馆，1981 年，第 54—55 页，"导言"。

"四"，"八卦"为八。而邵子一分为二法正是在诠释这段话时提炼出来的，并用此法解释了六十四卦的形成。当然，宋初道家思想的影响也是一个不可忽视的因素。因此，说邵子一分为二法本于《太玄》数，不如说得之于《易传》及宋初图书之学更为真实。至于其数的计算方法，当与宋代重算学之气氛有关。古代中国有着悠久的数学传统。汉有《周髀算经》《九章算术》，晋有《九章算术注》，南北朝有《五经算术》《数术记遗》等算术著作。隋唐时于国子监设"算学"，唐李淳风曾受诏整理注释古代十部算学经典，说明隋唐时对算学高度重视。至宋代，算学已达到相当高的水平，并出现了大量的著作。根据有关学者研究，"隋唐时代的数学著作不过一二种，但是在宋代前后不到三百年却写出了五十多种，平均每五六年一种，其中有些著作水平极高"。[①] 在这样的社会气氛中，出现邵氏先天数学及其计算方法，是不难理解的。而其计算的内容则直接本于易学和历法。如关于蓍数的计算根于大衍筮法及历代对大衍筮法的解释，皇极数计算主要本于年月日数换算（即 12×30 ）。总之，邵子先天数学继承了宋以前诸家易数理论，尤其是继承了孟京易学、《易纬》和宋初道家有关易数的理论，从这个意义上说，邵氏先天数学是对两汉以来易数理论的发展。

---

① 李迪《中国数学史简编》，辽宁人民出版社，1984年，第148—149页。

四、邵氏先天数学的评价及其影响

对于邵氏先天易学的评价，历来存在着争端。一般说来，肯定者多就其思想之深邃博大、体系之条理贯通、内容之别具一格而言，如其学生张崏指出：

> 先生治《易》《书》《诗》《春秋》之学，穷意言象数之蕴，明皇帝王霸之道，著书十万余言，研精极思三十年。观天地之消长，推日月之盈缩，考阴阳之度数，察刚柔之形体，故经之以元，纪之以会，始之以运，终之以世。又断自唐虞，讫于五代，本诸天道，质以人事，兴废治乱，靡所不载。其辞约，其义广，其书著，其旨隐。呜呼，美矣至矣，天下之能事毕矣。(《宋元学案·百源学案下》)

朱熹也对邵氏先天数学给予很高的评价：

> 邵氏先天之说，则有推本伏羲画卦次第生生之妙，乃是易之宗祖，尤不当率尔妄议。(《文集》卷三十八)
>
> 熹看康节《易》了，都看别人底不得。(《朱子语类》卷一〇〇)
>
> 自《易》以后，无人做得一物如此整齐，包括得尽。

（《朱子语类》卷一〇〇）

邵氏后学张行成云：

《观物篇》立言广大，措意精微，如《系辞》然，稽之以理，既无不通，参之以数，亦无不合，经世之数，元会运世主之，天而地也。观物之数，声音律吕主之，地而物也。……先生之书，不过万一千六百余言，而天地之物之象之数之理，否泰消长损益因革，其间罔不包罗。自六经以来，诸子百家之作，原道析理未有如此之简要也。（《皇极经世索隐序》）

朱熹的弟子蔡元定对邵子也作了高度的赞扬：

康节之学，虽作用不同，而其实则伏羲所画之卦也，明道所谓加一倍法也。其书以日月星辰、水火土石，尽天地之体用；以暑寒昼夜、风雨露雷，尽天地之变化；以性情形体、走飞草木，尽万物之感应。以元会运世、年月日时，尽天地之终始，以皇帝王霸、《易》《书》《诗》《春秋》，尽圣贤之事业，自秦汉以来，一人而已耳。（《皇极经世绪言》）

而否定者多就邵氏思想不切人事，不合《易》义，存在牵强附会之弊而言。邵氏弟子二程对其数学极为不重视，曾明言：

> 邵尧夫犹空中楼阁。(《二程遗书》卷七)

朱子三传弟子黄震倾向二程，对邵氏学也有所批评：

> 康节邵先生才奇学博，探赜造化，又别求《易》于辞之外，谓今之《易》，后天之《易》也，而有先天之《易》焉。……若康节所谓先天之说，则《易》之书本无有也。虽据其援《易》为证者凡二章，亦未见其确然有合者也。(《黄氏日钞》卷六)
>
> 晦庵虽为之训释，他日晦庵答王子合书，亦自有"康节说伏羲八卦，近于附会穿凿"之疑，则学者亦当两酌其说，而审所当务矣。(同上)

清儒黄宗羲曾如此批评之：

> 康节之为此书，其意总括古今之历学尽归于《易》，奈《易》之于历，本不相通。硬相牵合，所以其说愈烦，其法愈巧，终成一部鹘突历书，而不可用也。(《易学象数论》卷五)

其弟黄宗炎对邵氏也曾予以驳斥：

乃有邵尧夫者出，取黄冠之异说，以惑乱天下。（《周易寻门余论》）

陈、邵先天方位，变乱无稽，徒取对待。横图乾一、兑二、离三、震四、巽五、坎六、艮七、坤八，奇偶叠加，有何义理，有何次序？又屈而圆之，矫揉造作，卦义无取，时令不合。又交股而方之，装凑安排，若织锦回文，全昧大道。帝王之修齐治平安在？圣贤之知天知人安在？庸众之趋吉避凶安在？反谓文、周、孔子所不能窥，亦是老者曰"孔子，吾师之弟子"之意耳。（《图学辨惑》）

清儒胡渭在《易图明辨》中对邵氏先天之学进行了详尽考辨，指出：

康节著先天图，自两至八，《易》之所有也；自八而为十六、三十二、六十四，以至于百千万亿而无穷，又岂《易》之所有乎？是亦邵子之数学，而非古圣人之《易》矣。（《易图明辨》卷六）

故圆图抽坎填离，犹是丹家之遗制，而横图则无谓甚矣，乃复引而伸之为六十四卦次序，遂至有四画五画之卦。……吾观《皇极经世书》，其所推元会运世之数及天地万物之变，恐别有方术，未必用加一倍法也。奇偶之上各加奇偶，只因错解"易有太极"一节，遂以揲蓍生爻之次序为始作八卦之次序耳。然则大小横图既戾于圣人之

经，又绝非希夷之指，先天之赘肬也。（同上卷七）

由于评论者立脚点不同，导致了其结论相异。从易学发展看，邵氏不拘泥传统的注疏体例，转而以数的推演作为基本的方法，建立了一套贯天地人三才的全新思想体系，并试图以此作为工具，认识和把握瞬息万变、复杂多样的世界。其思想之深邃博大，符号系统之化繁为简，思维方法之别开生面，在当时及以后很长一段时间，是任何思想家无法比拟的。站在这个角度讲，邵氏易是中国古代思想史和易学史上的一个里程碑。尤其是他的"一分为二"的方法，清新、精湛、至简，具有现代科学的意味。当他的这些符号和图式在 17 世纪传到德国时，大哲学家和数学家莱布尼兹为它与二进制惊人的相似而折服。这就是它的价值之所在。在这个意义上说，张行成和蔡元定对邵氏之学的赞誉并不过分。这一点连他的反对者黄宗羲也不得不承认："《皇极》包罗甚富，百家之学无不可资以为用。"当然，我们应当清楚地看到，邵氏不是在诠释《周易》，而是借助《周易》符号来阐发自己的思想，故他的思想多与《周易》本义及传统观点相违背。如他推崇的伏羲先天易，并非伏羲所创，恐为道家所为，或者他自己所为，假托伏羲而已。又如关于数自八到六十四乃至百千万亿的推演，也非《易》之本义。在他的思想体系之中，也确有附会之处，如他将宇宙演化归结为一分为二的递增，用十二乘以三十当作元会运世之基数。从现代眼光审视之，都是不科学的。从这个角度言之，黄震、胡渭等人的批评，不无道理。然而他们的批评过于偏激，看不到邵氏先天数学的价值及其对中国古代思想史的贡献，尤其是忽视了其对图书之学流传和象数易学复兴所起到的作用，这应引起我们的注意。

笔者认为，邵氏易学价值不在于对传统象数易学的继承，而在于对易学所进行的精心的改造和创新。恰恰是这些不符合《易》之本文或与传统易学相违背的观点和思想表现出勃勃的生命力，推动易学不断地发展和臻于完善。如清儒全祖望所言："康节之学，别为一家。或谓《皇极经世》只是京、焦末流，然康节之可以列圣门者，正不在此，亦犹温公之造九分者，不在《潜虚》也。"（《宋元学案·百源学案》）也正因为如此，邵氏之学虽然遭到了种种攻击，而传者仍不绝于世。"南渡之后，如林栗、袁枢之徒，攻邵者尤众。虽象山陆氏，亦以为先天图非圣人作《易》本指。独朱子与蔡氏阐发表章，而邵学始显明于世。五百年来，虽复有为异论者而不能夺也。"（李光地《周易折中》卷十九）同时，邵子之后出现了许多著作，其子邵伯温撰《皇极系述》《观物内篇解》，张行成撰《皇极经世观物外篇释义》《皇极经世索隐》《易通变》，蔡元定撰《经世指要》，朱元昇撰《邵易略例》，元俞琰撰《易外别传》，明黄畿撰《皇极经世传》，余本撰《皇极经世释义》，清王植撰《皇极经世直解》等，对邵子之学加以诠释和阐发，使邵子之学成为专门之学，治此学者成为学界一个重要学派。清儒黄宗羲撰《宋元学案》，专立"百源学案"，以述其思想源流。另外，邵子的思想对义理之学形成也有一定的影响，如二程是宋代理学代表人物，他们某种程度上也接受了邵子思想。对于这一点，朱熹早有察觉。他说："程、邵之学固不同，然二程所以推尊康节者至矣。盖以其信道不惑，不杂异端，班于温公、横渠之间。"（《宋元学案·百源学案》）这是说，二程之所以能以易学而与司马光、张载齐名于当时，并对后世发生影响，与他推崇邵氏并"信其道"有关，足见邵氏易学影响之深远。

第二编

南宋：图书之学流行及其
合法地位之确立

概　述

　　承北宋易学之后，河洛之学、先天之学仍是南宋象数易学研究的重点，而朱熹的河洛之学和先天之学又是其中的主流。在朱熹引领下，河洛之学和先天之学成为南宋易学的时尚，有一统天下之势。

　　南宋河洛之学的热点问题主要有：《河图》《洛书》之数，《河图》《洛书》与八卦的关系，《河图》《洛书》与天地之数、大衍之数的关系等。北宋时，刘牧的河洛之学非常兴盛，南宋则出现了分歧意见。程大昌、朱震认同刘牧的"图九书十"说，蔡元定与朱熹则持"书九图十"说。另外，雷思齐将《河图》之数确定为四十。关于《河图》《洛书》的性质，朱熹等人认为系伏羲据自然之象而画出之图，薛季宣认为是地理图，俞琰则认为《河图》是宝器。关于《河图》《洛书》与八卦的关系，凡承认《河图》《洛书》确实存在于伏羲时代者，皆主张《河图》《洛书》为八卦之源，如程大昌、朱震。但是有一派认为《河图》为八卦之源，《洛书》为《洪范》之源，如朱熹、蔡元定。蔡沉则提出"河偶洛奇说"，区分《河图》《洛书》，还从《洛书》推出《九九圆数图》。关于《河图》《洛书》

与天地之数、大衍之数的关系，大多数人认为天地之数即是《河图》之数，大衍之数亦本之于《河图》。丁易东独出心裁，从《河图》推出大衍之数，从《洛书》推出"其用四十有九"。对《河图》《洛书》之数理，大多数易学家取汉易五行说证之。如程大昌、朱熹等人多用五行原理解释《河图》《洛书》构成和区分《河图》《洛书》。而雷思齐用"参两错综"为据，张理以天文、历法、人体结构为据揭示《河图》《洛书》数理。

北宋邵雍建立了先天之学。邵氏之子及其后学对邵氏的著作体悟覃思，并加以疏通和解说，如其弟子王豫、张崏、郑夬等人。其中佼佼者为郑夬，撰有《周易传》。另一个早期专治邵氏之学的是南宋同州人王湜，他曾作《易学》。而全面、系统地诠释和阐述邵子之学的，莫过于张行成。他自称在蜀地发现了十四张图，并认定是邵氏所传。通过对这些图的诠释，他深刻地揭示了先天之学与后天之学的区别，并在此基础上，证明了先天与后天、先天与河洛的内在联系，即先天之学本于河洛之数，是易之源、易之体，包括文王易在内的其他易是用，用源于体而依存于体。

两宋时期，学术造诣最深、影响最大的是朱熹。朱熹重新确立《周易》的卜筮性，在阐发义理之余，深刻批评了当时易学偏重义理之失。他梳理前人之说，整合了河洛之学与先后天之学。刘牧的河洛之学与邵雍的先天之学，原为两种不同的易学起源观，二者似乎无多大关系。朱熹撰《周易本义》，将河洛图、先后天图列于卷首，认为图书之学是易学之源；又与蔡元定编撰《易学启蒙》，专门诠释河洛、先天之学的内涵与学理。如此，他融河洛之学与先天之学为一体，通过解读图书之学的学理，真正确立了河洛之学和先天之学的地位，使其为后世大多数易学家所认可。朱子后学蔡元定父子、胡方平父子、林至、税与权、董楷、朱鉴等对朱熹的图书之学皆有阐发，故以图书之学为形式的象数学盛行于南宋。

南宋时期，对先后天之学的发展做出贡献的还有俞琰和朱元昇。俞琰撰《易外别传》，引道家之说入《易》，根据《先天图》及《后天图》画了大量的图式，并用《参同契》解说这些图式。如他据《先天图》和《后天图》中的乾坤坎离作"天根月窟图"、"先天六十四卦直图"、"地承天气图"、"月受日光图"、"先天卦乾上坤下图"、"后天卦离南坎北图"、"乾坤坎离图"、"天地日月图"等，形成"身中之易"。从儒道会通角度，发展了邵氏易学。

朱元昇别出心裁，撰《三易备遗》，从"三易"角度探讨先天之学与后天之学。他据《周礼》记载，提出"三易"是由不同人而作，为不同时代所用。《连山》作于伏羲，即伏羲易，为先天之学，用于夏；《归藏》作于黄帝，即黄帝易，为中天之学，用于商；《周易》作于文王，即文王易，为后天之学，用于周。先天易是本，中天易、后天易皆源于先天易。朱元昇承袭了宋代易学的传统，在论《连山易》时从邵易入手，融合刘牧河洛之学，辨明《河图》《洛书》之义。他考察了伏羲画卦的过程，重申伏羲画卦本于《河图》《洛书》，总体上继承了朱熹的思想，阐发了邵雍之旨。当然，他并未完全照搬朱熹的思想，如他支持刘牧"图九书十"的观点，主张三易象数一脉相承，皆本于伏羲易，伏羲易则本于《河图》《洛书》，故他用《河图》《洛书》解说三易，排斥朱熹的"图十书九"的思想，反对朱熹割裂先天易与后天易的联系。另外，他以干支、五行、纳音说与六十四卦解释中天易，以互体、反对讲《周易》，并视互体、反对为《周易》所固有，与《河图》《洛书》相吻合，显然异于朱熹。因此，他的象数易学既吸收了刘牧、邵雍、朱熹等人的思想，又有自己的体悟。

卦变图是宋代图书之学的一部分，汉人多言卦变，并以卦变注经。宋人则多以图式讲卦变，北宋初的李之才首作卦变图，南宋朱震作"乾坤生六子图"和"乾坤生十二辟卦图"以示卦变。前者言乾坤互体为六子经卦，是为卦变开始，后者是言乾坤相交为十二辟卦，然后由十二辟卦生出其他卦。朱熹又作新的卦变图，以乾坤为生卦之本，乾坤生出十二消息卦，由十二消息卦变出其他卦，此卦变图克服了汉儒卦变体例不统一的缺陷，但是其生卦重复出现，是为一弊。此外，为了变占，朱熹在《易学启蒙》中，以《焦氏易林》为据，画出卦变三十二图，"三十二图反复之，则为六十四图，以六十四卦为主，而各具六十四卦，凡四千九十六"。另外，俞琰在《易外别传》中载有"先天六十四卦直图"，亦是卦变图，其特点是确立了乾坤坎离即天地日月的位置，同时其周围是十二辟卦，构成一个阴阳上下消长变化图，并使图形呈菱形。总之，宋人以图式形式研究卦变，丰富了卦变说的内涵。

除了图书之学外，南宋儒者对汉代象数易学也有一定的研究。两宋时期的图书之学是以汉代的五行说、阴阳说、卦气说及《易传》中易数说等为内容，以黑白点组成的图为其表现形式。因此，对于图书之学的探讨必然涉及汉易象数之学，受其影响，一些南宋易学家开始关注汉易象数之学。朱震就是较早用汉易象数注《易》者。他融合汉宋象数之学，又调和宋代义理易学与象数易学，其易学的最大特点就是凸显了汉易象数。他在《汉上易传》中专门列举汉象数易五种体例：动爻、卦变、互体、五行、纳甲，力图恢复遗失的汉代象数易学诠释方法，在南宋易学中独具特色。郑刚中作《周易窥余》，反对易学偏于一端，主张以象解义，折中汉魏象数与义理。丁易东以朱震易学为宗，整合汉儒旧说，在概括了象数易取象十二例（本体、互体、卦变、正应、动爻、变卦、伏卦、互对、反对、比爻、原画、纳甲）之后，又提出"三体之正变"，主张取象虽多，不过是三体。三体正变是纲，十二例是目。这就纠正了朱震在取象体例上的混乱。俞琰重视取象，于《周易集说》提出卦体说，认为"卦体不特是内外上下二体，如对体、覆体、互体、伏体、积体皆是也"。也有一部分学者注《易》时既重义，又不废汉易象数，如张浚作《紫岩易传》也采用互体、纳甲、八宫、飞伏等象，沈该作《易小传》杂取纳甲、五行、爻变等，都絜作《易变体》以爻变注《易》。项安世撰《周易玩辞》除了言《河图》《洛书》外，也用汉易中的卦变、纳甲、卦气等思想注《易》。赵汝楳作《周易辑闻》，高度重视卦变，释卦则以卦变立论。

南宋以象解《易》者，还有一派既不取汉代易象，也不取宋代易象（河洛），而是以《周易》固有的卦爻象解《易》。如赵彦肃撰《复斋易说》，"即象数以求义理，以六画为主"（《四库全书总目》）。再如耿南仲《周易新讲义》，因象诠理，亦采《周易》卦爻象，而非汉易与河洛之象。

同时，传统易数的研究也在南宋得到推进。在易学史上流行"挂扐法"和"过揲法"两种筮法。唐代孔颖达撰《周易正义》，使用了"挂扐法"，即以挂扐数多少定阴阳老少。朱震发现了这两种方法之间的联系，即用四十九减去挂扐数，即是"揲蓍法"的结果。程迥整合了北宋以来有关"大衍筮法"的种种说话，并接受邵雍的"加一倍"思想，结合《国语》《左传》记载之筮例，探讨了"挂扐法"和"过揲法"两种方法及其关系，全面恢复了《周易》古占法，完善了大衍筮法。郭雍则反对孔颖达等人的"挂扐法"，推崇"揲蓍法"，认为"揲蓍之法本无二致，因或者误以扐为奇，又好以三多三少论阴阳之数，故异说从而生焉。"（《郭氏传家易》）朱熹作《易学启蒙》《蓍卦考误》，对郭雍之说提出了批评，认为"挂扐法"优于"过揲法"，根据是前者得之于河洛之数，有奇偶之分，有自然之象，而后者"无复奇偶之分"，"参差不齐"，"无复自然之法象"。此外，针对李觏、张载、郭雍等人关于大衍筮法二变三变不挂一的说法，朱熹、蔡元定等认为三变皆挂一。朱熹接受了程迥依据《国语》《左传》所提出的爻变规则，并加以完善化。胡方平用阳尊观念解释了挂扐数与老少阴阳的关系，批判了行蓍后二变不挂的观点，维护了朱子易学的权威。俞琰用太极生八卦所表现出的数释大衍之数五十，即太极一、两仪三、四象十、八卦三十六之总和为五十。而雷思齐用太极生八卦的符号系统解说大衍筮法，说明筮法与画卦的一致。丁易东则独辟蹊径，从《河图》《洛书》数分别推出"大衍之数五十，其用四十有九"，并用天地之数"合而通衍九位数"，其中九位数"有奇"、"有偶"，从而推出大衍之数五十与用数四十九。这些见解皆发前人所未发。赵汝楳作《筮宗》，秉承了程迥、朱熹的思想，再度解释大衍筮法及其占法，发展了朱熹的筮数思想。

总之，与北宋相比，南宋象数易学更加系统，关注的问题更加集中，主要表现在整合了北宋以来的象数之学。如，北宋学者独创的河洛之学与先天之学，本属于两个系统，至南宋由于朱熹等人的阐发，合二为一，成为探讨《周易》源头的重要理论。同时，因为朱熹及其后学的思索和探讨，图书之学的学理更加清晰和丰富，体系更加合理与完善，确立了其在易学史上的地位。同时，汉代象数易学在南宋开始被吸纳，以郑刚中、朱震、丁易东、俞琰等为代表的易学家，在图书之学和义理之学占主流的语境下，不仅不排斥汉代象数易学，而且以宋人独特的方式思索汉代象数易学，试图将其纳入宋代易学系统之中，充实了宋代象数易学。这种汉宋象数易学之融合，虽然如"百衲袄"般不够严密，还有许多牵强之处，却不能不说是南宋易学中一种具有合理"偏见"的创新。正是这种创新，引领了后世汉宋象数易学最终趋向统一。其所倡导的汉学易，为清代汉学易的复兴奠定了基础。这是南宋易学家为易学发展所做的又一贡献。

第一章　朱震象数易学

一、生平事迹

　　朱震（1072—1138），字子发，湖北荆门军（今湖北荆门县）人。生活在北宋末南宋初，靖康年间金兵入汴时，已55岁。历史记载他的活动主要在南宋。朱震曾于徽宗政和年间登进士第，担任过州县官，这就是《宋元学案》所谓"登政和进士第，累仕州县"。北宋亡前一年，靖康元年（1126），被朝廷召为太学《春秋》博士。南宋绍兴四年（1134），在中书舍人侍讲胡安国和参知政事赵鼎的举荐下，被召为祠部员外郎兼川陕荆襄都督府详议官。次年恢复经筵，朱震连续擢升八次，历任秘书少监、秘书少监兼侍讲、承议郎、起居郎、资善堂赞读、中书舍人兼资善堂翊善、朝散郎、左朝请郎等。此年五月，龙图阁直学士杨时病殁，朱震上表曰："时学有本原，行无玷缺，进必以正，晚始见知。其撰述皆有益于学者。"（《续资治通鉴·高宗绍兴五年》）由于他的上疏，高宗下诏取阅杨时的《三统义辨》，并赐其家银帛。后杨时谥为"文靖"。绍兴六年（1136），朱震除给事中，又转为左朝奉大夫。此年秋天，他把自己所著的《周易集传》九卷、《周易图》三卷及《周易丛说》一卷，进献高宗皇帝，并撰写了《进周易表》。这些书后人合称为《汉上易传》。同年底，朝内发生了左司谏陈公辅上疏反对理学宗师程颐的事件。朱震对此事沉默不语，引起某些理学中人不满。如史书所言："时朱震在经筵，不能诤，论者非之。"（《续资治通鉴·高宗绍兴六年》）绍兴七年（1137），朱震看到理学受到排挤，向宰阳张浚提出辞职，没有得到允许。胡安国对此事曾评论道："子发求去，未免晚矣。当公辅之说才上，若据正论力争，则进退之义明。今不发一言，默然而去，平生读《易》何为也。"同年，朱震曾就举行明堂祭祀大典之事提出异议，未被采纳，他再次提出辞官，高宗一再挽留不许。第二年六月，朱震在临安去世。其生平见《宋史·朱震传》。

学术上，朱震受宋代理学影响比较大。当时经过周敦颐、张载、二程等人极力倡导和阐扬，理学逐渐兴盛，至南宋初在朱震周围已形成了尊崇二程学统的理学气氛。谢良佐是二程的学生，是有名的理学家，朱震曾偕弟朱巽拜见他，饭余茶罢，谢为朱震讲《论语》，这说明朱震接受了二程及门人的思想。胡安国是宋代大理学家，以治《春秋》见长，推崇二程，其周围皆二程高足。"安国所与游者，游酢、谢良佐、杨时皆程门高弟"。（《宋史·胡安国传》）而朱震与胡安国关系友善，胡氏曾以朱震"学术深博，廉正守道"举荐其为祠部员外郎，故朱震受其影响，为学常以二程为正统。这一点从他的《进周易表》中可以得到印证。他说："臣顷者游宦西洛，获观《遗书》，问疑请益，遍访师门，而后粗窥一二。造次不舍，十有八年，起政和丙申（1116），终绍兴甲寅（1134），成《周易集传》九卷、《周易图》三卷、《周易丛说》一卷。以《易传》为宗，和会雍、载之论。上采汉、魏、吴、晋、元魏，下逮有唐及今。包括异同，补苴罅漏，庶几道离而复合。"这里所说的《易传》是指程颐的《伊川易传》。据今人统计，《汉上易传》于六十四卦注解中，朱震明引程颐《易传》之处，有一百条之多①。这充分说明了他的易学与二程易学的关系。同时，从这里还可以看出另一个问题，即朱震除尊崇二程外，还兼收并蓄他以前包括宋在内的各家易学。这就是说，汉唐以来的诸派易学是他易学的重要渊源。当然，他所谓汉唐易学，主要是指象数易学，不是王弼易学。他认为王弼易尽黜象数，破坏了易学的传统，而他的易学的宗旨是重新整合"庶几道离"的易学。这一点极为重要。从其《汉上易传》内容看，无论是基本框架，还是取资的前人易说，更偏重于象数易。因此，与其说朱震易学源于程氏易，不如说源于汉唐以来的象数易更为恰切。

二、易学史观

自孔子为《易》作传始，《周易》研究成为专门之学，并

---

① 侯外庐等编《宋明理学史》上卷，人民出版社，1987年，第 264 页。

在与其他思想文化长期相互交融中不断地完善和发展。而易学每发展到一个时期，除了站在新的角度探讨一些具体的易学问题外，还就以往的易学发展加以反思和研究，在新的形势下品评功过是非，这是易学研究的一个传统，也是易学发展不可缺少的一个环节。成书于战国时期的《易传》曾简要地论述伏羲画八卦、文王重卦的经过。《汉书》和《后汉书》对孔子传《易》师承及两汉易学源流作了详尽的记述。至唐代孔颖达奉命撰《周易正义》，于《序》与《卷首》对唐以前易学研究作了概括和辨析。陆德明作《经典释文》，在其《序》中除了对唐以前易学传授系统和特点进行描述外，还著录了唐以前易学著作，并以"注"形式对每本著作作者生平加以介绍，这些皆属易学史的研究。朱震也如以往的易学家一样，对他以前的易学发展情况作了具体的阐述。他在《进周易表》中指出：

> 商瞿学于夫子，自丁宽而下，其流为孟喜、京房。喜书见于唐人者犹可考也。一行所集房之《易传》，论卦气、纳甲、五行之类。两人之言同出于《周易》《系辞》《说卦》。而费直亦以夫子十翼解说上下经，故前代号《系辞》《说卦》为《周易大传》尔。后马、郑、荀、虞各自名家，说虽不同，要之去象数之源犹未远也。独魏王弼与钟会同学，尽去旧说，杂之以庄、老之言，于是儒者专尚文辞，不复推原《大传》。天人之道自是分裂而不合者七百余年矣。国家龙兴，异人间出，濮上陈抟以《先天图》传种放，

放传穆修，修传李之才，之才传邵雍。放以河图、洛书传李溉，溉传许坚，坚传范谔昌，谔昌传刘牧。修以《太极图》传周敦颐，敦颐传程颐、程颢。是时张载讲学于二程、邵雍之间。故雍著《皇极经世》之书，牧陈天地五十有五之数，敦颐作《通书》，程颐述《易传》，载造《太和》《三两》等篇。或明其象，或论其数，或传其辞，或兼而明之。更唱迭和，相为表里，有所未尽，以待后学。

此段话勾画出了象数易学发展的大体轮廓。共分两层意思，前半部分是讲宋以前象数易学概况，后半部分是讲宋代图书之学传授系统。从这些论述看，朱震崇尚象数，把象数易学视为易学的正统，反对王弼以老庄治《易》的方法。故朱震的学术倾向是显而易见的。这与唐占官学地位的孔颖达学术倾向是不同的，孔颖达撰《周易正义》取王弼注而为之疏，由于受注疏形式的局限，故《周易正义》崇尚王弼玄学易，贬低象数易，如他说："汉理珠囊，重兴儒雅，其传《易》者，西都则有丁、孟、京、田，东都则有荀、刘、马、郑，大体更相祖述，非有绝伦。唯魏世王辅嗣之注，独冠古今，所以江左诸儒并传其学。"（《周易正义序》）从这里看出，由于门户之见，孔、朱二人对易学史及其所涉及人物的评价完全不同。

朱震站在象数易学立场上对易学史诸派进行评说，尤其是将宋初易学纳于象数易发展的长河之中，并对其承传作了系统地阐述，这是他对易学史研究的贡献。后世研究北宋之易学源流、发展线索，多援引此说，故其说成为阐述北宋易学重要的资料。

当然，朱震的记述也存在一些问题，应当引起注意：其一，全盘否定玄学易，忽略其积极意义，此为门户之见。其实，王弼等人尽扫象数，是因为他们已察觉到了两汉象数易学存在无法克服的支离、附会、烦琐等流弊。如王弼曾明确指出："案文责卦，有马无乾，则伪说滋漫，难可纪矣。互体不足，遂及卦变，变又不足，推致五行，一失其原，巧愈弥甚，纵复或值，而义无所取。"（《周易略例·明象》）如果不克服这些流弊，必然会阻碍易学的发展。故王弼等人崛起，试图用"得意忘象"来纠正易学之偏，虽然他们从一个极端走到另一个极端，但是，他们以老庄清言注《易》和由此而开创的易学新风，对于纠正易学之弊端，活跃学术气氛，推动易学发展皆有积极的意义，故王弼等人的玄学易不可全部抹杀。

其二，他将二程、张载列于象数行列不妥。固然，二程、张载与周敦颐、邵雍关系比较密切。二程早年曾受学于周敦颐。《二程粹言》卷一云："子谓门弟子曰，昔吾受《易》周子。"张载与二程是亲戚关系，张载是二程之父程珦的表弟，即二程称张载是表叔，据《宋史·张载传》和吕大临《行状》，张载与二程会面，"与论《易》，共语道学之要"。二程也曾问学于邵雍，如伊川说："某与尧夫同里巷居三十余年，世间事无所不问。"（《宋元学案·百源学案下·附录》）由此可见，周敦颐、二程、邵雍、张载等人非师生即朋友关系。然而论派别不能只看师承或者朋友，关键要看其思想内容。二程学于周子，得其义理；学于邵子，而未得其数，故属于义理派。据有关文献记载，二程对邵雍的数没有兴趣，邵雍曾有意教授二程数学，但二程没有学。如程颢曾说过："尧夫欲传数学于某兄弟，某兄弟那得工夫？要学须二十年工夫。"（同上）而程氏兄弟与邵氏同居一巷三十多年，世间事皆问，"惟未尝一字及数"。（同上）更为重要的是，二程批评邵雍将天下之理归之于象数，认为万事由我而出，侮玩天理，无益于治国修心："尧夫之学，先从理上推意言象数，言天下之理须出于四者，推到理处，曰：'我得此大者，则万事由我，无有不定。'然未必有术，要之亦难以治天下国家。其为人则直是无礼不恭，惟是侮玩，虽天理亦为之侮玩。"[①]这充分说明了二程思想完全不同于邵雍。对于这一点，先贤多有论述，朱熹明言"程、邵之学固不同"。（《宋元学案·百源学案下·附录》）四库馆臣将二者区别概括得更为精确："程子不信邵子之数，故邵子以数言《易》而程子此传则言理。"（《四库全书总目》卷二）张载以气为核心，建立了气本论的易学体系。二程以理为核心，构造了以理学为特征的易学体系。但从大的角度言之，张载与二程相近，同属于义理之学，而与邵雍思想很少有相同之处。张载在注大衍之数时亦谈数，但却不以数为本，而以气象为本，即有气象

---

① （宋）程颢、程颐著，王孝鱼校点《二程集》，中华书局，2004年，第45页。

而后有数。他说："［天］混然一物，无有终始首尾，其中何数之有？然［此］言（者）特示有渐尔，理须先数天，又［必］须先言一，次乃至于十也。"① 因此，朱震之说失之公允。朱震有如此之误，情有可原：除了他曾学于程门外，还由于二程、张载在其义理之学体系内亦言象，并主卦变说。如朱震曾举例说明：伊川解《既济》九五，"其于象盖讲之矣"。"横渠凡言往者，皆进而上，知此象者也。"又伊川注《损》六三，"此正论卦变也"。横渠注《损》九三上九，"言卦变矣"。(《汉上易传·丛说》）当然政治上的需要也是一个原因。南宋时统治者尊崇二程理学。高宗绍兴元年（1131）诏赠程颐直龙图阁，表明二程理学获得了官学地位。在这种情况下，朱震把自己撰写的《周易集传》《周易图》《周易丛说》进呈高宗，并在《进周易表》中介绍易学发展，很难做到不讲二程或者反对二程义理之学。因此，为了讨好皇帝，他极力地表彰程氏，把程氏及程氏推崇的张载一并列入正统的象数易学发展系统中，而且还以传程氏易学自居，其政治意图极为明显。

三、象数易取象之五法

朱震自称其易学上采汉唐，下承宋初道家易学，更标榜"获观《遗书》"，以程氏《易传》为宗。然从其《周易集

---

① （宋）张载著，章锡琛校点《张载集》，中华书局，1978 年，第 194 页。

传》治《易》方法言之，采撷汉唐宋象数易学则有迹可循，而"以《易传》为宗"则与事实不符。固然，其易著中多处援引了程氏《易传》，那只不过是迎合统治者口味而已。其实，他在以程氏易为宗的旗帜下，把更多的精力放到两汉象数易学研究上，从而形成了"以象数为宗，推本源流"的易学。他在其《周易集传序》中开宗明义，点出了其治《易》的倾向：

> 圣人观阴阳之变而立卦，效天下之动而生爻。变动之别，其传有五：曰动爻，曰卦变，曰互体，曰五行，曰纳甲。而卦变之中又有变焉。

此言揲蓍求卦。卦立则仿天地阴阳变化而有爻之变动。他在注《说卦》时指出："'观变于阴阳而立卦'，说揲蓍分卦也。'发挥于刚柔而生爻'，说爻有变动也。"在他看来，揲蓍求卦之后，则主要有五种类型的变化的卦爻象。这五种卦爻象就是动爻、卦变、互体、纳甲、五行。他提出这五者实际上就是两汉以来易学家注《易》所涉及的主要卦爻象，均属象数易学的范畴。他对此亦直言不讳："凡此五者之变，自一二三四言之谓之数，自有形无形言之谓之象，自推考象数言之谓之占。"此是说以上五种变化的体例本身就是象数，而将这些象数用之于操作就是蓍占。此话极为清晰地表达了他的易学属于象数易。兹就这五种变化的卦爻象作具体的分析：

（一）关于"动爻"

按照朱震的理解，天地阴阳变化不止，或升或降，上下往来，反复无常，圣人效法阴阳之变化而为爻。如他说："爻象之变化，象天地，故曰'天地变化，圣人效之'。"（《汉上易传》卷七）因此，爻的本质就是变。"爻者，言乎变者也。"（《系辞上》）正因爻本之天地之性而具有变动之属性，故称其为"动爻"，即爻变。朱震的"动爻"从其内容言之，包括揲蓍立卦过程中的九六之变和爻位及刚柔往来等变化。他在《汉上易传》自序中对"动爻"内涵作了解释：

> 一、三、五，阳也；二、四、六，阴也。天地相函，坎离相交，谓之位。七、八者，阴阳之稚，六、九者，阴阳之究。稚不变也，究则变焉，谓之策。七、八、九、六，或得或失，杂而成文，谓之爻。昔周人掌三易之法，一曰《连山》，二曰《归藏》，三曰《周易》。七八者，《连山》《归藏》也。六九者，《周易》也。经实备之。策三变而成爻，爻六变而成位。变者，以不变为体；不变者，以变者为用。四象并行，八卦交错，而天地万物之情可见矣。其在《系辞》曰："爻象动乎内，吉凶见乎外。"又曰："道有变动，故曰爻。"此见于动爻者也。

从这段话中可以看出，朱震的"动爻"有两层含义，一是说爻于爻位之中变化。爻位是指在揲蓍求出卦后，"爻六变而成位"。一卦六爻，一、三、五为阳位，二、四、六为阴位。从爻位整体布局看，阴阳位交错，即所谓"天地相函"。同时，自下而上，下三位依次为阳、阴、阳，似离，上三位依次为阴、阳、阴，似坎。坎水居上润下，离火居下炎上，故言"坎离相交"。《周易》六十四卦三百八十四爻"不居其所，升降往来，循环流转于六位之中"。(《汉上易传》卷八)这种爻变常常表现为升降、互易、得位、失位、感应等形式，如他说："卦自下而上，列贵贱之位。存乎位，则刚柔、往来、上下、内外、得位失位、或应或否见矣。"(同上卷七)"位谓之虚者，虚其位以待变动也……或自上而降，或自下而升，上下无常也。刚来则柔往，柔来则刚往，刚柔相易也。"(同上卷八)朱震在注《系辞上》第八章时曾以具体的事例说明爻之动问题。他说：

> 《中孚》九二辞也。二在内，居室也。二动五应，出其言善，千里之外应之也。兑口不动则不正，巽五不应，出其言不善，千里之外违之也。……"同人先号咷而后笑"，《同人》九五辞也，五应二也。……二五相易，芬芳上达，兑为口，故曰"同心之言，其臭如兰"，言可服也。

朱震以《中孚》二爻、《同人》五爻说明爻之动。《中孚》九二失位，动变正与九五相应，《同人》九五应六二，二五相易，此《系辞》所谓"二爻以例之变者也"。他还认为，《系辞》以《大过》初六爻、《谦》九三爻、《乾》上九爻、《节》

初九爻、《解》六三爻"以例爻之不变者"。朱震所说的爻于爻位之中变化，与汉易中虞氏之正说、荀氏升降说完全一致。其所谓互易就是荀爽的升降说，爻失位动变正就是虞翻之正说。如他曾视虞氏之正为动爻："乾卦而举坎离者，言其变也，阴阳失位则变，得位则否。九二、九四、上九，阳居阴位，故动而有坎离之象，此虞氏所论动爻之说也。"（《汉上易传·丛说》）他还认为动爻本之《易传》："《杂卦》'既济定也'，既济六爻阴阳得位，是以定也。《乾·文言》曰'云行雨施'，又曰'大明终始'。云雨，坎也。大明，离也。"（同上）他认为，易学史上，"陆绩之学始论动爻"。（同上）"陆绩所谓阳在初称初九，去之二称九二，则初复七。阴在初称初六，去初之二称六二，则初复八矣。"此为动爻。

朱震"动爻"另一层含义是著数九六之变。按照大衍筮法，经过"分二"、"挂一"、"揲四"、"归奇"四营之变化，求得一个数，这个数或是 36，或是 32，或是 28，或是 24，然后除以 4，分别得到：9、8、7、6。7 为少阳，8 为少阴，9 为老阳，6 为老阴，少则动而不变，老则过而变，若为老阴则变为阳，若为老阳则变为阴。这就是朱震所谓："七八者，阴阳之稚；六九者，阴阳之究。稚不变也，究则变焉。"这种揲著求卦中的爻之变，也是动爻。

（二）关于"卦变"

朱震的"卦变"，大致与汉儒一致，主要包含了乾坤生

"六子"，生十二辟卦，十二辟卦生其他卦等思想，可以这样说，凡是由一卦变成或者生出另一卦及有相关意义的思想皆可称为"卦变"。他曾站在易学发展史这个角度对卦变说作了深入的考察。他认为，春秋时，"凡所谓之某卦者皆变而之他卦也"，如"以史墨之言推之，则《乾》九三当曰其《履》，九四曰其《小畜》。伯廖举《丰》上六曰'其在《周易》，《丰》之《离》'，知庄子举《师》初六曰'在《师》之《临》'……崔武子遇《困》之《大过》，六三变也。庄叔遇《明夷》之《谦》，初九变也。孔成子遇《屯》之《比》，初九变也。南蒯遇《坤》之《比》，六五变也"。这些由爻变而引起的"变卦"皆属于早期的卦变。在十翼中，《系辞》所讲的"变动不居，周流六虚。上下无常，刚柔相易"等，《说卦》所谓"震曰其究为健"及乾坤父母生六子，《序卦》"剥穷上反下"，也是卦变。之后，"京房八卦相生变而成六十四卦之说"和"虞翻、蔡景君、伏曼容旁通之说"及"虞氏、蔡景君、伏曼容、蜀才、李之才所谓自某卦来之说"，"夫质之于经而合，考之义而通"（以上引文见《汉上易传·丛说》），皆属于卦变说。

他在总结前人卦变说基础上，主要探讨了乾坤父母生六子、乾坤生十二辟卦及十二辟卦生其他卦这些传统的问题，他在《汉上易传》自序中指出：

《乾》生三男，《坤》生三女。《乾》交乎《坤》，自《姤》至《剥》；《坤》交乎《乾》，自《复》至《夬》，十有二卦，谓之辟卦。《坎》《离》《震》《兑》谓之四正，四正之卦分主四时，十有二卦各主其月。《乾》贞于子而左行，《坤》贞于未而右行，左右交错，六十四卦周天而复。阴阳之升降，四时之消息，天地之盈虚，万物之盛衰，咸系焉。……此见于卦变者也。

"《乾》生三男，《坤》生三女"本自《说卦》"乾，天也，故称乎父。坤，地也，故称乎母。震一索而得男，故谓之长男，巽一索而得女，故谓之长女……"一节，但其义不同。《说卦》是言三画之经卦，而朱震取资虞氏义而言别卦。他说："《易》曰'刚柔相摩，八卦相荡'。先儒谓阴阳之气，旋转摩薄，乾以二五摩坤成震坎艮，坤以二五摩乾成巽离兑，故刚柔相摩，则乾坤成坎离，所谓卦变也。"（《汉上易传·丛说》）这里的"先儒"是指虞翻等人。虞翻在注《系辞》时多次阐明此思想。如注"四象生八卦"云："乾二五之坤则生震坎艮，坤二五之乾则生巽离兑，故'四象生八卦'。"（《周易集解》引）注"刚柔相摩，八卦相荡"云："乾以二五摩坤成震坎艮，坤以二五摩乾成巽离兑，故刚柔相摩则八卦相荡也。"（同上）此是言乾二五两爻与坤二五两爻相交易，乾二五入坤则为坎，坤二五入乾则为离，坎互体有震艮，离互体有巽兑，故乾坤父母生"六子"。朱震作图如右：

朱震取虞氏乾坤生六子为卦变说，并示之以图，可以使人们更清楚地看到乾坤与六子的关系，似乎十分完善，但有一个问题当引起注意。一般说来，卦变说是建立在别卦基础上的，而乾坤生"六子"，其中互出的兑、巽、艮、震是经卦，因此，虞氏对于乾坤"六子"的解说显然有牵强之处，而朱震将这种存有牵强之弊的思想列为卦变的一种，很难令人信服。

对于乾坤生十二辟卦及十二辟卦生其他别卦的卦变思想，朱震在《自序》中利用卦气说形式进行解说，如他所谓四正卦主四时、十二辟卦主月、乾贞于子左行、坤贞于未右行等皆卦气之思想，故使部分学者认为朱震的卦变说就是卦气说，或者卦气说是其卦变说的重要内容，其实这是一种误解。诚然，卦气说与卦变说有着某些联系，但其侧重不同，卦气说侧重卦与节气的匹配，卦变说则侧重卦与卦之间的关系，二者有着严格的区分。朱氏在此形式上是言卦气，实际是借助于卦气这种外在的形式完整地表达其卦变的思想。

他谈"《乾》交乎《坤》，自《姤》至《剥》；《坤》交乎《乾》，自《复》至《夬》"，指的是由乾坤生十二辟卦。《乾》与《坤》相交，其《坤》阴自下而上长在《乾》体中，一阴生于《乾》初则为《姤》，二阴生于《乾》则为《遁》，三阴生于《乾》则为《否》，四阴生于《乾》则为《观》，五阴生于《乾》则为《剥》，这就是他所谓"纯刚之卦而柔变之，一变为《姤》，二变为《遁》，三变为《否》，四变为《观》，五变为《剥》"。(《汉上易传·卦图中》)《坤》与《乾》相交也类似，即《乾》阳自下而上长在《坤》体中，依次变出《复》《临》《泰》《大壮》《夬》五卦。《乾》《坤》与十卦正好十二卦，代表十二个月，四正卦主四季。朱震以图表示即：

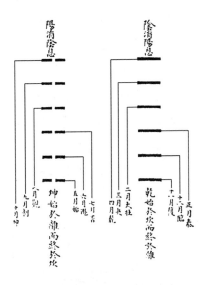

从上图可以看出，乾坤交索而生十二卦，一方面可以看作是乾坤生十卦，汉儒多主此说；另一方面也可以视乾坤两卦是由十二卦构成，晋人干宝等人有此思想，如干注《乾》初九："阳气在初九，十一月之时，自《复》来也。"注九二："阳在九二，十二月之时，自《临》来也。"注九三："阳在九三，正月之时，自《泰》来也。"注九四："阳气在四，二月之时，自《大壮》来也。"注九五："阳在九五，三月之时，自《夬》来也。"注上九："阳在上九，四月之时也。"注《坤》自下而上依次则云："阴气在初，五月之时，自《姤》来也"；"阴气在二，

六月之时，自《遁》来也"；"阴气在三,七月之时，自《否》
来也"；"阴气在四,八月之时，自《观》来也"；"阴气在五,九
月之时，自《剥》来也"；"阴在上六,十月之时也。"因此，朱
震乾坤生十二辟卦之说本之于汉人孟喜及晋人干宝等人。

朱震所讲"《乾》贞于子而左行，《坤》贞于未而右行，左
右交错，六十四卦周天而复"是取之于《易纬·乾凿度》，本
义是讲爻辰，即六十四卦纳支始于乾坤两卦，《乾》之初爻始
于子，《坤》之初爻始于未，两卦十二爻自下而上纳十二支，
代表一年十二个月，六十四卦三十二对依次纳入地支，则代表
三十二年一周期，而朱震作"乾坤交错成六十四卦图"解释
《易纬》这段话。图如下：

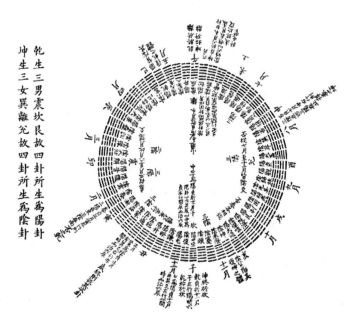

从图中可以看出以下几个问题：一，朱震的图是以"六日七分说"为依据而排列的。五卦为一个月，如十一月：未济、蹇、颐、中孚、复，十二月：屯、谦、睽、升、临；正月：小过、蒙、益、渐、泰；二月：需、随、晋、解、大壮；三月：豫、讼、蛊、革、夬；四月：旅、师、比、小畜、乾；五月：大有、家人、井、咸、姤；六月：鼎、丰、涣、履、遁；七月：恒、节、同人、损、否；八月：巽、萃、大畜、贲、观；九月：归妹、无妄、明夷、困、剥；十月：艮、既济、噬嗑、大过、坤。其中十二消息卦是辟卦，其余是杂卦。朱震认为此图符合《乾凿度》精神，如他说："右图，乾阳也，坤阴也，并如而交错行。《乾》贞于十一月子，左行，阳时六；《坤》贞于六月未，右行，阴时六，以顺成其岁。"（同上）二，他把以六日七分说排成六十四卦看作是乾坤交错而生成六十四卦。他说："乾坤交错成六十四卦……此正解《系辞》'八卦相荡'之义。如六十卦图本于乾坤，并如阴阳交错而行，故传图者亦谓之推荡。《易》，天下之至变者也，六位递迁，四时运动，五行相推，不可执一者也。"（同上）也就是说，他把六日七分说中并排的六十四卦看作是由乾坤交错而成的，无疑是以卦气说讲卦变。这是他的卦变说一个重要内容。

当然，朱震的卦变内涵不止于此，还包涵宋儒李之才的卦变说。他认为，乾坤一交而生《复》《姤》，再交而生《遁》《临》，三交而为《泰》《否》，然后由这六卦生出其他卦，如他说："五阴一阳自《复》来，一爻五变成五卦；五阳一阴自

《姤》来，一爻五变成五卦。四阴二阳自《临》来，五复五变成十四卦；四阳二阴自《遁》来，五复五变成十四卦。三阴三阳自《泰》来，三复三变成九卦；三阳三阴自《否》来，三复三变成九卦，大抵皆五以变、三以变也。"（《汉上易传·丛说》）这是取李之才"六十四卦相生图"。（见第一章第二节《李之才卦变说》）同时，他还以两个相覆的卦画为一对，然后从这种对卦出发谈卦变。他说："乾坤三变而成六卦。乾一阴下生，三变而成六卦，坤一阳下生，三变而成六卦。乾卦二阴下生者，六变成十二卦，坤卦二阳下生，六变成十二卦，六变亦三也。乾卦三阴下生者，六变成十二卦，坤卦三阳下生，六变成十二卦，大抵皆三以变也。"（同上）这里，《乾》一阴下生三变成六卦，是指《夬》与《姤》、《大有》与《同人》、《小畜》与《履》这三对。《坤》一阳下生三变成六卦，是指《复》与《剥》、《比》与《师》、《谦》与《豫》这三对。这些卦阴阳变化皆是在乾坤之初至三爻之内，故称"三变"。《乾》下生二阴六变成十二卦，为：《遁》与《大壮》、《讼》与《需》、《无妄》与《大畜》、《睽》与《家人》、《兑》与《巽》、《革》与《鼎》。《坤》二阳下生六变成十二卦，为：《临》与《观》、《明夷》与《晋》、《升》与《萃》、《蹇》与《解》、《艮》与《震》、《蒙》与《屯》。这些卦阴阳变化是在乾坤初至上爻之内，故称"六变"。同理可推，《乾》三阴下生十二卦为：《否》与《泰》、《恒》与《咸》、《丰》与《旅》、《归妹》与《渐》、《节》与《涣》、《既济》与《未济》。《坤》

三阳下生十二卦为：《泰》与《否》、《损》与《益》、《贲》与《噬嗑》、《蛊》与《随》、《井》与《困》、《既济》与《未济》。此说是取李之才《卦变反对图》（详见前第一章《李之才卦变说》）。

魏晋时王弼等人力排卦变说。朱震对此进行了深刻的批判。他认为，王弼、皇甫谧等人一方面主张卦变不可取而废弃之；另一方面又取卦变注《易》，从而不能自圆其说，陷入矛盾当中。他说："王弼注《贲》曰：'《坤》之上六来居二位，柔来文刚之义也。《乾》之九二分居上位，分刚上而文柔之义也。'此即卦变也，而弼力诋卦变，是终日数十而不知二五也。"（《汉上易传·丛说》）"（王弼）注《损》九二曰：'柔不可全益，刚不可全削，下不可以无正。初九已损刚以顺柔，九二履中而复损己以益柔，则剥道成焉。'此卦变也。故王昭素难弼曰：'若九二损己便成剥道，则初九损刚，九二弗损，合成《蒙》卦。'"（同上）朱震的批判，点中要害。

（三）关于"互体"

《周易》六十四卦中每一卦皆由内卦、外卦或曰上体、下体两部分构成，而每一部分则是一个由三画组成的经卦，如此划分是得之于六十四卦的成因，即八卦相重而成六十四卦，由于这个原因，取八卦之象释《易》成为最为常见的方法。然而在注《易》和筮占时，仅取内外之象往往找不到所需要的象，故不得不变换视角，不受内外卦影响，重新组合三爻经卦，再

由经卦组成新的别卦。这就是易学家在注《易》时经常使用的
互体之法。朱震对互体之法极为推崇，首先他对互体之法这个
概念作了明确的规定：

> 一卦含四卦，四卦之中复有变动，上下相揉，百物
> 成象。其在《易》，则离震合而有颐，坤离具而生坎。在
> 《系辞》，则网罟取离，耒耨取益，为市取噬嗑，舟楫取
> 涣，服乘取随，门柝取豫，杵臼取小过，弧矢取睽，栋宇
> 取大壮，棺椁取大过，书契取夬。又曰"八卦相荡"，又
> 曰"六爻相杂，唯其时物也"。又曰"杂物撰德"，此见于
> 互体者也。(《汉上易传序》)
>
> 《说卦》谓之中爻，先儒谓之互体。(《汉上易传·系辞
> 上传》)

朱震的互体，包含了先儒"中爻"之互体。所谓"中爻"
是指一卦六爻中四爻，即二、三、四、五爻。他说："二、三、
四、五皆曰中爻，何也？曰：以三数之，自一至三，以二为
中；自四至上，以五为中。以五数之，自二至上，以四为中。
以四数之，自二至五，以三四为中。"(《汉上易传·系辞下
传》)这中四爻以三爻为一卦，即二三四为一卦，三四五为一
卦，这就是互卦。同时，朱震互卦也包含内外卦，也就是说，
他把内外卦也视为互卦，这样一卦六画可以互出四卦，这就是
朱震的"一卦含四卦"。

　　进而，他以"离震合而有颐，坤离具而生坎"为例，说明互体之法。"离震合"是噬嗑卦☲，此卦二、三、四互艮，初、二、三为震，上艮下震为颐☲。"坤离具"是明夷卦☷，此卦二、三、四互坎。

　　为了说明互体为《易》所固有，他从《易传》中寻找根据。从其引文看，他认为《系辞》言互体，主要有三处：一，《系辞》"观象制器"多言互体，如离☲之二、三、四互巽，三、四、五互兑。故"巽绳离目，网目谓之罟，两目相连，结绳为之，罔罟也。……兑巽为鱼，渔也。"（《汉上易传》卷八）这就是他说的"网罟取离"。益☲三、四失位，变正"四之三"，三、四、五互坎，坎为揉，益内卦为震木，故曰"揉木"。此为"耒耜取益"。噬嗑☲，三、四、五互坎，坎与离飞伏，二、三、四互兑，兑为嬴贝。此为"交易取噬嗑"。二，《系辞》"八卦相荡"是言互体。他注"刚柔相摩，八卦相荡"曰："乾以刚摩柔，坤以柔摩刚，刚柔相摩，八卦相荡，变化彰矣。《说卦》谓之中爻，先儒谓之互体。"（同上卷七）此言乾坤生"六子"，六子中震、艮、巽、兑是由互体而来。乾坤二、五互相交生坎、离。坎☵二、三、四互震，三、四、五互艮。离☲二、三、四互巽，三、四、五互兑。故他说："八卦相荡，则坎离卦中互有震、艮、巽、兑之象，所谓互体也。"（《汉上易传·丛说》）三，《系辞》"六爻相杂"至"则非其中爻不备"是言互体。尤其是"中爻"一词是明言二、三、四、五爻。他注"中爻"曰："中爻，崔憬所谓二、三、四、五，京房所谓互体是也。"当然，在其他地方，他还谈到《象传》运用了互体。他说："在《易·噬嗑·象》曰：'颐中有物曰噬嗑。'离震相合中复有艮。《明夷·象》曰：'内文明而外柔顺，以蒙大难。'又曰：'内难而能正其志。'坎，难也，离坤相合复有坎。"（《汉上易传》卷一）

同时，他还从易学发展的角度概述互体应用情况。他认为互体之法最早可以追溯到《易传》成书之前的春秋时期。他说："在《春秋传》见于卜筮，如周太史说《观》之《否》曰：'坤，土也；巽，风也；乾，天也。风为天于土上，山也。有山之材而照之以天光，于是乎居土上。'自三至四有艮，互体也。"（同上）周史所筮的卦，无论是本卦《观》☷☴，还是"之卦"《否》☷☰，其内外卦皆无艮山之象，而互体则有之。《观》三、四、五互艮，《否》二、三、四互艮。杜预注及孔颖达疏皆称此为自二至四互体有艮象。朱震此说显然是对杜氏及孔氏之说的认同。在朱震看来，《易传》成书之后，互体说成为易学重要内容："自子夏以来，传《易》者以互体言矣。"（《汉上易传》卷五）西汉京房是善用经卦互体的易学家。如前所言，每一卦四爻，"京房所谓互体是也"。而汉代言互体，莫过于郑玄，"郑氏传马融之学，多用互体"。（《汉上易传·丛说》）郑氏之后的虞翻也是言互体的重要人物，朱注《系辞》"八卦相荡"所说的"先儒谓之互体"之"先儒"是指虞翻。唐崔憬也言互体。

朱震赞赏历代善用互体的易学家，反对弃互体而不用的易学家。魏晋王弼撰《周易注》《周易略例》，钟会著《易无互体论》，皇甫谧撰《易解》，力排包括互体在内的象数之学，朱震就此进行了抨击："王弼谓互体不足，遂及卦变。钟会著论，力排互体。盖未详所谓易道甚大矣。"（《汉上易传》卷一）他讽刺王弼极力反对互体而在《周易注》又用互体。他说："王弼讥互体、卦变，然注《睽》六三曰：'始虽受困，终获刚助。《睽》自初至五成《困》，此用互体也。"（《汉上易传·丛说》）《睽》䷥三、四、五互坎、初、二、三为兑，兑上坎下为《困》䷮，这就是朱震所说的"《睽》自初至五成《困》"。互体，一般互卦在上者为上卦，在下者为下卦，朱震为了批判王弼，竟以下卦为上，上互卦为下，违背了互体常规，恐怕有失。他又批评皇甫谧云："皇甫谧谓互体不可取，而论《明夷》曰：'明久伤，则《坎》体复而《师》象立矣。得非武王以之乎？'不知《明夷》九三互有《坎》体，《师》象已见，乃成南狩。"（《汉上易传·丛说》）

　　总之，朱震的互体说，基本没有超出汉儒，尤其是郑玄和虞翻等人的互体论，但他坚决维护互体说，总结两汉以来互体说，并以互体法注《易》，旗帜鲜明地抨击王弼等人摈弃互体的做法，有利于象数易学的发展。

（四）关于"五行"

　　汉儒为了达到以象注《易》的目的，在卦变、互体、动爻取象不足的情况下又往往取五行与八卦配合，即"八卦兼用五行，乃尽其象"。(《汉上易传·丛说》)故朱震列"五行"为易学重要条例。五行，指水、火、木、金、土，关于它与八卦之间的关系，《说卦》"万物出乎震"一章已略有论述。朱震对此作了简明的概括："乾，金也，兑又为金。坎，水也，兑又为泽。艮，土也，坤又为土。震，木也，巽又为木。离，火也，火藏于水。"(同上)接着，他从方位角度阐明了五行之间相生关系："天积气而为金者，以位言也。兑位西，乾位西北。自东言之，震木生离火，离火生坤土，坤土生兑乾金，兑乾金生坎水。艮，止也，土也，万物之终始也。"(同上)朱震又用气来解释八卦与阴阳五行的关系："乾兑，金也；震巽，木也；坎，水；离，火也；坤艮，土也。乾震坎艮，阳也；坤巽离兑，阴也。阴阳之精，五行之气，气聚为精，精聚为物。得乾为首，得坤为腹，得震为足，得巽为股，得坎为耳，得离为目，得艮为鼻，得兑为口。及其散也，五行阴阳，各还其本。"(《汉上易传》卷七)在他看来，自然界中阴阳五行相互结合而生成了万物。故而，他从学《易》的高度论证了阴阳五行与八卦关系的重要性。他说："太极者，阴阳之本也。两仪者，阴阳之分也。四象者，金、木、水、火、土也。八卦者，阴阳五行布于四时而生万物也。故不知八卦则不知五行，不知五行则不知阴阳，不知阴阳则不知太极。人孰知太极之不相离乎，不知太极则不可以语《易》矣。"(《汉上易传·丛说》)

进而，朱震又将五行上升到数理的高度，认为五行生于数，成于数，可以用数表示。他指出：

> 一生水而成六，二生火而成七，三生木而成八，四生金
> 而成九，五生土而成十。生于阳者成于阴，三天两地也。
> 生于阴者成于阳，两地而三天也。天以三兼二，地以二
> 兼三，五位相得，合而为五十。其在《系辞》曰："天一
> 地二，天三地四，天五地六，天七地八，天九地十。"在
> 《说卦》曰："巽为木，坎为水，离为火。"此见于五行者
> 也。（《汉上易传序》）

此言五行的生成之数，一、二、三、四、五是生数，六、
七、八、九、十是成数。生数与成数的关系是：生数加五则为
成数。具体讲，即"一与五为六，二与五为七，三与五为八，四
与五为九，五与五为十"（《汉上易传》卷九）。因而五行生成本
之一至十这十个自然数，在这十个自然数中，有五个奇数，五
个偶数。五，包含三与二或二与三，即所谓"三天两地"、"两
地三天"。朱震注《说卦》"参天两地"云："参天两地，五
也。"（同上）然后，朱震又引《系辞》"天一地二，天三地四，
天五地六，天七地八，天九地十"和《说卦》"巽为木，坎为
水，离为火"说明五行之说为《易》之固有。

五行之说，由来已久。《尚书·洪范》中曾对五行作过说
明："五行：一曰水，二曰火，三曰木，四曰金，五曰土。"从
这里可以看出早期五行说中，一、二、三、四、五为五行的次

序，与五行内容、性能没有多大关系。而朱震将五行之序数变成五行的生数，再加五作为五行的成数，显然是接受了汉儒郑玄等人的观点。郑玄曾指出："天地之气各有五。五行之次，一曰水，天数也；二曰火，地数也；三曰木，天数也；四曰金，地数也；五曰土，天数也。此五者阴无匹，阳无耦，故又合之。地六为天一匹也，天七为地二耦也，地八为天三匹也，天九为地四耦也，地十为天五匹也。"（《左传疏》，引自孙氏《周易集解》卷八）

为了确立五行与数的关系，朱震于《汉上易传·卦图》列有"五行数图"。如下：

五行图及其数字，本自汉儒。如郑玄云："天一生水于北，地二生火于南，天三生木于东，地四生金于西，天天五生土于中。阳无偶，阴无配，未得相成。地六成水于北与天一并，天七成火于南与地二并，地八成木于东与天三并，天九成金于西与地四并，地十成土于中与天五并也。"（《礼记疏》）扬雄云：

"一与六共宗，二与七共朋，三与八成友，四与九同道，五与五相守。"（《太玄·太玄图》）而此图数字排列框架则与刘牧等人《洛书》完全一致，刘牧曾在《洛书五行成数图》下解释说："夫《洛书》九畴，惟出于五行之数。"（《易数钩隐图》卷下）朱震在《五行数图》下有类似说明："右图五行数者，《洛书》数也。"并在《卦图》卷上列刘牧的《洛书》，还作过这样的解说："《洛书》刘牧传之，一与五合而为六，二与五合而为七，三与五合而为八，四与五合而为九，五与五合而为十。一六为水，二七为火，三八为木，四九为金，五十为土。"因此，朱震五行数之排列，直接得之于刘牧。

五行说除了用于注经外，还可以用于筮占。汉代京房创制的纳甲筮法是以五行生克为其机制的。魏晋管辂、郭璞等人好卜筮，多主五行："八卦兼用五行，乃尽其象，管辂、郭璞共用此术。"（《汉上易传·丛说》）王弼等人极力排斥五行说，而注《易》时又取之，朱震对王弼这种做法予以揭露："王弼云：'卦变不足，推致五行。'然释《中孚》六三曰：'三四居阴，金木异性。'木金云者，五行也。"（《汉上易传·丛说》）

由以上论述看，朱震的五行说主要包括三方面的内容：一是八卦与五行，及五行彼此之间的关系，一是五行的数理，一是五行的图式。前二者主要得之于汉儒，第三者得之于宋儒。他的贡献在于总结、贯通汉宋思想，形成比较系统的、融数理图式为一体的五行学说，批判了王弼等人摈弃五行说的做法，使他成为宋代批判王弼易学的重要人物。

（五）关于"纳甲"

从现有资料看，纳甲说最早由汉京房提出；东汉魏伯阳用于炼丹术，提出月体纳甲；汉末虞翻取魏氏之说注《易》。朱震在总结前人思想的基础上，对纳甲作了系统地阐述。他说：

> 乾纳甲壬，坤纳乙癸，震纳庚，巽纳辛，坎纳戊，离纳己，艮纳丙，兑纳丁。庚戊丙三者得于乾者也，辛己丁得于坤者也。始于甲乙，终于壬癸，而天地五十五数具焉。其在《易》之《蛊》曰："先甲三日，后甲三日。"在《巽》曰："先庚三日，后庚三日。"在《离》曰："巳日乃孚。"在《系辞》曰："悬象著明，莫大乎日月。"此见于纳甲者也。（《汉上易传序》）
>
> 纳甲何也？曰：举甲以该十日也。乾纳甲壬，坤纳乙癸，震巽纳庚辛，坎离纳戊己，艮兑纳丙丁，皆自下生，圣人仰观日月之运，配之以坎离之象，而八卦十日之义著矣。（《汉上易传·卦图》卷下）

以上论述主要包含以下几方面的思想：（一）纳甲中八卦与天干相配的次序，乾坤为阴阳之本，是其他六卦的父母，而十干中甲乙为十干之首，示万物之始，壬癸为十干之终，故乾纳甲壬，坤纳乙癸。又根据《说卦》乾坤生"六子"次序，一索得长男震、长女巽，再索得中男坎、中女离，三索得少男艮、少女兑。以此次序，震巽纳庚辛，坎离纳戊己，艮兑纳丙丁。这就是他所说的"庚戊丙三者得于乾者也，辛己丁得于坤者也"。同时，他就"纳甲"之名做了解释，即十天支以甲为首，举甲则十日皆具备，故称纳甲。（二）纳甲之数理。天干自甲至癸按照顺序依次为一、二、三、四、五、六、七、八、九、十。即"甲一、乙二、丙三、丁四、戊五、己六、庚七、辛八、壬九、癸十"。（《汉上易传·卦图·十日数图》）八卦纳十干，"故乾纳甲、壬配一、九，坤纳乙、癸配二、十，震纳庚配七，巽纳辛配八，坎纳戊配五，离纳己配六，艮纳丙配三，兑纳丁配四"。（同上）而这十个数与天地之数一致，相加亦为五十五，这就是他所说："始于甲乙，终于壬癸，而天地五十五数具焉。"（三）纳甲的依据。朱震看来，《周易》有纳甲说，如《蛊》"先甲"、"后甲"，《巽》"先庚"、"后庚"，《系辞》"悬象著明，莫大乎日月"皆为纳甲说之记载。由此，他据虞翻天体纳甲说证明纳甲之说不是随意杜撰的，而是圣人观日月变化，尤其是观月体盈虚变化而得。他说：

> 《系辞》曰："悬象著明，莫大于日月。"虞曰："谓日月悬天成八卦象。三日暮震象，月出庚。八日兑象，月见丁。十五日乾象，月盈甲壬。十六日旦巽象，月退辛。二十三日艮象，月消丙。三十日坤象，月灭乙。晦夕朔旦则坎象，水流戊。日中则离，离象火，就己。戊己土位，

象见于中，日月相推而明生焉。"

这是将月之居位及盈虚变化与八卦相比附，以说明纳甲客观根据是月体在不同时间和不同位置所表现出的八种象。这里的位置是指天干所表示之方位。甲乙为东方，丙丁为南方，庚辛为西方，壬癸为北方，戊己为中。当月体处在其中某一位置，其象与某卦相近，故某卦纳某一天干。如三日，月出西方庚位，其象与震☳相近，震纳庚。八日，月出南方丁位，其象与兑☱相近，兑纳丁。其他依次类推。至于坎离，是由乾坤相交而得。他说："坎，坤体；离，乾体。乾坤壬癸会于北方。乾以阳交坤而成坎，所谓'流戊'也。坤以阴交乾而生离，所谓'就己也'。戊，阳土也。乾之中画也。己，阴土也，坤之中画也。阳为实，故月中有物。阴为虚而白，故自正中则成白画。"（《汉上易传·卦图》卷下）朱震在这里已把月体纳甲视为大自然往复运动的规律，自然界变化形式多种多样，而日月周期性变化是其中一种。他在注《归妹》时指出："乾，天也，乾纳甲壬。坤，地也，坤纳乙癸。离，日也。坎，月也。故观月知日，观日月而知天地。以一月论之，日迟月速，东西相望，震兑也。月至于晦，则自东而北，乃与日会。东，乙也。北，癸也。消乙入癸，会于乾壬。壬癸，北方气之所归。十有二会，万物毕昌，而月复见于震兑矣。"（《汉上易传》卷五）这就是前面朱震所谓"圣人仰观日月之运，配之以坎离之象，而八卦十日之义著矣"。朱震又据纳甲之义绘"纳甲图"、"天壬地癸会于北方图"，如下：

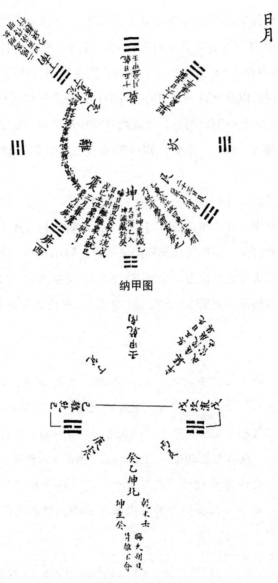

纳甲图

天壬地癸会于北方图

值得注意的是，还可以看出，纳甲说中内含了先天八卦图。纳甲图中八卦若只按时间排列，月初三至三十日正好是"先天八卦图"。对于这一点，刘大钧先生曾明言道："依照天体纳甲说，以月体在一月中的盈亏消长卦象之序排列而成的卦图，再配入坎戊离己两卦，使此两卦'相推'而'悬象著明'，并要'象见于中'。依此，则一幅宋人'先天图'已跃然纸上矣。"[1]

除了以上几个方面外，朱震还借用了宋以来流行的图书之说解释纳甲。刘牧所传的河图、洛书之数皆出自天地之数，将天地之数按照一定的规律排列出来就可以得出河图、洛书，朱震就是从天地之数出发，论洛书、河图，又由洛书、河图论纳甲。他在解释《系辞》"天数五，地数五，五位相得而各有合"时指出：

> 一、三、五、七、九，奇也，故天数五；二、四、六、八、十，偶也，故地数十。九者，河图数也；十者，洛书数也。五位相得者，一五为六，故一与六相得；二五为七，故二与七相得；三五为八，故三与八相得；四五为九，故四与九相得；五五为十，故五与十相得。然各有合，故一与二合，丁壬也；三与五合，甲己也；五与六

---

① 刘大钧《关于"图""书"及今本与帛本卦序之探索》，《象数易学研究》（一），齐鲁书社，1996 年。

合，戊癸也；七与四合，丙辛也；九与八合，乙庚也。五
即十也。天地五十有五，大概如此，故曰凡天地之数五十
有五，然五十则在其中。(《汉上易传》卷七)

此用洛书数解释"五位相得而各有合"。按照朱震之意，
其中"五位相得"，讲的是天地之数两两配对，共五对，即是
洛书中五对数：一与六、二与七、三与八、四与九、五与十。
"各有合"，讲得是洛书中天干两两相合为五行。按照虞翻的解
释，一六合水，二七合火，三八合木，四九合金，五十合土。
从天干的序数看，一六为甲己，二七为乙庚，三八为丙辛，
四九为丁壬，五十为戊癸。从这个意义上可以说甲己合为水，
乙庚合为火，丙辛合为木，丁壬合为金，戊癸合为土。这种两
两相合的天干，表现在洛书中，则又是两数相合。一居北方壬
位，二居南方丁位，故"一与二合，丁壬也"。三居东方甲位，
五居中己位，故"三与五合，甲己也"。五居中戊位，六居北
癸位，故"五与六合，戊癸也"。七居南丙位，四居西方辛位，
故"七与四合，丙辛也"。九居西方庚位，八居东方乙位，故
"九与八合，乙庚也"。

值得注意的是，朱震所言的"洛书"，是朱熹等人及今日
所说的"河图"。他所说的"河图"，则是朱熹等人及今日所说
的"洛书"。如四库馆臣辨道："宋世皆以九数为洛书，十数为
河图。独刘牧以十数为洛书，九数为河图。震此书亦用牧说，
与诸儒互异。"(《四库全书总目》卷二)另外，朱震讲"五位

相得而各有合",是取洛书,而不是河图,因为洛书数十,包括河图数九。从数之和讲,洛书数之和五十五包括河图数之和四十五。如他说:"洛书之数五十有五,而五十之数在焉。"(《汉上易传·卦图》卷上)河图之数四十五,将五变十,就是五十,"五十者河图数也"。(《汉上易传》卷九)同时,从朱震上面论述看,皆讲"十",注"相得"曰"五与十相得"。注"相合"曰"五即十也。天地之数五十有五"。皆是明证。故朱伯崑先生对朱震"相合"之说的解释恐有失[1]。

朱震的纳甲说,主要是继承了以虞翻为代表的汉儒的思想,同时,又杂糅了宋儒的图书之学,是整合汉宋象数易的结晶。其对纳甲与天地之数、河洛之数之关系的探讨及有关图式的绘制,融图、数、理为一体,极大地丰富了纳甲说的内容,使其具有鲜明的时代特征,这是他对象数易学的贡献。

四、其他象数易学思想及取象方法

朱震在《自序》中提出了象数易学五种取象方法,并从各个角度反复解说其内容。除了这五种方法外,他也极为关注两汉以来的其他象数思想。如京房等人的飞伏说,他作了如此解释:

---

[1] 朱伯崑《易学哲学史》第二卷,华夏出版社,1994年,第346—347页。

伏爻，何也？曰：京房所传飞伏也。乾坤坎离震巽兑
艮，互相伏者也。见者为飞，不见者为伏。飞方来也，伏
既往也。《说卦》"巽其究为躁卦"。卦例飞伏也。太史公
《律书》曰："冬至，一阴下藏，一阳上舒。"此论《复》
卦初爻之伏巽也。（《汉上易传》卷一）

朱震以阴阳互藏释飞伏。自然界阴阳转化，原因在于二
者相互包含，即阳含阴，阴含阳，如冬至一阴下藏，一阳上
舒。飞伏的表现形式是隐与显、来与往。就易卦而言，飞伏是
指阴阳互含。一阳爻为飞，此爻所隐藏的阴爻是伏。而阴阳爻
变就是飞伏。所见之爻是由不见之爻变来的，所不见之爻也是
由所见之爻变的。若阳爻见，是由阴爻所变；阴爻见，是由阳
爻所变。按照阴阳爻互含互变这个原则，八卦中乾与坤、坎与
离、震与巽、兑与艮阴阳爻全相反，故这四对卦相飞伏，即飞
伏卦。

朱震以《说卦》和《律书》为例，说明飞伏说在京房之前
就有。他认为《说卦》所言"（巽）其究为躁卦"是飞伏卦例：
"其究为躁卦者，巽三变成震，举震巽二卦以例余卦。天地万
物无有独立者，极则相反，终不相离，以其不可离也。"（《汉
上易传》卷九）按照朱震的理解，司马迁所言"冬至则一阴
下藏，一阳上舒"也是讲《复》卦初爻伏巽。《复》卦内卦为
震。冬至一阴下藏，是指巽初爻。一阳上舒，是指震初爻，即
《复》初爻。因此，他认为，《说卦》《律书》的思想为京氏等

人飞伏说的思想来源。"京房论八卦飞伏，虞翻论伏爻，郭璞又论伏爻纳甲，其说皆源于此。"(《汉上易传》卷九）

朱震自谓明京氏飞伏，其实，他对飞伏的理解与京氏飞伏说还是有一定差距的。京氏飞伏论主要是建立在八宫说基础上的，依照八宫卦自下而上之爻变言爻与爻飞伏。从语言表述上往往是卦与卦飞伏，但其实质是指爻之飞伏。如乾与坤飞伏是指乾坤上爻飞伏。京氏在注《乾》时云："与坤飞伏。"陆绩释之云："壬戌土，癸酉金。"京氏在注《坤》时云："与乾飞伏。"陆绩释之云："癸酉金，壬戌土。"这里的"壬戌土"是《乾》上爻纳干支，"癸酉金"是《坤》上爻纳干支。此用来表示爻之飞伏，先言者为飞，后言者为伏。在《乾》卦自下而上，变之上为《坤》卦，故《乾》上阳爻为飞，《坤》上阴爻为伏。在《坤》卦自下而上，变之上为《乾》，故《坤》上阴爻为飞，《乾》上阳爻为伏。这是乾坤飞伏。八卦中其他卦皆如此。故京氏所言飞伏并不是朱震所谓简单的隐见往来。当然，提出朱震飞伏说不同于京氏之义，并不是要否定朱氏的飞伏说的价值。相反，朱震在不失京氏之意的前提下，抓住其精神实质，对飞伏说的内涵加以概括，有利于注经，更有利于象数易学在新的形势下传播。

朱震又论述了京氏世应说，认为京氏世应与六十四卦的形成有关。八卦相重而成六十四卦，故而有初四、二五、三上相应。而世应之说起自春秋，虞氏传其秘。他说："或问：初之四，二之五，三之上，六爻反复相应，何也？曰：京房所传世应，三画之卦，一二三重为六爻，四即初，五即二，上即三，各以其类相应。……故卦一世者四应，二世者五应，三世者上应，四世者初应，五世者二应，六世者三应。在《易》言应者一十有九卦。昔之言应，如子太叔论'迷复凶'是也。至虞翻始传其秘，然未尽善。"（《汉上易传》卷一）他又把世应列为爻之相易的一种形式。"《系辞》曰：'变动不居，周流六虚，上下无常，刚柔相易。'世应者，相易之一也。"（同上）虽然京氏及晋人干宝等多用世应说，但对世应概念均未作说明，而朱震对其作了阐述，应该说这也是他对易学的贡献。但他将其视为爻之相易的一种形式似有些不妥。

另外，他还讨论了卦气、爻辰、六亲等。可以这么说，汉以降诸儒象数思想他皆一一涉及，并广泛地运用于注《易》之中。如对卦气说，他除了用各种图表示外，在解释卦辞时皆取卦气说，这说明了他对卦气说的重视。然而比较而言，他的象数易学重点在动爻、卦变、互体、五行、纳甲这五个学说。其中他尤为推崇卦变和互体，把卦变和互体视为《易》中最基本的象。他曾以《彖》为例，说明易象主要是卦变和互体。他指出："《彖》言象者三：《剥》也，《鼎》也，《小过》也。《剥》《小过》，卦变之象也。卦变自辟卦言之，《坤》变《复》，六变而成《乾》，《乾》变《姤》，六变而成《坤》。自反对言之，《复》《姤》变十二卦，《遁》《否》《临》《泰》变四十八卦，自下而变也。观《剥》之象，则知之矣。自相生言之，《复》《姤》五变成十卦，《临》《遁》五复五变成二十四卦，《泰》

《否》三复三变成十八卦，上下相变也。观《小过》之象，则知之矣。《鼎》互体之象也。卦以阴阳、虚实、刚柔、奇耦交错互变于六爻之中，而象其物宜，观《鼎》之象则知之矣。观是三者，《易》之象举积此矣。"（《汉上易传》卷三）显然，《剥》《小过》两卦有卦变之象，《鼎》有互体之象，这两种象，可以包括《易》全部之象，故他说："观是三者，《易》之象举积此矣。"（同上）

言象是为取象，取象目的在于注《易》。故朱震又对《易》取象的方法技巧作了总结。他认为，一部《周易》是由象构成的。它包括卦象、爻象，如他所言："《易者》，象也，有卦象，有爻象。"（《汉上易传》卷一）易辞是"圣人担忧后世不知观象或观之不足而系之"。他在注《系辞》"圣人设卦观象系辞"时云："圣人设卦本以观象，不言而见吉凶。自伏羲至于尧、舜、文王，近者同时，远者万有千岁，其道如出乎一人。观象而自得也。圣人忧患后世，惧观之者其智有不足以知此，于是系之卦辞，又系之爻辞，以明告之，非得已也，为观象而未知者设也。"（同上卷七）也就是说，易辞反映的是卦象。"象也者，言乎象者也"，朱震引《系辞》之言，正是此意。既然《周易》是一部象书，那么其取象又如何？朱震于此作了探索：

卦有取前卦以为象者，有取后卦以为象者，有一爻而取两象者，有一象而兼二爻者，有一爻变动而二爻共取以

为象者。其言可谓曲矣。然而尽万物之理，不如是无以致曲焉。不如是其言亦不能以中矣。(《汉上易传·丛说》)

"前卦"和"后卦"，是指今本《周易》前后的次序。此言《周易》取象的几种类型。一种是取前卦为象。如《坤》卦前卦为《乾》，《坤》上六"龙战于野"，"龙"为乾象。《坤》此爻取前卦龙象。《明夷》前卦为《晋》，《明夷》上六云："初登于天。"是言"《晋》时离出坤，登于乾五"，故《明夷》取前卦《晋》象。一种是取后卦为象。如：《泰》《否》前后相因，《泰》初九与《否》初六皆曰"拔茅茹以其汇"，既可视《否》取前卦《泰》之象，亦可视《泰》取后卦《否》之象。一种是一爻取两象。这种取象"丁宁重复而非繁也"。(《汉上易传·丛说》)如"《鼎》之初六取'颠趾出否'，又取'得妾以其子'，皆喻得人。"(同上)一种是一象兼两爻。如《渐》卦九三、上九爻皆取"鸿渐于陆"。一种是一爻变动二爻共取象。今人朱伯崑先生举《渐》卦说明之："《渐》卦六四爻取妇象，下降亲九三爻，其爻辞则为'妇孕不育'，上升亲九五爻，其爻辞则为'妇三岁不孕'。"[1]另外，还有一种因前爻动而取象者。朱震指出："有因前爻之动以为象者，如《咸》九五'咸在(其)脢'、《明夷》之二'夷于左股'。"(《汉上易传·丛说》)

朱震所举六种类型不是《周易》中直接的、一目了然的取

_____

[1]　朱伯崑《易学哲学史》第二卷，华夏出版社，1988年，第342页。

象，而是隐晦的、难以知晓的取象。因此，他称这些取象"其言可谓曲矣"，又称"此之谓曲而当"。(《汉上易传·丛说》)

进而，朱震又对《易传》中《象》《彖》释象特点作了概括。他认为，《象》《彖》相互表里，皆以卦爻象释易辞，而其取象则以八卦象为主，若不能通，则变换方法以求之。其方法有三种："有取两体者，有取互体者，有取卦变者。"(《汉上易传》卷一)

他又针对王弼之弃象进行了批判。他说："王弼曰：'爻苟合顺，何必坤乃为牛。义苟应健，何必乾乃为马。'不知凡健顺者皆乾坤之象，爻有变化，杂而成文。如不以健顺论乾坤之性，则《说卦》为赘矣。辅嗣自《系辞》而下，不释其义，盖于象数穷矣。"(《汉上易传·丛说》)此是说王弼不懂象的含义。任何卦皆有象，如乾坤健顺之性也是象的表现形式。若不论象，《说卦》则为多余。王氏不释《说卦》《系辞》等篇，脱离了象数这个《易》之本源。同时，他又反对虞翻等人夸大象的作用，把象复杂化，他说："虞氏论象太密，则失之于牵合，而牵合之弊，或至于无说，此可删也。"(同上)

朱震从《周易》经传出发，探讨了《易》之卦爻象，肯定了《系辞》"观象系辞"的原则，尤其是对《周易》中"曲而当"之象的论述，发前人所未发。他反对王弼弃象，又排斥虞氏将象复杂化，力图纠正易学研究中两种不良倾向，有利于易学研究，也是值得肯定的。但若从注经言之，朱震的象学观仍然未跳出汉儒的窠臼，其弊与虞氏相同，"失之于牵合"。

五、图书之学与易数

宋易与以往易学最大的区别，除了将易学高度哲理化、伦理化外，就是图书之学的出现。经过宋初道家师承传授，到南宋，图书之学已广为流行。生活在两宋之际的朱震将宋初流传的各种易图收集起来，并作解说，使图书之学成为其易学一个重要组成部分。在其《汉上易传·卦图》中，朱震收有四十四个易图，其中大部分传自前人，其自作的可能性极小，如"河图"、"洛书"、"太极图"、"文王八卦图"、"伏羲八卦图"、"变卦反对图"、"六十四卦相生图"、"卦气图"等皆属此类。在这些图中，朱氏谈论较多的莫过于河图、洛书，因为其中蕴含丰富的数理，而且与易数有着密不可分的关系。此就朱震河洛数理思想加以分析。

如前所言，朱震以九为河图，以十为洛书，即"九者河图数也，十者洛书数也。"（《汉上易传》卷七）从其数的排列言之，以九宫数为河图，以五行数为洛书，如他所言："河图九宫，洛书五行。"（同上）这与后世所传的河图、洛书不同。显然，他采纳了刘牧图书之学，刘牧说："河图之数惟四十有五，盖不显土数也。不显土数者，以河图陈八卦之象。……洛书则五十五数，所以成变化而著形器者也。故河图陈四象而不言五行，洛书演五行而不述四象。"（《易数钩隐图》卷中）朱震又列刘牧河图、洛书于《卦图》之首，这说明了他对刘牧之学的认可和推崇。

同时，与刘牧相同，他主张，河图、洛书是圣人作《易》所本。《系辞》言："河出图，洛出书，圣人则之。"朱震认为，这是讲圣人根据河图九宫、洛书五行而作《易》之事。他说：

> 河图九宫，洛书五行，圣人则之。效之者，效之以六爻之动，故曰："爻者，效天下之动者也。"象之者，象也，故曰："象也者，像也。"于蓍龟图书言则之者，大衍之数、八卦、五行，作《易》者则之。故乾坤坎离震巽艮兑三画之卦，爻合皆九，六七八九数皆十五，水六火七木八金九，五行之数具焉。《传》曰："圣人以蓍龟而信天地四时、日月之象数，以河图洛书而信蓍龟之象数。信矣，其不疑也，于是乎作《易》。"（《汉上易传》卷七）

此是言河图有九宫数而具八卦，洛书有五行之数，河洛之数出自天地四时日月之象数，圣人就是根据这种具有客观意义的数画出八卦，因此，八卦从河图中的四象产生，其相反两卦之画皆为九，而且七与八、六与九之和皆为十五；具备了水火木金土五行之数。为了说明这个问题，他就河洛之数、天地之数、大衍之数等问题加以阐述。

首先，河图洛书之数与天地之数是一致的，河图洛书之数就是天地之数。按照朱震之意，河图是由九个数组成的，洛书是由十个数组成的。这九个数或十个数就是天地之数一至十。

他说："一三五七九奇也，故天数五；二四六八十偶数也，故地数十。九者河图数也，十者洛书数也。"（《汉上易传》卷七）从其数之和言之，洛书数五十五，正是天地之数的和，河图数四十五，也与天地之数相关。他在《易图》中解释刘牧洛书时说："天地之数五十有五，数五即十也。故河图之数四十有五，而五十之数具。"从河图、洛书构成看，是天地之数一至五再加五自我推衍而成六至十。河图"戴九履一，左三右七，二四为肩，六八为足，纵横十有五，总四十有五"。（《卦图》卷上）其六七八九得之于一二三四加五，也就是说六七八九包括了一二三四五，而河图数之排列，纵横皆为十五。朱震这样解释："六者一五也，七者二五也，八者三五也，九者四五也。举六七八九则一二三四五具，所谓五与十者未始离也。五与十中也，中不可离也。考之于历，四时迭王，而土王四季，凡七十有五日，与金木水火等。此河图十五隐于一、九、三、七、二、四、六、八之意。刘牧曰'天五居中，主乎变化，三才既备，退藏于密'是也。故六七八九而五十之数具，五十之数而天地五十有五之数具，奇耦相合也。"（《汉上易传》卷七）洛书数之排列是取之五行之数。即按照五行生成之数构成。而五行生成之数其实质也就是天地之数。他在释刘牧《洛书》时说："一与五合而为六，二与五合而为七，三与五合而为八，四与五合而为九，五与五合而为十。一六为水，二七为火，三八为木，四九为金，五十为土。……一、三、五、七、九，奇数，二十有五，所谓天数，二、四、六、八、十，偶数，所谓地数。故曰：'天地之数五十有五。'"他又注《系辞》说"五位相得者，一五为六，故一与六相得；二五为七，故二与七相得；三五为八，故三与八相得；四五为九，故四与九相得；五五为十，故五与十相得。"由此，天地之数与河图洛书实质上是一回事。

其次，河图洛书数与大衍之数及蓍数不悖。在朱震看来，大衍之数是倚天地之数而立，而与天地之数相同一的河图洛书与大衍之数相符合，三者是一个数而其表现形式不同。他在注《说卦》时指出："参天两地，五也。五，小衍也。天地五十有五之数具，而河图、洛书大衍之数实倚其中。一与五为六，二与五为七，三与五为八，四与五为九，九与一为十。五十者，河图数也；五十有五者，洛书数也。五十有五即五十数。五十即大衍四十有九数。倚言数立其中而未动也。"（《汉上易传》卷九）这里一方面强调河洛数、大衍数依天地之数立，天地之数和五十五囊括了河洛数五十五、五十及大衍数四十九；另一方面又指出河洛之数五十为大衍之数四十九之所本。洛书五行生数一二三四五，成数六七八九十，其和五十五，而河图不用十，故其和四十五在其中。五十五去五即五十。五十是大衍之数，五十去一则为四十九，这就是河洛之数和大衍之数的关系。为了找出二者对应关系，他对五十去一加以解释，认为这个一是太极不动之数，象征四十九，不是在四十九之外复有一。"一者体也，太极不动之数。四十有九者用也。两仪四象分太极之数，总之则一，散之则四十有九，非四十有九之外复

有一，而其一不用也。"（《汉上易传》卷七）他批评刘牧等人
"不知五十去一，则在四十九中"。（《汉上易传·丛说》）

同时，他又探讨河洛数与蓍数的关系，认为洛书五行生
成数就是蓍策之数六七八九。他说："策数六七八九何也？曰：
六者，一五也；七者，二五也；八者，三五也；九者，四五
也。"（《汉上易传》卷七）这一五、二五、三五、四五就是五
行生成之数，即洛书之数，当然也是河图之数。他继承了邵雍
等人的思想，将河洛中的六、七、八、九数与蓍卦爻玄对应。
他说："四十有九者，七也。是故爻用六，蓍用七，卦用八，
玄用九。"（同上）其意是说一卦用六爻，大衍之数用四十九，
经卦有八，《太玄》用九数，皆与河洛之数六、七、八、九
相关。

另外，他还对行蓍方法及筮数一些问题进行了解说。如用
归奇合挂之数推算阴阳老少之数及所对应的八卦。他说：

> 自此以下，再论揲之四以象四时。归奇合挂之数，得
> 五与四四，则策数三十六，四九也，是为乾之策，乾之策
> 老阳也。得九与八八，则策数二十四，四六也，是为坤之
> 策，坤之策老阴也。得五与八八，得九与四八，策数皆
> 二十八，四七也，是为震、坎、艮之策，少阳也。得九与
> 四四，得五与四八，策数皆三十二，四八也。是为巽、离、
> 兑之策，少阴也。三十六合二十四，六十也，二十八合
> 三十二，亦六十也。乾之策六爻二百一十有六，坤之策六

爻一百四十有四，乾坤之策凡三百有六十，当期之日，具四时也。震坎艮之策六爻一百六十有八，巽离兑之策六爻一百九十有二，震坎艮巽离兑之策凡三百有六十，亦当期之日。（《汉上易传》卷七）

此是说，大衍之数四十有九，经过三变成一爻，十八变而成一卦。这三变中归奇之数不外乎以下几种情况：① 五、四、四，② 九、八、八，③ 五、八、八，④ 九、四、八，⑤ 九、四、四，⑥ 五、四、八。然后用大衍之数四十九分别减去归奇之数则得出：$49-(5+4+4)=36$，$49-(9+8+8)=24$，$49-(5+8+8)=28$，$49-(9+4+8)=28$，$49-(9+4+4)=32$，$49-(5+4+8)=32$。由此可以看出用四十九分别减去六种归奇之数，得出四个数，即 36、24、28、32。三十六为乾之策，是老阳；二十四为坤之策，是老阴；二十八为震坎艮之策，是少阳；三十二为巽离兑之策，是少阴。乾坤两爻之策数和与"六子"两爻之策相同，皆为六十，$36+24=60$，$28+32=60$。乾坤六爻之策与"六子"六爻之策数相同，皆为三百六十。$36×6+24×6=360$，$28×6+32×6=360$。

在朱震看来，不仅用四十九减归奇之数可以得出阴阳老少数或八卦之策数，用归奇之数之和减去一，然后分别相加，亦可得出八卦之策数。如他说："一者，太极不动之数，故五与四四合为十三，去其一则十二。九与八八合为二十五，去其一则二十四。五与八八合为二十一，九与四八合亦二十一，去其一则皆二十。九与四四合为十七，五与四八合亦十七，去其一皆十六。……二十四者，老阴之策也；以二十四合十二则三十六者，老阳之策也；以二十合十二则三十二者，少阳之策也；以十六合十二则二十八者，少阴之策也。"（同上）而且用二十四加三十六为六十，二十八加三十二亦为六十。与前殊途同归。

若以多少视之，归奇之数四、五为少，八、九为多，则五与四四为"三少者，乾也"。九与八八为"三多者，坤也"。五与八八、九与四八皆为"一少二多者，震坎艮也"。九与四四、五与四八皆"二少一多者，巽离兑也"。也就是说归奇之策数包含有八卦："三少者策数九，三多者策数六，一少二多者策数七，一多二少者策数八，则多少之数，八卦已具。"他所说的八卦是指别卦，而不是经卦。他曾批评将小成之八卦视为三画之卦这种极为流行的观点。他说："或谓三画之卦为小成，误也。上既陈十有八变而成卦，则八卦者，重卦也。八卦而六十四卦具，故曰小成。"（同上）在行蓍方法和蓍数的问题上，朱震基本上采纳了邵雍的观点。所不同的是邵氏不注经，没有专门谈蓍数，其蓍数思想是在建立先天数学时阐发出的，而朱震则为诠释《易传》而言大衍蓍数，故其论述与邵氏相比，更加系统、具体、清楚。

朱震的易数是以宋儒易图为框架，容纳了宋以前尤其是两汉的蓍数思想，建立了会和汉宋、融图数为一体的易数观，阐明了河图、洛书的数理，揭示了河洛数与天地数、大衍数的内在联系，在新时代的背景下赋予了易学新的内容。这是继刘牧等人之后，再次以图整合易学。这种做法的意义，如他自己所言："卦图所以解剥象象，推广《说卦》，断古今之疑，发不尽之意，弥缝《易传》之阙者也。"（《汉上易传·卦图·序》）然而，他仅据河图、洛书数与大衍数、天地数一致而推断河图、洛书是《易》之本，恐其证据不足。因为河图、洛书基于天地之数、大衍之数而画，二者在理论上亦相通，这种可能性不能排除。关键在宋以前文献中只有与河图、洛书相关的思想记录，而未见其图。对此清儒早已辨正。

六、融象数、义理为一的太极说

朱震关注象数，把象数易学方法作为易学研究重点，是因为王弼弃两汉象数而不用，唐以来推崇王氏易学，受此影响，北宋大部分易学家善谈义理，不谈两汉象数，形成以义理为主流的注易风格。为了纠正易学发展出现的偏颇，朱震挺身而出，站在易学发展角度，着重整合和阐发两汉象数易学范畴，力图恢复和凸显两汉以来象数易学的理论和方法。然而，若撇开当时易学发展需要，就易学自身而言，两汉象数象学并不是朱震易学所追求的终极目标，象数易学的概念也不是朱震易学的核心概念，太极才是朱震易学的核心概念。

他明确提出"不知太极则不可以语《易》"，认为太极与《周易》成书乃至整个易学建构息息相关，理解太极等于把握了《周易》或易学的精髓，通晓太极便达到易学最高境界。在此境界，卦爻可以遗忘，与卦爻相关的取象也不必理会，他说：

> 故不知八卦则不知五行，不知五行则不知阴阳，不知阴阳则不知太极。……不知太极则不可以语易矣。(《汉上易传·丛说》)
>
> 一者天地之根本也，万物之权舆也，阴阳动静之源也，故谓之太极。学至于此止矣。卦可遗，爻可忘，五者之变反于一也。是故圣人之辞因是而止矣。(《汉上易传·自序》)

那么，何谓太极？太极与象数关系如何？朱震指出：

> 极，中也。太极，中之至欤。易有太极，四十有九，合而为一乎？四象八卦具而未动，谓之太极。
>
> 太极者，中之至也。天地之大本也，所以生天地者也。
>
> 易有太极者，太虚也。阴阳者，太虚聚而有气也。柔刚者，气聚而有体也。(《汉上易传·说卦》)

朱震的太极概念包含着三层意思：一，太极是大中、至高之中，即所谓的"中之至"。极，本义为栋梁。《说文》云："极，栋也。""栋，极也。"栋梁居房屋最高处，有至高义。栋梁又居房屋之正中，故可以训极为中。《释名》："极，中也。"汉儒注经多取此义。如孔安国注《尚书·洪范》"皇极，皇建其有极"云："太中之道，大立其有中。"孔颖达疏云："皇，大也。极，中也。"又如郑注"太极"曰："极中之道，淳和未分之气。"程颐指出："犹言中者，是大中也。"朱震之"中"包涵了汉宋儒者的这些解说，具体指天地万物产生之前混而未分的状态。

二，太极是一或大一。混而未分称作"一"。这个一，特点是寂然不动："一者太极不动之数"（注《系辞》大衍之数）；"寂然无声，其一不动，万化冥会乎其中。"（注《系辞》"易无思无为寂然不动"）天地产生之前是混沌未分的大一；它是天地万物之本，"一者天地之根本也，万物之权舆也，阴阳动静之源也"。在先秦，"一"是宇宙本原，太极就是太一、大一。老子提出"一生二，二生三，三生万物"。《庄子·列御寇》云："太一形虚。"《庄子·天下》云："主之太一。"郭店出土的楚简《太一生水》提出："大一生水，水反辅大一，是以成天，天反辅大一，是以成地。"这里太一是在宇宙本体意义上使用的。但汉人对于问题的探讨偏重于具体论证，因而把先秦抽象概念转变为具体实物，如太一被解释成为北极星。《易纬·乾凿度》曾提出太一下行九宫，马融认为太极就是北辰，虞翻认为太极即是太乙（太一）。太一为北辰星，也称北极星。因此星耀眼明亮，周围又有众星环绕，古人将此星神化。《论语·为政》："（北辰）居其所而众星共之。"《史记·天官书》：

"中宫天极星，其一明者，太一常居也。旁三星，三公，或曰子属。后句四星，末大星，正妃；余三星，后宫之属也。环之匡卫十二星，藩臣。皆曰紫宫。"故太一有主宰之意。因此，秦汉对于太一的解释虽然有差别，但其意义相关联。即太一是抽象的，又是具体的，它生成万物，又主宰万物。朱震更多继承了先秦本体论意义的太极说。

三，太极是气。如前所言，太极是"一"，这个"一"不是空洞抽象的概念，而是客观的存在的气。"一者何？气之始也。"（《说卦》注）为了准确说明这个问题，朱震把气称为"太虚"。太虚，不是空虚无物，而是充塞宇宙之间的气。"太虚"是北宋张载哲学核心范畴。如张载指出："太虚无形，气之本体，其聚其散，变化之客形尔。""气之聚散于太虚，犹冰凝释于水。"（《正蒙·太和》）朱震推崇张载，自称其易学"和会雍（邵雍）、载（张载）之论"，故朱震将太极释为太虚，当受启于张载"太虚即气"说。

按朱震之见，太极作为宇宙之本，生成天地人三才，三才又体现太极，故他提出"太极含三"，即太极有三种不同的表现形式。在自然界层面，太极作为宇宙本原，是天地万物之根本，阴阳动静之源，用他的话说，"一者天地之根本也，万物之权舆也，阴阳动静之源也，故谓之太极。"（《汉上易传·自序》）他尤其注重太极与阴阳之关系，提出"太极是阴阳之本"的思想。他说："太极是阴阳之本也，两仪者阴阳之分也。四象者，金木水火土也。八卦者，阴阳五行布于四时而生万物也。"(《汉上易传·丛说》)此谓太极是阴阳之本，太极生两仪（阴阳），两仪生四象（五行），四象生八卦，万物是八卦以阴阳五行布施于四时而生成。万物生成是由太极发端，经过阴阳动静的变化，即"太极动而生阴阳，阳极动而生阴，阴极复动而生阳"而完成。

他还用张载的太虚概念表达了太极与天地万物的关系。他认为，太虚是气之本体，气聚有形为物，为生之始，气散无形反归太虚，为生之终。如他说："太虚者，气之本体，人容（客）也，动则聚而为气，静则散为太虚，动静聚散，有形无形，其鬼神之情状乎。"(《汉上易传·丛说》)"聚而为有，生之始也，散而入无，生之终也。"（注《系辞》"原始反终"）

在人的层面，人与天地万物同源于太虚，与天地同性、同命、同理："自万物一源观之谓之性；自禀赋观之，谓之命；自通天地人观之，谓之理，三者一也。"在这个意义上说，"天地之性，人为贵，万物皆备于人也"。(《汉上易传·说卦》)人的德性仁义与天的德性阴阳和地的德性刚柔一致不二。因此人的德性和情感"喜怒哀乐之未发者"（注《系辞》"易有太极"），如同整个世界万物未发时的状态一样，可以称为太极。而人的德性和情感存在于人的心中，此谓"人之心者，又人之中也"，人心发动表现为德性和各种情感，不动者备于心中为一，即太极，其实这个太极就是《中庸》所谓的"喜怒哀乐之未发谓之中"。

在易学层面，太极是四十九策合而为一、四象八卦具而未动，用朱震的话说是"易有太极，四十有九，合而为一乎，四象八卦具而未动，谓之太极"。从易数言之，太极为"一"，一是数之首，数之源，数之本。大衍之数始于一，以一贯之。换言之，易数由一衍为五，由五衍为五十，五十当中又有一。"盖天地之数五十有五，自一衍而五，大衍为五十，五十则五十五在其中，其用四十有九，则一在其中。"（《汉上易传·丛说》）太极与蓍数是体用关系："一者体也，太极不动之数。四十有九者，用也。两仪四象分太极之数，总之则一，散之则四十有九，非四十有九之外复有一，而其一不用也。方其一也，两仪四象未始不具，及其散也，太极未始或亡，体用不相离也。"（释大衍之数）效法宇宙演化的行蓍立卦始于太极："分而为二，揲之以四，生二仪四象八卦，成三百八十四爻，万有一千五百二十策，皆源于太极。"朱震神化行蓍立卦的过程，认为五十五之数合为太极，无思无为，寂然不动，世界万化皆藏其中。太极生物关键在于神秘的感通。朱震注《系辞》"远近幽深遂知来物"说："合五十有五之数归于太极，寂然无声，其一不动，万化冥会乎其中，有物感之，散为六七八九之变，而天下之所以然者无乎不通，所谓远近幽深，遂知来物，乃其一也。"从象言之，万物始于一气，气动而生物，故一画之象成为《周易》符号源头。一画之象包含《周易》三画之象和六画之象，三画之象和六画之象皆由一构成。如朱震说："今有形之初，本于胞胎，胞胎之初，源于一气，而一气而动，絪缊相感，可谓至隐矣。故圣人画卦以示之，一画之微，太极、两仪、四象、八卦无所不备。谓之四象，则五行在其中矣。"(《汉上易传·丛说》)同时，取象之五法源于太极，反归于太极之一。在这个意义上说，掌握了太极，也就融通了象数，没有必要再另外关注象数。太极得以诠显之时，即"学至于此止矣"之际。

总之，朱震的太极说，糅合了汉宋太极思想。如朱伯崑所言："朱震的太极说，从易学哲学史看，来于汉易的太极元气说和张载的太虚说，但又有其特点。他以太极为混而未分之气，称其为一，此是本于汉易。以太虚解释阴阳二气尚未分化，又是本于张载的'合则混然'说。但汉易如《乾凿度》以太极元气来于虚无，周敦颐以太极元气出于无极，朱震则抛弃了虚生气说，这是受了张载的影响。但张载的太极说又流于清虚一大，朱震则抛弃了其清虚观念。"[1]

七、朱震易学在易学史上的地位

朱震一生，"白首穷经，意则不倦"，其目的就在于通过运用大量汉宋象数易说注经，复兴久已失传的象数易学。自魏晋以来，王弼玄学兴起，象数易学式微，故宋有"辅嗣易行无汉学"之说。虽经李鼎祚等人整理辑佚，保存了一定的象数易说，但仍欠缺阐发和运用。宋初道家易师承传授，象数易以新的姿态再度兴盛，然至程氏兄弟崛起，专取义理、鄙视象数的

---

[1] 朱伯崑《易学哲学史》第二卷，华夏出版社，1994年，第359页。

治易之风蔚成风气，成为易学之主流。在此种条件下，出于程门后学的朱震，把象数易作为正统之说，探讨易学发展，清算王弼易学之弊，综合前人象数易学研究成果，阐明象数理论大义，其意义是不言自明的。第一，保存了一些珍贵的易学资料。《汉上易传》既保留了许多宋代易图，又汇集了两汉以来诸家之说，尤其是保存了《周易集解》中未收或李氏以后的象数易学资料如郑玄等人的爻辰说，李溉等人的卦气说，李挺之的卦变说等，其资料价值极为珍贵，清人研究汉易者，多取资之。第二，对象数易学发展起到了推动作用。虽然朱震创见不多，但他对象数易学所做的汇集和总结，除了"在象数学漫长传统中起到了一个传递火把的作用"①外，还对纠正易学发展中出现的失误起到了很大的作用。王弼易学尽扫象数，走向一偏，故朱震纠正之，如陈振孙所言："其学专以王弼尽去旧说，杂以庄老，专尚文辞为非，故于象数颇加详焉。"(《经义考》卷二十三)虞翻专以象数注《易》，夸大了象数作用，故朱震认为虞氏论象太密，可以删略。正因为如此，后世易学家对朱震易学总体上持肯定态度。朱熹说："朱子发解《易》如百衲袄，不知是说什么？以此进读，叫人主如何晓？便晓得，亦如何用？"(《朱子语类》卷六十七)又说："王弼破互体，朱子发用互体。互体自左氏已言，亦有道理，只是今推不合处多。"(同上)魏了翁曰："《汉上易传》太烦，人多倦看，却

---

① 侯外庐等编《宋明理学史》，人民出版社，1987年，第284页。

是不可废。"(《经义考》卷二十三）胡一桂曰："愚谓变、互、伏、反、纳甲之属皆不可废，岂可尽以为失而诋之。今观其取象亦甚有好处。但牵合走作处过多，且文辞烦杂，使读者茫然不能晓会。"(《周易启蒙翼传》中篇）这些评价除了肯定之外，也指出了朱震易学有过于牵合、文辞烦杂等问题，应该说比较中肯。

然而从政治上看，朱震的易学思想与程氏易学相比较，则有偏离现实之弊。程氏兄弟以义理注《易》，切近人事；朱震以象数说《易》，偏重于天道。这种偏重于天道的象数之学由于与现实有一定的距离，故在当时人看来有些迂腐，而遭到讥笑。然而，朱震的象数易学是一种根植《周易》、源远流长的学问。它紧紧围绕着易学自身的符号注经和谈论问题，因而与当时新产生的义理之学比较，更不易为社会政治和人间好恶所左右，具有超越时代的价值。如朱震殁后朝廷祭文中所言："以经决事，随事有补，位高职卑，亦莫公侮。不传之要，自得之妙，惟公知之，固世所笑。彼笑何伤，公亦自强，愈老愈壮，虽死不亡。"(《汉上易传》附录《汉上先生履历》）

第二章　刘牧图书之学与邵雍先天数学的诠释与传播

　　宋代象数易学发轫于道家，经过道家师承传授，而形成三大家，即周敦颐、刘牧、邵雍。根据资料记载，"陈抟以先天图传种放，更三传而至邵雍；放以河图洛书传李溉，更三传而至刘牧。穆修以太极图传周敦颐，再传至程颢、程颐。厥后雍得之以著《皇极经世》，牧得之以著《易数钩隐图》，敦颐得之以著《太极图说》《通书》，颐得之以述《易传》"。(《四库全书总目》卷二)周敦颐太极图属象数学，他作《通书》引出义理之学，程氏承之，专言义理，故不属象数易学。刘牧河洛之学，"盛行于仁宗时，黄黎献作《略例隐诀》，吴祕作《通神》，程大昌作《易原》，皆发明牧说"(同上)。邵雍别为一家，其学为先天数学。邵伯温撰《皇极系述》《观物内外篇解》，郑夬撰《周易传》，王湜撰《易学》，张行成撰《皇极经世索隐》《易通变》《观物外篇衍义》等，皆注解和阐发其学，使其学显明于世，以至在宋以后，传其学者不绝。

一、程大昌对刘牧之学的解说

刘牧河洛之学，盛行于宋初庆历时，王应麟指出："牧撰《易数钩隐图》，黄黎献受于牧，摭为《略例》一卷，《隐诀》一卷。吴祕受于黎献，作《通神》一卷，以释《钩隐》，奏之，凡三十四篇。"（《经义考》卷十六）但黄氏、吴氏之书皆佚，现存最早解说刘牧之学的著作是程大昌的《易原》。

程大昌（1123—1195），歙州休宁（今安徽休宁）人。字泰之。谥文简。绍兴二十一年进士，始仕为吴县主簿，后擢升为太平州教授。孝宗即位，迁为著作郎。淳熙二年，召为秘书少监。后又任权吏部尚书、知泉州建宁府等职。绍熙五年即七十一岁时告老，以龙图阁学士致仕。其生平事迹见《宋史》。程大昌一生笃志好学，学术湛深，于诸经皆有论说，撰有《易原》八卷，另有《禹贡论》《雍录》《易老通言》《演繁露》《考古编》《北边备对》等。其中《易原》言河洛之学，是其易学代表作。《四库全书总目》云："（程大昌）以《易》义自汉以来，纠纷尤甚，因作是书以贯通之，苦思力索，四年而成。"然而其书久无传本，惟程敏政《新安文献志》载有三篇，另散见于明《永乐大典》中，经清儒厘订编次，收入《四库全书》中。今所见者只有四库本。

（一）河图洛书古已有之

程大昌认为，刘牧所传的河图，很早就有，并非后世附会。他说："夫子之言《易》曰：'河出图，洛出书，圣人则之。'是《易》于图书固所兼法也，周人宝藏'河图'，孔子叹河不出图，是河图也者。古盛也实有之，非后世傅会也。孔安国曰：龙马出河，伏羲则其文以画八卦。谓之'河图'。"（《易原》卷一）他肯定了刘牧以九为河图，证之以《乾凿度》。他说："然而九位者，三列数之旁，正纵横无有不为十五，故刘牧、李泰伯悉谓非人智所能伪为也。刘、李之言近也，而《乾凿度》本出汉世，其书多言'河图'。而曰：'太一取之，以行九宫。四正四维，皆十五也。'夫太一非所论也，其所谓四正四维，环拱一五，无往而不为十五，即此图也。"（同上）因此，他推断《乾凿度》的作者"实尝亲见其图矣。其书言七八之象，九六之变，皆十五为宿，盖于图乎得之也"。（同上）程氏还认为，除了《乾凿度》外，列子言一变为七，七变为九，也是言河图九数，他说："列子言一变为七，七变为九，盖以天一至天九者言之也，水火木金土皆有形矣。"（同上卷二）这里的一"是取其已形者而言之也"，"为形变之始"，不是"太极之一也"。"九"是指"天五之气周行乎四德者，极乎此不可他变，故曰九者究也"。（同上）九变一则是金生水。因此，列子之言数，内含五行，是河图。"河图当极九者也。"他认为，对于列子之言，诸家"知其为易发理而无有能言其宿者"，惟有张湛注得其旨，如他注"一七九"实是言一至九自然数。"一变为七九不以次数者，全举阳数领其都会也。……举一七九以该三五，则夫二四六八亦皆包乎阳变之内矣，不待枚数也。"（同上）程氏举张湛注得列子之旨，无非也是证明列子曾言河图。

与刘牧相同，程大昌将十数定为洛书，并引扬雄之言，说明扬雄见过洛书。他说："右洛书图亦牧传也。《易》之天一以至地十，正此书之数也。扬雄《太玄》曰'一与六共宗，二与七共朋，三与八成友，四与九同道，五与五相守。'雄盖见此书而得其骈立之位，故曰宗曰朋曰友曰道曰守也。"（同上卷一）

程大昌用先秦两汉典籍，尤其用《乾凿度》与扬雄《太玄》为据，证明河图、洛书早已存在，恐怕不足为凭。固然《乾凿度》《太玄》内含河洛之数，但此处并未指明河图、洛书，而且在宋以前典籍中亦未曾见二图，故单凭《乾凿度》《太玄》数与河图、洛书相符并不能排除河图、洛书后起而本于汉代典籍的可能性。关于这一点，今人徐志锐先生考之甚详[1]，此不再复述。

（二）图书之写造化，固皆天地五行之数

在程大昌看来，河图与洛书之五行之象有所不同，洛书取五行相生之序，河图取五行相克之序。他说："叠八于四而生成相袭者，书也。书之五德则皆即东南中西北之五位，而以序相生也。析四为八而罗立以宗一五者，图也。图之五德则又循北西南中五位者，以序相克也。"（《易原》卷一）这种方位的相生相克，就是五行的生克，它反映了两种运动变化，一种顺天而自左转右，一种逆天而自右转左。他解释说："相生者，顺天而自左旋右，则四时迭进之序也。相克者，逆天而右转

---

[1] 徐志锐《宋明易学概论》，辽宁古籍出版社，1997年，第35页。

左，则五德交济之原也。何为顺？木火土金水次，此而为春夏秋冬者，是其左行而右旋者，正与天合也。何谓逆？处土于中而水北木东固其位矣。金南火西，乃与生位相反则皆自右而向左，其行正与天反也。"（同上）

程大昌的洛书五行顺而相生易于理解，而河图五行逆而相克理解起来则比较困难，为此他专作"河图五行相克之图"，如下：

从图中可以看出，其五行数是取五行生成数即洛书数，如在洛书一六为水、二七为火、三八为木、四九为金、五十为土，故在河图自右向左则为五行相克，一坎水克二离火，七艮火克四兑金，九乾金克八巽木，三震木克五土，五土克六坤水。

为了说明河洛五行说，程大昌又探讨了自然界的五行生克的原理。他认为在自然界中，五行既表现为五种基本的物质即"五材"，又表现为五种属性，即"五德"。作为形而下之器的五材生克是言"雨露之于木，薪栖之于火，是其能生也，木受断斲而材，金就冶而器，是其能克者也"。（同上）这种生克的道理若上升到阴阳高度，则为阴阳相交进退，"刚柔盛衰相倚以济生生不穷也"。阴阳不交是相克，阴阳相交是相生。即他所说："人见其抑阴若阳而退之也，则指以为能克也。又见其举阴若阳而进之也，则指以为能生也。"（同上）生克相济，"克能致生之理"，"生能资克也"。这种五行生克相济，从德性言之，则表现为"遇三则变周五则复"。所谓三变是指"革其生序而救其偏重也"，所谓"五复"是指"循生数而造极则遂反初也"。对于这个问题，他又作了进一步解释："何谓至五而复？天一之水主石为向，而历木火土金，迭递相生，盖五而后再返其初也。故五德周竟而一水复起也。……何谓至三而变，水生木，木生火，水木火则三矣，故水辄克火也。火之所生者为土，已乃转而生金，既而火又自克，其再传所生之金也，亦以三变也。金水木具而金遂克木，木火土具而木遂克土，土金水具而土遂克水，则皆遇三而变也。"（同上）这是说，五行自水始，历木火土金相生又返归于水，循环不息，此为至五而变。而五行中每三个相生，其中一个相克，这是"三变"。

程大昌认为这种五行生克与四时是一致的。一年四季十二个月也体现了五行相生相克之理，如："斗杓所建而当亥、寅、巳、申，则四行所生之月也。谓木之生于水也，以其从亥至丑更冬序者三而其生，始著乎寅也，是谓水能生木也……类而推之，火自寅而巳也，金自巳而申也，水自申而亥也，皆一理也。”其克如“回山迤堤障怒水是水固尝见克于土矣”。地之反复生长植物，“地力为之退减，则木力亦能克土也”。

由此，程氏认为河图、洛书与天地自然的五行及其原理完全一致。从二者之一致性可以看出河图、洛书皆取天地五行之数：“图书之写造化，固皆天地五行之数。”也正因为如此，河图、洛书“相为经纬”，反映的是天地之理，所以他说：“图自始，北而自右向左以旋也，循五德求之，则比比相次者，皆其相克之位也。书之始，东而自左旋右也，从八列求之则列八相比者皆相生之次也。左右虽异，合而言之，则其生其克，皆以序应也。然则河有图而洛又有书者，盖天地以此互写生克而启悟圣人不厌其详也。”

程大昌详尽地探讨了自然界中五行相生相克的原理，揭示了“生”“克”的内涵和变复规律及其相辅相成的关系，并就河图、洛书中五行关系作了阐述，从五行生克角度对河图、洛书进行了严格地区分，提出了河图、洛书本于自然五行生克原理，这是对汉代五行说和宋刘牧等人河洛说的进一步深化。刘牧取汉代五行说解释河图、洛书，只限于五行生成之数与天地之数，而未言天地自然五行之内涵，更未用五行相生相克来区分河图、洛书，用五行相克相生而相济说明河图、洛书相为经纬。从这个角度言之，程大昌于图书之学贡献大矣。当然，程氏的许多观点在今天看来并非正确，如他用五行相克来概括河图，在其图中每一卦所属五行也有问题，这是历史条件所限，我们不应该苛求于古人。

（三）图书皆《易》之原

程大昌接受了刘牧等人的观点，将图书视为《易》之原，也就是说，先有河图、洛书，后有易数易卦，易数易卦据河图、洛书而作。首先，他从《易传》中找根据，他认为《说卦》"数往者顺，知来者逆，是故易逆数也"是言"图书成《易》之由也"。"数往者顺"是指"《易》之廓四为八而出震终艮者是也。从其往而数之则皆仿天而左旋，故其数遂为顺数也"。"知来者逆"是指"推四气于未然"，也就是据河图而推出易数，河图"三生致克而寒暑可以前知"。而河图来自洛书，即变化洛书五行相生之序后为河图，如他所说："若不翻变书序则无由可以参伍也。故著之于数则为逆数也。"（同上卷一）这就是说河图逆数，根据河图"参伍之成为九六，九六之派为七八，九六七八错出而为八卦，八卦又从而八之则《易》成矣，此逆数可成《易》也"。（同上）同时，他认为，《系辞》中所言"凡天地之数五十有五"是洛书数，将洛书数"参伍以变，错综其数"，即是河图之数。他说："其于开物成务冒天之道则归诸十全数，而成变化行鬼神又归五十五数也。夫此十全数者五十五数也，则皆洛书也。又曰'参伍以变错综其数，通其变遂成天地之文，极其数遂定天下之象'。此之参伍即十五也。通参伍而三之则四十有五也。四十有五者河图也。"（同上卷一）因此，天地之文、万物之象"皆不出乎图书所写之数"。作《易》之初，虽《系辞》曰仰观俯察，近取远取，"莫不有得而其机要，出于河洛两图者特居其总也。此图书入《易》之凡也"。故他断言"《易》者，皆图数也"。这是说，易数未离河洛之数。

其次，他提出"《易》用河图参伍立数"。他认为，河图应节候，以参伍而成。按照历法，"一期气令莫非基乎五而变乎三"。他对"基乎五"和"变乎三"作了解说："何谓基五，五日而为一候，七十二候而成一气，累三气而成一节。则又从十五者，而三之也，三其十五即四十五矣。四十五者具而一节具，一节具而一期之日居其八一矣。"（同上）此言一年三百六十天，以五天为一候，共七十二候，以七十二候成一气，三气成一节。这其中有五有三，以五为基础。用三五可以表示一年之变化。三五相乘为十五，十五再乘以三则为四十五，四十五是一年的八分之一。这就是"一期节候累五而三河图写其数"。在河图之中，五居中，纵横交错数相加皆为十五，纵三排横三排，故以三乘之，则为四十五。他用错综解释河图"参伍"："夫图之三其三列而纵横旁正可以罗络而数者，悉皆十五也，是其错而可综者也。罗络者其错也，会三五以为十五，而又三其十五以为四十五，则皆综也。"（同上）按照他的说法，易之立数皆取自河图之参伍错综。他说：

> 参伍之入《易》也，大率三变也。以四象而遇天五是其初也。夫其四象析数则既十矣，益以天五则十五也。是参伍之初入乎用者也。取一三五者而参之以成其为九，九出而

乾见矣。取二与四者而两之以成其为六,六出而坤见矣。以
九合六又十五也,是参伍再用者然也。九贯生七,震坎艮出
焉,六贯生八,巽离兑出焉,则参伍而三用者然也。(同上)

这里所谓"一变"是指用河图中四象之数推出十五。四
象是指水木火金,而四象之数则为水一、木三、火二、金四,
这四个数之和为十。用四象数之和十加五得十五,这是一变。
"二变"是取河图中一三五和二四推出九六两个数。即一三五
相加为九,二四相加为六,九为乾之数,六为坤之数。这是"二
变九六有象"。"三变"是取九六生七八,对于这个问题,程大
昌图文并茂地进行了解说。他认为九六生七八是乾坤相交、奇
耦相参的结果。其图如下:

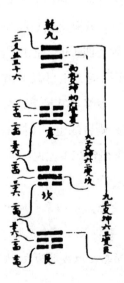
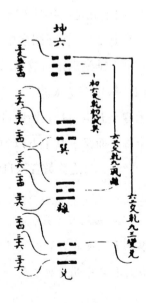

从这个图可以看出，用乾坤策数互参，如乾生震、坎、艮，是用乾一爻之策三十六与坤两爻之策四十八相加再除以三，则为震、坎、艮之策，即（36＋48）÷3＝28。同理可推，坤生巽、离、兑，是用坤一爻之策二十四与乾两爻之策七十二相加后除以三，则为巽、离、兑之策，即（24＋72）÷3＝32。然后用二十八、三十二分别除以四则为七、八。这就是九六生七八。

经过三变而有七八九六，故蓍数有七八九六，卦有八，相重成六十四，"六十四者具而《易》成矣"。因而他得出结论："夫子尝谓小成之变，引伸类长而天下之能事可毕者，其原亦出于参伍也。是皆圣人发智于图之错综者，而定蓍合期之象，以成其为《易》者。"（同上）

也正是出于这个原因，《周易》六十四卦象数亦与一期之节令相应。如一期之日为三百六十，乾坤之策为三百六十（36×6＋24×6＝360），而震巽之策、坎离之策、艮兑之策皆为三百六十。程氏如此解释道："易数之得天也，以参伍也。从一五而参之至为四十五者，凡八而其数遂为三百六十矣。从五日一候者，积之及乎七十有二也，其数亦三百六十也。三百六十者，一期之日也。出震终艮则分写此数者也。然则一期之气令固该乎此，而一易之象数亦具乎此矣。是故乾坤之策其数固为三百有六十矣。乾坤一索为震巽，而震巽六爻之策亦三百六十也。再索为坎离，三索为艮兑，其六爻亦皆三百六十其策也。"（同上）由此，他提出："八重卦者行乎五十六卦之

上，而其分策以为卦体也，莫非合期之数也。"（同上）

再次，他又将数划分为三类，然后从数的不同概念的内涵方面说明易数本于河洛之数。他认为，数有"本数"、"用数"、"设数"三种，三者不可相杂。他指出："本数也者，自然而然，天地之十全数是也，及其载之洛书亦此之本数也。用数也者，倚本数而致功用也。河图倒易水火，以明克制，则本数之为用数，此其发端也。惟夫四象所象四，参伍所倚之五，则皆直取天地五初数以为之用也。及夫三两之成而为六九也，六九之派而为七八也，天地元无此数，而圣人设焉以追写变化者也。凡此之数皆为设数也。"（《易原》卷三）按程大昌之意，"本数"是指自然界所本有的。"用数"是指自然之数之用途。"设数"是天地之中原无而人为虚设的数。他以行舟于川上为例说明三者关系："本数犹川也。用数者知川之可浮而即焉以行其舟者也。设数则出舳舻之外置维楫以操纵之者也。"（同上）这是说，本数是河，用数是知河之可以行舟，设数是造舟以渡。从这里可以看出，三者相互联系，后者依据前两者而设，即易数源于河洛之数。

为了进一步说明这个问题，程氏对常见数进行归类。本数包括两种：一是天一至地十，析数为五十五，这是客观存在的，根据象而立的，为实有之数。即他所谓"皆实有此象乃立此数以记之，推而极乎百千万亿皆记实也"。（同上）这里"记实"就是实有。"记实也者，一二则诚有一二，千万则诚有千万，第第相次，不可少损，损之则阙，不可少益，益之则赘。"（同上）一是地六天七地八天九地十。这五数是五行成数，而不是用数。与乾坤之初九六，由九六而生出七八不同，它们当为本数。其用数有三种：一是河图一至九。"洛书一至九自水生以至金成，皆以本数居本位是未入于用故也。"而河图则不同，"变西金而位之于南，变南火而置之于西，以著相克之序者，是其用也。"（同上）一是天一地二天三地四天五，未用则为本数，及其入用则为用数。三是参天两地。取天数一三五合而为九，并地数二四为六，天地固有此数，而用之则为用数。设数有七种：一是大衍之数五十，五十五是实有之数，今减其五为五十，天地并无此数，故其是虚设。二是参天两地。如前所言，一三五二四是本数，知一三五当用而参之，知二四当用而两之，则五初数皆入用是用数，参之两之合其数为九六，九六为设数。三是虚一。大衍之数五十，其一不用，这个一是虚数。这个一不是天一，是"借一数能始万者"。四是"象两"，此象两盖借二记二之名。五是象三："所象之三，三才也。而非取之天三也。"六是八卦，八卦之八借八为数。七是用九用六。除了乾坤两卦外，其他卦无用九用六，故其是设数。

　　程大昌划分数之三大类，前两类是自然之数，最后一类是易数。其用意不是区分三种数，而是在区分这三种数的基础上寻找其中的联系。如本数是自然之数，设数是圣人所设数，这是二者区别，但是设数不是脱离本数而设，而是本于自然数而设。他明言道："设数者，其范围之妙能超象数而斡象数也，然则设数也者，岂其舍其自然而强以使然也欤？此与设卦以有阴阳者其理正同。"（《易原》卷三）这显然说明设数源于"本数"，即易数源于包括河洛在内的自然之数。

程氏关于图书皆《易》之原的论证，既有《易传》之根据，又有概念之分析和理论的解说，详尽而深刻，思路清晰而条理分明。通过他的阐发，形成了较完备的图书之学。在这个意义上说，程大昌图书之学的价值不可忽视，在宋代易学乃至整个象数易学发展史上占有极为重要的地位。宋人笃信图书之学，恐怕与程大昌的阐发是分不开的。但从今天看来，其许多观点都不能令人信服。如他将洛书与天地之数等同，视为"本数"，前提是不真实的。固然洛书数排列符合自然，但并不意味着它是自然本来的面貌，而这种排列并不能排除其后起的可能性，也就是说把它视为本数证据不足。又如关于三种数的划分及比喻皆不妥当。他视本数为"自然"，视用数为认识问题，视设数为运用，皆不妥当。其实，按照他的思路，河图既然据洛书而来，亦可视为设数。又如关于九六生七八的论证也极为牵强。他本来是证明河图生八卦，而用蓍数作为根据，这就意味着在这之前《周易》早已形成，否则，蓍策从何而来？也就是说用蓍策证明八卦生成成为多余。这一些问题当引起今人注意。

（四）关于"太极生八卦"的诠释

自《系辞》提出"易有太极，是生两仪，两仪生四象，四象生八卦"后，易学家对此均有注解，然而言人人殊，归结起来不外乎以下几种观点：宇宙生成论，行蓍过程论，画八卦论。程大昌在这个问题上坚持宇宙生成论，反对用筮法解释。他认为，太极当为一，是宇宙之本："夫未出而说者不容不命为一也。"（《易原》卷五）"易之太极理当为一。"（同上）这个一是宇宙原初之一气，他说："若夫一气判为两仪，则阴阳既已对立为二矣。"（同上）这实际是讲"太极生两仪"，这个"一"作为宇宙之本，没有具体形质，不是实有之数，只是借数命名而已。他说："数者因纪物而有也，无物可纪则无数可命矣。太极也者，本无其质则故不可系之以数而名之为一矣。然太极之能生天地也，惟圣人而后能得其一，自非圣人安能闻言辄解也。圣人其亦有忧此矣，故不免借人人可识之数而发造化难言之妙也，此借数名一之所由起也。"（同上）太极之"一"不是形变后的天一，也不是"一生水"之一。命太极为一，是圣人不得已而为之。进而他对将太极之"一"视为"天一"的观点加以批判："诸家指天一为五十所虚之一则是以变形之一为太极之一，其原既误，故推之无或能通也。"（同上）

关于两仪生四象，他完全赞同刘牧的观点。他指出："两仪，天地也。天以一生水，三生木；地以二生火，四生金。水火木金有其似而无其体，是之谓之象。本其象之所出而言，故曰两仪生四象也。古今通以七八九六为四象，则在地六以后。独刘牧取诸天五以前是二说也，固皆祖天地而本五行矣，予

以经考知牧说之合《易》者可据凡四也。"（《易原》卷五）程
大昌在这里将四象理解为水、木、火、金，而这四种象又可以
分居四方，分主四季，故四象又为四时，故两仪生四象即"天
地之生四时也"。然后，他从四个方面论证了刘牧之说合《易》
之义。第一，揲蓍之法"称揲之以四，以象四时"，这个四时
在数为一二三四，在季节为冬夏春秋，于方位则为北南东西，
于卦则为坎、离、震、兑，这是千古不变的，故以一二三四为
四象合乎《易》义。第二，《系辞》言"法象莫大乎天地，变
通莫大乎四时"，此是明言"天地而为四象者"，也正是"一
冬二夏三春四秋，总之可名乎四"，而不是四数以外别有一个
四，"则牧说之合《易》者，此其二也"。第三，四时在先，筮
法之四后起，后者是效法前者，"四营成《易》者是其则也，
四营之所以必四者，揲四之象四时者，即其起数之原也。四营
既成而后七八九六始出，则四策之数安能先乎春夏秋冬而与
之立则也。夫惟四策反倚四时以得数，则牧说之合《易》者
三也"。（同上）第四，《说卦》以卦配时，明立四位，明分四
气，兑秋、坎冬、离夏、震春"不可易他"，又坎为水，离为
火，震为木，兑为金，"而水火木金之数即一二三四之位也"，
"揲四之象四时也，夫子实用一二三四正主其象矣。经生乃谓
七八九六与之相当是欲更夫子之所配而易以乾坎艮巽也。虽甚
昧者亦知其不可也。此牧说之合《易》者四也"。（同上）因
此，程氏进行了概括："凡此四者，皆即《易》言《易》而四
象所属明白如此。"（同上）在程氏看来，刘牧主此说"可谓确

乎其有见矣",而不足之处在于"揲四之象四时,夫子自有明则,而牧不知援以为据。"(同上)

关于四象生八卦,程大昌认为,四象作为方位是四正方,细分之,由四变八,即所谓"四正四维"。从节气言之,四象是四时,四时有阴阳,由四时分为八节,成一期之日。故而由四象生八卦。他用"唱"和"随"(或"应")来解释四象生八卦是合乎自然的。他说:"自太极而两也,以其全而分二也;自两仪而四也,则二气者又遂分四也。四气者有唱有随,故其四者又遂为八也。……太极分而为二,故生天地,天地有春夏秋冬之节,故生四时,四时各有阴阳刚柔之分,故生八卦。……震生离长兑收坎藏以言其唱也;巽坤乾艮仍四气而散之、而养之、而制之、而终始之,以言其应也。"(《易原》卷五)由此可以看出,程氏在这里所言八卦不是《周易》中的八卦,而是存在于自然界中的八种事物。

《周易》中的八卦是圣人经过"参天两地"立其数,观变阴阳立其卦而成。即"知天地五初之数可为数本而参之两之以求夫可用之数当何所属者也"。所谓五初之数是指一二三四五,这就是说八卦生成之前先立数,根据数而画八卦。那么怎么依数而画卦呢?他认为,以一三五相加而成九,九为奇数,为阳,主进,故"画奇以象乎天,而名其爻为九,命其卦为乾也"。这是"参天"。以二四相加而为六,六为偶数,为阴,主退,故"画耦以象地,而命其爻为六,命其卦为坤也",这是"两地"。这就是他所说的"倚数以成九六之初也"。然后由九六得七八（见前），奇偶相参，八纯卦立，而六十四卦由之以成。因此，程氏所理解的易学中的"四象生八卦"，是根据四象之数一二三四五参之两之而立卦数九六、七八，然后生出八卦，与其他易学家将四象训为七八九六，由七八九六生八卦有着明显的不同。因而他反复申明"七八九六非四象"，并指出刘牧在这方面的错误，即一方面将一二三四视为四象，另一方面又将这四个数加五也谓之四象。如他所言："由是观之，牧之言，其皆有本。惜乎不能充竟其理焉耳。若夫牧之论象并生成言之，则又不知变之可卦专主乎五，五而七八九六之人爻画者，本非有取于四行之成数也。然牧之言是殆得其然而不究其所以然者欤！"（同上）

程大昌从宇宙生成论及易卦的生成角度诠释"太极"生"两仪"生"四象"生"八卦"，透彻而深刻，一以贯之，持之有据，自成一家之言。通过理论分析，既指出了诸儒在这个问题上的不足，又坚持和修正了刘牧的思想，进一步完善了图书之学。易学史上，对"太极"、"两仪"、"四象"、"八卦"的解说，言人人殊，各引一端，而真正能从正反两方面对这个象数问题作系统论述且言之成理者很少。而程大昌是其中佼佼者，从易学发展来看，当予以肯定。

另外，程大昌在《易原》一书中对揲蓍之法、卦气、邵氏先天之学皆有论述。如四库馆臣所言："卦变揲法皆有图论，往往断以己见，出先儒之外。今考其所论，如分爻值日，乃京焦卦气，其始于中孚，本用太初法，与夫子所谓乾坤之策当期之日不合。复姤生卦说始邵子，但乾坤生六子，《说卦传》有明文，不得先有六画之卦，后有三画之卦。郑康成用十日十二辰二十八宿以应大衍五十之数，本于《乾凿度》，与马融之增北辰，荀爽之增用九用六，不过以意决择傅会，初无不易之理。张行成别立二十五数以推大衍，则是五十有五数之外，别有二十五数，更非孔子所曾言。虽排斥先儒，务申己说，不能脱南宋之风气，然其参互折衷，皆能根据《大传》，于《易》义亦有所阐明，与所作诗议，欲并国风之名而废之者，固有别矣。"（《四库全书总目》卷三）

　　总之，刘牧的河洛之学，经程大昌的解说和阐扬而流传于世。朱熹及蔡氏父子虽然在某些问题上有别于刘牧之学，但总体上笃信河洛之学是易之本，并将河图、洛书编入其易学著作中，加以解说，从而确立了图书之学在学界的地位。宋以后，易学界推崇周敦颐、张载、二程、朱熹，故凡学朱子者或以朱子为宗者皆谈河洛之学，如税与权、胡方平父子、朱昇、张理、吴澄、钱义方等对河洛之学皆有研究。河洛之学的传播和发展与程大昌是分不开的。

二、张行成等人对邵氏先天学的诠释

　　邵雍依据易图而建立起的先天学，博大而深奥，若不诠释和疏通，很难在易学界乃至整个学术文化界流行。如宋儒魏了翁所言："先生以易观心而得于心，其方圆《皇极经世》诸书消息阴阳之几，贯融内外之分，盖洙泗后绝学也。"（引自《经义考》卷十九）朱熹也称其学为"易外别传，非专门研究其说者，不能得其端绪者"。故邵氏之子及其后学为了阐扬邵子之学，对邵氏的著作体悟覃思，并加以疏通和解说。早期从学于邵子而传播邵子之学的除了其子邵伯温以外，还有弟子王豫、张峋、郑夬等人。如前所言，邵伯温（1057—1134）撰有《皇极系述》《观物内外篇解》《易学辨惑》等著作，以述邵氏先天之学。宋人陈振孙指出："其子伯温为之《叙系》具载先天、后天、变卦、反对诸图；又为《易学辨惑》一篇，叙传授本末真伪。"（《直斋书录解题》卷一）关于邵子弟子学习和传授邵氏学的情况，邵伯温作了详细的说明："先君之学虽有传授而微妙变通则自得也。平时未尝妄以语人，惟大名王天悦、荥阳张子望尝从学，又皆蚤死，秦玠、郑夬尝欲从先君学。"（引自《经义考》卷十九）其中能传先天之学而且有著作者，恐只有郑夬一人。据《文献通考》《郡斋读书志》《玉海》记载，郑夬曾作《周易传》。宋人沈括曾引其言曰"乾坤大父母也，复姤小父母也。乾一变生复得一阳，坤一变生姤得一阴云云"。（同上）程大昌在《易原》中列有邵、郑"乾坤之卦图"、"复姤之卦图"，明言二者"说虽各异，而其取必于数之齐同，则二子一律也"。（《易原》卷八）另一个早期专治邵氏之学的是南宋同州人王湜，他在其所撰《易学》的自序中指出："晚得邵康节易学，喜不自禁，昼夜覃思，未尝暂舍，方有所得也。"这里所说的"有所得"，并不是说他在邵氏易学发展上有什么建树，而是指能解读邵氏之学。他在自序中是这样说明的："康节有云'理有未见不可强求使通'。故愚于《观物篇》云：所得既推其所不疑，又存其所可疑，亦先生之言自慎，不敢轻其弃取故也。"（晁氏《郡斋读书志》卷一）而对邵子之学理解得比较透彻，并能够全面系统地诠释和阐述的，莫过于张行成。

张行成，南宋临邛（今四川邛崃）人，字子饶，又作文饶。受《易》于谯定，其学以邵氏先天学为本，自成一家之说，学者称为观物先生。绍兴年间，为成都府路钤辖司干办公事。丐祠归，杜门十年，撰成《周易述衍》十八卷、《皇极经世索隐》二卷、《皇极经世观物外篇衍义》九卷、《周易通变》四十卷、《翼玄》十二卷、《元包数义》三卷、《潜虚衍义》十六卷。

（一）张氏诠释邵子思想

张氏诠解邵子的思想，主要有两本书，一本是《皇极经世索隐》。邵伯温曾为《观物内篇》作注释，而张氏此作是补邵伯温未尽之意。张行成对此明言："先生之子尝为叙述，而象数未详，辄索其隐以俟同志。"（《自序》）在《永乐大典》中，张氏此书被割裂分附于邵伯温注释之下，四库馆臣"摘录叙次，以还其原第，遂复为完书"。在此书中，张氏首先对邵氏思想进行了概括。他认为邵雍的思想特点是尊崇伏羲先天易，立言广大，措意精微，其核心是数，由数而引发为理。

他在《皇极经世索隐原序》中指出："先天者，伏羲之《易》也。后天者，文王之《易》也。《太玄》者，子云之《易》，后天之匹也。《皇极经世》者，康节之《易》，先天之嗣也。《观物篇》立言广大，措意精微如《系辞》，然稽之以理，既无不通，参之以数亦无不合。经世之数，元会运世主之，天而地也。观物之数，声音律吕主之，地而物也。夫天之运行有一十二万九千六百之年，地之生化有一十三万八千二百四十之物，物之动植有一十二万二千八百八十之数。先生之书不过万一千六百余言，而天地之物之象之数之理，否泰消长损益因革，其间罔不包罗。"

进而，他对《皇极经世》章节内容作了简要的说明。如他指出："《皇极经世》总十二卷，分为观物六十二篇。以元经会，以会经运，以运经世六卷三十四篇者。日月运行之变数是为历数也。声音律吕唱和四卷一十六篇者。日月星辰水火土石之变化数是为律数也，如《易》之有上下经六十四卦也。余二卷十二篇之文所以畅二数之义，如《易》之有《系辞》也。"（《皇极经世索隐》卷上）正因为"上五十篇数象浩大，义理奥深，骤而观之，未易窥测茫乎。十二篇之文莫知其指归矣。"故他"各总括大要冠诸《索隐》之首，庶几学者得其门而入云"。（同上）

张氏先立"皇极经世机要图"和"律吕声音机要图"以说明元会运世之数和律吕声音之数，然后又对观物内篇诸节进行解说。这些解说"于邵子一家之言亦可谓有所发挥矣"（《四库全书总目提要》），更为重要的是它能使"学者得其门而入"，有利于邵子之学的传播。

张氏另一本注释邵子的著作是《皇极经世观物外篇衍义》。《观物内篇》是邵子所作，而《观物外篇》则是邵氏弟子所记。张氏《皇极经世索隐》是对《观物内篇》的注解，而此书是对《观物外篇》的诠释。张行成在此书《序言》中指出："康节先生，观物有内外篇，内篇先生所著也，外篇门人所记先生之言也。内篇理深而数略，外篇数详而理显。学先天者当自外篇始，外篇行于世久矣，阙数者三节，脱误者百余字。今补其阙而正其脱误，分数象理类相从为九卷辄衍其文，以俟同志者择焉。"在此，张氏除了说明《观物》内外篇作者外，还针对内外篇特点，提出学邵氏先天学方法"当从外篇始"。这其实也是他作此书的目的。

张氏在此书中，依数、象、理为标准划分邵氏《观物外篇》。凡邵氏言数者，他皆能依先天之易数、皇经世数、声律数一一参证推衍之；凡言象者，皆能以天地万物之象、易象解读疏通之；凡言理者，皆能以数象而引发的天地万物之理而印证阐发之。其意义如四库馆臣所评价："行成以内篇理深而数略，外篇数详则理显，学先天之学者当自外篇始，因补缺正误，使其文以类相从，而推绎其旨，以成是篇。上三篇皆言数，中三篇皆言象，下三篇皆言理。盖行成以意更定，非复旧第，然自明以来，刻本率以外篇居前，题为内篇末，未免舛互失序，赖行成此本尚可正俗刻之讹，且原书由杂纂而成，本无义例，行成区分排比，使端绪易寻，亦颇有条理。虽乾坤阖辟变化无穷，行成依据旧图循文生义，于造化自然之妙未必能窥。至于邵氏一家之学则可谓心知其意矣。"(《四库全书总目》)

（二）张氏阐发邵子之学

张氏并不满足于注解邵氏的著作，他还在此基础上阐发自己的思想。其著作《周易通变》即属于这一种。该书"四十卷，取自陈抟至邵雍所传先天卦数等十四图，敷演解释，以通诸《易》之变，始若殊涂，终归一致"。(《进易书状》，引自《经义考》卷二十六）其中所载十四图，根据宋人记载，是张行成得之四川估籍吏之家。祝泌说："康节起数之法有所传十四图，张文饶得其蜀中估籍吏人之家。"（同上）这十四图是："有极图"、"分两图"、"交泰图"、"既济图"、"挂一图"、"四象运行图"及"八卦变化图"（八卦各主一图）。

1. 十四图之内涵

按照张氏的解释，"有极图"是由六十四卦方圆图构成，内为六十四卦方图，外是六十四卦圆图，"图名先天而一百二十八卦七百六十八爻咸备者，天地之象已具乎浑沦之中，太极之全体也，故命曰有极图"（《易通变》卷一）。其实就是朱熹《周易本义》所载的"伏羲六十四卦方位图"。其图如下。

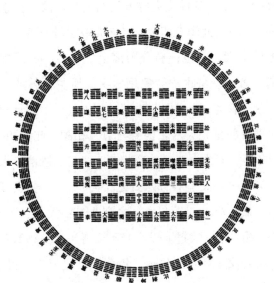

伏羲六十四卦方位

　　"分两图"，是将有极图圆方两图分开，"圆者在右，方者在左，是为两仪。仪，匹也"（同上）。"圆者，天之仪也，外圆中虚有数而未有天，当为太极之性。方者，地之仪也。外方中密有数而未有地，当为大物之质，两仪已生，性质已判，故有数。有数则有位矣。"（同上）它象征"二气离而未合之时"，故此时"有数有位无卦爻"。见右图：

　　"交泰图"是"乾坤交而物开运行时也。故以交泰名之"。（同上）张氏说："此图有四变，冬至则乾上坤下者，否也；夏至则坤上乾下者，泰也；春分则离上坎下者，未济也；秋分则坎上离下者，既济也。然象用六爻，所主在乾坤，天地之交，始于春，故名'交泰图'也。"（同上卷十）此是根据八卦相交的原理重新把先天六十四卦与节气相配。乾坤相交为泰、否，否为冬至，泰为夏至。坎离相交为未济、既济，未济为春分，既济为秋分。又有春分八卦之交卦：晋、同人、需、师、随、中孚、蛊、小过；又有秋分之交八卦：大有、明夷、比、讼、归妹、颐、渐、大过。以八卦不交者（自身相重者）为冬至时。八卦皆交（乾坤、坎离、震巽、艮兑相交）得否、泰、既济、未济、咸、恒、损、益八卦，是为夏至时也。由乾坤升降，坎离变化，"大而一元，中而一运，小而一年，天地辟阖，阴阳消长，人之否泰，物之盛衰皆可推知"（同上）。其实这并不是什么新发明，只不过是对照邵氏先天图，以八卦相交原理为工具，整合汉儒卦气说而已。其图见左。

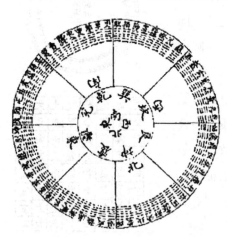

　　"既济图"是"坎离四位交而物之数也。故以既济名之。乾坤交而成泰，坎离交而成既

济。乾坤之交生物之时也，坎离之交生物之数也"。（同上卷一）此图是由数组成，此数取先天八卦数。即乾一、兑二、离三、震四、巽五、坎六、艮七、坤八。这是自乾始至坤。一二三四为天数，五六七八为地数。若自坤始至乾，则坤一、艮二、坎三、巽四、震五、离六、兑七、乾八。一二三四为地数，五六七八为天数。然后用天数地数相交表示六十四卦。他对数之相交进行了解释："此图以天一二三四居上，地之五六七八居下则是否也。以地之一二三四居上，天之五六七八居下则是泰也。然数用四位，所主在坎离，坎离左右相交，故名既济图也。"（同上卷十六）其图如下：

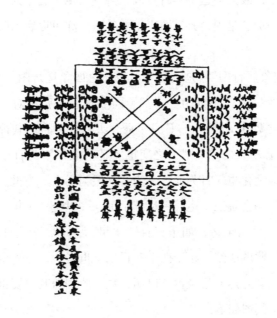

其实，张氏是用先天八卦的乾兑离震依次相交居上排，又用巽坎艮坤依次相交居下排，以示天地不交。又用坤艮坎巽依次相交居上，震离兑乾依相交居下，以示天地不交。

"挂一图"又称卦气图。"挂一"得之于大衍筮法。行蓍时"挂一以象三"。"挂一"之一是"虚一之一"，即从四十九策中取一。这个"一"象征"人"。此图用二百五十六卦之爻（256×6＝1 536）表征"太极英灵之气降而在人者也"。其数是年数。他说："康节之书元经会，会经运，运经世者，元会运数也。律吕唱和者，世数也。卦气图者，年数也。年以下月日辰之三数各有闰分、参差不齐而皆于卦气图见之。一元在大化中犹一年，故元会运世年月日辰以卦气图用之无不通者。"（同上卷十一）这是说，卦气图表示的年数，亦可以表示整个经世之数。

"四象运行图"，是指日月星辰天之四象运行图。"四象运行大则为一元，小则为一岁。"（同上卷一）张氏对"四象运行图"之数作了解说："日月星辰，天之四象也。其神运用于上为百千万亿之时，则天之变也。其精散于下为百千万亿之物，则地之化也。日为元，月为会，星为运，辰为世。一元统十二会，一会统三十运，一运统十世，一世统三十年，故一元之数得三百六十运，四千三百二十世，一十二万九千六百年也。……此图所纪，止于四千三百二十世者。……先生之书有元经会，会经运，运经世，以明天数。此图盖其总要也。"（同上卷十）其图如下：

　　"八卦变化图"是八卦各主一图，即"乾、兑、离、震为日、月、星、辰之变数。坤、艮、坎、巽为水、火、土、石之化数。四象运行，四时行焉，八卦变化，万物生焉"。（同上卷一）其时数用十二会，物数用十六位，会则每爻而直九十，位则每爻而用八十。

　　以上所言十四图是否为陈抟所传，因未见同时代其他史料记载，故无从考证。张行成将这十四张图视为邵氏思想的渊源，认为先天之学皆发源于此。他说："十四图有体用伦次，先天之宗旨也。康节之学，盖本于此。"（《易通变》卷一）"先生之书，大率藏用而示人以象数，实寓乎十四图。先生之意，推明伏羲之意也。"（《自序》）其中交泰图、既济图是最为重要的两图，故他又说"先生之学祖于象数二图"。所谓"象数二图"就是交泰图、既济图。因此，他在该书中，对照邵子先天思想，敷演解释这十四个图。其中有客观的叙述，更有在自己体悟的基础上而作的阐发。兹就其有关象数思想说明如下。

2. 伏羲易是体，三《易》是用

张行成笃信邵氏先后天之说，并从易学发展的角度探讨了先天易与后天易的区别与联系。其最基本的观点就是伏羲易是古代最早的易，其特点是有图象而无书，故称为先天易，后世被称为天易、地易、人易的《连山》《归藏》《周易》皆源于伏羲易。伏羲易是体而三者是用。他指出：

> 易有四，体一用三尽之矣。先天体也，包乎三用。《连山》《归藏》《周易》三用。一体者，太极统三元；三用者，三元分三才也。伏羲始画八卦是为先天备四者之义，有图象而未有书。夏曰《连山》，天易也。商曰《归藏》，地易也，有法数而未有书。文王曰《周易》，人易也，始有书矣。仲尼十翼实通四易，理有所必至也。（同上卷四十）

这里说的伏羲画卦不是经卦，而是别卦，这就与文王重卦相矛盾，为此，张行成对这一问题作了解答："伏羲重卦已有六爻六十四卦矣。子云言：易始八卦至文王而六十四。又曰：文王重易六爻。何也？曰：伏羲重卦者也，文王重爻者也。重卦者，八单卦自相重，三画重为六画，如乾之兑，乾之离，坤之艮，坤之坎之类，是已一卦变八卦，八而八之为六十四，其实则八卦也，观卦位之数而可知矣。尽一二三四五六七八之变得六十四卦而为八卦也。重爻者，六十四重卦又相重六爻，重为十二爻，如乾之屯，乾之蒙，坤之需，坤之讼之类，是一卦变六十四卦，六十四而六十四之为四千九十六卦，其实则六十四卦也，观揲蓍之数而可知矣。尽七八九六之变得四千九十六卦而为六十四也。"（同上卷三）这涉及《周易》成书的问题。按照《易传》，伏羲画经卦八卦，文王重别卦六十四。故在《易传》中言八卦者多指经卦。如："八卦成列，象在其中矣；因而重之，爻在其中矣。"（《系辞》）"八卦相错。"（《说卦》）然而《系辞》在论及"观象制器"时，在"伏羲始作八卦"之下，又指出"作结绳以为罔罟，以佃以渔，盖取诸《离》"。根据前后文义，此《离》是别卦。由于这个缘故，后世易学家对重卦问题众说纷纭。"王弼、虞翻曰伏羲，郑康成曰神农，孙盛曰夏禹，司马迁、扬雄曰文王，而孔颖达、陆德明、陆希声则以弼论为是也。"（《汉上易传·丛说》）张行成出于阐发先天学的需要，显然是坚持了第一种观点。因而在张氏那里，伏羲易除了没有文字以外，其象数皆备，而其他《易》则取资伏羲易而加以运用。故卦有先后天之别，"天地定位之八卦者，先天卦也。始震终艮之八卦者，后天卦也"。（《易通变》卷四十）

进而，张氏又简述四易传播，他指出："后世二易并与先天不传，则君子之道鲜矣。西汉扬子云作《太元》义取《连山》，后周卫元嵩作《元包》义取《归藏》，于是二易世亦有书。《元包》粗赞卦名之大旨，未极人事之精义，辞略数隐，世多不传。先天之易至陈抟希夷，其法始见，三传康节，其道始明。希夷所传有爻象卦数图，则天之象，地之数也，人物在其中矣。康节演之著为经世观物，而三才之机焕然陈露。司马公居洛，与康节游，传其易学。公尝言太极图诀，尧夫尽以见传是也。公知四易，独《归藏》未显，乃以先天物数述为《潜虚》，于是四易皆有书矣。"（同上）张氏在此想说明伏羲先天易及邵氏所传伏羲易的真实性，从而引起人们对伏羲易及邵雍先天之学的关注和认可。

3. 伏羲易与文王易

在四易问题上，张氏更注重伏羲易与文王易的关系。在其阐发邵氏先天易思想时，常常以文王后天易作比较，说明先天易与后天易的区别和联系。从成卦角度言，先天易是体，后天易是用。具体表现在卦自下生者为后天易，卦自上变者为先天易，他说："凡卦自下而生者主形而言，由地而出。此卦自上变者主气而言，由天而来，先后与后天不同也。故曰卦自外来者皆未生之卦，自内起者皆已生之卦也。"故而他反复申明"先天之易，易之体也"，"后天之易，易之用也"。从起源上看，先天易是以一为始，一中有二，即一中有乾坤阴阳，然后成六十四卦。而后天易是以二为始，两卦为一对而各有一乾坤阴阳，故其卦有四千零九十六。他说："伏羲之易祖于太极之一乾坤，故其卦得八之八而偶之。文王易每两卦为物各具一乾坤，故其卦得六十四之六十四而亦有阴之合数也。是故文王易一飞一伏，一升一降，两卦相从，离为三十二对。"（同上卷三）而从卦与卦的关系看，伏羲卦是以对应为对，文王卦是以相反为对。他举例说明："伏羲之卦以相应为对，如姤对复，夬对剥之类是也。文王之卦以相反为对，如复对剥，夬对姤之类是也。相应者，论飞伏也。相反者，论升降也。在伏羲文王卦皆对者，惟乾、坤、坎、离、否、泰、既济、未济、颐、大过、中孚、小过、随、蛊、渐、归妹十六卦，而文王六十四卦两卦或左右互易，或上下反覆相重取其中者也，皆成此十六卦。"（同上卷三）而就数而言之，先天、后天数之起源有别，先天数与位有关，起于计算，而后天数则与爻有关，起于蓍。他说："先天之数祖于位而起于算，后天之数祖于爻而起于蓍。"（同上卷八）这里的位，即先天八卦的位置，八卦八位即一二三四五六七八。用这八个数组合可以推出二百五十六卦。这就是"以一二三四五六七八之八位而生二百五十六卦"。"爻"指求爻用数，后天数是在求爻时而得。如他所言："蓍用四十九取三百八十四爻而六七八九之四象变四千九十六卦，爻自一奇一偶之画而起，错综之至于五百七十六画。"（同上）与此相联系的四象之数，先后天也不同："先天以八十八为四象之数，用者六十六，不用者二十二，所谓天地各四体，用者三，不用者一也。后天以四十八而取四象之数，用者五六，不用者三六，所谓用其三天两地存其三天也。先天全用阴阳刚柔之数，故八象并见。后天独用阴柔之数，故止于四象而暗藏四象也。"（同上卷八）他又对这一段话作进一步的说明："是故后天有挂一之蓍而用八卦，先天无挂一之蓍而用十六象也。夫先天以四十与四十八并用，后天以挂一当四十，挂一不动而用四十八者，造物与生物之功不同也。……先天本数八十八以四为一，分得二十二，分其取卦数得一二三四五六七八为三十六重之而七十二，二十二之中去四而用十八也。所去之四得十六则十六之本数也。后天本数四十八以三为一，分得十六分，其取爻数得六七八九，合之而三十，则十六之中去六而用十也。所去之六得十八，则三四五六之归奇，为十八变之本数也。"（同上）这里八十八是指阳刚四十阴柔四十八之和，天之四象阳刚皆为十，地之四象阴柔皆为十二，故天之四象之和为四十，地之四象之和为四十八。他说："先天以八十八数而为之八卦之象者，阳刚四十，阴柔四十八也。"（同上卷四）又说："乾兑离震，天之四卦，阳刚之四十；坤艮坎巽，地之四卦，当阴柔之四十八。"（同上）从这里可以看出，先天后天之数，无论是总数，还是用数，皆不相同。

为此，他又将这一问题上升到象数高度加以论证。他认为，卦爻之象是实体，卦数为虚名。通过卦爻象可以显现数，而数之变则不能显现爻象。如他所言："爻有二象，象指实体，卦有八数，数存虚名，因爻象之变即可见卦数之先后，而卦数之变则未见爻象也。"（同上卷三十四）这里讲的是数在先，卦在后，由卦可见数，而由数未必见卦。进而，他区分了先天与后天，主张后天是以蓍求卦法，这种方法是因数求卦，故其卦是已有的卦，而先天易是由数生卦，这个卦不是已有的卦，而是最初的卦。他指出："以蓍求卦，自下而上者，已往之卦也。以数生卦，卦自上而下者，方来之卦也。"（同上）至此，张氏对于先天与后天的界定已十分明确。

　　然而，先天与后天之划分是相对的，暂时的，并不是不可逾越的，而是存在着内在的联系。这种联系表现为体用关系。先天是体，后天为用。张氏以先天图为例，说明先后天共存其中。先天图右行为逆生气之序，左行为顺布气之序。右生五变而生三十二阳，成一刚为复之一。左生五变而生三十二阴，成一柔为姤之一。他画"太极六变反生图"、"元气五变相交图"，前者是太极图右行，后者是太极图左行。他指出："左行之五变者，是右行五变反生之后、第六一变之数尔。"（卷二）他所谓五变是指乾坤阴阳爻之变化。如右行五变是自坤姤，一变剥，二变观，三变否，四变遁，五变而为复。左行一变为夬，二变大壮，三变为泰，四变临，五变姤。而右行表示气之变化，左行表示形之变化。右行是天生地，左行是地承天，故从生卦看，右行"六变者未有一之初，至五变则反生象阴阳之生，因用成体，造物之初，先天易，易之体也。"左行"五变者已有一之后，存一变而相交，象天日之行从体起用，生物之后，后天之易，易之用也。"故他说："六变者先逆后顺，阴阳同乎一气皆逆生而顺布也。五变者一顺一逆，阴阳分乎二气。虽异处而同用也。"（卷二）因此，他认为太极图"右生者先天也，左生者后天也"。

　　从阴阳爻数看，先天图中，"乾三十六阳，十二阴；巽、离、兑各二十八阳，二十阴；坤三十六阴，十二阳；震、坎、艮各二十八阴，二十阳。每卦本数皆四十八。以乾合巽、离、兑，阳皆得六十四，阴皆得三十二。以坤合震、坎、艮，阴皆得六十四，阳皆得三十二；以乾合震、坎、艮，阳皆得五十六，阴皆得四十；以坤合巽、离、兑，阴皆得五十六，阳皆得四十。先天卦爻也。"（同上卷一）这其中有三十六、二十八、三十二、二十四（十二之倍数）。这正是后天蓍策数，也就是说后天数正好与之相应，如他所言先天"无挂一而阴阳同用七九，后天蓍策也，有挂一而阴阳分用七八九六，故知先天为易之体，后天为易之用"。（同上）

同时，他还认为在文王六十四卦中内含着伏羲十六卦数。只要变化文王六十四卦，就可以看出十六卦。这十六卦是指"八卦不变之体"和"八卦应变之用"。乾、大过、离、小过、中孚、坎、颐、坤，这八卦符号倒置，其卦仍不变，而为八卦不变之体。否、随、未济、归妹、渐、既济、蛊、泰为"应变之用"。在先天图中，八卦中每一卦正好是一不变、一变两卦。如乾一中是乾、泰，兑二中是归妹、中孚，离三是离、既济，震四是随、颐，巽五是大过、蛊，坎六是未济、坎，艮七是小过、渐，坤八是坤、否。将"文王六十四卦两卦或左右互易，或上下反覆相重，取其中者，亦皆成此十六卦"。（同上卷三）从这个意义上讲，"康节经世之用即文王《周易》暗藏之数也"。（同上）

张氏论证先天易与后天易的关系，目的是说明后天易本于先天易。对于这一点，他是这样说的："康节之易所主在数，数为虚名，故为先天。文王之易所主在爻，爻为实用，故为后天。先天者，后天之所自出，后天者，先天之用也。"（同上卷三十四）

4. 先天图准图书而作

张行成推崇先天易，视先天易为易之体，其他易皆本于此。然而孕育先天易之图从何而出？为了说明这个问题，他引进了刘牧等人的河洛之学，主张比先天图更早的是河图、洛书，图书数为先天图之本。并对此作了论证：

> 河图之数自一逆行历七至九，阳气之变斯极乃反生为一。所以图自剥至姤下变为复，生三十二阳也。三十二阳者，地之一刚也。既生之后，自一顺行历三至九，斯刚由复迄乾，形变之象也。自二逆行历四至八，阴气之变斯极乃反生为二。所以图自夬至复上变为姤，生三十二阴也。三十二阴者，地之一柔也。既生之后，自二顺行历六至八，斯则由姤迄坤，形变之象也，《列御寇》曰"易者一也，一变为七，七变为九。九者，气之究也，九复变为一，一者，形变之始也"。御寇之言，即是河图之义，特举一隅而已，先天由河图而出也信矣。（同上卷二）

张氏所言河图即是刘牧的九数图，洛书是十数图。他曾对此作过解释："河图无十，散为九位者，天之气数，气则流布也。洛书有十合为五类者，地之形数，形则凝聚也。"（同上）这显然是接受了刘牧等人之观点。然后用此观点解释先天图，则与之相合。河图一、七、九为阳数，象征阳气，一居下，七居右，九居上，由一至七至九，再至一，是为阳气逆行。对应于先天图是剥至姤，变为复。生左三十二阳卦，即"三十二阳也"。河图左为三，自一经三至九，则为顺行，与对应于先天图是复至乾，象征形变。河图二、四、八为阴数，自二、四至八为逆行，象征阴气变极则反生，对应于先天图是自夬至复，上变为姤，生右三十二阴卦，即"三十二阴也"。河图二、六、八为阴数，且顺行，对应于先天图是姤至坤，象征形变。故他举《列子》之言说明河图数与先天数相合，从而推断先天图是本于河图数。

5. 以加一倍法解说先后天易数

《系辞》指出："易有太极，是生两仪，两仪生四象，四象生八卦。"邵氏据此提炼出"加一倍法"，即一分为二，二分为四，四分为八，八分为十六，以至无穷，这种加一倍法成为邵氏建立先天之学、探讨宇宙发生发展的重要方法。张行成用此方法解释先天图，他认为先天图之排列，自乾至坤，爻自上而下变化，体现了"加倍法"。他说：

> 乾为一，太极也。上爻当初变得二类，为两仪。五爻当再变得四类，为四象。四爻当三变得八类，为八象。三爻当四变得十六类，为十六象。二爻当五变得三十二类，

为三十二象，初爻当六变得六十四类，乃成六十四卦矣。六十四卦实得八卦，余皆重卦之互变，故易有太极，是生两仪，两仪生四象，四象生八卦也。（同上卷一）

乾为太极，自上爻始，六变依次为夬、大壮、泰、临、复、坤。按照先天图之排列，夬为二，大壮为四，泰为八，临为十六，复为三十二，坤为六十四。从数来看，正是加一倍法。

从先天图整体布局看，左为阳，右为阴，阳卦三十二，阴卦三十二。阴阳卦又分为十六象，合之为六十四卦，就数而言，也符合加一倍法。张氏说：

是图自坤一变一阳，六变至乾得一百九十二阳，自乾一变一阴，六变至坤得一百九十二阴。六十四卦合于一者，天之一而二，太极生两仪也。自复至乾为三十二阳，自姤至坤为三十二阴，六十四卦分于二者，地之二而四，两仪生四象也。天门十六卦，为天之变；地户十六卦，为地之化；人路十六卦，为天唱地；鬼方十六卦，为地和天。六十四卦析于四者，天地人物之四而八，四象生八卦也。（同上）

此是说，坤六变生《复》，乾六变生《姤》，然后由《复》《姤》"小父母"生卦，各生三十二卦，《复》生三十二卦为阳，《姤》生三十二卦为阴，共六十四卦。六十四卦又可分为天门、地户、人路、鬼方十六象。因此，合六十四卦为一，《复》《姤》各生三十二，则为两仪，三十二又可分为十六，即天门、地户、人路、鬼方，即两仪生四象，四象又可分为八组，即八卦。在他看来，先天之数之变化皆可以从此图中得到解释。"自一以至无穷，极其数无穷，而皆不出此图矣"即是此意。

他又提出"画卦之本法"和"立数之本法"，根据他的解释，这两种方法皆本于"加一倍法"。他认为，卦画是由奇偶二数构成，"奇一象太极，偶二象两仪"，（同上卷九）然后由奇偶构成三画之卦，重之得六画之卦乾坤，由"乾坤互变分天地之统属，则乾兑离震当属天，坤艮坎巽当属乎地"。天地有四象，这是两仪分四象，天有四象，地有四象，共八象，是为八卦。天之四象、地之四象相交则得十六象，即"天之四象自交成十六象，乃得十六重卦"，"地之四象自交成十六象，乃得十六重卦"，"天之四象交地亦得十六重卦"，"地之四象交天亦得十六重卦"，此四类者，"在本象与纯卦皆有八，在重卦有六十四"。（同上）所以，先天图经过六变得阴阳三十二为两仪，是从六画而变。八卦变六十四是从"二象"而变，"此作八卦者画卦之本法也"。即画八卦是"衍其本数则一奇一偶而已"。此说未离加一倍法。就数而言，八卦数有一二三四五六七八，也是通过加一倍法推出。奇偶成画，三画成象，二象成卦，六画之中有六位之体、六爻之用，有象则有数，天之四象一二三四，地之四象八七六五，乾坤互变，四象交而成八卦，故八卦有数，"卦数有一二三四五六七八也，此作八卦者立数之本法也"。因此，画卦之本法和立数之本法皆依加一倍法。

同时，由于后天易源于先天易，故加一倍法也适应于后天之数。后天大衍筮法，其数"五十虚一与四十九蓍之合一皆为易之太极"，（同上卷一）"太极判则两仪分，故揲蓍分而为二以象两也"。（同上）张氏又说："挂一而用四十八为天用地，凡四得一百九十二，实策而成四象，则四单卦也。重之为八象，得四重卦则三百八十四策矣。四象生八卦，故八卦八之为六十四，得三百八十四爻。"（同上卷八）其思路亦与加一倍法一致。

总之，张行成通过对流传下来的十四图的诠释和阐发，全面、系统地阐发了邵子先天之学，深刻地揭示了先天之学与后天之学之区别，并在此基础上，证明了先天与后天、先天与河洛之数的内在联系，即先天之学本于河洛之数，是易之源、易之体，而包括文王易在内的其他易是用，用源于体并依存于体。他对这些问题的探讨，完善和发展了先天之学，为先天之学立足于学术界打下了理论基础。朱熹及其弟子对先天之学的确认，先天之学于后世受到学界的青睐，与张氏的诠释和阐发是分不开的。当然，其思想体系与邵氏一样，也多有牵强之处，如他用易数推人之五脏等，尤为突出。其易学之得失，如四库馆臣所言："其自序谓康节之学主于交泰、既济二图，而二图尤以卦气为根柢，参伍错综以求之，而运世之否泰、人物之盛衰，皆莫能外。其自许甚高。其中如人之五脏亦以易数推之，谓当重几斤几两，殊为穿凿。李心传讥其牵合。祝泌谓其发明处甚多，而支蔓处亦甚多。然其说亦自成理，自袁枢、薛季宣以下，虽往往攻之，迄不能禁其不传也。"（《四库全书总目》卷一〇八）

张氏除了治先天之学外，对其他易学也有研究。如著《周易述衍》十八卷"以明伏羲、文王、孔子之《易》"，著《易翼》十二卷"以明扬雄之《易》"，著《元包数义》三卷"以明卫元嵩之《易》"，著《潜虚衍义》十六卷"以明司马光之《易》"。（张行成《进易书状》，见《经义考》卷二十六）可见其所涉领域之广泛。

第三章 程迥发明邵氏易学，
重建《周易》筮占学

　　程迥，字可久，应天府宁陵（今属河南）人，家居沙随（春秋时宋地，今河南宁陵东北），学者称"沙随先生"。靖康之乱后，徙绍兴府余姚县（今属浙江）。少年遭丧父母之苦，漂泊不定，孤立贫寒。青年始知读书。因战乱平息，西北一带士大夫多移居钱塘，他才有机会考德问业。隆兴元年（1163）进士，历知进贤、上饶等县，卒官朝奉郎。其为官庄重严肃，政策宽厚而清明，政令简洁而诚信，"绥强扶弱，道以恩义"，多年积攒的讼案，他一语即化解。奸猾之吏和刁钻之民，都很感激，久而久之，对过去行为有所悛悔，当地的欺诈的恶俗为此而改观。其经学授业于昆山王葆、嘉兴闻人茂德、严陵喻樗。其学术研究涉猎经学、子学、医学、训诂学及其他经济、政治等方面。程迥曾撰有《古易考》《古易章句》《周易古占法》《周易章句外编》《春秋传显微例目》《论语传》《孟子章句》《文史评》《经史说诸论辨》《太玄补赞》《户口田制贡赋书》《乾道振济录》《医经正本书》《条具乾道新书》《度量权三器图义》《四声韵》《淳熙杂志》《南斋小集》等①。

其易学著作现存有《周易古占法》和《周易章句外编》，《四库全书》皆有收录。《周易古占法》共一卷，分为太极、两仪、四象、八卦、重卦、变卦、占例、占说、揲蓍详说、一卦变六十四卦图、天地生成数配律吕图等十一篇。另附《周易章句外编》一卷，杂论《易》说及记古今占验。自宋代始，《周易古占法》《周易章句外编》就被人通为一编。是书本邵雍之加一倍法，据《系辞》《说卦》发明其义，对揲蓍求卦的过程作了详细解说，根据《周易》经传及《左传》《国语》等典籍所载的占筮实例，归纳出《周易》占断吉凶之方法，完善了大衍筮法。程迥主张"《易》以道义配祸福，故为圣人之书"，是书虽重在探究卜筮象数之学，但其本质则属于儒家易学。《周易古占法》是较早对古筮占进行系统性探究的著作，在易学史上有重要意义，其对占筮之法的论述，发前人所未发，对后世多有影响，朱熹《易学启蒙》《周易本义》多取其说。元代吴澄、董真卿、胡一桂等人对其书皆有评论。

一、以大衍筮法解释"加一倍法"

汉唐以来，对于《系辞传》"易有太极，是生两仪，两仪生四象，四象生八卦，八卦定吉凶"，众说纷纭，莫衷一是。

---

① 程迥生平事迹，详见《宋史》卷四百三十七《儒林传》。

汉代多以天文历法解释，作为易学形成的依据。如马融云："易有太极，谓北辰也。太极生两仪，两仪生日月，日月生四时，四时生五行，五行生十二月，十二月生二十四气。北辰居位不动，其余四十九转运而用也。(《周易正义》) 郑玄曰："极中之道、淳和未分之气也。"(《周易集解》) 王肃曰："两仪，天地也。"(同上) 虞翻曰："太极，太一也。分为天地，故生两仪也。四象，四时也。两仪，谓乾坤也。乾二五之坤，成坎、离、震、兑。震春兑秋，坎冬离夏。故两仪生四象。《归妹》卦备，故《彖》独称天地之大义也。乾二五之坤，则生震坎艮。坤二五之乾，则生巽离兑。故四象生八卦。"(同上) 晋人韩康伯以道家思想，将此解释为宇宙本体，曰："夫有必始於无，故太极生两仪也。太极者，无称之称，不可得而名，取有之所极，况之太极者也。卦以象之。八卦既立，则吉凶可定。"(《周易正义》) 孔颖达曰："太极谓天地未分之前，元气混而为一，即是太初、太一也。故《老子》云'道生一'，即此太极是也。又谓混元既分，即有天地，故曰"太极生两仪"。……'两仪生四象'者，谓金木水火，禀天地而有，故云'两仪生四象'，土则分王四季，又地中之别，故唯云四象也。'四象生八卦'者，若谓震木、离火、兑金、坎水，各主一时，又巽同震木，乾同兑金，加以坤、艮之土为八卦也。"(同上) 晋人王弼未解释"易有太极"一节，但用太极解释大衍之数，认为大衍之数四十九是为太极："演天地之数，所赖者五十，其用四十有九，其一不用也。不用而用以之通，非数而数以之成，即易之太极也。"（《周易集解》）唐人崔憬注"大衍筮法"一节秉承了王弼的观点："四十九数合而未分，是象太极也。今分而为二以象两仪矣。""分揲其蓍，皆以四为数，一策一时，故四策以象四时也。"（同上）依据汉唐易学家的解释，此节中太极、两仪、四象、八卦意义相差悬殊，后世学者无所适从。北宋易学家邵雍，从"易有太极"一节，推演了伏羲画卦过程。即从阴阳未分的太极，分出一阴一阳之画，是为两仪，然后自下而上，由一阴一阳之画叠加出四个二画之卦，是为四象。由二画叠加出三画之卦，是为八卦。以此叠加，推出四画、五画、六画之卦。由此，推出所谓伏羲先天八卦和六十四卦图。这就是邵雍所说的"太极既分，两仪立矣。阳下交于阴，阴上交于阳，四象生矣。阳交于阴、阴交于阳而生天之四象，刚交于柔、柔交于刚而生地之四象，于是八卦成矣。八卦相错，然后万物生焉。是故一分为二，二分为四，四分为八，八分为十六，十六分为三十二，三十二分为六十四。"（《观物外篇》）此说被二程称为"加一倍法"。宋代苏东坡、张载、程颐等人对于大衍筮法也有解释，多无新意，兹不具引。

程迥受到王弼等人的启发，将《系辞传》"易有太极"一节置于筮法语境中，提出邵氏加一倍法说的是筮法成卦过程，不是伏羲画卦过程。他首先解释了"太极"：

> 太极者，乾坤未列，无象可见，大衍未分，无数可数。其理谓之道，其物谓之神。庄子谓道在太极之先而不

为高者，非也。太极与道，不可以差殊观也，是故道之超
乎象数则为太极，行乎象数则为乾坤，一出一入皆道也。
（《周易古占法》）

以他之见，太极即道即理，"太极与道，不可以差殊观"，其特
点是"超乎象数"，"乾坤未列，无象可见，大衍未分，无数
可数"。他批评庄子割裂"太极"与"道"："庄子谓道在太极
之先而不为高者，非也。"但是，太极并未脱离象数，而是运
行在象数之间，表现为乾坤运动，"行乎象数则为乾坤，一出
一入皆道也"。他又从根源上深刻地探讨太极之意义：就自然
界而言，太极是"大中"，是"天地未分，元气混而为一"。他
说："太极者，大中也，非若日之中而有昃，国之中而有外，
位之中而有上下。太极无方无体，其所谓中者，因阴阳倚于一
偏而后见也。先儒谓天地未分，元气混而为一，老子谓道生一
是也。"显然，他说的太极不是虚无，而是可以感知的气，他
以客观存在的理与物的关系验证之："故说者谓太极已见，气
也，非无也。胡不以在物者验之乎。当乾未资始，恶可谓之有
气？未丽天一，恶可谓之有一？故一物具天地之理，明乎此，
则可以探易之原矣。"

他立足于《系辞传》"乾坤易之门户"，认为一岁日月相会
有十二次，故有乾坤十二爻，乾坤十二爻变化而成三百八十四
爻。他说："一岁日月相会者十有二，故天有十二次，阴
阳中分，所以乾坤皆六爻也。相变而为六十四，发挥而为

三百八十四爻。"(《周易章句外编》)按照他理解,《周易》筮法成卦则起自于乾坤阴阳之爻画。"两仪"是乾坤初爻画,一阴一阳,由大衍行著三变而成一爻,或阳或阴。"两仪者,乾坤之初画也,大衍三变而得之者也。"(《周易古占法》)他分析了大衍三变而成乾坤之画的原因,认为按照加一倍法,六十四卦起于一阳画和一阴画。乾坤六画分别为纯阳纯阴,故两仪为乾坤初画。他说:"《尔雅》曰:'仪,匹也。'言阴阳之相匹也,自太极而生两仪,两仪生四象,四象生八卦,因而重之为六十四。其丽于数者,皆递升而倍之,则两仪为乾坤之初画可知矣。"他批评刘牧等人的观点:"刘牧以一二三四为两仪,既两矣而四之,可乎?先儒以天地为两仪,或谓天地为乾坤之象,四象所生八卦之二尔。盖不知两仪为乾坤之初画,八卦为乾坤三画之相变故也。"

以此思路,他解释了"四象",认为四象是由筮法六变而成乾坤初二两画,乾坤初二两画相错而成"四象","四象者,乾坤初与二相错而成也,大衍六变而得之者也,所以配阴阳老少之分也。"基于此,他批判前人"以九、六、七、八为四象"、"以金木水火为四象"、"以神物、变化、垂象、图书为四象"等观点。他说:"刘牧以九、六、七、八为四象,夫物生而后有象,象而后有滋,滋而后有数,谓之九六七八矣,即数也,非象也。先儒以金木水火为四象,夫见乃谓之象,形乃谓之器。是四者既有定形,尝以配乾巽坎离矣,即器也,非象也。或以神物、变化、垂象、图书为四象,然上与两仪,下与八卦不相连属。故曰：四象者，乾坤初与二相错而成也。"这里他所说的先儒，主要指孔颖达等人。如前所言，孔颖达以金、木、水、火解释"四象"。程氏以同样方法解释了筮法中八卦和六十四卦之形成。即"八卦者，乾坤初二三相错而成也，大衍九变而得之者也"。重卦是乾坤六画相错而成，由大衍法行蓍十八变而得。他以爻辰说解释重卦原因。三画卦乾坤六画仅表示六个月。一年十二月，故八卦相重为六画卦。"阴阳之运，极六月而反，此八卦不得不重也。今每卦之下曰某下某上，是三画之卦相配而六也。"以数言之，两仪乘八卦为四画之卦，得十六卦，即"两仪乘八卦至四，则其别一十有六"。四象乘八为五画卦，为三十二卦，即"乘八卦至五，则其别三十有二，此大衍十有五变得之以八卦"。八卦乘八至上，则得到六十四卦，"此大衍十有八变而成卦也"。

　　成卦之后，程氏以加一倍法解释卦与卦之间的联系，即变卦。本来六十四卦每一卦卦爻符号及其意义是确定的，不可以混淆。但是，卦与卦之间又没有绝对的、不可逾越的界限。由于筮法中的爻变打破了卦与卦之间的界限，使六十四卦互相包含，融为一体。按照大衍筮法，六十四卦每一卦有爻变六十四，故有变卦之说。如程氏所言"六画既成，六十四卦既具，若夫极数之占，则有变卦存焉"。从加一倍法看，六十四卦依次乘二、四、八，则为 $64 \times 2 = 128$，$64 \times 4 = 256$，$64 \times 8 = 512$。再以内卦之数依次乘二、四、八，则为 $512 \times 2 = 1\,024$，$512 \times 4 = 2\,048$，$512 \times 8 = 4\,096$。故他引用朱震的话说：“《周易》以变者占，一卦变六十四卦，六十四卦变四千九十有六。”在他看来，“此皆出于加一倍法也。”关于一卦变六十四卦，程迥则作乾卦生六十四卦图，见下图：

一卦变六十四卦图（乾卦例）

一爻变者六	姤、同人、履、小畜、大有、夬
二爻变者十五	遯、讼、巽、鼎、大过、无妄、家人、离、革、大畜、中孚、睽、兑、需、大壮
三爻变者二十	否、渐、旅、咸、涣、未济、困、益、噬嗑、随、蛊、贲、损、井、既济、节、恒、丰、归妹、泰
四爻变者十五	观、晋、萃、艮、蹇、小过、蒙、坎、屯、颐、解、震、升、明夷、临
五爻变者六	剥、比、豫、谦、师、复
六爻变者一	坤

其他卦变则六十四卦雷同。按照爻变情况看：“四千九十六变之中，六爻不变与六爻皆变者，其别各六十有四。一爻变与五爻变者，其别各三百八十有四。二爻变与四爻变者，其别各九百有六十。三爻变者，其别一千二百有八十。”

二、探索《周易》筮占，完善大衍筮法

（一）对于大衍筮法运用的补充

今本《系辞传》保留了古老的大衍筮法，让后世得以了解《周易》古老的筮占之法，但是《系辞传》重在解释著数的推演及其客观依据，对于筮占原则及具体运用则语焉不详，为后世学术研究留下疑案。汉代易学资料大量散佚，无法了解当时行著中阴阳爻判定及其占断全过程。目前能够见到的较早的材料是唐代孔颖达之解释。他在"十有八变而成卦"时指出："'十有八变而成卦'者，每一爻有三变，谓初一揲，不五则九，是一变也。第二揲，不四则八，是二变也。第三揲，亦不四则八，是三变也。若三者俱多为老阴，谓初得九，第二、第三俱得八也。若三者俱少为老阳，谓初得五，第二、第三俱得四也。若两少一多为少阴，谓初与二、三之间，或有四或有五而有八也，或有二个四而有一个九，此为两少一多也。其两多一少为少阳者，谓三揲之间，或有一个九，有一个八，而有一个四，或有二个八，而有一个五，此为两多一少也。如此三变既毕，乃定一爻。六爻则十有八变，乃始成卦也。"（《周易正义》）以孔颖达理解，成卦是以行著三变中的三个挂扐之数多少确立阴阳爻。即以四五为少，八九为多，以少为阳，以多为阴。三少为老阳，如五、四、四；三多为老阴，如九、八、八；两多一少为少阳，如九、八、四；两少一多为少阴，如

五、四、八。孔氏这种方法被后世称为"挂扐法"。宋代郭雍则提倡"揲蓍法"。"揲蓍法"是用行蓍后的余数定阴阳，三变后其余数或三十六，或三十二，或二十八，或二十四，分别除以四，为九、八、七、六。他极力反对孔颖达等人的"挂扐法"，认为此法"其数虽不差，而其名非矣"，"好以三多三少论阴阳之数，故异说从而生焉"。（《郭氏家传易说》卷七）

而程迥一方面继承了孔颖达的思想，明确了挂扐之法，即"初揲之扐不五则九，第二第三揲之扐，不四则八，八九为多，四五为少，三少得老阳之数九，三多得老阴之数六，两多一少得少阳之数七，两少一多得少阴之数八，皆取过揲之策而四之也"（《周易古占法》）。另一方面，他受邵雍的影响，于《揲蓍详说》详细解说了三变揲蓍过程。他指出：

> 第一揲，左手余一或余二或余三，则并挂一与别手者，共为五，是少也。左手余四，则并挂一与别手者，共为九，是多也。惟挂一然后得九。

> 第二揲，取第一揲所余之数，或四十四，或四十，复分二，挂一，揲之以四，归奇于扐，又再扐，以求之左手者余一或余二，则并挂一与别手者，共为四，是为少也。余三或余四，则并挂一与别手者，共为八，是多也。

> 第三揲，取第二揲所余之数，或四十，或三十六，或三十二。如第二揲求之左手得一二为少，三四为多，是故三少之余，其策三十有六，故四之而得九，谓挂与扐者十

有三也。三多之余，其策二十有四，故四之而得六，谓挂
与扐者二十有五也。两多一少之余，其策二十有八，故四
之而得七，谓挂与扐者二十有一也。两少一多之余，其策
三十有二，故四之而得八，谓挂与扐者十有七也。(《周易古
占法》)

从以上引文可以看到，程迥不仅接受了前人挂扐之法和揲蓍
三变求卦的方法，更为重要的是他详细解读了"挂扐法"和
"揲蓍法"的内在关联。也就是说，用挂扐之数定阴阳，与用
揲蓍三变后之数定阴阳是一回事。用揲蓍之后余数除以四定
阴阳，与用挂扐数多少定阴阳完全相同。如第一揲得九，第
二揲得八，第三揲得八，是三多，为老阴数六，三多之和为
二十五，用 $49-25=24$，$24÷4=6$。又如第一揲得五，第二揲
得四，第三揲得四，是三少，为老阳九，三少之和是十三，用
$49-13=36$，$36÷4=9$。他还批评了"第二第三变不挂一"的
说法："或第二第三变不挂一，于文则非再扐而后挂之义，于
数则老阳变二十七，老阴一，少阳九，少阴二十七。于十有八
变之间，多不得老阴，盖不通也。"基于此，他提出爻变九变
八，六变七，批评了九六之变这一传统说法。"或曰，九变六，
六变九，非也。九当变八，六当变七。何以言之？《国语》董
因为晋文公筮，遇泰之八，谓初二三以九变八，而四五上不变
为八，故曰泰之八也。唐人张辕作《周易启元》曰'老阳变成
少阴，老阴变成少阳'，盖与此合。"

较早探讨"揲蓍法"与"挂扐法"关系的是北宋邵雍，如他指出："归奇合卦之数，得五与四四，则策数四九也；得九与八八，则策数四六也；得五与八八、得九与四八，则策数皆四七也；得九与四四、得五与四八，则策数皆四八也。为九者一变以应乾也，为六者一变以应坤也，为七者二变以应兑与离也，为八者二变以应艮与坎也。五与四四，去挂一之数，则四三十二也，九与八八，去挂一之数，则四六二十四也，五与八八、九与四八，去挂一之数，则四五二十也，九与四四、五与四八，去挂一之数，则四四十六也。故去其三、四、五、六之数，以成九、八、七、六之策也。"(《观物外篇》)邵雍的解释过于简略。与邵氏相比，程迥的解释更为清晰和详尽。

同时，程迥解释了大衍之数与天地之数的关系，提出："大衍初揲扐一、二、三者为少，扐四者为多，是少者三而多者一也。奇数有一有二有三有四，策数有六有七有八有九，而五与十不用，故成易者，无非四营也。"以他之见，大衍初揲左右手余数，或一、或二、或三、或四。揲蓍数为六、七、八、九。加上五与十，是天地之数。五与十不用，其因是四营而成易。此说是对邵雍之说的阐发。邵雍指出："奇数有一有二有三有四，策数有六有七有八有九，合为八数，应方数之八变。"(《观物外篇》)不仅如此，他认为，行蓍三变后所得老少阴阳数，再加上两仪、四象、六爻、八数则为天数。如他说："其三变之间，其别六十有四，老阳十二，老阴四，少阳二十，少阴二十八。是故以四营之而得一三五七之数，皆天数也。著得天数，故能圆而神。卦得地数，曰两仪，曰四象，曰六爻，曰八卦，故能方以智。"此是说行著三变的结果，以左、右手余数不重复统计：老阳十二，老阴四，少阳二十，少阴二十八。然后除以四，则分别为三、一、五、七。再加上二（两仪）、四（四象）、六（六爻）、八（八卦），则为天数。此说见程氏《变数图》，后来为朱熹和蔡元定所采纳，朱熹、蔡元定于《易学启蒙》作有类似的图。

　　同时，程迥用天地之数推演出八卦数、六十四卦数和更多的数，如他说："天地数衍爻数，一不用，二衍三（四），四衍十六，五衍二十五，六衍三十六，七衍四十九，八衍六十四，九衍八十一，十衍百以上，积为三百八十四爻。"此也是对邵雍观点的转述。邵雍指出："天一地二，天三地四，天五地六，天七地八，天九地十。……一者数之始也，而非数也。故二二为四，三三为九，四四为十六，五五为二十五，六六为三十六，七七为四十九，八八为六十四，九九为八十一，而一不可变也，百则十也。十则一也，亦不可变也。是故数去其一而极于九，皆用其变者也。五五二十五，天数也；六六三十六，乾之策数也；七七四十九，大衍之用数也；八八六十四，卦数也；九九八十一，玄范之数也。"（《观物外篇》）程迥在邵雍等人基础上进一步完善了《系辞传》大衍之数与天地之数关系的论证。《四库全书总目》言程迥易学发明邵氏加一倍法，此言不虚。

三、本之《国语》《左传》，总结出
《周易》一些变占原则

《周易》以变为占，爻变成为筮占重要的一环，然而，爻变极为复杂，一卦六爻由一爻变到多爻变，遵循什么原则，成为后世研易者迫切要解决的问题。程迥以《国语》《左传》为据总结出以下原则：

（一）六爻不变，以卦象占。内卦为贞，外卦为悔

如《春秋左氏传》昭七年，孔成子筮立卫元，遇屯，曰："利建侯。"

僖十五年，秦伯伐晋，卜徒父筮之，遇蛊，曰："贞风也，其悔山也。"

（二）一爻变，以变爻占

闵元年，毕万筮仕，遇屯之比，初九变也。蔡墨论乾曰："其同人九二变也。"

僖二十五年，晋侯将纳王，遇大有之睽，九三变也。

庄二十二年，周史筮陈敬仲，遇观之否，六四变也。

昭十二年，南蒯之筮，遇坤之比，六五变也。

僖十五年，晋献公筮嫁伯姬，遇归妹之睽，上六变也。

（三）三爻变，以本卦为贞，之卦为悔

如《国语》重耳筮尚得晋国，遇贞屯悔豫皆八，盖初与四五，凡三爻变也。初与五用九变，四用六变，其数不纯，其不变者，二三上，在屯为八，在豫亦八，故举其纯者而言，皆八也。

（四）五爻变，以不变爻占

襄九年，穆姜始往东宫，筮之，遇艮之八，史曰："是谓艮之随。"盖五爻皆变，唯八二不变也。

刘禹锡谓"变者五，定者一，宜从少占"是也。然谓八非变爻，不曰有所之，史谓艮之随为苟悦于姜者，非也。盖他爻变，故之随。惟之随，然后见八二之不变也。

（五）六爻变，以乾坤二用为例

昭二十九年，蔡墨对魏献子曰："在乾之坤，曰见群龙无首吉。"此六爻皆变也。

在总结《周易》变占之例后，程迥提出失传的《连山》《归藏》也以变为占，批驳了前人关于《周易》以变为占的观点，他说："《连山》《归藏》宜与《周易》数同，而其辞异。先儒谓《周易》以变者占，非也；《连山》《归藏》以不变者占，亦非也。古之筮者兼用三易之法，卫元之筮遇屯，曰'利建侯'，是《周易》或以不变者占也。季友之筮遇大有之乾，曰'同复于父，敬如君所'。此固二易辞也。既之乾，则用变

矣。是《连山》《归藏》或以变者占也。"

总之，程迥依据《左传》《国语》中筮例，对筮占过程和操作方法做了详细的解说，整体上重建了《周易》古筮占法，丰富和完善了大衍筮法，并引用自己和他人的筮例，将古代筮占方法落到实处。虽然他的《周易古占法》未必完全符合古代大衍筮法之意，却为后人解释大衍筮法和探索古筮占提供了思路、方法。

四、融象数理占为一，归本儒家易学

程迥研究《周易》古筮占，重在恢复古代大衍筮法及其筮占之用。《易传》对大衍筮法及其运用的记载不详细，使得古老的大衍筮法如何运用成为后世易学研究一大难题。程迥作《周易古占法》，其目的是"今本之《系辞》《说卦》，发明倍法，用逆数以尚占知来，以补先儒之阙"。虽然程迥易学以复原大衍筮占为重点，但并未脱离儒家之易学，流于数术方技之用，而是将卜筮置于儒家视域中，加以论述。他作《周易章句外编》，显示了其易学的儒家特色。主要表现在以下几个方面：

就筮占而言，他主张筮占配德义，以德义优先，避免沉溺于卜筮而不能自拔，这就与方技之流区别开来，如他指出："《易》与《太玄》，皆以道义配祸福，故为圣贤之书。阴阳家独言祸福，而不配以道义，故为伎术。"（《周易章句外编》）程迥说法完全符合儒家思想。孔子说过："后亓祝卜、观亓德义……幽赞而达乎数，明数而达乎德，又仁［守］者而义行之耳，赞而不达于数，则其为巫，数而不达于德，则其为之史。史巫之筮，乡之而未也，好之而非也。"（帛书《要》）[1] "赞以德而占以义者。""无德而占，则易亦不当。""疑德而占，则《易》可用也。"（帛书《衷》）[2] 与此相关，程迥视《周易》筮占为古代重要决策方式之一，但不是绝对的、唯一的决策方式。如他作《卜筮图》如下：

沙隨卜筮圖

汝有大疑

謀及乃心　自忖度　不離於道　不害於義　然後筮　揆雜曰　不軌不筮

謀及卿士　是皆識古今知道義之人　鮮愧矣

謀及庶民　苟與我謀　豈以不義是我哉

謀彼至愚而神　此可告彼神　孚焉其害道理者鮮矣

謀鬼神卜筮　聰明正九而一焉　吾齋戒不敢褻彼所告必不我誣

---

① 廖名春《帛书易传初探》，台北文史哲出版社，1998年，第280页。
② 廖名春《帛书易传初探》，第276—277页。

从图中可以看出，程迥引《尚书》"汝则有大疑，谋及乃心，谋及卿士，谋及庶民，谋及卜筮"之言，并作出自己的解释。透过他的解释，可以看到他对于卜筮的态度，即面对"大疑"，在重视卜筮配道德的前提下，首先关注上至君主卿士、下至平民百姓的思虑和看法，然后由卜筮决定，这充分体现了人在古代筮占决策中的重要性。如孔安国解释曰："将举事而汝有大疑，先尽汝心以谋虑之，次及卿士民众，然后卜筮以决之。"与《易传》"人谋鬼谋"思想如出一辙。在某种意义上说，程迥重视人在决策活动中的作用，淡化卜筮作用，体现了儒家易学的本色。胡一桂评价说："程沙随谓《易》以道义配祸福，故为圣人之书，阴阳家独言祸福而不配以道义，……斯言最有补于世教，且使小人盗贼不得窃取而用，深得夫子之遗意。吁，以夫子之教如是，而后世犹有流为技术之归者。微夫子之教，如之何其可也。"（《周易启蒙翼传下篇》）

就易学解释而言，程迥恢复古卜筮之用，却未摒弃义理。他认为《周易》文本蕴含天下之道，其辞、象、变、占为一体，不可偏废，仅仅突显《周易》卜筮性是"袭秦人之谬"："《易》者，开物成务，冒天下之道者也。而辞、象、变、占，皆《易》中之一体，主于一则用其三。至秦指为卜筮之书，岂秦人以巽言对暴君，俾得不焚，抑所见者然邪。近世郭兼山乃曰《周易》古者卜筮之书，是袭秦人之谬也。"（《周易章句外编》）他认为象数内涵义理，象数变，则义理变。以反对卦和爻变为例："卦反对者理亦反，如否泰、既济未济，是其章著者也。爻之变者理亦变，一爻变六十四爻，虽初不出初，二不出二，然乘承而有爱恶，应否而有用舍，各随其时，非一理之能该，故曰天下之至动而不可乱也。"（同上）他引用元城的话批评割裂象数与义理的观点，"今之学者言象数则讳谈义理，言义理则耻说象数。若象数可废，则无《易》矣。若不说义理，又非通论。"（同上）因此，他解《易》重义理，兼顾象数训诂。

程迥认为，易学文本起源于象数，由象数而系辞，无象数则无易学文本，故易学本质上是象。故解《易》当明象。因为文辞本之于象数，故明象当释辞。明象目的则是尽圣人之意，即探索义理，故解释《周易》文本由文辞释象，由象数而探索义理（圣人之意）。探索义理是易学研究的目标："迥谓易起数以定画，因画以生辞，因辞以明象，立象以尽意。"（《周易章句外编》）

以象数注《易》，如程迥以爻变注《睽》六五"厥宗噬肤"说："旧说皆以九二为宗，而不知九二变噬嗑，此应爻自变也。"如他以卦气注坎《象》："北方之气至阴之中而阳生焉，《象》曰习坎重险也，于物为龟为蛇，于方为朔为北，于《太玄》配罔与冥，所以八纯卦中独冠以习。"

除了以象数注《易》外，程迥也注重文字训诂。如他说："学者当本末具举，小学亦不可废。"他以训诂解《易》辞，如他解释《井》九二"井谷射鲋"："旧说为虾蟇子。然古书未有以鲋为虾蟇子者。今考《尔雅》等书，宜作蚹，为蠃，蜬蝓。郭璞曰蜗牛，《古今注》曰陵螺，废井中多有之。《庄子注》：'鲋，小鱼。'颜师古注《急就章》：'鱼乃鲫鱼。'"又如他注《豫》九四"朋盍簪"说："王弼曰：'簪，疾也。'陆希声本作捷，所以训为疾。晁以道云：'古冠服无簪。'故迥于豫传占法中辨之，即弁服之笄也。"他又以训诂解《易传》，如他指出："《小象》有声韵，'潜龙勿用，阳在下也'，下音户，与《诗》'在南山之下'同。'或跃在渊，进无咎也'，咎音咎繇之咎，读为上声。'东北丧朋，乃终有庆'，庆音羌。古人文字中多此类，盖四声与切响皆借用，不可不知也。'明辨晢也'与'明星晰晰'之'晰'同音制。"

融象数理占为一体，是儒家易学传统，即《易传》所谓："君子所居而安者，《易》之序也；所乐而玩者，爻之辞也。是故君子居则观其象而玩其辞，动则观其变而玩其占，是以自天佑之，吉无不利。"（《系辞传》）程迥以象解《易》并以穷尽义理为目标，也与《易传》"观象系辞"和"观变阴阳而立卦"、"立象尽意"思想一致不二，充分体现儒家易学的特征。程氏以训诂解《易》，也是发扬了《易传》的易学传统。因此，程迥易学解读大衍筮法，重筮占之用，形式上看与方技之学无异，然究其本质而言，他的筮占之学是补儒家易学之缺，从根本上未脱离儒家易学，是儒家易学最为真实的体现。

五、程迥象数易学的地位及影响

程迥是宋代最早系统研究筮占的学者。他探赜索隐、钩深致远，解构汉唐以来焦延寿、京房、荀爽、王弼、孔颖达、刘

牧、邵雍、程颐、司马光、郭忠孝、沈该、都絜、朱震等人的
易学,尤其是以邵雍先天之学为基石,结合《国语》《左传》,
重点探讨了《周易》大衍筮法及其运用,并以大衍筮法解读了
邵氏的"加一倍法",比较完整地"再显"了《周易》古占法,
形成了当时最具有影响力的、以筮占为主要内容的、独具儒家
特色的易学系统。他又秉承邵雍的易学复古之风,重订《周
易》文本:"迥作《古易考》,曰上篇,曰下篇,曰象上,曰象
下,曰象上,曰象下,曰文言,曰系辞上,曰系辞下,曰说
卦,曰序卦,曰杂卦,凡十有二篇。与邵康节《百源易》次序
同。"(《周易外篇》)故程迥易学受到后世易学家高度评价。如
朱熹曾说:"(曹立之)以沙随程氏学古行高者,即往从之,得
其指归。"(《晦庵集》卷九十《曹立之墓表》)他给程迥子程绹
的信中写道:"敬惟先德,博闻至行,追配古人,释经订史,
开悟后学,当世之务,又所通该,非独章句之儒而已。……著
述满家,足以传世,是亦足以不朽。"(《宋史·程迥传》)又如
冯椅说:"程名迥,宋州人,号沙随,由绍兴府登大学第,终
于鄱阳,又有《古占法》并《图》一篇、《外编》一篇,博采
诸家之说,参以己意,多所发明。"(《厚斋易学》附录一)

　　程迥易学产生了深远的影响。南宋朱熹、蔡元定、赵汝
楳、俞琰及后世吴澄、胡一桂、胡炳文、董真卿、蔡清、胡
煦、李光地等和朝鲜的丁若镛等对于程迥易学均给予极大的
关注。以朱熹为例,朱熹非常尊重程迥,多以老前辈称呼之
("程丈"或"丈人行"),行弟子之礼,还以书信形式与程迥探

讨了易学及其他学术问题。据不完全统计，朱熹在其著作中提到程迥多达近六十次，可见他对于程迥关注的程度。就易学而言，朱熹在其《易学启蒙》《蓍卦考误》中详细地分析了大衍筮法行蓍"挂扐法"和"揲蓍"两种不同方法的特点及其内在关联，以图式与文字结合解说行蓍过程，确立了变占的规则，准确地统计了阴阳老少出现的概率等，进一步完善了大衍筮法及其运用。其作《周易本义》，恢复《周易》文本十二篇原貌，重提《周易》卜筮性，以象数解《易》，阐发义理，形成内涵义理与象数的易学体系，成为宋代易学集大成者。虽然在解释"易有太极"一节和其他一些易学问题上，他与程迥有分歧，然而从朱熹对于大衍筮法的解读等方面，仍然可以看到，其受启于程迥易学。如元代吴澄所言："沙随先生，经业精深，朱子多取其说，于朱为丈人行，故朱子以师礼事之。"（《吴文正集》卷六十二《跋朱文公与程沙随帖》）生活在十八至十九世纪的丁若镛，是朝鲜著名的易学家。他通过借鉴中国古代易学建构了以推移、互体、爻变和卦象四纲目为内容的象数之学，他也十分关注程迥易学。其在《易学绪论》中专列《沙随古占驳》，按照自己的理解，深刻地分析了程迥筮占体系。可见程迥易学影响至深至远。

第四章　朱熹重新确立《易》文本卜筮性及融通河洛、先天之学

　　两宋时期，学术上造诣最深、影响最大的是朱熹。他总结了以往的思想，尤其是宋代理学思想，建立了庞大的理学体系，成为宋代理学集大成者，其功绩为后世所称道。其门人黄榦在为朱子所作《行状》中总结曰："继往圣将微之绪，启前贤未发之机，辨诸儒之得失，辟异端之讹谬，明天理，正人心，事业之大，又孰有加于此者。"又曰："自周以来，任传道之意，得统之正者不过数人。而能使斯道章章较著者，一二人而止耳。由孔子而后，曾子、子思日继其微，至孟子而始著。由孟子而后，周、程、张子继其绝，至先生而始著。"清人全祖望指出："致广大，尽精微，综罗百代矣。江西之学，浙东永嘉之学，非不岸然，而终不能讳其偏。"（《宋元学案·晦翁学案》）这些评价虽有溢美之辞，但真实地反映了朱熹在学术界的地位及影响。朱熹死后，被谥为"文公"，赠宝谟阁直学士，又追封徽国公等。其思想被尊奉为官学。自元朝始，朱熹注释经典的著作成为科举考试的圭臬。正是由于这个原因，朱熹之言，成为不能更改的、绝对的权威。易学也是如此。朱熹

撰《周易本义》，列河洛、先天图于卷首，又与弟子蔡氏父子
（蔡元定、蔡沉）编撰《易学启蒙》，诠释河洛、先天之学，后
世皆以此立言，阐发朱子的河洛、先天思想。从这个意义上
讲，朱熹真正确立了河洛之学和先天之学在学界的地位，使它
们为后世大多易学家所认可。

朱熹（1130—1200），字元晦，一字仲晦，号晦庵、晦
翁，别号紫阳。祖籍徽州婺源（今江西省婺源县）。生于建州
尤溪（今福建省尤溪县）。父朱松，官至吏部郎，师从罗从彦
（二程弟子杨时学生），为程门三传弟子。因政治上与秦桧不
和，贬为饶州知州，后辞官隐退。朱熹十四岁时，父亲去世，
遵父遗命，他从学于父友胡原仲、刘致中、刘彦冲。绍兴十八
年（1148），朱熹登进士第。二十一年，授左迪功郎、泉州同
安主簿。二十三年，拜罗从彦门人李侗为师。始知释老之说为
非，学问渐就平实。二十七年，朱熹自同安弃官回故里，致力
学术，历二十余年。孝宗即位，曾多次召用，皆辞而不就。淳
熙五年（1178），四十九岁的朱熹出知南康军。八年，改除提
举浙东常平盐公事。光宗即位后，又知漳州、潭州。宁宗即
位，除焕章阁待制兼侍讲。总之，朱熹一生自举进士至去世，
凡五十年，经历了高宗、孝宗、光宗、宁宗四朝，仕于外者共
九年，立于朝者四十日，为宁宗讲《大学》。其余四十年过着
讲学著书的生活。其著作有《周易本义》《易学启蒙》《蓍卦
考误》《诗集传》《四书章句集注》《四书或问》《太极图说解》
《通书解》《西铭解》《楚辞集注辨正》《韩文考异》《参同契考

异》《中庸辑略》《孝经刊误》《小学》《通鉴纲目》《宋名臣言行录》《家礼》等。此外，还有《文集》一百卷，《续集》十一卷，《别集》十卷，门人辑录的《朱子语类》一百四十卷。其易学思想主要集中在《周易本义》《易学启蒙》《朱子语类》等书中。按朱熹《年谱》，《周易本义》成书于淳熙四年（1177），《易学启蒙》成书于淳熙十三年（1186）。据今人朱伯崑考证："《本义》于《启蒙》前，并未成书。"①此说可谓精确。

需要说明的是，《易学启蒙》虽列朱熹名下，却并非他一人所撰，而是他与蔡元定通力合作的结果。蔡元定学生翁易在宋理宗淳祐七年（1247）记载道：

> 晦庵疏释《四书》，因先生论辨有所启发者非一。……六经、《语》《孟》《学》《庸》之书，先生与之讨论讲贯则并驰其功焉。《易学启蒙》一书，先生研精覃思，屡年而后就，晦庵复删润之，始克成书。（《蔡氏九儒书》卷首《蔡氏诸儒行实》）

此"先生"是指蔡元定。翁易关于《易学启蒙》是由蔡元定起稿、朱熹删润而成的记载，可获证于《宋史》。《宋史·蔡元定传》曰："熹疏释《四书》，及为《易》《诗传》《通鉴纲目》，皆与元定往复参订。《启蒙》一书，则属元定起稿。"这

---

① 朱伯崑《易学哲学史》第二卷，华夏出版社，1994 年，第 411 页。

一点在朱熹的言论中可以得到印证。朱熹在给蔡元定的信中说:"《启蒙》修了未? 早欲得之。"(《文集·答蔡季通》)又说:"《启蒙》所改是否? 又天一地二一节,与天数五地数五相连,此是程子改定,当时不曾说破,今恐亦当添程说乃明尔。"(《文集续集·答蔡季通》)朱熹在《易学启蒙序》中也明言:"因与同志颇辑旧闻,为书四篇,以示初学,使毋疑于其说云。"此"同志"即蔡元定,"为书四篇"之"书"即《易学启蒙》。由此可知,翁易所记可信。

一、《易》文本卜筮性重新
确立及解释学意义

(一) 重新确立《周易》文本卜筮性

《周易》是一部什么书,即《周易》的性质问题,由于《周易》内涵丰富,历代学者立场不同,学界一直存在很大争议。《周易》成书后,主要用于筮占。按照《周礼》记载,《周易》为史官所掌管,其功能是为统治者提供决策依据。在反映春秋时期历史风貌的史书《左传》《国语》里有 22 处关于《周易》的记载,其中用于筮占的有 16 例,用于说理、评价人物等的有 6 例。这说明春秋时,《周易》主要被视为卜筮之书。春秋末,经过孔子及其后学的解释,《周易》被赋予了道德内涵,但仍然保留了卜筮的性质。孔子曾说过,他用《周易》筮

占的应验率达到"百占而七十当"[1]。当然,他更重视德性,他的易学是从卜筮入手,进而上升到数理与德性,即所谓"幽赞而达乎数,明数而达乎德"[2],并以此区别于专事筮占的巫医和掌管筮占且明数理的史官。由此,他提出了"观其德义"、"疑德而占"的德占重于筮占的观点[3]。他承认《周易》卜筮有教化民众的作用,提出"神道设教"的观点。同时,他认为《周易》为圣人所作,内涵文王之道,故其有"尽圣人之意"的作用。至汉代,独尊儒术,《周易》被尊为五经之首、大道之源。然而汉儒却从未就此否定《周易》的卜筮性。班固在《汉书·艺文志》中明确提出,《易》因是卜筮之书而免于秦火,乃至于流传到汉代仍传授不绝。《京房易传》与《易纬》等著作将卜筮的《周易》视为天人之学,认为其有理人伦、明王道的作用。因此,汉代一方面把《周易》视为"理人伦、明王道"的政典,另一方面,又将其视作卜筮之书,认为其具有"断天下之疑,定天下之吉凶"的作用,可以为统治者稳定社会秩序、巩固政权提供决策依据。

然而魏晋时期的王弼,从《易传》"立象尽意"的观点出发,以老庄注《易》,辨名析理,通过话语转换,将《周易》阐发为以道(无)为本的,内涵有无、本末、动静等范畴的富

---

① 廖名春《帛书〈易传〉初探》,台北文史哲出版社,1998 年,第 280 页。
② 廖名春《帛书〈易传〉初探》,台北文史哲出版社,1998 年,第 280 页。
③ 参见拙作《从帛书〈易传〉看孔子易学解释及其转向》,《北京大学学报》2007 年第 3 期。

有思辨性的哲学著作，客观上否定了《周易》之卜筮性。如果说，在孔子那里《周易》具有二重性（卜筮性和哲理性）的话，那么，经过王氏注释，《周易》已不再有卜筮的功能，转而成为一部只具有纯粹哲学意义的书。此种易学随着唐代《周易注疏》的成书，在政治上取得了合法地位，进而深深地影响了宋代易学。虽然宋代易学并未彻底否定《周易》卜筮的性质，但是，《周易》是儒家明理之书，已成为当时学界的主流观点。如北宋程颐《程氏易传》便秉承了王弼的易学研究思路，提出"易，变易也。随时变易以从道也"（《伊川易传序》）和"即事尽天理，便是易"（《二程遗书》卷二）的观点，并以此出发，对《周易》做了新的诠释。同时代的张载作《横渠易说》，认为《周易》是一部规范人的行为的天人之书，提出"易即天道……此则归于人事"（《横渠易说》卷三）和"圣人与人撰出一法律之书，使人知所向避，易之义也"（《横渠易说》卷三）的观点。虽然张载的观点与程颐不尽相同，然就其义理解《易》之路径而言，其与程氏并无二致。

与之不同的是朱熹，朱熹以还原易学本来面貌为旨归，重新确立了《周易》文本的卜筮性质。他认为，《周易》因卜筮而作，故当为卜筮之书；并对这一论断，做了详细的分析和论证。在他看来，易学起源于卜筮，与当时社会整体文化水平和文明程度相关。上古蒙昧时期，民风淳朴，尚未开化，民众智力低下，不明事理，不辨是非。故遇事不知所措，无所适从。故圣人以卜筮教化民众，趋利避害，成就事物，此为卜筮之

《易》形成的最为重要的原因。他说："古时人蠢蠢然，事事都不晓，做的是也不知，做的不是也不知，圣人便作《易》，教人去占，占得恁地便吉，恁地便凶。所谓'通天下之志，定天下之业，断天下之疑'者，即此是也。""上古民淳，未有如今士人识理义峣崎，蠢然而已，事事都不晓得，圣人因做《易》，教他占，吉则为，凶则否。所谓'通天下之志，定天下之业断天下之疑'者即此也。""盖上古之时，民淳俗朴，风气未开，于天下事全未知识。故圣人立龟以与之卜，作《易》以与之筮，使之趋利避害，以成天下之事。"（《朱子语类》卷六十六）

在朱熹看来，《周易》为卜筮之书，有其学理依据。从易学文本起源看，伏羲画卦、文王周公作辞，皆为卜筮而作，卦爻辞皆为卜筮之辞。"八卦之画，本为占筮。方伏羲画卦时，止有奇偶之画，何尝有许多说话！文王重卦作系辞，周公作爻辞，亦只是为占筮设。到孔子，方始说从义理去。""《易》为卜筮而作，皆因吉凶以示训戒，故其言虽约，而所包甚广。"（《朱子语类》卷六十六）按照他的解释，伏羲画卦，只为卜筮，而不是明白了许多道理而画卦，即"不是晓尽许多道理后方始画"（《朱子语类》卷六十六）。八卦虽内涵"阴阳刚柔、吉凶消长之理"，但伏羲"只是使人知卜得此卦如此者吉，彼卦如此者凶"（《朱子语类》卷六十六）。他认为《周易》文辞是为卜筮而设。如《周易》中有"吉凶"、"悔吝"为占断之辞，若不是占断之辞，"又何故说许多'吉凶悔吝'"，（《朱子语类》卷六十六）"如说田猎、祭祀、侵伐、疾病，皆是古人有此事去卜筮，故爻中出现此"（《朱子语类》卷六十六）。如乾卦之辞即是卜筮之辞："如卜得乾卦云'元亨利贞'，本义只是说大亨利于正，若不正，便会凶。如卜得爻辞如'潜龙勿用'，便教人莫出做事。如卜得'见龙在田'，便教人可以出做事。如说'利见大人'，一个是五在上之人，一个是二在下之人，看是什么人卜得。天子自有天子'利见大人'处，大臣自有大臣'利见大人'处，群臣自有群臣'利见大人'处，士庶人自有士庶人'利见大人'处。"（《朱子语类》卷六十六）

孔子虽然推明《周易》义理，却从未否定《周易》卜筮之本义，相反，他对于《周易》卜筮之义做了详细的疏解。按照《易传》解释，《周易》具有占筮的功能，朱熹列举了《系辞传》中对此的解说，如"极数知来之谓占"、"莫大乎筮龟"、"是兴神物以前民用"、"动则观其变而玩其占"、"圣人之作《易》，观象设卦，系辞焉以命吉凶"等语，认为它们"皆见得是占筮之意"，"若不是占筮，如何说'明吉凶'？"（《朱子语类》卷六十六）故他说，《系辞传》"自'大衍之数'以下，皆是说卜筮。若不是说卜筮，却是说一无底物"。（《朱子语类》卷六十六）以朱熹之见，孔子言理，未脱离卜筮，是在解释卜筮时阐发出的道理。他说："到得孔子，尽是说道理，然犹就卜筮上发出许多道理，欲人晓得所以凶，所以吉。卦爻好则吉，卦爻不好则凶。若卦爻大好而己德相当，则吉。卦爻虽吉，而己德不足以胜之，则虽吉则凶。卦爻虽凶，而己德足以胜之，则虽凶犹吉。反覆都就占筮上发明诲人底道理。"（《朱子语类》卷六十六）他以《象传》释《需》九三为例说明之：
"《需》九三：'需于泥，致寇至。'以其逼近坎险，有致寇之
象。《象》曰：'需于泥，灾在外也。自我致寇，敬慎不败也。'
孔子虽说推明义理，这般所在，又变例推明占筮之意。'需于
泥，灾在外'，占得此象，虽若不吉，然能敬慎则不败。又能
坚忍以需待，处之得其道，所以不凶。或失其刚健之德，又无
坚忍之志，则不能不败矣。"（《朱子语类》卷六十六）

　　朱熹用比较的方法，说明《周易》与《大学》《中庸》《周
礼》《诗经》等经典不同，其本是卜筮之书，而非教人明理之
书。他说："今学者讳言《易》本为占筮作，须要说做为义理
作，若果为义理作时，何不直述一件文字，如《中庸》《大学》
之书，言义理以晓人？须得画八卦则甚？周官唯太卜掌三易之
法，而司徒、司乐、师氏、保氏诸子之教国子、庶民，只是教
以诗书，教以礼乐，未尝以《易》为教也。"（《朱子语类》卷
六十六）"圣人要说理，何不就理上直剖判说？何故恁地回互
假托，教人人不可晓？又何不别作一书？何故要假卜筮来说？
又何故说许多'吉凶悔吝'？"（《朱子语类》卷六十六）故
他以孔子、周公为例说明。孔子虽说过"加我数年，五十以
学《易》，可以无大过矣"，却未曾以《易》教人。他常说的是
"兴于诗"、"立于礼"、"成于乐"，即用《诗经》《乐经》《礼
经》教人。而周公作《周礼》"纤悉毕备，《周易》只掌于太卜
之官，却不似大司乐教成均之属样恁地重"。（《朱子语类》卷
六十六）《周易》为卜筮之书，如同《春秋》为记事之史书一

样："《春秋》圣人本意只是载那事，要见世变。'礼乐征伐，自诸侯出'，'臣弑其君，子弑其父'，如此而已。就那事上见得是非美恶曲折，便是因以发底。"（《朱子语类》卷六十六）也就是说《周易》为卜筮之书，理由卜筮而发。

同时，按照《周礼》记载，周代设史官掌管卜筮之书，《周易》成书后，与其他易皆为当时的太卜史官所掌管。《周礼》言："太卜掌三易之法，一曰《连山》，一曰《归藏》，一曰《周易》。"朱熹说："《易》乃是卜筮之书，古者则藏于太史、太卜，以占吉凶，亦未有许多话说。"（《朱子语类》卷六十六）朱子以此说明《周易》本为卜筮之书。同时，春秋时，《周易》多用于卜筮。《左传》《国语》记载了《周易》的筮例，"《左传》《国语》方说《易》，然亦只是卜筮尔"。（《朱子语类》卷六十七）

朱熹之所以重提《周易》为卜筮之书，是因为他所处的南宋时代其易学主流秉承了北宋易学的传统，有重义理、轻卜筮之倾向。如朱熹所言："今学者讳言《易》本为占筮作，须要说作为义理作"，"今未晓得圣人作《易》之本意，便先要说道理，纵饶说的好，只是与《易》元不相干。"（《朱子语类》卷六十六）有感于此，朱熹对于其时流行的将《易》视为义理之书，用义理解读易学文本的做法，提出了深刻的批评：

　　近世言《易》者直弃卜筮而虚谈义理，致文义牵强无归宿，此弊久矣。要须先以卜筮占决之意求经文本义，而

复以《传》释之，则其命辞之意，与其所自来之故，皆可
渐次而见矣。(《晦庵集·别集》卷二《与孙季和书》)

今之说《易》者，先掊击了卜筮。如《下系》说卜
筮，是甚次第！某所恨者不深晓古人卜筮之法，故今说处
多是想象古人如此。若更晓得，须更有奥义可推。(《朱子
语类》卷六十六)

在朱熹看来，王弼后降至宋代易学，其主流是义理研究。
这种无视文本原初的卜筮意义而进行的义理解读，背离了圣人
之本义，是对易学史的割裂，其所研究的文本之义理，是无根
之虚谈，"牵强无归宿"。朱熹点名批评了秉承了王弼易学的程
颐易学，认为程颐"教人看《易》，只看王弼注，胡安定、王
介甫解"(《朱子语类》卷六十七)，不讲卜筮与象数，无限推
演义理，失去了《易》之本义。他说："圣人为《彖辞》《象
辞》《文言》，节节推去，无限道理。此《程易》所以推说得无
穷，然非《易》本义也。"(《朱子语类》卷六十八)"(程氏)
《易传》义理精，字数足，无一毫欠阙……只是于本义不相
合。"(《朱子语类》卷六十七)

朱子指出造成上述现象的原因在于宋代易学家们误将《周
易》经传的次序本末倒置。《周易》古经在先，孔子释《易》
之《传》在后。由于孔子释《易》多言义理，故使研《易》者
无视卦爻本义，把重点放在了孔子的易学解释上，即所谓"不
看卦爻，而看《系辞》"，从而误认为《易》之精华在于义理。

在朱子看来，"不看卦爻而看《系辞》，是犹不看《刑统》而看《刑统》之《序例》也，安能晓？"（《朱子语类》卷六十六）朱子认为，孔子对《易》的义理解说，是有一定条件的，不是无原则的随意阐发。他说："所以《大象》中只是一句两句子解了，但有《文言》与《系辞》中数段说得较详，然也只是取可解底来解，如不可晓底也不曾说"。朱熹将单凭孔子《系辞》为据言义理者视为"眼孔小"："今人只是眼孔小，见他说得恁地，便道有那至理，只管要去推求"（《朱子语类》卷六十六）。显然，朱熹是在批评北宋张载等人。张载曾提出："《系辞》所以论《易》之道，既知《易》之道，则象在其中，故观《易》必由《系辞》。""不知《系辞》而求《易》，正犹不知礼而考《春秋》也。"（《横渠易说》卷三）在朱子看来，宋代易学出现弃卜筮而言义理的倾向，归根到底，是孔子过多言理而客观上掩盖了《易》之本义，故他说："孔子之心，不如文王之心宽大，又急要说出道理来，所以本意浸失，都不顾元初圣人画卦之意，只认各人自说一副当道理。及至伊川，又自说他一样，微似孔子之《易》，而又甚焉。"（《朱子语类》卷六十六）

朱子定《周易》为卜筮之书，以卜筮话语求其本义，这引起当时学界震动，许多人不理解、不相信朱熹观点。然朱子依然坚信自己观点与方法，并一以贯之地将这种观点落到实处，完成了其力作《周易本义》，以此说服与之辩论者。他说："如《易》，某便说道圣人只是为卜筮而作。不解有许多说话。但是此说难以向人道，人不肯信。向来诸公力来与某辨，某煞费气

力与他分析。而今思之，只好不说。只做放那里，信也得，不信也得，无许多气力分疏。"（《朱子语类》卷六十六）

其实，朱熹重提《周易》文本卜筮之性质，只是为了纠正易学中的解释偏差。他并未将卜筮与义理对立起来，否定《周易》筮占话语所内涵的义理，而是把卜筮和义理视为《易》文本中固有的、不可分割的整体。他明确说过：

> 《易》以卜筮用，道理便在里面，但只未说到这处。（《朱子语类》卷六十六）
>
> 《易》本因卜筮而有象，因象而有占，占辞中便有道理。（《朱子语类》卷六十八）

朱子所说的"未说到这处"，是说《周易》有许多道理，只是人们应先将《周易》置于卜筮视域中，以卜筮言之，然后言理，不可以弃卜筮而先说理："今人心性褊急，更不待先说他本意，便将道理来衮说了。"（《朱子语类》卷六十七）也就是说，易学解释，当先言卜筮，而后言理。朱熹以《乾》卦为例说明之："如筮得乾之初九，初阳在下，未可施用，其象为潜龙，其占曰'勿用'。凡遇《乾》而得此爻者，当观此象而玩其占，隐晦而勿用可也。它皆仿此，此《易》之本指也。盖潜龙则勿用，此便是道理。"（《朱子语类》卷六十八）按照朱熹的理解，《周易》起源于卜筮，因卜筮而有文本、象数与义理，而象数与义理不可分割，融为一体。解《易》应当是从卜筮入手，解读《周易》本义，然后由本义推演其中义理。他说易学研究"先通得《易》本指后，道理侭无穷，推说不妨。若便以所推说者去解《易》，则失《易》之本指矣"。（同上）这种方法与时人相比，似乎过于粗糙简单，但却未失《易》本义。他说："据某解，一部《易》只是作卜筮之书。今人说的来太精了，更入麤不得。如某之说虽麤，然却入得精，精义皆在其中。若晓得某一人说，则晓得伏羲文王之《易》，本是作如此用，元未有许多道理在，方不失《易》之本意。"（同上）

因此，依朱子之见，解《易》当先从卜筮入手，恢复《周易》卜筮话语，以之解释《易》文本，则符合圣人本意，反之则背离圣人之意。他以"死""活"说明之："今人只把做占去看。便活；若是的定把卦爻来作理看，恐死了。"（《朱子语类》卷六十六）他所说的"活"，指以卜筮解释卦爻及其文辞，通达圆融，真正展现出圣人本意。所说的"死"，指不言卜筮，空言道理，无法融通文本之意，将《周易》变成了毫无用处的死书。"古人必自有活法，且如筮得之卦爻，却与所占底事不相应时如何？他到这里，又须别有个活底例子括将去。不只恁死杀着。或是用支干相合配处，或是因他物象揲着。"既然《易》为卜筮之书，故读《易》，当明大衍筮法："如读《易》不曾理会揲法，则说《易》亦是悬空。"同时，他认为，要身临其境，进入卜筮活动的氛围，用卜筮语境来理解《易》："读《易》当如筮相似，上达鬼神，下达人道。"就其文本而言，应先解读六十四卦，再读《易传》。他说："熟读六十四卦，则觉得《系辞》之语直为精密，是《易》之括例。要之，《易》书为卜筮而作。"

不仅如此，他还考察了易学史上对于《周易》文本性质的不同理解及由此而形成的两种不同的解《易》理路。他说：

> 《易》本卜筮之书，后人以为止于卜筮。至王弼用老庄解，后人便只以为理，而不以为卜筮，亦非。想当初伏羲画卦之时，只是阳为吉，阴为凶，无文字。某不敢说，窃意如此。后文王见其不可晓，故为之作彖辞。或占得爻处不可晓，故周公为之作爻辞。又不可晓，故孔子为之作十翼。皆解当初之意。……今人须以卜筮之书看之，方得；不然不可看《易》。（《朱子语类》卷六十六）

朱熹认为过分偏重象数或过分偏重义理的解《易》方法都是错误的。王弼之前的易学研究，认定《周易》是卜筮的书，以此将易学研究仅仅停留在卜筮上，沉湎象数而不能自拔，过分解读象数，不去关注其义理，此为一弊。朱子说："近世说《易》者，于象数全然阔略。其不然者，又太拘滞支离，不可究诘。故推本圣人经传中说象数者，只此数条，以意推之，以为是足以上究圣人作《易》之本指，下济生人观变玩占之实用。学《易》者绝不可以不知。而凡说象数之过乎此者，皆可以束之高阁，而不必问矣。"(《晦庵集》卷三十六《答陆子美》)朱子认为，对于这种拘泥于卜筮或象数的倾向，圣人早有察觉。他说："圣人恐人只把做占筮看，便以义理说出来。""孔子恐义理一向没卜筮中，故明其义。"(《朱子语类》卷六十六)同样道理，自王弼以老庄解《易》后，易学研究摒弃《易》的卜筮意义，转而崇尚义理。如前所言，脱离《易》文本卜筮之意而无限推演义理，也是一弊。

朱熹重定《周易》为卜筮之书，以卜筮话语解读之，然后推演其中义理，这种独到的易学解释方法与理路，异于前人。对此，他有如此解说："某之说《易》，所以与先儒、世儒之说皆不同，正在于此。学者须晓某之正义，然后方可推说其他道理。某之意思极直，只是一条路径去。若才惹著今人，便说差错了，便非《易》之本意矣。"(《朱子语类》卷六十六)朱熹独到的易学解释，是对于《易传》思想的高度概括和阐发。《易传》提出"象"、"数"、"理(道)"、"占"的概念，并对这四个概念及其关系作了不同程度的解释，如《系辞传》言："圣人有以见天下之赜，而拟诸其形容，象其物宜，是故谓之象"；"极数知来谓之占"；"极其数，遂定天下之象"等等。帛书《易传》言："幽赞而达乎数，明数而达乎德。"(帛书《要》)《易传》由此确立了《周易》文本的性质，即《周易》具有二重性：卜筮性(象数)和哲理性。显然，朱熹在《周易》文本的性质问题上，继承和发展了《易传》的思想。

长期以来，大多数学者认为，经过王弼、程颐等人解释，

《周易》文本基本上摆脱了卜筮的神秘色彩，而真正具有了哲学意义。朱熹恢复《周易》原来的卜筮属性，是哲学思维的倒退。故《周易》哲学研究中，朱子易学著作往往不被重视。此种现象值得反思。

（二）朱熹重新确立《周易》文本卜筮性的解释学意义

中国式解释学，是通过经典注释而形成的，属于经典解释学，其"突出的特点是以经典诠释的方式建构新的哲学体系"[①]，学界往往以陆九渊提出的"六经注我"和"我注六经"来说明中国经典解释学的两种表现形式。"我注六经"，是指解释者崇尚圣贤与经典文本，以获取经典文本中蕴含的圣人之意为指向，反对任何脱离文本的杜撰，即强调解释的客观性。"六经注我"说认为，"道"或"理"早已存在于世界万物之中、所有人心中，是圣人作经典的依据，因此，经典之理，即自然之理，即人心之理。解释活动不是以解释经典的本义为目的，而是透过解释，彰显解释者心中已有的被遮蔽的理，即所谓"知本"。陆九渊提出的这两个命题，强调了"六经"与"我"互为注脚，反对韩愈、欧阳修等人的"我注六经"的倾向。朱子将《周易》文本确立为卜筮之书，旨在还原易学文本原貌，"以卜筮占决之意求经文本义"（《晦庵集·别集》卷二《与孙

---

① 刘笑敢《经典诠释与体系建构：中国哲学诠释传统的成熟与特点刍议》，见李明辉编《儒家经典诠释方法》，台北喜马拉雅基金会，2003年，第33—58页。

季和书》），这种被陆九渊视为"见道不明""终不足以一贯"（见《象山语录》卷二）的易学解释，应与韩愈、欧阳修无异，也属于"我注六经"。

虽然朱子强调还原易学文本的历史真相，用卜筮话语解读《周易》文本，但是，他并不希望易学解释停留在卜筮上，而是通过借助卜筮视域下的象数解释探索具有普遍意义的易道。也就是说，他既反对脱离卜筮空谈义理，也反对不谈义理而纯粹以卜筮解《易》。而在对"道"的解释上，他则接近陆九渊观点，如谈到读书与道关系时，他认为道是客观的，唯一的，早已普遍存在于一切事物中，当然也存在于解释者自身。故对于道的解释与获取，更为重要的是自身悟道，读书与文本解释非第一要务。他说："学问，就自家身己上切要处理会方是。那读书底已是第二义。自家身上道理都具，不曾外面旋添得来。"（《朱子语类》卷十）显然，此属于"六经注我"。

同时，朱熹以卜筮解释《周易》文本是一种历史解释。任何一种文本皆是特定历史的产物，是再现历史原貌的载体。按照伽达默尔的说法，解释者必须从历史出发，必须将文本置于当时历史语境中，进行历史解释。用伽达默尔的话说，"理解甚至根本不能被认为是一种主体性的行为，而要被认为是一种置自身于传统过程中的行动"[1]，"我们为了理解某个他物，而必须把自身置于这个他物中"，即所谓"在历史理解的范围内，

---

[1] （德）伽达默尔著，洪汉鼎译《真理与方法》，上海译文出版社，2002年，第372页。

我们也喜欢讲到视域，尤其是当我们认为历史意识的要求应当是从每一过去的自身存在去观看每一过去时，也就是，不从我们现在的标准和成见出发，而是在过去自身的历史视域中来看过去"。[①] 朱子将《周易》文本重新定为卜筮之书，是基于历史解释的考量。在朱子看来，《周易》成书于殷末周初，圣人为何而作《周易》，其成书原因、过程及实践意义关乎易学解释是否真正符合《周易》文本原义或圣人本义。因此，重新强调易学文本卜筮性完全是解释文本固有意义所必要的，唯如此，才能还原《周易》的真实面目。

按照伽达默尔解释学，任何文本及其解释既是传统的，又是现实的，是传统与现实的融合。如前所言，易学文本形成于殷周之际，反映历史内容，是历史的、传统的。同时，随着历史发展，后人的解释将隐藏其中的意义展现出来，在这个意义上说，《周易》文本又是灵动的、开放的"活水"，不是固定不变的，故它又是"现实"的、"当下"的。朱子之见，《周易》文本是象数与义理的统一。《周易》本为卜筮之书，有卜筮话语，有卜筮之用。同时，隐藏在卜筮话语之中的客观世界阴阳变化之道，是其客观依据。换言之，《易》为圣人作品，本为卜筮之书，而在卜筮话语下内涵着圣人之道。《周易》文本的卜筮话语是历史的，是本义。而内涵于卜筮话语中、通过历代

---

① （德）伽达默尔著，洪汉鼎译《真理与方法》，上海译文出版社，2002年，第388—389页。

易学家解释阐发出来的义理,是现实的,是哲学。卜筮话语本之于哲学话语,哲学话语隐含在卜筮话语之中。这是《易》本身所固有的,非后人强加给《易》的。如果脱离卜筮话语的解释,而作哲学解释,那是随意的杜撰。朱熹一方面承认了《周易》起源于卜筮,是卜筮之书,反对王弼、程颐等人割断历史,无视《易》的卜筮内容。另一方面,不固守历史,而是着眼于易学文本意义的开放性,以历代易学家的象数为工具,取王弼、程颐等人易学解释之长,以解释"圣人之道"为目标。这实质上承认了王弼、程颐等人在各自历史情境下所作出的符合"现实"或"当下"的接近易道的"合理偏见",为易学哲学解释提出了清晰、完整的路径,即以历史发展为视域,由卜筮符号入手,用形象的符号解释抽象的"阴阳之道",从而建构了以太极或道为核心的义理之学。因此,朱熹重新将易学定为卜筮之书,不仅未降低《周易》的哲学性,相反,为哲学解释《周易》提供了坚实的基础。

二、卜筮视域下象数、义理关系新论证

朱子重新确立了《周易》文本性质,主张《易》起源于卜筮,是卜筮之书。圣人作《易》是迎合了当时社会卜筮之需求。也就是说,因有卜筮之活动,而有《易》文本形成。然而这样就产生了一个不可回避的问题,即在卜筮《易》文本形成过程中,象、数、理之间关系如何?圣人如何理解象、数、理

在文本中的地位？朱子以哲学家、易学家的独特眼光回应了这个易学史上的古老问题。

在朱熹之前，易学家们曾以不同的方式探讨过这个问题。《易传》提出了"观象系辞"和"立象尽意"的观点，凸显了"象"和"意"在易学文本中的地位，并以此形成了易学史中象数与义理两派。北宋刘牧则提出先数后象的观点，他说："原其本，则形由象生，象由数设。舍数无以见四象所由之宗矣。"（《易数钩隐图序》，《经义考》卷十六引）数先象后之说为河洛之学奠定基础，即由河洛之数组成的河图洛书，是圣人画卦的依据。邵雍也提出过先数后象的观点，他认为："太极，一也。不动生二，二则神，神生数，数生象，象生器。"（《皇极经世书》卷十四《观物外篇》下）先数后象的思想，成为邵雍先天之学及其宇宙象数模式的前提。而张载提出了"先气后象，然后有理"的观点。他说："有气方有象，虽未形，不害象在其中。"（《横渠易说》卷三）"天地之气，虽聚散、攻取百途，然其为理也顺而不妄。气之为物，散入无形，适得吾体，聚为有象，不失吾常。"（《张子全书》卷二《正蒙·太和篇》）程颐则认为，先有理，后有象与数："有理后有象，有象而后有数，易因象以明理，由象而知数，得其义则象数在其中矣"（《二程文集》卷十《答周谂中书》）到了南宋，朱子继承了程氏，提出了先理后气后数的观点。他说：

有是理，便有是气，有是气，便有是数。盖数乃是分

界限处。(《朱子语类》卷六十五)

此"理"与张载"理"不同,不是事物变化规律,而是形而上的、不可感知的宇宙本体。此理也称太极。"太极即理",天地万物始于太极之理:"太极只是天地万物之理。在天地言,则天地中有太极。在万物言,则万物中各有太极。未有天地之先。毕竟是先有此理。"(《朱子语类》卷一)此"气"是形而下的、可以感知的自然气象。气分阴阳,阴阳变化生成天地万物,天地万物皆由阴阳气构成。"天地初间只是阴阳之气,这一个气运行,磨来磨去,磨得急了,便拶许多渣滓,里面无处出便结成个地在中央。气之清者,便为天、为日月、为星辰,只在外,常周环运转。地便只在中央不动,不是在下。"(《朱子语类》卷一)因此,天地间无非阴阳而已:"天地之间无往而非阴阳,一动一静,一语一黙,皆是阴阳之理至,如摇扇便属阳,住扇便属阴,莫不有阴阳之理。"(《朱子语类》卷六十五)

理与气的关系,从起源层面看,逻辑上是理先气后。"未有天地之先毕竟也只是理,有此理便有此天地。若无此理,便亦无天地、无人、无物,都无该载了。有理便有气流行,发育万物。"(《朱子语类》卷一)理为形上,气为形下:"理形而上者,气形而下者。自形而上下言,岂无先后!理无形,气便粗,有渣滓。"而从现实层面看,则理气不可分,"理未尝离乎气"。他说:"此本无先后之可言,然必欲推其所从来,则须说先有是理，然理又非别为一物，即存乎是气之中。无是气，则是理亦无挂搭处。"（《朱子语类》卷一）故朱子提出"天下未有无理之气，亦未有无气之理"（《朱子语类》卷一）的观点。

此"数"是气之分界，气有阴阳，则以奇偶数区分之。如他说"盖所谓数者，祇是气之分限节度处，得阳必奇，得阴必偶，凡物皆然"。（《朱子语类》卷六十七）他以雪片和龟背数说明之："有是理，便有是气，有是气便有是数。盖数乃是分界限处。……天一、地二、天三、地四、天五、地六、天七、地八、天九、地十，是自然如此，走不得。如水数六雪花便六出，不是安排做底。……古者用龟为卜，龟背上纹中间有五个，两边有八个，后有二十四个，亦是自然如此。"（《朱子语类》卷六十五）因此，理、气与数关系，虽然从逻辑上看，是理生气，气生数，但从现实层面看，则三者密不可分。即理气不可分，"天下未有无理之气，亦未有无气之理"。气数也不可分，气以数区分。

《周易》是模拟天地自然的产物，圣人法阴阳之理而画卦爻符号，然后系之以文辞，就形成了《周易》文本。故"易与天地准"。依朱熹之见，其易学中理、象、数的关系，与自然界完全一致。《周易》文本形成，按照先后次序，则是理、象、数。易理对应自然之理，"气"对应易象，自然之数对应易数。如他指出：

　　　　易初未有物，只是悬空说出。当其未有卦画则浑然

一太极，在人则是喜怒哀乐未发之中。一旦发出则阴阳吉凶，事事都有在里面。(《朱子语类》卷六十七)

圣人作《易》之初，盖是仰观俯察，见得盈乎天地之间，无非一阴一阳之理；有是理，则有是象，有是象，则其数便自在这里。(《朱子语类》卷六十七)

易理是《周易》文本所表达的道理。圣人仰观天文，俯察地理，远取诸物，近取诸身，发现天地万物无非一阴一阳之理，以此阴阳而画卦作《周易》。故易理即阴阳之理或阴阳之道。也就是"未有卦画，则浑然一太极"(《朱子语类》卷六十七)，易理与自然之理等同：宇宙之间最普遍原理是一阴一阳，"一阴一阳之谓道"，而《周易》文本最基本的符号也是阴阳，八卦和六十四卦卦象符号皆由阴阳符号构成。"圣人因之而画卦，其始也只是画一奇以象阳，画一偶以象阴而已。"(《朱子语类》卷六十七)故《周易》文本以符号的形式再现了自然界阴阳之气，在这个意义上，《周易》中的阴阳符号具有抽象性、普遍性和客观性。

朱熹接受了邵雍"加一倍法"的说法，认为圣人画卦是依据自然界的象数，按照自然的次序推演出卦象符号，即由一阴一阳推出三画之卦，再由三画推出六画之卦。他特别强调了客观自然象数次序在画卦中的作用和圣人不假思索的悟性："圣人当初亦不恁地思量，只是画一个阳，一个阴，每个便生两个。就一个阳上又生一个阳，一个阴。就一个阴上又生一个阴，一个阳。只管恁地去，自一为二，二为四，四为八，八为十六，十六为三十二，三十二为六十四。既成个物事，便自然如此齐整，皆是天地本然之妙然如此。但略假圣人手画出来，如乾一索而得震，再索而得坎，三索而得艮。坤一索而得巽，再索而得离，三索而得兑。初间画卦时也不是恁地。只是画成八个卦后，便见有此象耳。"（《朱子语类》卷六十五）

朱子理解的易象是以自然之象为范本，象是圣人模拟万物形状、外貌、性质、道理等而形成的易符号，他说："因观天地自然之法象而画，及其既画也，一卦自有一卦之象。象谓有个形似也，故圣人即其象而命之名，以爻之进退而言，则如《剥》《复》之类，以其形之肖似而言，则如《鼎》《井》之类。此是伏羲即卦体之全而立个名如此，及文王观卦体之象而为之《彖辞》，周公视卦爻之变而为之《爻辞》，而吉凶之象益著矣。"（《朱子语类》卷六十七）易象是符号，反映了易理，也具有普遍性与抽象性，故能弥纶天地阴阳之道："盖所谓象者，皆是假此众人共晓之物，以形容此事之理，使人知所取舍而已。……盖文王虽是有定象，有定辞，皆是虚说此个地头，合是如此处置，初不黏着物上。故一卦一爻。足以包无穷之事，不可只以一事指定说。他里面也有指一事说处，如'利建侯''利用祭祀'之类。其他皆不是指一事说。此所以见易之为用，无所不该，无所不遍，但看人如何用之耳！"（《朱子语类》卷六十七）

易数，也是阴阳节度之分界。"盖所谓数者，只是气之分限节度处，得阳必奇，得阴必偶，凡物皆然，而《图》《书》为特巧而著耳。于是圣人因之而画卦，其始也只是画一奇以象阳，画一偶以象阴而已。但才有两，则便有四；才有四，则便有八；又从而再倍之，便是十六。盖自其无朕之中而无穷之数已具。"（《朱子语类》卷六十七）

按照朱子理解，有阴阳构成易象，则有易数。圣人以象数而作文辞。故《周易》文本中理、象、数关系与自然界完全一致，一方面理、象、数有先后，即先有理后有象，后有数，以理作象数。另一方面，三者不可分。他说："季通云：'看《易》者，须识理、象、数、辞，四者未尝相离。盖有如是之理，便有如是之象，有如是之象，便有如是之数。有理与象数，便不能无辞。《易》六十四卦，三百八十四爻，有自然之象，不是安排出来。'"（《朱子语类》卷六十七）

但朱熹认为《周易》之根本是"理"，除了个别易辞是就某事而言，剩余的大部分文辞，与象数一致不二，皆为虚设之理，具有抽象意义，非言具体事物。故他专门对易"理"的属性及其与事物关系作出解释：

圣人作《易》，只是说一个理，都未曾有许多事，却待他甚么事来揍。所谓"事来尚虚"，盖谓事之方来，尚虚而未有；若论其理，则先自定，固已实矣。"用应始有"，谓理之用实故有。"体该本无"，谓理之体该万事万物，又初无形迹之可见，故无。下面云，稽考实理，以待事物之来；存此理之体，以应无穷之用。"执古"，古便是《易》书里面文字言语，"御今"，今便是今日之事。"以静制动"，理便是静底，事便是动底。(《朱子语类》卷六十七）

也正因此，《周易》可以应对和解释世界上一切事物。如同一面镜子，可以映照所有事物。因此学者当从"假托说"和"包含说"的角度解释《易》文本："《易》如一个镜相似，看甚物来，都能照得。……须知得他是假托说，是包含说。假托，谓不惹着那事；包含是说个影象在这里，无所不包。"（《朱子语类》卷六十七）

总之，在朱子看来，《周易》象、数、辞、理，起源于卜筮中，故在卜筮中才能获得意义。象本于万物之象、阴阳之理，是阴阳万物之符号，却在筮占中形成，是筮占中的象，具有阴阳吉凶之理。筮占更多的是象占，有象，筮占才得以完成。数法于自然，象数一致，表达阴阳之理，也是筮占产物。不仅卦象形成表现为数的增值，筮占活动也依赖数的推演，数在卜筮中占有重要的地位。辞是观象而系，表达象的意义，是筮占之辞。理存在于象、数、辞之中，是万物阴阳消长、吉凶之道。《周易》之所以能够预知吉凶，关键在《周易》乃圣人模拟万物阴阳之理而成书，故《易》之象数和因象数而所系之辞皆有阴阳之理。他说："圣人系许多辞，包尽天下之理，止缘万事不离乎阴阳，故因阴阳中而推说万事之理。今要占考，

虽小小事都有。"(《朱子语类》卷六十五）

三、对河洛之学与先天之学确认与理解

（一）推崇伏羲易

关于《易》之成书，《汉书》早有"人更三圣，世历三古"
之说。朱子以此为据，将《易》分为三圣易即伏羲易、文王
易、孔子易，并说明三者之不同："伏羲自是伏羲易，文王自
是文王易，孔子自是孔子易。"(《朱子语类》卷六十七）三圣
易各有特点：伏羲之时，没有卦，他仰观俯察，近取身、远取
物，而画八卦。在画八卦时并参照了河图洛书。如他解释说：
"《系辞》虽不言伏羲受河图所以作《易》，然所谓仰观俯察远
求近取，安知河图非其中之一事耶？"(《晦庵集》卷三十八
《答袁机仲》）在朱子看来，伏羲虽画卦，但其易只是由卦组成
图，而没有文字。他说："伏羲之易初无文字，只有一个图，
以寓其象数，而天地万物之理、阴阳始终之变具焉。"(同上）
这是说在伏羲那里，象数已备。而文王易则不同，既有卦画又
有卦爻辞。由文王作卦辞，周公作爻辞。他认为《系辞》"圣
人设卦观象，系辞焉而明吉凶"一句，前者是言伏羲画卦，后
者是言文王、周公系辞，对此，他作了详细的解说："但自伏
羲而上，但有此六画，而未有文字可传，到得文王周公乃系之
以辞，故曰'圣人设卦观象，系辞焉而明吉凶。'盖是卦之未

画也，因观天地自然之法象而画；及其既画也，一卦自有一卦之象，象谓个形似也，故圣人即其象而命之名，以爻之进退而言，则如剥复之类；以其形之肖似而言，则如鼎井之类，此是伏羲即卦体之全而立个名如此。及文王观卦体之象而为之彖辞，周公观卦爻之变而为之爻辞，而吉凶之象益著矣。"（《朱子语类》卷六十七）因此，文王易有"占筮之用"，其"一卦一爻，足以包无穷之事，不可只以一事指定说"。（同上）孔子易则是以解说为主："孔子既因文王之易以作传，则其所论固当专以文王之易为主，然不推本伏羲作易画卦之所由。"（《答袁机仲》）朱子曾举例说明孔子易与伏羲、文王易之不同："伏羲分卦，乾南坤北。文王卦又不同。故曰《周易》'元亨利贞'，文王以前只是大亨而利于正，孔子方解作四德。"（《朱子语类》卷六十七）

从上面论述看，朱熹强调了三圣易之区别，即孔子易非文王易，文王易非伏羲易，不可混同，当分别对待。故他同意邵氏等人关于先天易与后天易的划分。伏羲易为先天易，文王易为后天易。他说："自初未有画时说到六画满处者，邵子所谓先天之学也。卦成之后，各因一义推说，邵子所谓后天之学也。"（《答袁机仲》）这里"先天之学"指伏羲易，"后天之学"是指文王易："据邵氏说，先天者，伏羲所画之易也。后天者，文王所演之易也。"（同上）朱熹与邵子相同，推崇伏羲易，认为既然伏羲易已有六十四卦，象数已具，那么学易者必须考溯其原，精通象数。他指出："不推本伏羲作《易》画卦之所由，则学者必将误认文王演之易便为伏羲始画卦之《易》，只从中半说起，不识向上根原矣。……欲知圣人作《易》之本，则当考伏羲之画。"（同上）又指出："伏羲画八卦，只此数画，说尽天下万物之理，……学者于言上会得者浅，于象上会得者深。"（《朱子语类》卷六十六）朱熹推崇伏羲易，表现在他对河洛之学和邵氏之学的研究。

（二）论河洛之学

如前所言，朱熹视河图洛书为《易》之本，其根据是《系辞》："河出图，洛出书，圣人则之。"汉儒多认为此句话是言伏羲据河洛画八卦。《易学启蒙》引孔安国、刘歆之言说明之。孔安国云："河图者，伏羲氏王天下，龙马出河，遂则其文以画八卦。洛书者，禹治水时，神龟负文而列于背有数至九，禹遂因而第之以成九类。"刘歆云："伏羲氏继天而王受河图而画之，八卦是也。禹治洪水锡洛书，法而陈之，九畴是也。河图洛书相互经纬，八卦九章相为表里。"朱子认为二者解释符合《系辞》之意。因为"河图与《易》之天一至地十者合，而载天地五十有五之数，则固《易》之所自出也，洛书与《洪范》之初一至次九者合，而具九畴之数则固《洪范》之所自出也"。（《答袁机仲》）由此，他推断河图洛书是伏羲画卦所本。

当然，朱子所说的河图洛书，是一种自然之象，圣人据此象画出易卦。他曾这样解释河图洛书："天地只是不会说，倩他圣人出来说。若天地自然会说话，想更说得好在。如河图洛

书，便是天地画出底。"（《朱子语类》卷六十五）为了说明河
图洛书出自大自然，他举石头上自然花纹为例。他说："且如
今世间有石头上出日月者，人取为石屏。又有一等石上，分明
有如枯树者，亦不足怪也。河图洛书亦何足怪。"（《朱子语类》
卷六十七）这里显然是把河图洛书视为一种天然图象。

　　然而，这里有一个问题。就是《系辞》曾明言伏羲氏仰观
俯察、远求近取而画八卦，这与伏羲据河图画八卦似有矛盾。
朱子对此作了解释。他认为，《系辞》虽未明言伏羲受河图以
作《易》，但所言仰观俯察就包括了观河图洛书，理由有二：
一是《系辞》所言仰观俯察，近取远求，"只是一个阴阳"，河
图洛书"也则是阴阳，粗说时即是奇耦"。（《朱子语类》卷
七十六）二是河洛有数，最亲近，易于画卦。他说："大抵圣
人制作所由初非一端，然其法象之规模必有最亲切处，如鸿荒
之世，天地之间，阴阳之气，虽各有象，然初未尝有数也。至
于河图之处，然后五十有五之数奇偶生成粲然可见，此其所以
深发圣人之独智，又非泛然气象之所可得而拟也。"（《答袁机
仲》）在这个问题上，他批判了欧阳修的观点。欧阳修在《易
童子问》中否定河图洛书之真实性，以《系辞》"河出图洛出
书"与仰观俯察相矛盾而否定孔子作十翼。朱熹针对此指出：
"以河图洛书为不足信，自欧阳公以来，已有此说，然终无奈
《顾命》《系辞》《论语》皆有是言，而诸儒所传二图之数，虽
有交互而无乖戾，顺数逆推，纵横曲直，皆有明法，不可得而
破除也。"（同上）又说："欧公只是执定那'仰观俯察'之说，

便与河图相碍，遂至不信他。"(《朱子语类》卷六十五）欧阳
修之错误是由不信祥瑞而推出，"欧公只见五代有伪作祥瑞，
故并与古而不信。如河图洛书之事，《论语》自有此说，而欧
公不信祥瑞，并不信此，而云《系辞》亦不足信"。(《朱子语
类》卷六十七）

　　针对有人怀疑河图洛书是后人伪作，朱子辨之，认为辨
古书真伪有两个原则，一是"以其义理之所当否而知之"，二
是"以其左验之异同而质之"。由是观之，世传河图洛书"正
以其义理不悖而证验不差"，"所以不敢不信"。朱子认为怀疑
者"未见有以指其义理之缪，证验之差也，而直欲以臆度悬
断之"。(《答袁机仲》)在河图洛书真伪问题上，刘牧主张河
图洛书是伏羲时代产物，是易之原，而李觏和欧阳修则力排
之，朱熹又批驳欧阳修等人，可见在这个问题上朱子与刘牧是
一致的。

　　而在河图与洛书之数问题上，他不同意刘牧河图数九、洛
书数十的观点，而主张河图十、洛书九。并在《启蒙》中引
关子明言为据。关子明云："河图之文，七前六后，八左九右。
洛书之文，九前一后，三左七右，四前左，二前右，八后左，
六后右。"他又考《大戴礼记》书，"得一证甚明"，"其《明堂
篇》有二九四七五三六一八之语，而郑氏注云法龟文也。然则
汉人固以九者为洛书也"。(《朱子语类》卷六十五）而其《偶
读漫记》曰：子华子"论河图之二与四，抱九而上跻，六与八
蹈一而下沉，五居其中据三持七，巧亦甚矣。惟其甚巧，所以

知其非古书也。"(《晦庵集》卷七十一《杂著》)

朱子又以圆方证之:"圆者,河图之数,方者,洛书之文,夫河图无四隅之位,截然四正而方,谓之圆。"又引一行说明:"然一章之数似亦附会,时姑借其说以明十数之为河图耳。"(《晦庵集》卷四十五《答廖子晦》)

基于此,他用河图解释《系辞》"天地之数"。主张此节是孔子"所以发明河图之数"。他说:

> 河图之位,一与六共宗而居乎北,二与七为朋而居乎南,三与八同道而居乎东,四与九为友而居乎西,五与十相守而居乎中。盖其所以为数者,不过一阴一阳以两其五行而已。所谓天者,阳之轻清者而位乎上者也;所谓地者,阴之重浊而位乎下者也。阳数奇,故一三五七九皆属乎天,所谓天数五也。阴数偶,故二四六八十皆属乎地,所谓地数五也。天数地数各以类而相求,所谓五位之相得者然也。天以一生水而地以六成之,地以二生火而天以七成之,天以三生木而地以八成之,地以四生金而天以九成之,天以五生土而地以十成之,此又其所谓各有合焉者也。积五奇而为二十五,积五偶而为三十,合是二者而为五十有五,此河图之全数。(《易学启蒙》)

朱子在此将《系辞》"天地之数"视为河图数,从而阐明了河图数之排列的内涵,即天地之数与五行生成。对于洛书,他认为，是取自龟象，"故其数戴九履一，左三右七，二四为肩，六八为足"。(《周易本义》卷首）虽然在《系辞》中未言洛书，但其象其说已包含在河图之中。朱子以五行、天地之数解说河图、洛书，与刘牧等人基本一致，不同的是，他对河图洛书二者名称进行了调换。

朱熹还探讨了河图洛书之关系。在朱熹看来，河图洛书"各有条而不紊"，自有其理。河图"以生数为主"，"以五生数统五成数，而同处其方，盖揭其全以示人而道其常数之体也"；洛书以"奇数为主"，"以五奇数统四耦数，而各居其所，盖主于阳以统阴而肇其变数之用"。(《易学启蒙》）此所谓生数，是指一二三四五，从五行看是生数，生数分别加五则为六七八九十，这是成数。河图生数居内，成数居外，"中（内）者为主，而外者为客"，此为"以五生数统五成数"。所谓奇数，是阳数，洛书"下一点亦天一之象也，其左一点亦天三之象也。其中一点亦天五之象也。其右一点则天七之象也。其上一点则天九之象也"。(同上）即下一、上九、左三、右七、中五分居五方，而偶数二、四、六、八分居四隅或四侧，此为"五奇数统四偶"，正者为君，而侧者为臣，以示"阳统阴"。就其数而言，河图五十五，是天地自然之数，是恒常不变的，而为全；洛书四十五，则是由天地自然之数变化而来的，为不全，故为变数之用。在这个意义上，他将河图洛书之区别概括为："河图常数，洛书变数。"(《朱子语类》卷六十五）

河图洛书之不同还表现在"其序之不同"和"六七八九

数之不同"。从其序言之，河图生出之次"始下、次上、次左、次右，以复于中，而又始于下也。以运行之次，则始东、次南、次中、次西、次北，左旋一周而又始于东也"。从五行言之，则是相生。且阴阳数相配。洛书之次，其阳数依次为北、东、中、西、南，其阴数依次为西南、东南、西北、东北。"合而言之，则首北、次西南、次东、次东南、次中、次西北、次西、次东北，而究其南也。"其五行运行，则为相克。"右旋一周而土复克水也。"

从七八九六数言之，河图则附这四个数于外，九是图内一三五相加而成，六是图内二四相加而成，九六其实是三天两地而成。九六之变为七八，故其方位也依次变化。洛书纵横十五，七八九六迭为消长，其与一二三四关系为：一与九相对，二与八相对，三与七相对，四与六相对，每一对合为十。河图七八九六为四象，布四隅之数是四象生八卦，洛书则是"以天道人事参互言之"。

虽然河图洛书存在差异，但是二者相通，如河图之虚五与十是太极，五十五之数减去十五，则为四十，奇数二十，偶数二十，是为两仪。以一二三四加五为六七八九，是为四象，以四象居四方，再补四隅之空，是为八方，以八卦居之，是为四象生八卦。同样，"洛书虚其中亦太极也"。洛书去中五，则成四十，"奇偶各居二十，亦两仪也"，由一二三四变六七八九，纵横十五，而互为七八九六，亦四象也。"四方之正以为乾坤离坎，四隅之偏以为兑震巽艮，亦八卦也。"（《易学启蒙》）此为洛书变河图。河图一六为水，二七为火，三八为木，四九为金，五十为土，此《洪范》之五行。因此，朱子得出结论："洛书固可以为《易》，而河图亦可以为《范》"，"其为理则一而已"。

进而，他又论述了河洛之数与大衍之数的关系。他指出："河图而虚十，则洛书四十有五之数也。虚五则大衍五十之数也。积五与十则洛书纵横十五之数也。以五乘十，以十乘五则又皆大衍之数也。洛书之五，又自含五，而得十，而通为大衍之数矣。"（《易学启蒙》）这里除了阐述河洛数之间的关系外，还着重说明了河图洛书数或减、或乘可得大衍之数，这是说，大衍之数得之于河图洛书。在《朱子语类》中，记载了更为明确的论述："河图五十五，是天地自然之数，大衍五十，是圣人去这河图里面取那天五地十衍出，这个数不知他是如何，大概河图是自然底，大衍是用以揲蓍求卦者。"（《朱子语类》卷六十五）关于大衍之数五十，历来众说纷纭，朱子立足河图说明之，自成一家之言。

从以上分析看，朱子关于河图洛书之解说，最基本的思想有两点：一是河洛生八卦，二是大衍数本于河洛数。从这两点出发，印证河洛是《易》之本。其中值得注意的是，他以十为河图、九为洛书，及其对河洛不伪的哲学化论证，表现出其独到见解。然总体而言，基本上没有冲破刘牧等人的樊篱。如他用五行说解释河洛之数，比较河洛之异同，尤其用"生"释河图，用"克"来释洛书，视河图为常数，洛书为变数，与程大昌思想极相似，恐本于程大昌，而且有些论述深度还不及程大昌。因此，以思想发展这个角度看，朱子对河洛之学的贡献远不及他的前人。而值得肯定的是，他以自己显赫的学术地位和政治上的影响，引起学者对河洛之学的关注和研究。与此相关的，他由河洛之学引发的其他易学观点，则相对的更为可贵。如他谈大衍之数本于河图洛书数时，校订了《系辞》之文，其意义远远超过河洛之说的价值。如他在回应"不当以大衍之数参乎河图洛书之数"的指责时说："若论《易》文则自'大衍之数五十'至'再扐而后挂'，便接'乾之策二百一十有六'，至'可与祐神矣'为一节，是论大衍之数。自天一至地十却连'天数五'至'而行鬼神矣也'为一节，是论河图五十五之数，今其文间断差错，不相连接，舛误甚明。"（《答袁机仲》）朱熹这个见解对于理解《系辞》大有裨益，至今学界大多数人仍用此观点来划分《系辞》章节，诠释其义。

（三）论先天之学

朱熹推崇伏羲易，还表现在他对邵氏易学倾注了很大精力。在《易学启蒙》中立"原卦画"，专论先天易。在《朱子语类》中有《邵子之书》《邵子易》，朱熹在其书信中也以很大篇幅谈邵子易，反映了他对邵氏之学具有浓厚的兴趣。众所周知，邵氏之学即在阐发伏羲易基础上建立起的先天之学。对于这一点，邵氏本人也直言不讳："图虽无文，吾终日言而未尝离乎是，盖天地万物之理，尽在其中。"（《观物外篇》）图，是指由陈抟等人传下来的伏羲先天图。这是说邵氏的思想皆本之伏羲先天图。故在朱熹看来，邵氏所传的先天易即是失传已久的伏羲易。"据邵氏说，先天者，伏羲所画之易也。"（《答袁机仲》）孔子因文王易而作十翼，言"八卦成列因而重之，太极生两仪四象，而天地山泽雷风水火之类皆本伏羲画卦之意"。（同上）"然古今未见有识之者，至康节先生始传先天之学而得其说，且以此为伏羲氏之《易》也。"（《晦庵集》卷四十五《答虞士朋》）朱熹探讨先天易，自称承袭了邵氏之学乃至孔子之说。故他称先天之思想"非熹之说，乃康节之说，非康节之说，乃希夷之说，非希夷之说，乃孔子之说"。（《答袁机仲》）此言反映了他以先天之学正宗继承人自居，而其象数易学有偏于先天之学的倾向。他对先天之学的研究主要有以下几个方面。

第一，以邵氏加倍法描述伏羲画卦过程。

伏羲画卦是关涉易学起源的问题，是"易学纲领开卷第一义"。自孔子释《易》始至宋代，易学家研《易》皆有涉及，但大多流于一般性的解说，没有实质性的突破。而朱子认为，此问题由孔子发其端，邵雍以加一倍法揭明孔子之义，而使伏羲画卦之大义显明于世。他指出："'《易》有太极，是生两仪，两仪生四象，四象生八卦。'熹窃谓此一节，乃孔子发明伏羲画卦自然之形体次第，最为切要。古今说者，惟康节、明道二先生为能知之，故康节之言曰：'一分为二，二分为四，四分为八，八分为十六，十六分为三十二，三十二分为六十四，犹根之有干，干之有枝，愈大则愈小，愈细则愈繁。'而明道以为加一倍法。其发明孔子之言，又可谓最为切要矣。"（《晦庵集》三十七《与郭冲晦》）在此，朱熹同意程氏将邵氏之数概括为"加一倍法"。在《朱子语类·邵子之书》中也有类似说法。如"康节之数则是加倍之法"。

进而，他在《启蒙》一书中按照邵氏思路对伏羲画卦数理进行了详尽解说。如"太极"是"象数未形而其理已具之称"，从画卦言之，"当未画卦前，太极只是一个浑沦底道理，里面包含阴阳、刚柔、奇偶，无所不有"。（《朱子语类》卷七十五）"在河图洛书皆虚中之象"，周敦颐称为"无极而太极"，邵子的"道""心"皆为太极。太极生两仪，是太极"始生一奇一偶而为一画者"，即 ▬▬▬，其数为阳一，阴二。"在河图洛书则奇偶是也。"周敦颐的动静互根、分阴分阳，"邵子所谓一分为二"。从画卦看，此时只有乾坤之画，"乾之画奇，坤之画偶"，但未成乾坤，故"只可谓之阴阳，未得谓之乾坤也"。（《答袁机仲》）两仪生四象，是在"两仪之上各生一奇一耦而为二画者四，是谓四象"。即 ▬▬ ▬▬ ▬▬ ▬▬。其位曰太阳一，少阴二，少阳三，太阴四。其数为九八七六。"以河图言之，则六者一而得于五者也，七者二而得于五者也，八者三而得于五者也，九者四而得于五者也。以洛书言之，则九者十分一之余也，八者十分二之余也，七者十分三之余也，六者十分四之余也。"四者，周敦颐称为水火木金，"邵子所谓二分为四者"。从画卦看，两画相重而成四，此时仍未有八卦，"方其为两仪则未有四象也"，"方其为四象则未有八卦也"。（《晦庵集》卷三十七《答程迥》）四象生八卦是在四象之上各生一奇一耦而为三画者，即☰☱☲☳☴☵☶☷，此时有八卦之名，乾一，兑二，离三，震四，巽五，坎六，艮七，坤八。"在河图则乾坤离坎分居四实，兑震巽艮分居四虚；在洛书则乾坤离坎分居四方，兑震巽艮分居四隅。""邵子所谓四分为八者皆此而言也。"然后在八卦之上再加一奇一偶，成四画卦，如乾☰加一奇一偶为☰☰，兑☱加一奇一偶为☱☱，其他类同，共十六卦，"邵子所谓八分为十六者是也"。四画之上再各生一奇一偶而为五画者三十二，"邵子所谓十六分为三十二者是也"。然后五画之上各生一奇一偶而为六画者六十四，"邵子所谓三十二分为六十四者是也"。"若于其上各卦又各生一奇一偶则为七画者百二十八矣，七画之上又各生一奇一偶则为八画者二百五十六……十一画之上又各生一奇一偶则为十二画者四千九十六矣，此焦赣《易林》变卦之数，盖以六十四乘六十四也。"朱熹用自下而上生奇偶解释了邵氏的阴阳交思想和数的递增。

他以这种数之推演、画之叠加而生成的六十四卦，圆满地解决了伏羲先天图（即伏羲六十四卦方圆图）之创作。对比伏羲先天图和依加倍法画出的六十四卦，其排列次序完全一致，因此，他认为，邵氏所传先天图，就是以这种加倍法画出来的。如安卿问："先天图有自然之象数，伏羲当初亦知其然否？"朱熹在回答时指出："伏羲当初，也只是见太极下面有阴阳，便知是一生二，二又生四，四又生八，恁地推将去，做成这物事。"(《朱子语类》卷六十六）这里的"物事"指先天图。由此观之，伏羲易只不过是一图而已，如朱熹指出："伏羲之《易》初无文字，只有一图。"(《答袁机仲》）

第二，解说邵氏所传伏羲先天图之数理。

朱熹在描述伏羲创作卦图时，强调的是客观自然之势，他反复申明圣人画卦是借助客观之势，并非人为杜撰，其旨是要说明先天图有数理，这个数理是对客观的反映，合乎客观自然。他说："自始初只有两画时，渐次看起，以至生满六画之后，其先后多寡，既有次第而位置分明，不费词说，于此看得，方见六十四卦全是天理自然挨排出来。圣人只是见得分明，便只依本画出，元不曾用一豪智力添助。盖本不烦智力之助，亦不容智力得于助于其间也。及至卦成之后，逆顺纵横都成义理，千般万种，其妙无穷，却在人看得如何，而各因所见为说，虽若各不相资，而实未尝相悖也。"(《答袁机仲》）又说："太极两仪四象八卦生出次第位置行列，不待按排而粲然有序，以至于第四分而为十六，第五分而为三十二，第六分而为六十四，则其因而重之，亦不待用意推移，而与前之三分焉者，未尝不吻合也。比之并累三阳以为乾、连叠三阴以为坤，然后以意交错而成六子，又先画八卦于内，复画八卦于外以旋相加而后得为六十四者，其出于天理之自然，与人为之造作盖不相同矣。"(《晦庵集》卷三十七《答林栗》）既然先天图内涵天地自然之理，那么其表现形式有哪些呢？朱熹依照邵氏之意对这个问题一一作了解说：

首先，先天图阴阳卦数体现了加倍法。先天图是按照加倍法画出，即由太极生两仪，两仪生四象，四象生八卦，八卦生六十四卦。故其图画成后，其卦之排列反过来又体现了太极生卦这一思想。安卿问："'先天图，心法也。图皆自中起，万化万事生乎心'，何也？"朱子曰："其中白处者，太极也。三十二阴、三十二阳者，两仪也。十六阴、十六阳者，四象也。八阴、八阳，八卦也。"（《朱子语类》卷六十五）这是将六十四卦层层分解来说明太极生八卦的思想，就数而言是变小数为大数，即一至八。反过来讲，综合六十四卦，变大数为小数，即八至一，则反映了八卦到太极的回归，他说："自三百八十四爻总为六十四卦，自六十四卦总为八卦，自八卦总为四象，自四象总为两仪，自两仪总为太极。"这种分大为小、总小为大的思维，从宇宙衍化而言，其实就是邵氏"合之斯为一，衍之斯为万"的注脚。

其次，先天图与纳甲相应。纳甲之说，始于京房。《周易参同契》着眼于炼丹，以月体论之。对此朱熹有论述。他说："京房便有纳甲之说。《参同契》取《易》而用之，不知天地造化，如何排得如此巧。所谓'初三震受庚，上弦兑受丁，十五乾体就，十八巽受辛，下弦艮受丙，三十坤受乙'，这都与月相应。初三昏月在西，上弦昏在南，十五昏在东，十八以后，渐渐移来，至三十晦，光都不见了。"（《朱子语类》卷六十七）在朱熹看来，月体纳甲有阴阳消长盈虚之理，而先天图排列也体现了这种月体纳甲的思想。这个发现，朱熹归功于邵雍，故朱熹又论述道："先天图与纳甲相应，故季通言与《参同契》合。以图观之，坤复之间为晦，震为初三，一阳生；初八日为兑，月上弦，十五日为乾，十八日为巽，一阴生；二十三日为艮，月下弦。坎离为日月，故不用。……此图自陈希夷传来，如穆、李，想只收得，未必能晓。康节自思量出来。"(《朱子语类》卷六十五）他又说："先天图一日有一个恁地道理，一月有一个恁地道理，……且以月言之，自坤而震，月之始生，初三日也。至兑则月之上弦，初八日也。至乾，则月之望，十五日也。至巽，则月之始亏，十八日也。至艮，则月之下弦，二十三日也。至坤，则月之晦，三十日也。"

复次，先天图合自然之序。所谓自然之序即天地阴阳左右上下四方之定位，如天在上，地在下，阳在左，阴在右，日出东，月升西等，这是客观的，人所不能改变的。而先天图之卦位也是如此，"更不可易"。朱熹指出："自复至乾为阳，自姤至坤为阴，以乾坤定上下之位次，坎离列左右之门为正。以象言之，天居上，地居下，艮为山，故居西北，兑为泽，故居东南；离为日，故居东；坎为月，故居于西；震为雷，故居东北；巽为风，故居西南。"因此，他提出："若自乾一横排坤八，此则全是自然。……若如圆图，则须如此，方见阴阳消长次第。"

再次，先天图合经世之数。邵氏用先天图表示经世之数，图之阴阳消长变化代表了元会运世之更替。他自称自己所有的思想皆未离乎先天图。朱熹据此认为，先天图就是经世之图。

如有人问："'图虽无文，终日言之，不离乎是'。何也？"朱熹回答说："一日有一日之运，一月有一月之运，一岁有一岁之运。大而天地之终始，小而人物之生死，远而古今之世变，皆不外乎此，只是一个盈虚消息之理。"此是说日月运行、天地万物变化、社会交替，皆在一先天图之中，是由数所决定的。他又说："先天图一日有一个恁地道理，一月有一个恁地道理，以至合元、会、运、世十二万九千六百岁，亦只是这个道理。"由是观之，朱熹与邵氏一样，将时间空间之变化皆归结为先天图，先天图成了自然的代名词。

以上朱子所言皆本邵子，邵氏未言的，朱子也不谈。如先天圆图之排列与卦气说中六日七分，蔡元定已主张二者有关系，但朱熹则力排之，认为卦气说是文王易，其根据是邵氏没有记述。在《语类》中有两段话可以说明朱熹的观点：一，"京房卦气用六日七分，季通云：'康节亦用六日七分'，但不见康节说处"。（《朱子语类》卷六十七）二，"季通云：'扭捻将来，亦相应也。用相应也，用六日七分。'某却不见康节说用六日七分处"。（《朱子语类》卷六十五）当有人用卦气说解释先天卦位，还用图下有"冬至""夏至""春分""秋分"等字作证，朱熹批判说："伏羲易自是伏羲说话，文王易自是文王说话，因不可以交互求合。所看先天卦气赢缩极仔细，某亦尝如此理会来，尚未得其说。阴阳初生，其气固缓，然不应如此之疏，其后又却如此之密。"他说的"疏""密"是指十二消息卦之间距离有疏有密，不均衡。如"自复卦一阳生，尽震四离三,十六卦,然后得临卦,又尽兑二,凡八卦,然后得泰卦,又隔四卦得大壮卦,又隔大有一卦,得夬,夬接乾,乾卦后接姤"。自姤卦一阴生也类同。由于这个原因,朱子不信卦气说,说明朱子对先天之学的解释,所依据的是先天图及邵氏本人的思想,后者尤为重要。

第三,对邵氏本人及其思想的评价。

朱子推崇伏羲易,除了结合邵氏的思想阐发先天图寓义外,还表现在他在分析邵氏易渊源的基础上,对邵氏易予以高度的评价。他认为邵氏易主要有两个来源。一是来自道家陈抟。他多次表露这个思想。他说:"康节数学源流于陈希夷。"(《朱子语类》卷一百)"先天图传自希夷,希夷又自有所传,盖方士技术用以修炼,《参同契》所言是也。""康节易数出于希夷。"(《朱子语类》卷六十七)他又说:"康节学于李挺之。"即邵子从李挺之处接受了陈抟的思想。(《朱子语类》卷一百)其二,来自孔子易。在他看来,孔子在注释文王易时,首次提出"易有太极,是生两仪,两仪生四象,四象生八卦"。此为孔子发明伏羲画卦之义。孔子又提出"天地定位,山泽通气,雷风相薄,水火不相射,八卦相错"。此为明伏羲八卦之义。邵氏数学受孔子易的启发,尤其表现在以四为法。他指出:"康节其初想只是看得太极生两仪,两仪生四象,心只管在那上面转,久之理透。想得一举眼便成四片,其法四之外又有四焉。"当然,他并没有忽略其他思想家对邵氏的影响,如他提出邵氏的思想与佛老、《太玄》有相似之处。在谈到邵氏与老子时，他指出康节之学"似老子，只是自要寻个宽闲快活处，人皆害他不得"，"如以天下观天下，其说出于老子"。他又指出"康节之学似扬子云《太玄》拟易，方州部家皆自三数推之。……康节之数，则又是加倍法"。而邵子思想"性与心身都不相管摄，亡者自亡，存者自存"，"与佛学相近"。而"康节凡事只到半中央便止"则与"张子房之学相近"。此言"相似"或"相近"，其实质是要说明邵子从这些思想中吸收营养或受这些思想影响。

朱熹肯定邵子先天学继承了前人思想的同时，并没有因此而否定其价值。相反，他揭示出其独到之处。如先天图，虽传自穆修、李挺之，但邵雍用丰富的易学知识对其解说而形成的思想，则在二者之上。朱熹指出："此图自陈希夷传来，如穆、李，想只收得，未必能晓。康节自思量出来。"（《朱子语类》卷六十五）基于此，朱熹对邵氏易予以较高的评价：

> 某看康节《易》了，却看别人底不得。(《邵子之书》，《朱子语类》卷一百)
>
> 自有《易》以来，只有康节说得一个物事，如此齐整。(同上)
>
> 康节以四起数，叠叠推去。自《易》以后，无人做得一物如此整齐，包括得尽。想他每见一物，便成四片了。但才到二分以上便怕。乾卦方终，便知有个姤卦来。盖缘他于起处推来，至交处看得分晓。(同上)

圣人说数说得疏，到康节，说得密了。(《朱子语类》卷六十七)

邵氏先天之说，则有推本伏羲画卦次第生生之妙，乃是易之宗祖，尤不当率而妄议。(《答袁机仲》)

此"齐整"或"整齐"，是言邵子易学体系有极为严密的逻辑性，是从数一步步推衍出，而不是流入一般的论述。"包括得尽"，是言邵子之学内容丰富，囊括宇宙万物之理、社会人生之道、古今历史之变。其数"说得密"，是言邵子立足数的推衍，有极高的抽象性。"是易之宗祖"，是言邵子易学追溯到了《易》之源头。从这些方面看，邵氏易是空前的。因此，朱熹提出了"看康节《易》了，却看到别人底不得"。朱熹这些评价，并非一般的溢美之辞，是在深入地研究诸家易尤其是专门研究邵氏易之后，加以比较而做出的。也就是说这些评价不具有感情色彩，应该说是比较公正的。当然，他也看到了邵氏之不足。如以数见长，而于义理阐发上稍有欠缺。他在与程氏易学的比较中说明这个问题："伊川之学，于大体上莹彻，于小小节目上，犹有疏处。康节能尽得事物之变，却与大体上有未莹处。"(《朱子语类》卷一百)同时，他还以严谨的治学态度对邵氏的伏羲八卦说提出批评。他在《答王子合》中指出："康节说伏羲八卦乾位本在南，坤位本在北。文王重《易》时，更定此位，其说甚长。大概近于附会穿凿，故不曾深留意，然《说卦》所说卦位竟亦不能使人晓然，且当阙之，不必强通也。"(《晦庵集》卷四十九）在这里，以邵氏易继承者自居的朱熹能指明邵氏的伏羲八卦方位说近似附会，则说明邵氏之学的确存在附会。其实，何止伏羲八卦方位说，其生卦说及与生卦说相关的理论恐怕大部分皆出自邵子主观的解说，皆不符合伏羲画卦史实。考察现有资料，在宋以前皆未见关于伏羲画卦具体过程的记载，由陈抟传下来的伏羲先天图及其他图则更无书可考。在没有文献和考古发现佐证的前提下，关于伏羲画卦的理论不足以信。而从易学发展看，先天之学是否符合史实并不重要，重要的是它对以往易学理论的超越及其为易学发展所带来的契机。由此，朱熹对邵氏先天学的评价，虽未必精确，却不失公正。

对朱熹图书之学的评价，也同样应该遵循历史的原则。即我们不必理会其理论是否符合史实，而当关注其思想是否对前人有所发展。如前所言，邵氏撰《皇极经世》，以伏羲先天图建构了一个博大深奥的先天思想体系。其子邵伯温及弟子对这个体系进行了诠释，尤其经过张行成等人的整理和阐述，使邵氏之学显明于世。理学大师朱熹潜心四十余年，对邵氏易学产生了浓厚的兴趣，并就邵氏易中画卦及相关的问题作了阐发。观其思想内容，则有如下几个特点：

其一，援河洛之学入先天之学，融河洛、先天为一体。朱熹之前，河洛之学与先天之学是分离的。刘牧、程大昌专言河洛之学，视河洛为易之本，从河图洛书中推出八卦。邵雍及其弟子专论先天之学，从先天图中探讨伏羲画卦及其内涵。虽然邵雍曾言伏羲取法河洛以画卦，张行成言先天学与河洛相合，但皆未作为重点加以探讨。只有朱熹才真正地将河洛之学作为先天之学一个组成部分，并予以系统而详细阐述。一方面，河图洛书中阴阳奇偶数是天地间阴阳之理的集中表现。伏羲在仰观俯察之后，从河图洛书中悟出奇偶画而画出八卦。朱熹说："圣人作《易》之初，盖是仰观俯察，见得盈天地之间，无非一阴一阳之理，有是理，则有是象，则其数便自在这里，非特河图洛书为然。盖所谓数者，只是气之分限节度处，得阳必奇，得阴必偶，凡物皆然，而图书为特巧而著耳。于是圣人因之而画卦，其始也只是画一奇以象阳，画一偶以象阴而已。但才有两，则便有四，才有四，则便有八，又从而再倍之，便是十六。盖自其无朕之中而无穷之数已具，不待安排而其势有不容已者。"（《朱子语类》卷六十七）这里强调伏羲画卦之初受启于河图洛书。另一方面，用河洛之数解释伏羲生卦过程，换言之，河图洛书中含有画卦之数。他说："盖以河图洛书论之太极者，虚中之象也。两仪者，阴阳奇偶之象也。四象者，河图之一合六，二合七，三合八，四合九。洛书之一含九，二含八，三含七，四含六也。八卦者，河图四正四隅之位，洛书者四实四虚之数也。"（《与郭冲晦》）朱熹这些解说，比较合理地解决了《易传》中所存图书与画卦的疑点，回击了欧阳修等人利用这些疑点对《易传》所发的种种责难，丰富和发展了邵氏的先天之学。

其二，用卦画叠加法训释邵氏先天易学。邵氏先天学，注重数的推衍，其实质是先天数学。按照这种观点，太极是本，太极动则神妙莫测，然后有数，由数生象，这是说世界上万事万物皆依据这个抽象的数发展变化。在伏羲画卦这个问题，也是如此。伏羲画卦所遵循的是"加一倍法"，即由一分二，由二分四，由四分八，由八分十六，由十六分三十二，由三十二分六十四。这是用宇宙衍化数来说明画卦，然而如何按照这些数画出卦，邵氏并没有详细说明。其后学张行成用宇宙生成的观点释之。他认为邵氏所谓伏羲画卦，是自然万物生成的过程。由太极判为阴阳二气，"阳浮动趋上，天之仪也；阴沈静就下，地之仪也"，是为两仪。静动互生，阴阳相交而生少阳、少阴、老阳、老阴，是为四象。天分四象，地分四象，是为八卦，即太阴、太阳、少阴、少阳、太柔、太刚、少柔、少刚，然后由八卦生出六十四卦。（见《皇极经世观物外篇衍义》卷四）这种解释虽然能从邵氏思想当中找到根据，但所言的只是自然易的形成，此八卦、六十四卦并非《易》书之卦，而是客观存在于自然界中的物质。故其并未解释清楚伏羲怎样画出八卦和六十四卦的。这个问题，只在朱熹那里才做了彻底的解决。朱子立足于阴阳奇偶，观其数和卦符会通处，将邵氏一至六十四转换成易之符号。其具体的方法是：以—为阳，以--为阴，采用叠加法，自下而上相互叠加，自一画之卦，推二画之卦、三画之卦、四画之卦、五画之卦、六画之卦，以至十二画之卦。其卦数依次为一、二、四、八、十六、三十二、

六十四、四千零九十六。由此推出六画之卦六十四。其排列正是邵氏所传的"伏羲六十四卦图"，从而揭示了"先天图"创作的奥秘，回答了易学史上久而未决的易学起源的问题。更为重要的是这澄清了当时人们对于邵氏先天图真伪存有的种种疑虑。如有人提出"先天图"与通行本《周易》排列不同，伏羲画卦与《系辞》存有矛盾。程氏力主重卦说有异于伏羲画卦，从而认为邵氏所传先天图不可信。故朱子推衍此说，融通邵氏之义，就是为了让人们了解伏羲先天图的寓意，证明其不伪。这其实也是他作《易学启蒙》的用意，朱子对此也有明确解释。他说：伏羲画卦由孔子发见，"但当日诸儒既失其传，而方外之流，阴相付受，以为丹灶之术，至希夷、康节乃反之于《易》。而后其说始得复明于世。然与见今《周易》次第行列多不同者，故闻者创见多不能晓而不之信，只据目今见行《周易》缘文生义，穿凿破碎，有不胜其杜撰者。此《启蒙》之书所为作也。若其习闻易晓，人人皆能领略，则又何必更著此书，以为屋下之屋、床上之床哉！"（《答袁机仲》）因此，朱子关于伏羲画卦的解说在当时的意义极为重要。

其三，使先天之易富于哲理化。程氏易偏于义理而疏于象数，邵氏易重象数而疏于义理。朱熹有感于此，取其长而纠其偏，故于先天易解说上，除了以象数作详细推论外，还力主进行义理探讨，即将先天易置于义理之学氛围中，从更高层次上展开论证。如他对伏羲画卦之客观根据的解说，皆立足于阴阳变化之理。他认为："天地之间，无往而非阴阳，一动一静，一语一默，皆是阴阳之理。"（《朱子语类》卷六十五）有理则有象，有象则数在其中。"盈乎天地之间，无非一阴一阳之理，有是理，则有是象。有是象，则其数便在这里。"（《朱子语类》卷六十七）这里的理，是宇宙之本，世界万物皆生乎此。"未有天地之先，毕竟也只是理。有此理，便有此天地。若无此理，便亦无天地。无人无物，都无该载了。"（《朱子语类》卷一）同时，万物各有一理，皆体现了这个理。"合天地万物而言，只是一个理。及在人，则又各自有一理。"他有时将这个理称为"太极"。他说："太极只是天地万物之理。在天地言，则天地中有太极；在万物言，则万物中各有太极。"他所说的象是气之象，气分阴阳，阴阳是象，"阴阳只是一气"。气之变化，则分为阴阳，阴阳流行于天地万物之间，"无一物不有阴阳乾坤。至于至微至细，草木禽兽，亦有牝牡阴阳"。（《朱子语类》卷六十五）如日常生活之中所闻所见，皆分阴阳。"摇扇便属阳，住扇便属阴，莫不有阴阳之理。"人之呼吸，"嘘是阳，吸是阴"。理与气的关系是理气不分，"天下未有无理之气，亦未有无气之理"。（同上）若问先后，则先有理，后有气。"此本无先后之可言，然必欲推其所以来，则须说先有是理。""有是理，便有是气，但理是本。"若从形状言之，理是无形的，气是有形的。"理也者，形而上之道也，生物之本也；气也者，形而下之器也，生物之具也。"（《晦庵集》卷五十八《答黄道夫》）他所说的"数"是气的一种表现形式，气之变化而生物，万物皆有数。"盖所谓数者，只是气之分限节度处，得阳必奇，得阴必偶，凡物皆然。"（《朱子语类》卷六十七）因此，数、理、气是一致的："气便是数，有是理，便有是气；有是气，便有是数，物物皆然。"（《朱子语类》卷六十五）他举例说明，如水数六，雪片也是六个花瓣，这是自然之造化。如"龟背上中心有五条文，出去成八，外面又成二十四"，皆是自然形成的，非人力所为。正是在这个意义上，他说："数亦是天地间自然底物事。"朱熹讲理气数，与其画卦的理论是一致的。从宇宙衍化言之，理生阴阳之气，由阴阳之气而生四时，四时生阴阳刚柔八种物质，然后生万物。这个过程，既是气化流行，也是数的增殖。理生气，气生物。理是太极，太极是一。太极生阴阳之气，阴阳之气是二。这里一二是数，故阴阳是画卦的基础。他在解说伏羲画卦时，这样说道："诸公且试看天地之间，别有甚事？只是'阴'与'阳'两个字，看是甚么物事都离不得。只就身上体看，才开眼，不是阴，便是阳，密拶拶在这里，都不着得别物事。不是仁，便是义；不是刚，便是柔。只自家要做向前，便是阳；才收退，便是阴意思。才动便是阳，才静便是阴。未消别看，只是一动一静，便是阴阳。伏羲只因此画卦示人。"（《朱子语类》卷六十五）而自然界不单是阴阳，其变化又可分为阴阳，即阳中有阴阳，阴中亦有阴阳，以此再分，则至无穷。他用天气为例，认为天气变化可分为阴阳，由阴阳又可分为四时。他说："天地间只是一个气。自今年冬至到明年冬至，是他地气周匝。把来折做两截时，前面底便是阳，后面底便是阴。又折做四截也是如此，便是四时。"这是讲自然界气之变化，随着这种气之变化，其数也增多。即是一生二，二生四，以至无穷。正因为自然界变化无穷，故伏羲画卦至六十四卦。"若只就一阴一阳，又不足以该众理，于是错综为六十四卦，三百八十四爻。"对于这个问题，他又取人体和昼夜为例说明之。当有人问"自一阴一阳，见一阴一阳又各生一阴一阳之象，以图言之，'两仪生四象，四象生八卦'，节节推去，固容易见，就天地间着实处如何验得"时，他回答道："一物上又自各有阴阳，如人之男女，阴阳也。逐人身上，又各有这血气，血阴而气阳也。如昼夜之间，昼阳而夜阴也，而昼阳自午后又属阴；夜阴自子后又属阳，便是阴阳各生阴阳之象。"这里朱熹强调客观世界固有的数是画卦的基础，即伏羲画卦是由客观的气之变化所决定的。由于这个原因，他多次说明伏羲画卦并未耗费一丝精力，而皆是假借自然之数而画出。由此，他完成了伏羲画卦理论的建构。在其思想中既有卦画推衍，又有理论解说，前后贯通，自圆其说，弥补了程、邵之不足。这些解说从哲学上看虽未必合理，但朱子通过它们将先天之学变成了理学的一个重要组成部分，确立了先天之学在当时学术界的地位。

四、朱熹论其他象数学

就总体而言，朱熹易学之倾向，既重象数，又重义理，象数主邵氏之学，义理主二程之学。如其弟子陈淳所言："今晦庵先生《本义》之书，发挥邵图之法象，申明程传之旨趣，本末兼说，精粗具举。推本四圣所以述本然之义，而易道之盛至是无余蕴矣。"（《经义考》卷三十一引）陈氏言朱子兼邵子易、二程易，极为恰当。而用《本义》证之，则似欠妥。固然，《本义》前列有伏羲先天图及相关九图，但朱子阐发邵子思想之文字，主要见于《启蒙》。其主二程之学，不是《本义》之宗旨，《本义》立论是《易》本为卜筮之书。朱子易有义理之内涵，主要表现在他对二程学说的认同。即他接受了二程"理"这个概念并以之解说易之本原。同时，他通过读程氏易，对程氏义理之学给予较高的评价。他说："《易传》义理精，字数足，无一毫欠阙。"（《朱子语类》卷六十七）"《易传》难看，其用意精密，道理平正，更无抑扬。若能看得有味，则其人亦大段知义理矣。""已前解《易》，多只说象数，自程门以后，人方都作道理说了。"其《本义》虽不言义理，但也不排斥义理。他指出："某之《易》简略者，当时只是略搭记。兼文义，伊川及诸儒皆已说了，某只就语脉中略牵过这意思。"因此，他强调读《本义》时当与程氏《易传》相参照。他说："看《易》，先看某《本义》，却看伊川解，以相参照。"这一切都反映了朱熹对程氏义理之学的关注。

应当指出，朱熹所倡导的象数易学与义理之学主要指宋代的先天易与程氏易，而对宋以前的象数易和义理易皆有所批驳。他在《易学启蒙序》中指出：

近世学者类喜谈《易》而不察乎此，其专于文义者，既支离散漫而无所根著，其涉于象数者，又皆牵合附会，而或以为出于圣人心思智虑之所为也。

此处批判了易学中的两种倾向，一种是魏晋时玄学易不谈象数而专于文义，一种是汉象数易夸大象数作用，以象数强解经义，二者皆失之一偏。他说："自晋以来，解经者却改变得不同，如王弼、郭象辈是也。汉儒解经，依经演绎；晋人则不然，舍经而自作文。"（《朱子语类》卷六十七）因王弼和二程治《易》皆不取象，有相通之处，故朱熹重点用王弼和二程说批判汉儒象数。他在《易象说》中又指出："汉儒求之《说卦》而不得，则遂相与创为互体、变卦、五行、纳甲、飞伏之法，参互以求而幸其偶合，其说虽详，然其不可通者，终不可通；其可通者，又皆傅会穿凿而非有自然之势……故王弼曰：义苟应健，何必乾乃为马？爻苟合顺，何必坤乃为牛？而程子亦曰：理无形也，故假象以显义。此其所以破先儒胶固支离之失，而开后学玩辞玩占之方，则至矣。"（《晦庵集》卷六十七）

宋代易学以义理之学为主，但也有治汉易者。如朱震等人治《易》多取互体、卦变、纳甲、卦气等说。朱熹对此也一一否定。他说："朱震又多用伏卦互体说阴阳，说阳便及阴，说阴便及阳，乾可为坤，坤可为乾，太走作。近来林黄中又撰出一般翻筋斗互体，一卦可变作八卦，也是好笑。"（《朱子语类》

卷六十七）其中他专门对宋人互体说进行了批判。他说："王弼破互体，朱子发用互体。""互体自左氏已言，亦有道理，只是今推不合处多。""今人言互体者，皆以此为说，但也有取不得处也。如颐卦大过之类是也。"（《朱子语类》卷六十七）在朱震看来，一卦二三四五互体两卦，又伏两卦，即一卦可求四卦，而林黄中"便倒转推成四卦，四卦里又伏四卦"，此谓宋人互体。而朱熹认为，颐、大过两卦，二三四五皆相同，求不出四卦。因而与一卦互四卦说相违背，有"不得处"。

朱熹反对汉儒之象，他推崇的是卦画及与卦画相关的表示一定义理的简明之象。他说："盖其所谓象者，皆是假此众人共晓之物，以形容此事之理，使人知所取舍而已。"（《朱子语类》卷六十七）如《易传》言卦德，"易中取象，不如卦德上命字较亲近"。如他赞赏郑东卿易象说："郑东卿少梅说《易》象，亦有是者。如《鼎卦》分明是鼎之象，他说《革》为炉之象，亦恐有此理。'泽中有火，革。'☲上画如炉之口，五四三是炉之腹，二是炉之下口，初是炉之底。""郑东卿说《易》亦有好处。如说《中孚》有卵之象，《小过》有飞鸟之象。……盖《中孚》之象，以卦言之，四阳居外，二阴居内，外实中虚，有卵之象。又言《鼎》象鼎形，《革》象风炉，亦是此义。此等处说得有些意思。"当然，他也反对一味追求与卦符相似的象：若"《易》一书尽如此牵和附会，少闲便疏脱"。他认为正确取象方法是"学者须是先理会得正当道理，然后于此等些小零碎处收拾以相资益，不为无补"。

在取象方面，朱熹唯一不反对的是卦变说。他总结了前人
卦变说，提出了一整套卦变体系。其内容是以十二消息卦为生
卦之母，生出其他卦。"凡一阴一阳之卦各六，皆从复、姤而
来"。"凡二阴二阳之卦各十有五，皆自临、遁而来。凡三阴三
阳之卦各二十，皆自泰、否而来。凡四阴四阳之卦各十有五，
皆自大壮、观而来。凡五阴五阳之卦各六，皆自夬、剥而来。"
（《周易本义》卷首）详见下图：

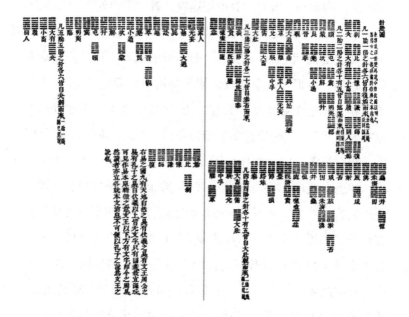

从其卦变体系而言，其生卦非常有规律，各类卦尽包含其
中。以往的卦变，由于注经需要，存有体例不统一的问题，如
虞氏卦变有特例。更有生卦之母区分不严的情况，如复姤与夬

剥、泰与否、临遁与大壮观相混杂。朱熹卦变说消除了卦变中的特例，严格区分了复姤与夬剥、泰与否、临遁与大壮观，将一阴一阳之卦归于复姤，将五阴五阳之卦归于夬剥，将三阳之卦归于泰，将三阴之卦归于否，将二阴二阳之卦归于临遁，将四阴四阳之卦归于大壮观。虽然生卦相同，但其侧重点不同。复姤所生的卦侧重一阴一阳，夬剥侧重五阴五阳，泰所生之卦侧重三阳，否所生之卦侧重三阴，临遁与大壮观生卦也类同，前者侧重二阴二阳，后者侧重四阴四阳。因此，所生卦虽相同，其爻之变化及其由变化而生出之卦序则异。从这个角度言之，朱熹卦变独具特色，不应当过分地指责其生卦的重复。

　　对于朱子卦变图，清儒黄宗羲指出了其中问题：首先，《易》之上下往来，皆以一爻升降为言，既有重出，则每卦必有二来，从其一则必舍其一，以《彖传》附会之，有一合必有一不合，就其所谓一来者尚有两爻俱动，并其二来则动者四爻矣"。再者，朱熹卦变重复烦琐。"朱子卦变图一阴一阳之卦各六，来自复姤；二阴二阳之卦各十有五，来自临遁；三阴三阳之卦各二十，来自否泰；四阴四阳之卦各十有五，来自大壮观；五阴五阳之卦各六，来自夬剥。一阴一阳与五阴五阳相重出，二阴二阳与四阴四阳相重出，泰与否相重出，除乾坤之外，其为卦百二十有四，盖已不胜其烦矣。"最后，卦变图与朱子《易》注前后矛盾。卦变图有主变之卦，朱熹注经时却弃而不用，有一卦自一卦变，有一卦自多卦变。"朱子虽为此图，亦自知其决不可用，所释十九卦《象》辞，尽舍主变之卦，以两爻相比者互换为变，讼则自遯（二三相换），泰则自归妹（三四互换），否则自渐（三四互换），随则自困（初二相换）、自噬嗑（五上相换）、自未济（初与二、五与上相换），蛊则自贲（初二相换）、自井（五上相换）、自既济（初与二、五与上相换），噬嗑则自益（四五相换），贲则自损（二三相换）、自既济（五上相换），无妄则自讼（初二相换），大畜则自需（五上相换），咸则自旅（五上相换），恒则自丰（初二相换），晋则自观（四五相换），睽则自离（二三相换）、自中孚（四五相换）、自家人（二与三、四与五相换），蹇则自小过（四与五相换），解则自升，升则自解（皆三四相换），鼎则自巽（四五相换），蹇则自涣（二三相换）、自旅（四五相换），涣则自渐（二三相换）。凡十九卦而主变者，二十有七，或来自一卦，或来自两卦三卦，多寡不伦绝无义例。”并且，“此十九卦中，朱子之所举者亦有未尽”。“其可以附会《彖》辞者，从而取之。其不可以附会《彖》辞者，从而置之。朱子云‘某之说却觉得有自然气象者’，安在也？”“《易》所谓往来上下者，自内之外谓往，自外之内谓来，上者上卦也，下者下卦也。今两爻互换，同在内卦，而谓之往，同在外卦而谓之来，同在上卦而曰下，同在下卦而曰上，即欲附会之，而有所不能矣，是朱子之卦变两者俱为无当宜乎，其说之不能归一也。”（以上所引见《易学象数论》卷二《卦变》三）黄氏所言，不无道理。当然，黄氏批评是立足以反对为卦变者，故有许多议论不无局限性。

有的学者以朱子卦变图与其注经不一致，提出朱熹卦变图不是朱熹所作。如清儒王懋竑和今人白寿彝等人有此种观点。[①]
今人萧汉明、张克宾、唐琳等，以大量证据证明了《周易本
义》之《卦变图》为朱熹作为。[②]

　　然而，朱熹卦变说并没有就此结束，而是在此基础上提出
了一套更为系统、更为严密的卦变思想。他在《易学启蒙》中
作卦变三十二图，其特点，是取乾，由乾一爻自下而上变为
姤、同人、履、小畜、大有、夬六卦，二爻自下而上变为遁、
讼、巽、鼎、大过、无妄、家人、离、革、中孚、睽、兑、大
畜、需、大壮十五卦，三爻自下而上变为否、渐、旅、咸、
涣、未济、困、蛊、井、恒、益、噬嗑、随、贲、既济、丰、
损、节、归妹、泰二十卦，四爻自下而上变为观、晋、萃、
艮、蹇、小过、蒙、坎、解、升、颐、屯、震、明夷、临十五
卦，五爻自下而上变为剥、比、豫、谦、师、复六卦，然后变
为坤。其中一阴五阳之卦始为姤，终为夬；二阴四阳之卦始为
遁，终为大壮；三阳三阴之卦始为否，终为泰；二阳四阴之卦
始为观，终为临；一阳五阴之卦始为剥，终为复。故由乾变
六十三卦，可视为先由乾变姤、遁、否、观、剥，然后由姤变
出一阴五阳之卦，由遁变出二阴四阳之卦，由否变出三阴三阳

①　见王懋竑《易本义九图考》，收于《白田杂著存稿》卷一，《四库全书》
　　本。白寿彝《周易本义考》，收于《国立北平研究院史学集刊》第一期，
　　1936 年。
②　见萧汉明《周易本义导读》，齐鲁书社，2003 年，第 28—31 页；张克
　　宾《朱熹易学思想研究》，人民出版社，2005 年，第 133—135 页；唐
　　琳《朱熹易学研究》，商务印书馆，2016 年，第 194—216 页。

之卦，由观变出四阴二阳之卦，由剥变出五阴一阳之卦，再由五阳一阴之卦变出坤。反之亦然。由坤逆变，坤变复、临、泰、大壮、夬，然后由复变出一阳五阴之卦，由临变出二阳四阴之卦，由泰变出三阳三阴之卦，由大壮变出四阳二阴之卦，由夬变出五阳一阴之卦。此为三十二图第一图，这其实就是朱子《本义》中的卦变图。

然后取第一图中的前三十二卦，以每卦变出六十三卦，共三十二图。如胡方平所言："三十图反复其变，悉如乾坤二卦变图例，每图各以第一卦为本卦，顺变将去则自初而终、自上而下，是由乾以至于坤。反之则又以末一卦为本卦，逆变转求则终而初，自下而上，是由坤以至于乾，一顺一逆，每图遂以两卦为本卦而成两图矣。合三十二图反覆则为六十四图矣。"（《易学启蒙通释》卷下）朱熹卦变说真可谓"其条理精密，则有先儒所未发者"，成为易学史上卦变说的最高峰。虽然如此，其卦变说与伏羲易比较并不那么重要。因为在他看来，易分为四个层次：自然之易、伏羲之易、文王之易、孔子之易。河洛之图属自然之易，伏羲先天卦是伏羲之易，伏羲易得之于自然之易。今本《易》六十四卦及卦爻辞属文王易，"十翼"属孔子易。而"卦变说非画卦作《易》之本旨，独于《彖传》之辞有用，而《彖传》乃孔子所作，属于后天之学"。[①]

而在数方面，朱熹除了注重对先天之数作阐发外，还在

---

① 余敦康《朱熹的易学思想》，《中国哲学史》1997 年第 4 期。

"《易》为卜筮之书"的论点支配下，系统地研究了后天之蓍数。他在《周易本义》卷首及《易学启蒙》之《明蓍策》《考变占》中，详尽论述了大衍筮法行蓍过程及其变占的规则。其方法本之《易传》中"大衍之法"："视其挂扐之奇偶以分所遇阴阳之老少，是为一爻。"按照胡方平解释："挂扐四五为奇，九八为偶，三奇为老阳，遇老阳者，其爻为口，所谓重也。二奇一偶为少阴，遇少阴者其爻为--，所谓拆也。二偶一奇为少阳，遇少阳者，其爻为一，所谓单也。三偶为老阴，遇老阴者，其爻为×，所谓交也。"（《易学启蒙通释》卷下）这种方法叫作"挂扐法"，因宋以前多用之，故朱熹称之为"旧法"。而郭雍等人提倡用过揲之数先求出七八九六，再由此定阴阳老少。这就是"过揲法"。朱熹称之为"近世之法"。虽然从结果而言这两种方法并无差别，但在朱熹看来二者相差悬殊。"挂扐法"得之于河洛之数，有奇偶之分，有自然之象；而"过揲法""无复奇偶之分"，"又皆参差不齐"，"无复自然之法象"，是"舍本而取末"，"去约以就烦"，"足见其说之误矣"。在变占问题上，朱熹详细地介绍了爻变诸种规定，如"凡卦六爻皆不变则占本卦彖辞，而以内卦为贞，外卦为悔"，"一爻变则以本卦变爻辞占"，"二爻变则以本卦二变爻辞占，仍以上爻为主"。至此，朱熹将筮占功能落到了实处，恢复了《周易》本来的面貌。值得说明的是，朱熹所讲的数，除了河洛之数、伏羲卦数外，就是用于筮占之蓍数，这个蓍数属于后天之数。另外，朱熹的象数是一体的，就后天而言，其卦变说除了可以解说卦爻辞外，更重要的是为筮占而设。一卦可变为六十四卦，六十四卦可变为四千零九十六卦，变占结果皆不外乎此。他在《易学启蒙·考变占》中明言："于是一卦可变六十四卦，而四千九十六卦在其中矣。所谓'引而伸之，触类而长之，天下之能事毕矣'。岂不信哉？今以六十四卦之变列为三十二图，得初卦者，自初而终，自上而下；得末卦者，自终而初，自下而上。变在第三十二卦以前者，占本卦爻之辞；变在第三十二卦以后者，占变卦爻之辞。"由此可见，朱熹象数思想由先天而后天，由数而象，前后连贯，相互表里，构成了一个完整的易学体系，成为宋代最为严密、影响最大的易学重镇。

五、朱熹易学的地位及其影响

朱熹倾其一生，孜孜以求，潜心学问，以宏大的学术视野和卓越的胆识，通过梳理和整合前人研究成果和儒家经典，重构了博大的理学体系，成为理学集大成者。对于宋以后政治和学术产生了深远的影响。由于动荡的时局和政治昏暗，朱子理学曾遭学禁，受到压抑，但朱子理学传承和发展了北宋以来形成的新儒学，具有强大的生命力。如《宋史》所言："后之时君世主，欲复天德王道之治，必来此取法矣。"（《道学传》）。庆元学禁结束以后，朱熹与周敦颐、程颐、张载、张栻一并获得谥号。朱熹谥"文"，称朱文公。后追赠中大夫、宝谟阁直学士等。《论语集注》《孟子集注》列入学官。理宗时，朱熹被赠太师，追封信国公，改封徽国公，从祀孔庙。元代帝王诏建朱熹庙，封齐国公。元代恢复科举，将《四书集注》及朱熹其他经注纳入科举考试。明代修《四书大全》《五经大全》《性理大全》，收录了朱熹著作及后人解释朱熹的著作，清代修《四库全书》也收录了很多朱熹及研究朱熹的著作。不仅如此，朱熹理学著作还传播海外。如朝鲜半岛、日本在官方提倡下，研究朱子者大有人在，形成了"朱子学派"。

就学术而言，朱熹通过聚徒讲学，培养了大批的学生，据今人统计，在《文集》中与朱熹有书信往来者达二百余人，《朱子语类》中姓名可考语录笔录者达九十多人。[①]朱熹这些学生对于研究和传播其理学，起到了很大作用，从而确立了理学在学界的地位。如朱熹弟子黄榦指出：

> 道之正统，待人而后传。自周以来，任传道之责，得统之正者，不过数人，而能使斯道章章较著者，一二人而止耳。由孔子而后，曾子、子思继其微，至孟子而始著。由孟子而后，周、程、张子继其绝，至先生而始著。（《朱子行状》）

朱子后学黄震指出：

---

① 侯外庐等主编《宋明理学史》，人民出版社，1984年，第423页。

　　六经之文皆道。秦汉以后之文鲜复关于道，甚者害道。韩文公是复古文，而犹必尽纯于道。我朝诸儒始明古道，而又未尝尽发于文。晦庵先生表彰四书，开示后学，复作《易本义》，作《诗传》，面授作《礼经疏义》，且为《春秋》本鲁史旧文，于是明圣人正大本心，以破后世穿凿。……其剖析性理之精微，则日精月明；其穷诘邪说之隐遁，则神搜霆击。(《黄氏日钞》)

《宋史》亦云：

　　迄宋南渡，新安朱熹得程氏正传，其学加亲切焉，大抵以格物致知为先，明善诚身为要，凡《诗》、《书》、六艺之文，与夫孔孟之遗言，颠错于秦火，支离于汉儒，幽深于魏、晋、六朝，至是皆焕然而大明。(《宋史·道学传》)

　　黄榦、黄震等人对朱子的评价虽多为溢美之词，但从儒学发展的角度看，朱熹秉承北宋以来儒者提出的道统说，排斥异端，确立了儒家道统地位的合法性。在这个意义说，他们的评价符合历史事实。其实，朱熹于经学与思想的贡献不仅在于他承袭前人，重构了儒家道统说，更重要的是他以渊博的知识和卓绝的洞察力，以理学为视域，省察和整合了他之前的儒家经典尤其是北宋以来儒学研究的成果。他通过反复研读儒家经典文本、注解文本、讲学及与学者交流等方式，形成了其独特的解经和读书的方法，以此方法建构了贯通天人、以心性为主要内容的极其博大的理学思想体系，巩固和确立了北宋以来开创的经学研究新学风，开创了不同前人的经学研究新范式。如葛兆光所说："通过经典诠释、历史重构以及对思想世俗化的努力，再度确立了所谓道统。""重新突显作为思想依据的经典，指示了理解经典意义的新的途径。""通过思想史的一系列具体化和世俗化的努力，朱熹使那些本来属于上层士人的道德与伦理原则，渐渐进入了民众的生活世界。"①

从易学角度言之，朱熹坚持以义理解《易》的方法，并以此方法总结和反思了北宋以来的易学，吸收了周敦颐、程颐、张载、邵雍的易学思想，深化和发展了北宋以来以程氏为主的儒家义理易学，建构了以太极或理为核心的易学思想体系。如朱伯崑先生所说："朱熹的易学及其哲学在宋代易学史和哲学史上都占有重要的地位。他站在义理学派的立场，对北宋以来的易学和哲学的发展做了一次总结。他批判地吸取了各家的观点，以程氏易学为骨干，融会各家的长处，建立起一个庞大的体系。……他阐发了程颐的假象以显义说，提出《易》只是个'空底物事'，进一步将《周易》中的卦爻辞和卦爻象抽象化和逻辑化。他吸收了图书学派的中五太极说和朱震的大衍之数说，以卦爻象为太极之数自身的展开，从而丰富和发展了程

---

① 葛兆光《中国思想史》第二卷，复旦大学出版社，2011年，第225—234页。

颐的体用一源说，在哲学上完成了理本论的体系。他还吸收了邵雍的加一倍法，说明太极自身展开为卦爻象的过程，用来丰富其本体论的体系。他还吸收了张载和朱震易学中的阴阳二气说，以二气变化的法则解释物质世界变化的规律，发展了程颐的阴阳无始说。最后，他以体用一源的本体论观点，解释了周敦颐的太极图说，将汉唐和北宋以来的易学哲学中的宇宙生成论的体系，转变为本体论的体系。对儒家哲学的发展作出了自己的贡献。"① 更为可贵的是，朱熹以超凡的洞察力和深刻的理解力发现了易学研究出现的缺乏历史意识、重义理而疏象数之偏向，分析出现此种偏向的原因，即北宋易学家误读孔子《易传》。然后，他将《周易》置于其成书的历史语境之中，以大量的历史事实为据，重新确立了《周易》为卜筮之书，以此出发，继承和融合了刘牧和邵雍的象数思想，将河图洛书、先天卦作为易学源头加以探讨，确立了以图书之学为主要内容的象数之学在易学中的地位。并将其落实在注释经文之中，即在关注义理的同时，更关注卜筮象数，力图由卜筮语境中形成的图书之学之象数开显出深邃之义理，克服孤立研究易学文本的倾向，纠正了当时易学研究不重象数、轻视卜筮而偏向义理的弊端，使易学走向象数义理相结合的合理轨道，重新回归到《易传》所开创的兼顾象数理占的研究思路。并以此建构了象数义理相结合的易学体系，对后世易学产生了深远的影响。朱熹易

---

① 朱伯崑《易学哲学史》第二卷，华夏出版社，1995 年，第 416 页。

学成为后世易学家研究易学的圭臬。

　　朱熹强调以历史发展的眼光对待易学研究，融合象数与义理方法注《易》，毋庸置疑。但是，他与北宋刘牧、邵雍类似，将河图洛书、先天卦视为伏羲时代产物，是八卦产生的源头。从现有文献看，似乎缺乏确实的证据。此点是我们不能忽视的。

第五章　朱熹象数易学的承传与阐扬

　　朱熹所建立起的庞大的理学体系，作为封建社会的舆论工具，统治了中国思想界七八百年，其影响至深至远。究其原因，除其思想适应了封建统治阶级的需要而受到尊崇外，还有一个原因，就是他广收门徒，长期讲学，培养了众多的学生。通过这些门人及再传弟子的传授和阐发，朱子之学发扬光大。就其易学而言，朱子言河图洛书及蓍占，其后学凡言《易》者皆于图书之学及蓍占下功夫。清儒皮锡瑞指出："朱子以程子不言数，乃取河洛九图冠于所作《本义》之首，于是宋元明言《易》者，开卷即说先天后天。"(《经学历史·经学变古时代》)在朱熹的后学中，能传授和阐扬其象数学者，在宋代当推蔡元定父子，《宋元学案·九峰学案》称："蔡氏父子、兄弟、祖孙皆为朱学干城。"同时，董楷、胡方平等人对传授朱子象数易学亦有很大的贡献。四库馆臣云："方平及子一桂皆笃守朱子之说。"(《四库全书总目》)

一、蔡元定论河洛先天之学

　　蔡元定（1135—1198），字季通，建州建阳（今福建建阳）

人。早年从父蔡发授程氏《语录》、邵氏《经世》、张氏《正蒙》。后闻朱熹之名，而师从之。元定博学，与朱熹对榻讲论诸经奥义，每至夜分。朱熹并未视其为门生，而是说"此吾老友也，不当在弟子之列"（《宋史·蔡元定传》）。尤袤、杨万里曾推荐他为官，他以有病而推辞，登西山筑室，发奋读书，学者称为"西山先生"。当时韩侂胄专权，设伪学之禁。朱熹与蔡元定皆为所谓伪学主要代表人物，故首先受到攻击的是朱熹，蔡元定受牵连被发配道州。他一生"于书无所不读，于事无所不究，义理洞见大原，下至图书，礼乐，制度，无不精妙。古书奇辞奥义，人所不能晓者，一过目辄解"。（同上）他曾协助朱熹著书立说。"熹疏释《四书》及为《易》《诗》传、《通鉴纲目》，皆与元定往复参订；《启蒙》一书，则属元定起稿。"（同上）其平生问学，多记载于朱熹文集之中。撰有《大衍详说》《律吕新书》《燕乐》《原辨》《皇极经世要》《太玄潜虚指要》《洪范解》《八阵图说》等，其中《经世指要》《大衍详说》《易学启蒙》是易学著作。

蔡元定的河洛思想主要见于《易学启蒙》，如前所言，《易学启蒙》是朱熹和蔡元定合作撰写的，由蔡氏起稿。其书代表了朱子和蔡氏两人的观点，此不再复述。书中也引了蔡元定的话，这些话基本的观点是以十为河图，以九为洛书，但两者又相互表里，出于一理。伏羲据河图而作《易》，出自天意。这与律吕数和干支数相类似，二者虽有别而相通。他说："古今传记，自孔安国、刘向父子、班固皆以为河图授羲、洛书锡禹。关子明、邵康节皆以十为河图、九为洛书。盖《大传》既陈天地五十有五之数,《洪范》又明言'天乃锡禹洪范九畴',而九宫之数,戴九履一,左三右七,二四为肩,六八为足,正龟背之象也。……伏羲但据河图以作《易》,则不必豫见洛书,而已逆与之合矣。大禹但据洛书以作《范》,则也不必追考河图,而已暗与之符矣。其所以然者,何哉?诚以此理之外无复他理故也。然不特此尔。律吕有五声十二律而相乘之数究于六十。日名有十干十二支,而其相乘之数,亦究于六十,二者皆出于《易》之后,其起数又各不相同,然与《易》之阴阳策数多少自相配合,皆为六十者,无不合若符契也。下至运气,参同、太乙之属虽不足道,然亦无不相通,盖自然之理也。假令今世复有图书者出,其数亦必相符,可谓伏羲有取于今日而作《易》乎。《大传》所谓'河出图洛出书,圣人则之'者,亦泛言圣人作《易》作《范》,其原皆出于天之意。"(《易学启蒙·本图书》)他又批判了刘牧以九为河图,以十为洛书,及河洛同出于伏羲之世的观点。他说:"惟刘牧臆见以九为河图、十为洛书,托言出于希夷,既与诸儒旧说不合,又引《大传》,以为二者皆出于伏羲之世。其易置图书,并无明验,但谓伏羲兼取图书,则《易》《范》之数诚相表里,为可疑耳。其实天地之理一而已矣,虽时有古今先后之不同,而其理则不容于有二也。"(同上)蔡氏这些思想与朱子是一致的,只是朱子从数的排列及特点等方面详细地论述了河图洛书的区别与联系,印证了河图是伏羲画卦之依据,即"是其时虽有先后,数虽有多寡，然其为理则一而已。但《易》乃伏羲之所先得乎图，而初无所待于书。《范》则大禹之所独得乎书，而未必追考于图耳"。（同上）

应该说，关于图书尤其是河图是作《易》之根据，朱熹、蔡元定与刘牧等人观点基本一致，最大的分歧是对于河图、洛书内涵的理解。刘牧以五行数推出洛书（十数图）本于《尚书·洪范》，《洪范》最早言五行，用五行生成数加以排列即十数图（即今河图），又根据《系辞》"参伍以变，错综其数"推出数纵横皆为十五之图为河图（九数图）。而且这种说法从陈抟《龙图序》中可以得到印证，按陈氏《龙图序》，三变之后所得的龙图是九数图（今洛书）。程大昌、朱震等人皆沿袭此说。朱熹、蔡元定等人则从孔安国所说的"洛书，禹治水时神龟负文而列于背，有数至九"及关子明所说的"河图之文，七前六后，八左九右。洛书之文，九前一后，三左七右，四前左，二前右，八后左，六后右"推断河图是十数图，洛书是九数图，并以邵子所谓"圆者河图之数，方者洛书之文"为证。两种观点各执一端，孰是孰非，有待进一步研究。

蔡氏象数易的另一个内容是对邵氏易的研究。邵氏先天学之奥秘经过邵伯温、王湜、张行成、祝泌等人解说而显于世。朱子对其先天易学加以阐述，解决了伏羲画卦及先天图排列的问题。而朱子这些成就与蔡元定是分不开的，表现在蔡元定参与了《易学启蒙》的撰写；此书中对邵氏易的看法是由蔡元定改定的。如朱熹说："《启蒙》中欲改数处，今签出奉呈，幸更审之，可改即改为佳，免令旧本流布太广也。"（《晦庵续集》卷二《答蔡季通》）当然蔡氏有许多观点与朱子不同，未写入《启蒙》中，如蔡氏主张伏羲先天图与六日七分说相合，因朱子极力反对而未被采纳。

蔡氏研究邵氏易的另一个成果是他的《皇极经世指要》。该书以《易》解说邵氏之学，皆得其要，某些方面远超过邵伯温的注释，故而成为学者学邵氏易必读之书。宋末黄端节说："西山先生始终以《易》疏其说，于是微显阐幽，其说大著。学者由蔡氏而知《经世》，由《经世》而知《易》，默而通之可也。"（明徐必达编《邵子全书》卷二十四附录）清代邵氏易学专家王植也说，《皇极经世指要》中"《纂图指要》所疏最为醒畅，较邵伯子之说更优。故各图说一以西山为主"。（《皇极经世全书解·例言》）

二、蔡渊论象数

蔡渊（1148—1236）是蔡元定长子，字伯静，号节斋。其著作有《周易经传训解》《易象意言》等。其既有家学，又师从朱子。如四库馆臣所言："阐发名理，多本师传，然兼数而言，又西山之家学也。"（《四库全书总目·经部·易类三》）从象数角度言之，蔡渊主要论述了先天之学及卦变说。

首先，他继承了邵氏以来的传统，将易学分为先天之学和后天之学，认为先天易与后天易有着本质的区别：伏羲易在先，象征二气消长，含有万物造化生物之理，而文王易在后，象征万物盛衰，含有造化运行之理。他说："伏羲八卦之序，以二气消长成。文王八卦之序，以万物盛衰成。伏羲八卦是造化生物之理，文王八卦是造化运行之理。"（《易象意言》）两种卦各有其特点，前者为对待，体静而生，吉凶悔吝由此定。后者为流行，体动而成，吉凶悔吝奉乎天。如他所说："伏羲八卦，对待也。体静而生，则吉凶悔吝由乎我，故曰先天。文王八卦，流行者也。体动而成，则吉凶悔吝奉乎天，故曰后天。"但二者又不是互不相干，而是互相为用的。"是知主对待者，必以流行为用；主流行者，必以对待为用。学者不可不察也。"

然后，他概述了《易学启蒙》所说伏羲画卦过程。在《易学启蒙》中朱子曾运用加一倍法详细地推出伏羲六十四卦，即用易符号叠加，自一画之卦，推出六画之卦，完成了由数到卦符的转换。蔡渊将这个过程归纳为"六倍"。三倍而成三画卦八，又三倍而成六画卦六十四。他说："—者，奇也，阳之数也。--者，偶也，阴之数也。伏羲氏画—以象阳，画--以象阴。见阴阳之中，各复生阴阳，故再倍而三，为卦者八，所谓小成者是也。因而重之，故三倍而六，为卦者六十有四。"

然而，在画卦的问题上，蔡氏没有将朱子叠加法贯彻到底。在回答伏羲如何取法河图而画卦时，他又提出伏羲画卦，取河图一而画乾☰，取河图二而画坤☷，且把天地变化归于河图之数。他说："夫河图之数自一至十，一三五七九为阳，二四六八十为阴，一者阳之始，二者阴之始，故吾人取一以画三乾，取二以画☷坤。造化之道，气有二，而行有五，一三五七九者阳之行，二四六八十者阴之行也。……故夫子总天之五数得二十五，总地之五数得三十，盖言阴阳之所以成变化行鬼神者在乎五也。"由此可以看出，蔡渊对朱子思想的理解还不够透彻，其把握也不够准确。

同时，他还以朱子的本体论解释太极生八卦。以这种观点，太极生万物，万物又各是一太极。太极与两仪、四象、八卦之关系也是如此。一方面太极生两仪、四象、八卦；另一方面两仪、四象、八卦中又体现了太极。他指出："'易有太极，是生两仪，两仪生四象，四象生八卦。'观夫子立此数语，则知所以生者，不皆在未两仪之太极。故先师谓一每生二，一者太极也。太极生两仪，则太极便在两仪中，故曰'两仪生四象'。及生四象，则太极便在四象中，故曰'四象生八卦'。及生八卦，则太极便在八卦中。以是推之，则太极随生而立，若无与于未生两仪之太极也。"这是对朱熹观点的转述。在《朱子语类》中有类似的思想。

在易数问题上，他解释了天数与地数之作用。邵氏在《观物外篇》中曾论述了天地圆方之数。天地有形，天圆地方。而圆方生成皆有数。圆者径一围三，方者径一围四。邵氏以此数为基础，推出天地变化之数，朱熹与蔡元定在《易学启蒙》中用这个观点说明河洛之数。《易学启蒙》曰："凡数之始，一阴一阳而已矣。阳之象圆，圆者，径一而围三。阴之象方，方者，径一而围四。围三者以一为一，故参其一阳而为三。围四者以二为一，故两其一阴而为二，是所谓参天两地者也。三二之合，则为五矣。此河图洛书之数所以皆以五为中也。"简单地说，即三是三个一，四是两个二，故有三有二，三二相加即为五，故河洛以五为中。蔡渊用这种方圆形体数所构成的关系证明了天地之数之体用。他指出："天数一，一中有三，以象言之，则圆者径一围三；地数二，二中有两，以象言之，则方者径一围四，此天地之所以分也。"受历史条件的局限，古人用视觉观察天地，得出天圆地方之结论。蔡渊取其数而说明天地之区分，但是这种区分不是绝对的，而是互相包含，相互转化，故蔡氏认为"纵而数之，一中有三，横而数之，一中有四。三之中各有四，四之中各有三"。用天数三乘四，或用地数四乘三，"此天地之数所以同十二也"。而从行蓍看，四十八策分为四份，一份为十二。而乾之策三十六，是存一份而用三份（ $12 \times 3 = 36$ ），坤之策二十四，是存两份而用两份（ $12 \times 2 = 24$ ），从而证明了天数体一而用三，地数体二而用两。这就是他所说的"四十八蓍以十二约之为四。存一以为体，分三以为用，故天数体一而用三；存二以为体，分一以为用，故地数体二而用两也"。蔡氏这种将筮法与天地圆方之数相印证的方法，又是对朱子未尽之意的阐发。朱子在论大衍筮法归奇于扐时指出："揲蓍之法，则通计三变之余。去其初挂之一，凡四为奇，凡八为偶，奇圆围三，偶方围四，三用其全，四用其半，积而数之，则为六七八九。"（《周易本义》卷三）此所说"三用其全"是指用十二;"四用其半"是指用二十四。朱子着眼于"奇",蔡氏着眼于行蓍的结果,二者虽角度不同,其实讲的是一个问题。

朱熹反对汉儒象数,唯不反对其卦变说。他根据宋以前诸家卦变说,创立了一套富有逻辑性的卦变体系,用此注解《周易》。蔡渊笃信卦变说,并考之于《彖传》。他认为在《彖传》中卦变有两义。一是言刚柔上下往来者,有《随》《蛊》《贲》《咸》《恒》《损》《益》《涣》八卦。它们皆三阴三阳之卦,是由乾坤上下交往而来。"乾刚交坤而成震坎艮,坤柔交乾而成巽离兑,故言刚来刚下者明乾刚在上而下交坤。言柔来柔下者明坤柔在上而下交乾也。若刚上之与柔上之则又乾刚在下而上交坤,坤柔在下而上交于乾者也。是皆本诸乾坤之交而互取之耳。"(《易象意言》)一是言刚来者,有《讼》《无妄》两卦。此为四阳二阴之卦。"非乾坤上下交者,故乾体居上不动,而所以为坎,为震之刚者,皆自外来也。"唯蔡氏主互体说,与朱子不同,他说:"后世互体之说不可谓全无义理,特其附会穿凿而流于术,所以不可用也。"蔡氏之言不无道理。其实朱子反互体而注《易》则用之,《本义》注《大壮》言"卦体,似兑",即互体,只是未明言也。如四库馆臣评蔡氏《易象意言》时所说:"其中惟不废互体,与朱子之说颇异。考互体之法,见于《左传》庄公二十二年,陈侯筮,遇《观》之《否》曰:'风为天于土上,山也。'杜预注曰:'自二至四有艮象,艮为山也。'是周官太卜旧有是法矣。顾炎武《日知录》曰:'朱子《本义》

不取互体之说，惟《大壮》六五云：'卦体似兑，有羊象焉。'不言互而言似，此又创先儒所未有，不如言互体矣。'然则朱子特不以互体为主，亦未尝竟谓无是理也。渊于师说可谓通其变而酌其平矣。"（《四库全书总目》卷三）

三、蔡沉论洛书数

蔡沉（1167—1230），蔡元定次子，字仲默。隐居九峰，屡荐不仕，学者称为九峰先生。少承其父学，师从朱熹，精研《尚书》，著成《书经集传》《洪范皇极》二作。前者是遵朱熹之嘱而作，"熹晚欲著书传，未及为，遂以属沉"（《宋史·蔡沉传》）。后者是受父之托，"沉潜反复者数十年，然后成书，发明先儒之所未及"。此书虽属解说《洪范》之作，其实是借《洪范》阐发河洛之数。朱子、蔡元定在《易学启蒙》中曾提出：河图十、洛书九，河图圆象天，洛书方象地。伏羲画卦本于河图，大禹作《洪范》本于洛书，二者虽异，但其理一致，故而"逆与之合"，"暗与之符"。由于二者相互联系，相互包含，"是则洛书固可以为《易》，而河图亦可以为《范》矣"。蔡沉阐发了朱子及其父的思想，认为河图与洛书既有异又有同。其异表现在河图洛书形式不同，分属两个系统。他指出：

河图体圆而用方，圣人以之而画卦。洛书体方而用圆，圣人以之而叙畴。卦者阴阳之象也，畴者五行之数也。象非偶不立，数非奇不行。奇偶之分，象数之始也。
（《洪范皇极内篇》卷二）

在此，他一方面沿用圆方说，区分了河图洛书；另一方面又用了本于河洛的《易》《范》，认为河图生《易》之象，洛书生五行数，二者最大区别是象与数。而就其数而言，河图主偶，洛书主奇。此是用奇偶来取代九、十，以说明二者数之不同。然后，他用《易》《范》形成时奇偶数之变化进一步论证二者不同：《易》形成是由二而四，四而八，八重之而六十四，六十四重之而四千零九十六。《范》形成是由一而三，三而九，由九而八十一，八十一重之而六千五百六十一。这就是他所说的"体天地之撰者，《易》之象；纪天地之撰者，《范》之数。数者始于一，象者成于二。一者奇，二者偶也。奇者数之所以行，偶者象之所以立。故二而四，四而八，八者，八卦之象也。一而三，三而九，九者，九畴之数也。由是重之，八八而六十四，六十四而四千九十六，而象备矣。九九而八十一，八十一而六千五百六十一，而数周矣"。（《洪范皇极内篇序》）蔡沉论《易》之成，用的是邵氏"加一倍法"，而论《范》之成则是用汉扬雄《太玄》数。朱熹对邵氏加一倍法和扬雄《太玄》数及二者关系皆有论述，但用它们来论证河洛之不同，当是蔡氏的心得。

但是，河图洛书之区分只是相对的，如说二者之别在奇偶，是就其作用而言的。其实二者各有奇偶，相互联系，表现了天地万物生化无穷。蔡沉解释说：

河图非无奇也，而用则存乎偶。洛书非无偶也，而用则存乎奇。偶者阴阳之对待乎，奇者五行之迭运乎！对待者不能孤，迭运者不可穷。天地之形，四时之成，人物之生，万化之凝，其妙矣乎！（《洪范皇极内篇》卷二）

此言河图为偶、洛书为奇，反映了天地万物变化规律。所谓"偶"是"阴阳之对待"，即今日哲学中的矛盾对立。所谓"奇"是"五行之迭运"，即今日哲学中的转化。由于事物内部的"对待"和"迭运"，才使大千世界生生不息，变化莫测。这是说河洛从作用看，虽有奇偶之分，但是在事物发展变化中二者不可分割，共同起作用。进而，他从动静和体用两对范畴出发，解释了河图洛书之间的关系。他指出：

数者，动而之乎静者也。象者，静而之乎动者也。动者用之所以行，静者体之所以立。清浊未判，用实先焉。天地已位，体斯立焉。用既为体，体复为用，体用相仍，此天地万物所以生化而无穷也。（《洪范皇极内篇》卷二）

在他看来，河图洛书有不同的趋向：洛书是由动至静，河图是由静至动。但在其生物中表现出的是体用相互转化。动为用，静为体，"用既为体，体复为用，体用相仍"。因此，二者相辅相成，殊途而同归。如他所言："然数之与象，若异用也，而本则一；若殊途也，而归则同。不明乎数，不足语象；不明

乎象，何足以知数，二者可以相有，不可以相无也。"(《洪范皇极序》)

由是观之，蔡沉关于河洛关系的思想，不是着眼于河洛数本身之排列及含义，而是将河洛置于事物生成发展变化之中，探讨其区别与联系。从其内容而言，是对朱子、蔡元定思想的补充和升华。同时，他在论述二者关系时，与朱子一样，也采用辩证的思维，既言区别，又言联系。所不同的是，他使用了奇偶、象数、动静、体用等一系列具有抽象意义的概念，并运用这些概念内在的关联，层层递进，即由奇偶到象数，由象数到动静，由动静到体用，从而阐明了河洛二者的关系，这种论证的方法，与朱熹及蔡元定相比，大大前进了一步。当然，不可否认，他的这些概念及思想源于前人的思想成果。如他使用了"对待"、"迭用"说明河洛之不同。在他之前，朱子已用"对待"、"流行"论述阴阳关系。而其兄蔡渊则用"对待"、"流行"区分先天八卦和后天八卦。又如，他讲奇偶。朱子曾用"生数"、"奇数"言河图洛书。朱子等人所用的这些概念，与蔡沉所使用的概念皆有着某种关联。因此，蔡沉关于河洛的思想是在其父及朱门易学氛围的长期熏陶下，加上个人主观努力而形成的。

另外，还应当说明的是，蔡沉并未将河图洛书等量齐观，一视同仁，而是更加突出洛书数。他认为虽然二者在事物发展变化中共同起作用，但若论其先后轻重，则数比象更为根本。因为洛书是阳、是动，而河图是阴、是静，阳动为用，阴静为体。在世界浑沌之时，"用实先焉"，即先有数之阳动，后有象之阴静。他说："流行者，其阳乎；成性者，其阴乎。阳者，数之生也；阴者，象之成也。"（《洪范皇极内篇》卷二）这是说先有数之流行，后有天地万物之象。于此他曾明确解释说："九者，生数也；十者，成数也。生者，方发而未形；成者，已具而有体。……生居物先，成居物后，故能为奇，故能为偶。"因此，在他心目中，"数"是宇宙之本，万物生成发展变化的动因是数之流行。他说："嗟夫，天地之所以肇，人物之所以生，万事之所以得失者，亦数也。数之体著于形，数之用妙于理，非穷神知化独立物表者，曷足以与此哉！"（《洪范皇极序》）这是他崇尚洛书数的一个原因。另外，他认为河图及由河图而创作的《易》传授不绝，而洛书数失传，故使学者将河洛混淆，他说："《易》更四圣而象已著，《范》锡神禹而数不传，后之作者，昧象数之原，窒变通之妙，或积象以为数，或反数而拟象，《洞极》有书，《潜虚》有图，非无作也，而牵合傅会，自然之数，益晦蚀焉。"

　　基于此，蔡沉创立了洛书数的体系。其方法采用乘法，由一推三，由三推九，由九推八十一，由八十一推六千五百六十一。他说："数始于一，参于三，究于九，成于八十一，备于六千五百六十一。八十一者，数之小成也。六千五百六十一者，数之大成也。天地之变化，人事之始终，古今之因革，莫不于是著焉。是一九而九，九九而八十一，八十一而七百二十九。二九十八，十八而百六十二，百六十二而一千四百五十八。三九二十七，二十七而二百四十三，二百四十三而二千一百八十七。四九三十六，三十六而三百二十四，三百二十四而二千九百一十六。五九四十五，四十五而四百有五，四百有五而三千六百四十五。六九五十四，五十四而四百八十六，四百八十六而四千三百七十四。七九六十三，六十三而五百六十七，五百六十七而五千一百有三。八九七十二，七十二而六百四十八，六百四十八而五千八百三十二。九九八十一，八十一而七百二十九，七百二十九而六千五百六十一。"（《洪范皇极内篇》卷二）蔡氏作"九九圆数图"表示他所推衍出的洛书数之排列，图如下：

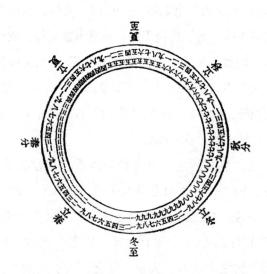

他如此推衍，其用意在于把握事物之变化、社会之治乱、人生之福祸。照他的观点，既然天地万物皆按数而生成变化，那么其中善恶吉凶、兴亡之事必然可以据数预测之。他

说："然则数者，圣人所以教天下后世者也。国家将兴，必有
祯祥；国家将亡，必有妖孽。善必先知之，不善必先知之，因
天下之疑，定天下之志，去恶而就善，舍凶而趋吉，谒焉而无
不告也，求焉而无不获也。"为了达到以数济世的目的，他以
算畴的形式表达到了九九八十一个数，并命名作辞。还对其筮
法作了介绍，即"其著五十虚一，分二挂一以三揲之，视左
右手，归余于扐，两奇为一，两偶为二，奇偶为三，初揲纲
也，再揲目也"，由此他建立了一整套以数为核心的新的筮占
体系。

　　蔡氏在此所用的方法显然是受到了邵氏加一倍法的影响，
故其体系的建立也近似邵氏的先天之学。邵氏数由一而八，由
八而六十四，由六十四而四千零九十六。而他的范数则由一而
三，由三而九，由九而八十一，由八十一而六千五百六十一。
邵氏有以卦构成的先天图，而蔡氏用算畴构成"范数之图"，
二图如下：

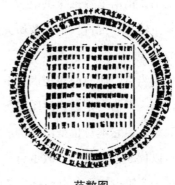

易象图　　　　　　　　　　范数图

当然，从其内容而言，吸收了卦气说、汉扬雄《太玄》、焦延寿易说等。如四库馆臣所言："沈作是书附会刘歆河图洛书相为表里、八卦九章相为经纬之说，借《书》之文以拟《易》之貌，以九九演为八十一畴。仿《易》卦八八变六十四之例也。取月令节气分配八十一畴，阴用孟喜解《易》卦气值日之术也。其揲蓍以三为纲，积数为六千五百六十一，阴用焦赣六十四卦各变六十四卦之法也。大意以《太元》《元包》《潜虚》既已拟易，不足以见新奇，故变幻其说，归之《洪范》，实则朝三暮四、朝四暮三，同一僭经而已矣。"（《四库全书总目·洪范皇极内篇提要》）

总之，蔡沉易学，一方面将图书之学作为重点，区分河图洛书，视河图为《易》之本，洛书为《洪范》之本，并探讨了二者在万物生成发展变化中相辅相成的作用，继承和阐扬了朱子的观点。另一方面，他又独出心裁，仿照朱子的思路（以《易》为卜筮之书，由河图推先天易），视《洪范》为卜筮之书，由洛书数推《洪范》，建立了以洛书数为核心的《洪范》筮占体系，把古代洛书数研究推向高潮，丰富和发展了朱子象数易学。

当然，他的许多观点是牵强附会的，如他用象数区分河图洛书，即洛书是数、河图是象，是不恰当的。河图固然可以代表象，但它本身也是由数构成的。洛书是由数构成的，然而它可以代表万事万物，故也可称为象。又如，他把《洪范》看作是一个筮占体系，也不符合《洪范》的本义。

四、林至对朱熹象数易学的扬弃

林至，南宋松江府（今上海）人，字德久，宋淳熙年间进士，官至秘书郎，从学于朱熹。在朱熹《文集》中有《答林德久书》，记载了他与朱熹讨论易学问题的情况。其著作《易裨传》，《宋史·艺文志》作一卷，《文献通考》著录为二卷并附外篇。

林至继承了朱熹的易学传统，不满于宋一代象数易学，认为当时易学家谈象数而自出心裁，任意杜撰："或出己智，或撫先儒之说，牵合附会，似若可听者，然其巧愈甚，其失弥远，不知《易》之谓象数者，初不若是其纷纷也。"（《易裨传序》）为了匡正当时象数易学之弊，他以《易传》作为尺度权衡之，凡是《易传》所言者则属正宗的象数易学，凡是《易传》未言者则属易外别传，或是附会之说。

如是，他厘正了当时流行的象数易学，认为邵氏先天之学渊源有自，当阐扬之，刘牧图书之学则与大衍之数、天地之数无关，当是杜撰，而汉儒所谓互体、世应、纳甲、变爻等自成一说，则为《易》之别传。如他说："至不佞窃有意于此，辄本之《易大传》为《裨传》三篇曰'法象'、曰'极数'、曰'观变'。法象则本之太极，极数则本之天地之数，观变则本之蓍之十有八变，是三者，《大传》之中尝言之矣。惟其论太极者，惑于四象之说，而失卦画之本；论天地之数者，惑于图书之文，而失参两之宗；论揲蓍者，惑于挂扐之间，而失阴阳之变。今各厘而正之，使不失其条理，则知象数皆自然而然，果非私智之能及也。至于数变之说，曰反对，曰相生，曰世应，曰互体，曰纳甲，曰变爻，曰动爻，曰卦（对）气，谓非《易》之道则不可，谓易尽在于是则非也。要之易道变通不穷得其一端，皆足以为说，以其《大传》未尝有言，故亦总其大略以为外篇。"

在《法象》篇中，他结合《易传》"易有太极，是生两仪，两仪生四象，四象生八卦"与邵氏加一倍法解说了伏羲画卦。他认为，太极生六十四卦经过六变，太极动静生一阴一阳两仪，是一变；一阴一阳相交生二阴二阳四象，是二变；二阴二阳相交生四阴四阳八卦，是三变；由四阴四阳相交生八阴八阳，是四变；八阴八阳相交则生十六阴十六阳，是五变；十六阴十六阳相交生三十二阴三十二阳，是为六变，六变而成六十四卦。他把这六变过程绘成五图以示之，如下：

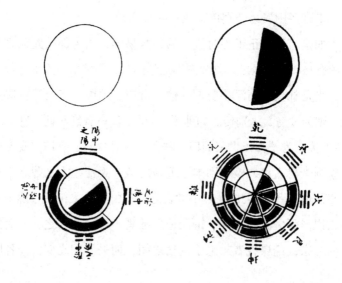

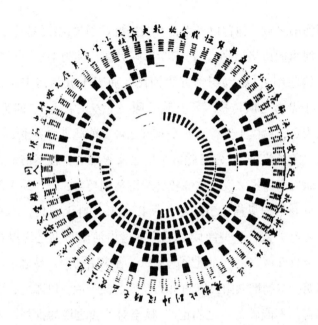

从这几个图看，他将朱熹《周易本义》书前所载的"伏羲八卦次序"、"伏羲八卦方位"、"伏羲六十四卦次序"、"伏羲六十四卦方位"及《易学启蒙》中"太极生六十四卦"诸图糅合到了一起。这充分表明了林至在这些问题上与朱子易学的关系。

在《极数》篇中，他阐述了天地之数与大衍之数的关系，认为大衍之数本于天地之数，天地之数有五行生成数，故五为小衍，而五十五为大衍。大衍之数取五十而去五，是因五为本体，天地之数自五以下，一加四为五，二加三为五；自五以上，六是一五之和，七是二五之和，八是三五之和，九是四五之和，十是五五之和。五贯穿数之中，故天地之数五十五去五为大衍之数。在这个问题上，他极力反对刘牧将天地之数视为河图洛书之数。他曾以《大传》为据批评刘牧说:《易传》"虽曰'河出图,洛出书',初未尝曰某为图,某为书也。至刘牧出《钩隐图》,始以四十五为河图,而五十五为洛书,且以为出于希夷之所传授,始有戴九履一、左三右七,二四为肩,六八为足,纵横十五,总四十有五之说。前此未之见也。孔颖达曰'龟负洛书',先无此事,见之纬候之书。牧不信圣人之言,而主于纬候之说。……牧之为图巧则巧矣,于《易》何取焉。且其数曰纵横十五而已,所以成卦生卦无闻焉,不知何与于《易》哉?……纬候之家,不过借河图洛书之说以神其事,至牧反覆言之,而世之论《易》者多宗其说,易之本原愈以不明。本朝惟欧阳公以图书为怪妄之甚为说,以黜之,然一人之言,不能胜久习之溺也。"林至对刘牧之说的批判,表现出其与朱熹象数易学的不同。朱子虽不赞同刘牧的"图九"、"洛十"之说,但对图书之说深信不疑。朱熹不仅将图书视为《易》之原,为伏羲画卦之本,积极探讨其与蓍数关系;而且还批判了欧阳修对河图洛书的发难。林至出自朱门,在强大的理学笼罩下敢于公开向朱子挑战,否定河洛之学,表现出非凡的胆识。

在《极数》《观变》两篇中,林至基本上承袭了朱子的行蓍求卦、观变玩占之方法,所不同的是在《外篇》中,他对汉易中纳甲、世应、互体、卦变、动爻、卦气诸说予以肯定,并阐明其含义,尤其是大量引用了朱震《汉上易传》的观点。这与朱子象数易形成了鲜明对比。如前所言,朱子主张的象数易，其重点是宋代的图书之学和邵氏先天之学，而不是汉易象数。他对汉代象数易学颇有微词，而对宋人治汉易者（如朱震等人）则力排之。林至认为汉代象数易学不可废，对朱震象数易进行了否定之否定，在复兴汉易象数过程中迈出了可喜的一步。至王应麟辑郑氏易，成为后来清代复兴和整理两汉象数易之先声。

总之，林至继承了朱子的先天之学及蓍数观变思想，而放弃了其图书说对汉代象数易的偏见。显然这是对朱子易学做了一次检讨和扬弃。

五、税与权补朱熹《启蒙》未及之义

税与权，生平未详，据四库馆臣考证，其字巽甫，临邛（今四川邛崃）人。《宋元学案·鹤山学案》称其为巴郡（今重庆）人，受业于魏了翁。魏了翁（1178—1237）师从朱子，精于义理。全祖望曰："嘉定而后，私淑朱、张之学者，曰鹤山魏文靖公。"（《宋元学案·鹤山学案》）。税氏学于魏了翁，成为鹤山学派重要传人。其易学著作有《校正周易古经》十二卷及《易学启蒙小传》一卷。另撰有《古经传》《周礼折衷》等书。其《易学启蒙小传》系补朱子《易学启蒙》所未备者。

在该书中，税与权提出数九是《易》之原。朱子在《易学启蒙》中发明邵子之学，主张伏羲据河图阴阳奇偶画卦，即观阴阳奇偶而画一、--，然后自下而上相互叠加而成八卦乃至六十四卦。税与权推崇九，提出了与之截然不同的观点，认为河图洛书虚中，其数皆始于一，而终于九，伏羲据九而画先天卦。他指出：

> 自一二三四五之生数积之应易有太极至八卦之十五数，自天一地十积之亦应天地五十有五之数。本五十五数中之五谓之神数，以此五神数而运大衍之五十数也。五十五数中之一，此太极也，居天五之中驾四象而生八卦。河图洛书实互用之，一为太极而居五之中，五又为皇极而居四象八卦之中。此河图洛书皆五居中，而十寄位焉。前而一二三四以五为中，后六七八九亦以五为中，则一为始，而九为终，十以阴之盈数偶阳而成之，故河图洛书皆中虚五与十而止见九位焉耳，羲文则之定为乾坤奇偶之九画以作八卦，又重之而为六十四卦。大哉九乎，此天地自然之文，而象数之大原也。

此先言河图洛书、天地之数、大衍之数三者一致，他称为"相应"。河图洛书之数就是天地之数，"盖天地五十有五之数，河图洛书实互用之"。(《易学启蒙小传自序》) 而大衍之数本于天地之数五十有五。大衍之数五十，是天地之数五十五去五，这个五，他称作"神数"，即"以此五神数而运大衍之五十数也"。他论证天地之数五十五与大衍之数关系，是为了说明河图洛书之虚中，进而他认为天地之数五十五去其一为太极，而在河图洛书中这种"太极""神五"则正好居于中间，即"河图洛书实互用之一为太极而居五之中"。由此，河图洛书去其中间数，则数一为始，数九为终。这九是"天地自然之文"，伏羲在"太古鸿荒之初肇，见河图四象，仰观俯察，订乾坤奇偶之九画，以作先天之易卦"。这里所说的"乾坤奇偶之九画"是指乾坤经卦共九画，"按乾一而含三，坤二而含六，厥初不过阴阳奇偶共九画而已"。由乾坤九画而生六子，即乾索坤生震、坎、艮三男，皆为五画，共十五画，加上乾三画共十八画。坤索乾生三女，三女各四画，共十二画，加上坤六画亦为十八。十八皆起于九，而从排列看，六子生而分居左右（先天图），"乾坤两卦上下相对为九，余六子左右相对为九"。然后八卦相重为六十四卦。因此，从《易》之起源看，"羲文机轴皆不出河图洛书之九位与乾坤奇偶之九画而已"，"九"为"象数之大原"。这与朱子伏羲观河图奇偶而画阴阳两画的思路有明显的不同。朱子谈伏羲画卦立足于《易》符号，旨在推出先天图，没有说明河图之中的数在画卦中的作用。而税氏则本于河图数，认为其数九与乾坤两卦九画对应，说明伏羲据九而画出乾坤两卦，在此他没有对乾坤两卦怎样变为八卦和六十四卦作深入说明，只用方位排列生出八卦，又用八卦相重变出六十四卦。故他只注重了画卦，而忽略了对先天六十四卦的解说。

　　税氏又用九解释了文王后天卦。朱熹曾认为大禹本于洛书而作《洪范》，蔡沉据此，推衍洛书之数，建立了一个以洛书数为核心的具有筮占功能的体系，把洛书数的研究置于一个无可复加的顶端。而税氏独辟蹊径，将洛书与文王卦联系起来，认为："文王当中古忧患之余，谛玩洛书之八象，反覆参稽，取乾坤奇偶之九画，而作后天之《周易》，故经卦分上下而为画者亦自九始。今见于邵子后天演经图谓震兑横而六卦纵者是也。"这里肯定了文王据洛书之数而作后天《周易》。即按照洛书九数布置八卦方位：震兑两卦左右相对为九，余六卦巽与艮共九画，坤与乾共九画，离与坎共九画，这就是他所说的"震兑两卦左右相对为九，余六卦皆上下对易为九"。其图见下：

然而将后天八卦反覆视之，乾、坤、坎、离各成一卦，而震巽各成两卦，震反为艮，巽反为兑，共六卦。其中奇画为九，偶画为九，因此，后天八卦不仅从排列上看左右上下为九，而其奇偶画也为九。从六十四卦看，其数也本于九。将六十四卦反覆视之，上经十八，下经十八，共三十六。据此，他提出："文王则洛书之九畴，亦本乾坤奇偶之九画。"

税氏此说主要得之于邵氏，邵氏在《观物外篇》中曾多次论后天八卦，如他论后天八卦画象曰："不易者四，反易者二，以六卦变成八卦。"又论重卦说："不易者八，反易者二十八，以三十六变成六十四。"故税氏所论经卦之数和重卦之数皆得之于邵氏。又如邵子论八卦之排列曰："乾坤纵而六卦横，易之体也；震巽横而六卦纵，易之用也。"故税氏先后天八卦排列及取数之说也受启于此。值得说明的是，伏羲画卦、文王演卦皆本于九之说则属税氏之发明。

税氏作此书用意在解决朱子《启蒙》所遗留的问题，朱子与袁枢通信中，提到曾纵横反覆观之，仍不能理解文王八卦之意，税氏有感于此，反复研究体味邵子《观物外篇》，从中悟出道理，以解朱子之惑。他曾明确解释说：朱熹"以伏羲先天数理之原，特于《易学启蒙》而抉其秘，图象咸本诸邵氏。间与袁机仲谈后天易则谓尝以卦画纵横反覆求之，竟不得文王所以安排之意，是以畏惧，勿敢妄为之说。与权曩从先师鹤山魏文靖公讲切邵氏诸书，乃于《观物篇》得后天易上下经序卦图，反覆视之，皆成十有八卦，然后知乾、坤、坎、离、颐、中孚、大小过不易之八卦为上下二篇之干，其互易之五十六卦为上下二篇之用。……窃尝因此图而推之上下经，皆为十八卦者，始终不出九数而已。"尽管税氏思想与史实不符，不乏牵强之处，但他能以邵氏论述为依据，以九数贯通始终，解说先天易与后天易，尤其是揭示先后天八卦排列之义，有功于邵子易学研究。从这个意义上讲，税氏自称其说"以补朱文公《启蒙》之所未及"，四库馆臣言税氏"盖阐邵子之说，以补《启蒙》之未备，所谓持之有故而执之成理者也"，并不为过。

另外，他还取蔡沉"九九圆数图"，更名为"九为究数图"，以明大衍之数五十。他认为大衍之数本于天地之数，天地之数是本数，大衍之数是用数，"用数者，圣人倚数而立之"。本数之和五十五，用数五十，即本数"去十用五"，是谓五十。在天地之数中，十为阴数，五为阳数，十得之五。在自然界，"因天成地，所以扶阳抑阴，辅相天地"。这是大衍之数用五十五去五的一个原因。另一个原因，五为生数，虚其五以示功成而退："天地之数五十有五，而大衍之数五十，是功成之后天五退藏，圣人无名也"。因此从数衍之，皆为五十。如天地之数一二三四五是三天两地，五六七八九也是三天两地，这九个数皆有五（三两为五），五乘十为五十，即所谓"九数分两而得五十"。又一至九这几个数，一加九，二加八，三加七，四加六，五加五各得十，共五十。即所谓"九数合五而得五十"。又一至九中奇数相加，一加一，三加三，五加五，七加七，九加九，然后合之为五十。即所谓"奇数相合而得五十"。又九数中一六为七，二七为九，三八为十一，四九为十三，五五为十，共五十，即所谓"九数相得而为五十"。税氏这些论证揭示了大衍之数与天地之数的内在联系及九数的作用，深化了著数说，应该说也是对朱子象数易学的发展。

六、朱鉴和董楷对朱熹象数易学的整理

宋代易学以义理之学为主流，二程提倡以义理治《易》，是其正宗。在这种义理之学占主导地位的氛围中，朱熹一方面接受了二程的治《易》方法；另一方面又对二程重义理而疏象数表示强烈的不满，故而致力于象数易学研究，创立了兼融象数和义理的易学体系。从这个易学体系自身看，象数易是他研究的重点，他将河洛之学和先天之学与伏羲画卦结合起来建构了与汉儒迥然不同的象数易学体系。因此，他在易学上的最大贡献是象数学。朱熹本人对此有解说："近又尝编一小书，略论象数梗概，并以为献。妄窃自谓学《易》而有意于象数之说者，于此不可不知，外此则不必知也。"（《文集》卷三十八《答赵提举书》）可见他把《易学启蒙》视为一部成功之作。朱子后，蔡元定父子或协助朱子著书，或遵其嘱而著书，皆阐发《启蒙》中象数思想。然而，除了《启蒙》及《本义》以外，朱熹还有一些论述极为重要，散见于朱子书信和问答之中，零零碎碎，不能窥其全豹。有感于此，一些学者对朱子包括象数学在内的易学资料作了整理。朱鉴和董楷是其中的代表人物。

朱鉴（1190—1258），南宋徽州婺源（今江西婺源）人，字子明，朱熹之孙。宝庆间迁居建安（今福建建瓯）紫霞洲，曾建朱熹祠于居所之左。以荫补迪功郎，官至奉直大夫、湖广总领。他承袭家学，为朱子易传人。辑有《朱文公易说》

二十三卷，该书汇集了朱熹与朋友及门人辩说易学之语，以阐解朱子之说。其卷一辑"河图洛书"、"先天图"、"太极"之说。其卷二辑"两仪"、"阴阳奇偶"、"四象"、"八卦方位"、"六十四卦"之说。此两卷所辑资料皆出自朱子语录及书信，反映了朱熹象数易学的思想。而"其中或门人记述，未必尽合师说，或偶然问答，未必勒为确论"（《四库全书总目》），尽管如此，它仍然不失为一部研究朱熹象数易学的重要文献。

董楷，南宋台州临海（今浙江临海）人，字正叔（或作正翁），一字克斋，董亨复之子。宝祐四年（1256）进士，初为绩溪主簿，后至吏部郎中。其学出于陈器之，陈器之则师从朱子，故其说《易》惟以洛闽为宗。其著作有《周易传义附录》十四卷。据该书自序载，此书编于宋咸淳丙寅年（1266），《四库全书总目》则云丙辰年，盖"辰"为"寅"之误。《易》之象数与义理不可分，《易》原于象数，有象数则理具其中，象数发为义理。程子偏重义理，朱子推易之原，二者虽有异，其实可合而为一。朱子自己意识到这一点，常教人读《本义》时与程氏《易传》相参照。董楷传朱子之学，也继承了朱子这一思想。他说："程子奋乎千载之下，始以随时变易，从道而发明阴阳变易之妙。因象以明理，由理以贯事，该体用，合显微，使夫学是书者，立言制行，处己治人，守常应变，莫不有度。迨乎朱子《本义》辞益简严，深探古圣因卜筮教人之本意，而不随于诸儒术数之末流，释《彖传》则第明其为卦象、卦变、卦体、卦德，而不费于辞说。释《大传》则又精密微

妙、明白简易，有先儒未所及者。"(《周易传义附录原序》)朱
子又于《本义》卷首附"河图"、"洛书"、"先天"诸图，"以
明作《易》根源之所自来，一出于天之自然，而非人为智巧之
私，又复古经传次序，推原四圣所以成书之本意"。因此，朱
子之易，皆"所以发明程子之说，或足其所未尽，或补其所未
圆，或白其所未莹，或贯其所未一"。不仅如此，董楷还将朱
子之愿望付诸实践，将程子与朱子之书合而为一。朱子《本
义》用吕祖谦所订古本，程氏用王弼本，"以程子在前，遂割
裂朱子之书，散附程传之后"。(《四库全书总目》)

　　在此书卷首有"朱子易图说"一篇，列"河图"、"洛书"、
"伏羲八卦次序"、"伏羲八卦方位"、"伏羲六十四卦次序"、"伏
羲六十四卦方位"、"文王八卦次序"、"文王八卦方位"等图，
并取《易学启蒙》及《文集》《语录》中语以释其图。其资料之
详备，亦为研究朱子象数易必读之作。朱彝尊曾指出："按程
子传依王弼本，朱子《本义》依吕氏本。本不可合而一，克斋
董氏乃强合之。倪正甫曰：易以理寓象数，因象数以明。汉
儒多明象数，而于理或泥而不通。自王弼以玄理注《易》，儒
者于谈理日胜，乃复尽略象数，二者皆《易》之一偏。至本朝
言理则程伊川为最，兼象数则朱子为详。集二书为一，庶几理
与象数兼得之，则董氏未合之前，倪氏已有此论矣。"(《经义
考》卷三十七)朱氏在此一方面指明了董氏合程子、朱子二书
之误，另一方面又肯定了其兼得象数与义理的易学观。此论极
为公允。

七、胡方平对朱熹象数易的系统诠释

胡方平，宋元之际徽州婺源（今江西婺源）人，字师鲁，号玉斋，学者称为玉斋先生。初受《易》于董梦程（号介轩）。梦程之学出于黄榦，黄榦是朱熹的女婿。后又师从沈贵宝，"精研易旨，沉潜反复二十余年，而后著书发明朱子之意"（《宋元学案·介轩学案》）。其著作有《易学启蒙通释》二卷。据朱彝尊《经义考》载，还有《外易》四卷、《易余闲记》一卷，其中《易学启蒙通释》是对《易学启蒙》的诠释之作。朱熹有感于宋代易学"其专于文义者，既支离散漫而无所根著，其涉于象数者，又皆牵合傅会"，而作《易学启蒙》，力图正本清源，发明象数之旨意。然而，"后人置《本义》不道，惟假借此书以转相推衍，至于支离轇轕而不已"（《四库全书总目》），违背或远离了朱熹之意。方平笃守朱子之说，对《易学启蒙》进行了全面、系统的解说，发明朱子此书之旨。

从形式上看，其注释是以解说和集说相结合。解说是以解释重要名词、句子和归纳段意为主。释重要名词如：朱子引孔安国之言有"龙马"、"神龟"，胡氏注云："龙马，《周礼·夏官》：'马八尺以上为龙。'言马之时异于龙也。汉武帝元狩三年得神马于渥洼水中，亦此之类。神龟，《大戴礼》曰：'甲虫三百六十而神龟为之长。'"朱子引《系辞》："古者包羲氏之王天下也，仰则观象于天，俯则观法于地，观鸟兽之文与地之宜。"胡氏注云："仰则观象于天，即所谓仰以观于天文日月星辰皆是也。俯则观法于地，即所谓俯以察于地理山林川泽皆是也。鸟兽之文，羽毛之属。地之宜，草木之属。"解说重要句子如：朱子曾以圆径一围三和方径一围四论图书之数"皆以五为中"。胡氏注圆"径一围三"和方"径一围四"曰："阳之数奇，而属乎天，其象为圆。圆者，取其动也。凡物之圆者，其直径则一而横围则三。……阴之数偶而属乎地，其象为方。方者取其静也。凡物之方者，其直径则一而横围则四。"其归纳段意如：朱熹在《本图书第一》中云："其七八九六之数不同，何也？曰河图六七八九，既附于生数之外矣。……此变化无穷之所以为妙也。"胡氏云："此一节专言图书七八九六之数，以分阴阳之老少也。"又朱子在《原卦画第二》中引邵子之说："太极既分两仪立矣，阳上交于阴，阴下交于阳，而四象生矣。……是故一分为二，二分为四，四分为八，八分为十六，十六分为三十二，三十二分为六十四，犹根之有干，干之有枝，愈大则愈小，愈细则愈繁。"胡氏注云："此一节申明八卦相错而为六十四卦有此圆图也。"

　　而其"集说"，主要编集朱熹散见于《文集》或《语类》中的论述印证补充《启蒙》之说，这是"集说"之主体。同时，又取朱子后学著作中相关部分解说其象数思想。《通释》所引有九家，即黄榦、董铢、刘爚、陈埴、蔡渊、蔡沉、蔡模、徐几、翁泳。四库馆臣说："凡黄榦、董铢、刘爚、陈埴、蔡渊、蔡沉六家皆朱子门人，又蔡模、徐几、翁泳三家。模，

蔡渊子，几、泳皆渊之门人，故所衍说尚不至如他家之竟离其宗。"(《四库全书总目》)

从内容上看，胡氏偏重系统、客观地说解朱子思想，而对自己的思想阐发较少。通观全书，其独到之处是论说了朱子、邵子象数易的异点。朱熹推崇邵雍先天之学，其象数思想多源于邵氏。但是对于一些具体问题的论述，朱熹又不同于邵雍。具体表现在四象八卦问题上，二者有分歧。胡氏指出："尝合邵子、朱子之说考之，邵子以太阳为阳，少阴为阴，少阳为刚，太阴为柔，此四象也。朱子释之，乃曰阳为太阳，阴为太阴，刚为少阳，柔为少阴。其言阳与刚同，而言阴与柔异，何也？邵子以太阳为乾，太阴为兑，少阳为离，少阴为震，四卦天四象；少刚为巽，少柔为坎，太刚为艮，太柔为坤，四卦地四象，天地各四象，此八卦也。朱子释之，乃曰乾兑艮坤生于二太，故为天四象，离震巽坎生于二少，故为地四象。其言乾兑巽坎同，而言离震艮坤异，何也？盖四象八卦之位，邵子以阴阳刚柔四字分之，朱子惟以阴阳二字名之。其论四象既殊，则论八卦亦异。"(《易学启蒙通释》卷上)以上言邵、朱对四象八卦理解的差别。由于太极、两仪、四象、八卦紧密关联，即后者源于前者，前者衍成后者，故对前者理解不同，必然导致对后者看法之悬殊。邵、朱在这个问题上产生分歧，关键就在于此。胡氏对此又进一步作过解释："邵子以乾兑离震为天四象者，以此四卦自阴（阳）仪中来，以巽坎艮坤为地四象者，以此四卦自阴仪中来。朱子则以乾兑艮坤生于太阳太阴，故属其象于天，离震巽坎生于少阴少阳，故属其象于地，二者各有不同也。"具体言之，邵子认为阴阳相交是指阳仪中阴阳，刚柔相交是指阴仪中刚柔，"是以老交少，少交老而生天地四象，其机混然而无间"。而朱子认为："阳为太阳，阴为太阴，刚为少阳，柔为少阴，二太相交而生天四象，二少相交而生地四象，其分粲然有别。"

与此相关联的是八卦方位，朱子认为后天八卦本于先天八卦，即变化先天八卦方位后即是后天八卦，"无伏羲底，做文王底不成，其归却在伏羲上"，"朱子说四象之变即伏羲之说也"，而"邵子说四象之交即文王之说也"。

另外，在对伏羲先天圆图、横图问题的理解上二者也有差别。"邵子据经文解释则先圆图而后及于横图"，而"朱子释邵子之说则先自横图而论起，诚以横图可以见卦画之立，圆图可以见卦气之行"，圆图"其实即横图规而圆之耳"。

由此可见，朱子对于邵子先天之学的解释，并不是每一处皆符合邵子本意，然而胡氏对此没有简单否定或者妄加指责，而是站在朱熹易学乃至整个易学发展角度评价之，认为朱子解说不符合邵子处，是有益于先天之学的。如在四象八卦问题上，"因是可以知图之分阴分阳者，以交易而成象之或老或少，初不易其分也"。而在先天圆图、横图先后及四象"交""变"问题上，朱子说"实广邵子未尽之意"。

总之，胡氏通过搜集朱子及后学诸家之说，对《易学启蒙》中的象数易学进行了全面的、系统的解说，并就其"非邵子本意"处加以申说，其价值如熊禾在此书《跋》中所言：
"其穷象数也精深，其析义理也明白。"在这个意义上说，他承
传和高扬了朱子的象数易学，对于后世研究朱子象数易学有重
大的影响。元明之际，象数易学主流是朱子象数易学，包括胡
方平之子胡一桂和同乡胡炳文在内的诸学者，以朱子为旗帜，
致力于象数易学研究，阐发朱子象数之大义，推进了象数易学
发展，这与胡方平的努力是分不开的。

第六章　朱元昇三易的象数思想

　　朱元昇，南宋平阳（今浙江平阳）人，字日华，号水簷。登右科，官至建宁府松溪县、政和县巡检。《宋元学案·张祝诸学案》中列"邵学之余"，有其学案，并视之为邵氏之学传人。其著作有《三易备遗》十卷，初稿成于咸淳六年（1270），后由其子朱士立定稿。咸淳八年（1272）由两浙提刑家铉翁表进之于朝。另有《邵易略例》，今不传。朱氏的易学思想主要见《三易备遗》。此书的基本思想是根据《周礼》记载三易之说而加以阐发，提出三易是由不同人而作，为不同时代所用。朱氏云："《连山》作于伏羲，用于夏；《归藏》作于黄帝，用于商；《周易》作于文王，用于周。"（《三易备遗自序》）《连山易》是三易之首。《说卦》云："艮，东北之卦也，万物之成终而成始也。"又云："终万物始万物者莫盛乎艮。"《连山易》因推崇艮山，卦以艮为首，故称"连山"。《连山易》作于伏羲，即伏羲易，也被称为先天学。《归藏易》则推崇坤卦，坤有藏之义，《说卦》云："坤以藏之。"《归藏易》以"纯坤为首，坤为地，万物莫不归而藏于其中"，故称为"归藏"。《归藏易》为黄帝所作，又称"黄帝易"，此易是中天学。《周易》作于文王，以乾为首，称为后天之学。虽然《易》有三，并为不同时代所用，但从内容言之，"实相贯通"，"《连山》首艮，《归藏》首坤，《周易》首乾，其经卦皆八，其别皆六十有四"。（同上）从其本原而言，先天易是本，中天易、后天易皆源于先天易。先天易由八卦按照加一倍法演为六十四卦。中天易以天干十地支十二相配以成六甲，配之六十四卦，其理相合。朱氏指出："夫《归藏》虽自黄帝而作，实循伏羲之卦序。案《汉书·律历志》曰：'伏羲画八卦，由数起，至黄帝而大备。'是知伏羲易与黄帝易一以贯之而已。"（《三易备遗》卷五①）文王易是在改造了伏羲易的基础上而成的。他说："周文王通其变而演其义，取六十四卦而约为三十六卦，是为《周易》。"（同上）在此他强调《周易》与伏羲易相连贯，显然与朱熹观点截然不同，表明了他对朱熹所云伏羲易、文王易各成体系强烈不满。他说："后世之学者不察夫子之辞，是以昧伏羲、文王制作，谓伏羲易自伏羲易，文王易自文王易，甚失。"（卷八）即是其证。

他用神秘的天命论解释三易传授，认为周公辅佐成王设官分职，命筮人并掌三易，"孔子为天下木铎，黜八索，阐十翼，韦编三绝而《周易》系矣，之杞而得夏时焉，之宋而得坤乾焉"，"而《连山》《归藏》易传矣"。宋代陈抟、邵雍传授先天之学，"包罗万象，该括三易，本领正大，规模宏远"，皆是"天未丧斯文"，是"天又将以斯易托斯人也"。他炮制天命授

易系统，标榜自己的易学研究也出自天意。他说："呜呼，易固坠也，天固兴之；易固晦也，天固彰之。天之心欲以斯易福斯世也，昭昭矣。元昇结发读书，冥心易学，慨皇王之道泯泯没没其不绝者。"（《自序》）这里显然是将自己置入这个神秘的传授系统中，其目的是不言自明的。

一、先天象数思想

与三易相对应，朱氏的象数学由三部分组成：一，先天象数；二，中天象数；三，后天象数。先天象数糅合了河洛之学与邵氏先天之学，即承认河图洛书是伏羲画卦的依据。在此种观点的支配下，先论河图洛书，再论伏羲创《连山易》过程，最后论《连山易》六十四卦长分消翕。

关于河图洛书，朱氏取刘牧的"图九书十"观点。其论河图曰："河图之数四十有五，一居北而六居西北，其位为水；二居西南而七居西，其位为金；三居东而八居东北，其位为木；四居东南而九居南，其位为火，五居中，其位为土。……《大传》曰：'参伍以变，错综其数。'考之河图，纵而数之，一五九是为十五；八三四，亦十五也；六七二，亦十五也。衡而数之，八一六是为十五，三五七，亦十五也；四九二，亦十五也。交互数之四五六，是为十五；二五八，亦十五也。"（卷一）其论洛书曰："洛书之数，五十有五，天一生水成之者，地六；地二生火成之者，天七；天三生木成之者，地八；地四生金成

之者，天九；天五生土成之者，地十。……《大传》曰：'天
一、地二、天三、地四、天五、地六、天七、地八、天九、地
十。'又曰：'天数五，地数五，五位相得而各有合。'考之洛
书，天数五，一三五七九是也。地数五，二四六八十是也。一与
六合于北，二与七合于南，三与八合于东，四与九合于西，五
与十合于中，五位相得而各有合也。"（同上）朱氏论河图洛书
之构成，只取前人之说，而无新义。在这个问题上，他以《说
卦》为据坚持刘牧说，反对朱子说。他指出："夫关子明以
四十五数为洛书，以五十五数为河图，与刘长民所述不同，朱
子文公黜长民之说，而是子明，愚也。"（同上）又说："刘长
民谓河图洛书俱出于伏羲之世，九为河图，十为洛书。而蔡季
通疑其非，是援关子明之说，指十为河图，九为洛书，未免数
自数，象自象矣，惟即夫子《说卦》二章之辞，循八卦之象契
图九书十之数，然后数与象合，象与数合，而《说卦》二章之
辞，悉与象数合，信长民之说为不诬云。"（卷二）

　　在河图洛书问题上，他还探讨了河图洛书之间关系及河
洛与五行的关系。在他看来，河图洛书有异有同。其异表现在
三个方面：一，河图"奇数始于左旋，终于右旋，逆布也。偶
数始于右旋，终于左旋，顺布也"（卷一）。而洛书"则奇偶
同一右旋"，即十个数依次为一、二、三、四、五、六、七、
八、九、十，为右旋。二，河图奇数居四正，而五居中，"贵
阳也"，偶数居四维而虚其十，"贱阴也"。而洛书则奇偶数
"得以相配"。即一六居北，三八居东，二七居南，四九居西，

五十居中。三，河图横而为奇数，纵而为偶数，一奇一偶，则为阴阳两仪所本。洛书奇偶纵横则不分明。其同，从排列看，河图一六、二七、三八、四九彼此关联，与洛书一六、二七、三八、四九合而无异。虽然河图"虚其十"与洛书不同，但河图一与九对、二与八对、四与六对、三与七对，皆为十。总其数言之，河图奇数二十五，偶数二十；洛书偶数三十，奇数二十五，即所谓"河图之数奇赢偶乏，洛书之数奇乏偶赢"。虽然如此，二者仍有暗合。如河图四周数和为四十，洛书外四周数和也为四十。河图中五，十从五中来。故河图虚中，则"涵十有五"。而洛书"实其中，则具十有五"。合于生数。故河图洛书中合生数十五，外合成数四十，二者异中有同。

河图洛书与五行的关系。河洛是由五行之生成数构成的。这个五行是其他五行之本。按照朱氏之意，五行之序分为纳音、方位、禹谟、洪范四种。"纳音五行之序曰：金火木水土。方位五行之序曰：水木火金土。禹谟五行之序曰：水火金木土。洪范五行之序曰：水火木金土。"（卷一）这四种五行之序之所以不同，原因归于河洛。"纳音五行、禹谟五行，其序本于河图。方位五行、洪范五行，其序本于洛书。"（同上）具体言之，"河图纳音以乾一、兑二、离三、震四、巽五、坎六、艮七、坤八为序，乾兑，金也。离，火也。震巽，木也。坎，水也。艮坤，土也。故纳音五行之序曰金、火、木、水、土。河图一六本水数居北，七二本火数居西，九四本金数居南，三八本木数居东，五土居中，故禹谟五行之序曰水、火、金、木、土，以是知纳音五行、禹谟五行皆以河图之序为序者也。"（同上）其实，前者是以河图卦（先天八卦）所属五行为序，后者是以河图本身五行数为序。而方位五行"先言木而后言火"，洪范五行"先言火而后言木"，是取自洛书。"今以洛书之方观之，自北方水而之东方木，自东方木而之南方火，自南方火而之西方金，居中寄位于东北、西南则土也。故方位五行之序曰水、木、火、金、土。又以洛书之数观之，自天一水，次以地二火，次以天三木，次以地四金，次以天五土，故洪范五行之序曰：水、火、木、金、土，以是知方位五行、洪范五行皆以洛书之序为序者也。"（同上）其实，前者是以洛书排列方位所属五行为序，后者是以洛书数所属数之五行为序。

河图洛书之内在关系，在朱元昇之前，就有人作过探讨，如程大昌、朱熹等人的论述，已比较全面。朱元昇在这个问题上主要是继承了程氏、朱氏的观点，尤其是河图顺布、逆布、四正四维及赢乏等皆异于洛书，而其数四十五又与洛书相合等观点，从程氏、朱子那里皆可以找到，这是说朱元昇在此并无多大创建，这一点连他自己都承认。他说："河图、洛书皆天之所出，皆圣人之所则，其所以异，所以同者，先儒言之备矣。"（卷一）而他对于五行说的划分及其根源的解说，能做到前后贯通，自圆其说，确有独到之处。他将河图洛书视为五行之序之本，认为四种五行之序本于河图洛书，证据不足。究竟五行本于河洛，还是河洛本于五行，成为一个公案，而从今天掌握的资料看，很难证明河洛早于五行说。

朱元昇费尽心机，论说河洛之数和理，是为说明伏羲画卦提供根据。《系辞》曾言："河出图、洛出书，圣人则之。"朱氏以此出发，认为这个由天显示的、客观的河图洛书是伏羲立阴阳画、定卦位、演六十四卦及创筮法的依据。

伏羲画卦起自太极分两仪。"太极之理具于河图洛书。"河图之数用九，九在河图与一相对，其和为十，其他相对数和皆为十。"九者是河图之数也，一者太极也，此太极在河图也。"（卷二）洛书之数用十，与洛书中之一合为十一，其他二与九、三与八、四与七、五与六。和皆为十一。"十者洛书之数也，一者太极也。此太极在洛书也。"（同上）河图之中有两仪之象，"（河图）之一也、三也、七也、九也，其象衡而奇"（卷一），"（河图）之二也、四也、六也、八也，其象纵而偶"（同上）。伏羲则之而画阴阳两画，即朱氏所说的"象天数之奇而衡联，故为阳仪之一，象地数之偶而纵对，故为阴仪之--，此圣人独则之河图者也"（同上）。然后，根据加一倍法，自下而上各自生一奇一偶而生四象，四象之上再各自生一奇一偶，则为三画之八卦。依同样方法画出六十四卦，即他所谓的"以一加倍为两，两加倍为四，四加倍为八，而小成之卦备矣。八卦之上复用奇偶加之，则以八加倍为十六，十六加倍为三十二，三十二加倍为六十四，而大成之卦备矣"。（卷二）

在他看来，在八卦和六十四卦画成之后，其排列也是取法河图洛书。他认为，《说卦》"天地定位"一节是言"伏羲则河图以定八卦之位"，这个八卦之位就是先天八卦方位。对此他解释说："河图九居南，四居东南，三居东，八居东北。伏羲因河图如此置数于南、于东也，故以乾配九，以兑配四，以离配三，以震配八。""又河图一居北，六居西北，七居西，二居西南，伏羲因河图如此置数于北、于西也。故以巽配二，以坎配七，以艮配六，以坤配一。"（卷二）《说卦》"万物出乎震"至"故曰成言乎艮"一节，先儒多认为是说文王八卦方位，而朱氏不赞同这个观点，他主张"此伏羲则洛书以定八卦之位"，这个八卦方位反映的是"夏时之候立春在艮"，"实应《连山》首艮之说"，即是《连山易》。其具体排列，是离居二七火，坎居一六水，兑居四九金，震居三八木，艮、巽、坤、乾分别居四维。

为此，他对伏羲取则河图洛书之数定卦位作了进一步解释。如他用河图纳音解释先天八卦排列：河图一六为水之体数，火之用数，"先天卦序坤艮土居之水，以五为用数，故五土之卦坤艮居一六水数之位，明水纳土成音也"（卷一）。二七为火之体数，土之用数，"先天卦序坎水居之火，以一六为用数，故一六水之卦坎居七火数之位，明火纳水成音也"（同上）。三八为木之体数，木之用数，"先天卦序震木位于本数之八，以木自能成音也，故本卦自居本数之位"（同上）。四九为金之体数，金之用数，"先天卦序乾金位于本数之九，兑金位于本数之四，以金自能成音，故本卦自居本数之位"（同上）。五十为土之体数，水之用数，"土居中寄位四季纳火成音，离火以土寄位者也"

（同上）。他以洛书数所居方位来说明八卦方位之排列根据："案洛书一六水数，厥卦惟坎，厥方惟北；二七火数，厥卦惟离，厥方惟南；三八木数居东，卦则震巽隶之，四九金数居西，卦则乾兑隶之；五与十居中，土数也，卦则坤艮隶之，寄位东北与西南，数与卦相合，卦与方相应。"（同上）以上就是朱氏所谓的伏羲用河图洛书定八卦方位及其原因。

就六十四卦之序而言，虽然朱氏不否认其由加倍法而得，但他也承认是由河图洛书相交而成，即由河图洛书中所配的八卦相交而成。他在书中列"河图交八卦之图"和"洛书交八卦之图"，并解释说："观此二图，交以河图则六十四卦之序皆乾一、兑二、离三、震四、巽五、坎六、艮七、坤八，往者顺，来者逆也。交以洛书则六十四卦之序，皆出震、齐巽、见离、役坤、说兑、战乾、劳坎、成艮也。"（卷一）这也就是说，河图洛书是六十四卦排列秩序的依据，或者说六十四卦是按照河图洛书排出来的。

由此，朱氏论证了《连山易》之成书。他说："《连山易》之作，昔者圣人既则之河图，又则之洛书。"（卷二）依此言，《连山易》之作，是仰赖河图洛书。因为河图洛书同时出而且相互表里，故《连山易》内卦循洛书，外卦循河图。洛书"所以应乎地"，河图"所以应乎天"，"天包地者也，内卦循洛书震巽离兑坎艮之序以为之经，外卦循河图兑离震巽坎艮之序以为之纬，外卦所以纬内卦者也。"（同上）朱氏"连山易图书卦位合一之图"如下：

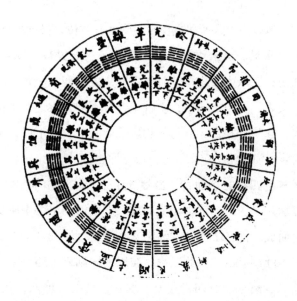

正因为如此，《连山易》六十四卦长分消翕而其中有数、有象、有理，数是关键。如他所言："长分消翕者，《连山易》至精至变至神之理寓焉。欲明其理，明其象斯可矣。欲明其象，明其数斯可矣。"（卷三）这里的数是指邵氏先天图中的易数。"所谓数者，一生二，二生四，四生八，八生十六，十六生三十二，三十二生六十四，此先天图中生自然数也。"（同上）此数决定了卦之长分消翕："卦之长者分者，消者翕者，莫不圉于斯数之中也。"朱氏将此分为四种情况说明之。其一是"方其翕而长"，数逆行象顺行。"数则自三十二至十六，自十六至八，自八至四，自四至二，自二至一，象则随数而长，自初爻长至上爻。"（同上）其二是"方其长而分"，数顺行象逆行。"数则自一至二，自二至四，自四至八，自八至十六，自十六至三十二，象则随数而分，自五爻分至初爻。"（同上）其三是"方其分而消"，数逆行象顺行。"数自三十二至十六，自十六至八，自八至四，自四至二，自二至一，象则随数而消，自初爻消至上爻。"（同上）其四是"方消其而翕"，数顺行象逆行。"数则自一至二，自二至四，自四至八，自八至十六，自十六至三十二，象则随数而翕，自五爻翕至初爻长而分，分而消，消而复翕，翕而复长。"（同上）朱氏所谓"长分消翕"，是指六十四卦按照数自大而小或自小而大变化，由一卦变为六十四卦。从此方面看是长而分，而从对立一方面看则是消而翕，如乾坤二宫，"乾之长即坤之消，乾之分即坤之翕"，（卷三）反之亦然。"坤之长即乾之消，坤之分即乾之翕"（同上），艮兑、离坎、震巽类同。"长分消翕"之说起自邵雍，邵氏在论太极生卦时指出，太极生两仪、四象、八卦、六十四卦，即数由一分二，二分四，四分八……三十二分为六十四，反之，六十四合之则为一，这就是所谓"合之斯为一，衍之斯为万"。在他看来，宇宙事物正是遵循着长分消翕规律变化："是故乾以分之，坤以翕之，震以长之，巽以消之。长则分，分则消，消则翕也。"（《观物外篇》）朱元昇取此说用于说明六十四卦变化，并作"六十四卦长分消翕图"，以明《连山易》。

　　因此，他的《连山易》象数思想主要本之邵氏，另外也受启于朱熹。朱元昇对自己这个学说的渊源有明确说明："《观物外篇》曰：'震以长之，乾以分之，巽以消之，坤以翕之。'邵子特举乾一卦以例之耳，今列六十四卦各为之图。"（卷三）他又于六十四图下指出："朱子文公著《易学启蒙》具占变之例三十二图……今予以予所具《连山易》长分消翕图，参之文公所具占变图，盖一而二，二而一者也。"（卷四）

二、中天象数思想

先天、中天，后天之名，古已有之，《文言》"先天而天弗违，后天而奉天时"是最早用"先天"和"后天"的。《太玄》有"中天"之名，干宝用先天、中天、后天来划分不同时期的易。"干宝《周礼注》称伏羲之易小成为先天，神农之易中成为中天，黄帝之易大成为后天。"（《四库全书总目》）自邵子起，"以伏羲易为先天，以文王易为后天"（卷五），先后天之说流行。朱元昇精研邵子之易，得其先后天之说，又从邵氏之子伯温处得中天之说，故以伏羲《连山易》为先天，以黄帝《归藏易》为中天，以文王《周易》为后天。他对《归藏易》为中天专门作过解释："文王有先天后天之辞，《太玄》有中天之名，邵子于《观物外篇》以伏羲易为先天，以文王易为后天，迨伯温著《皇极经世系述》则曰：唐虞者，其中天而兴乎。尧舜者，其应运而生乎，是又以唐虞之时为中天。"（卷五）

按照朱氏的解释，中天《归藏易》是"黄帝演伏羲《连山易》而作也"，即"以自然之数合自然之音，以自然之音合自然之象"。从其内容看，是干支、律吕、五行与六十四卦相结合的产物。他说："昔黄帝命大挠造甲子，命伶伦造律吕，探五行之精，以甲乙名日，谓之干，以子丑名月，谓之支。干者，幹之义，阳也；支者，枝之义，阴也。干十而支十二……干支相配以成六旬，是谓六甲，循六甲以配六十四卦，始于坤乾，终于比剥，而归藏之易在是矣。"（卷五）

《归藏易》象数思想主要表现在两个方面：其一，归藏数。归藏数有归藏卦数和六甲数。归藏卦六十四，藏十六，用四十八。此藏，不是空虚，不是无，而是以藏为用。他说："藏于不用是乃所以用也。以为在于无物之前而未尝不立于有物之后，以为在于阴阳之外，而未尝不行于阴阳之中，该体用，妙动静，兼有无，贯隐显，此藏而用无极而太极之谓也。"（卷六）而用四十八则本于八卦四十八爻。那么为何仿八卦之爻呢？他认为，原因在于六十四卦祖于八卦。他说："盖八卦为六十四卦之祖也，八卦之爻四十八又为六十四卦之爻三百八十四之祖也。言八卦则六十四卦在其中。言四十八爻则三百八十四爻在其中，举其宏纲撮其枢要。此《归藏易》以四十八卦为用，实仿四十八爻之数也。"（同上）此言《归藏易》卦数本于伏羲易卦数。六甲数指干支数。十干数：甲己数九，乙庚数八，丙辛数七，丁壬数六，戊癸数五。十二支数：子午数九，丑未数八，寅申数七，卯酉数六，辰戌数五，巳亥数四。天干地支相配为六十甲子，而每一对干支相配也有一数。如甲子相配为十八，乙丑相配为十六。六十甲子每一对得一个数，两对为一组。如甲子与乙丑共得三十四，丙寅与丁卯共得二十六。因"巳亥为阴阳之终，子午为阴阳之始，六甲纳音遇亥子、巳午之间，阴阳终始之际，数必交，音必藏，交则生生而之机不息，藏则化化之迹不露"（卷五），故其中又有交数，朱氏称为干支策数。这个策数表示五行，与六十四卦相应。如甲子与乙丑，数为三十四，属金，对应乾与夬。六十甲子之所以与六十四卦对应，其关键在于五行，也就是说，《归藏易》之所以能糅合六甲、六十四卦而成为一个易学体系，乃取决于五行。他说："六甲以五演为六十之数，以八演为六十四之数，宜若参差而难齐也。今先天卦象与六十纳音位序悉皆吻合，不可加毫末于其间，何也？盖八卦六甲其规模虽不同，而同具五行之理。"（卷六）由于五行在《归藏易》中举足轻重，故他对五行说进行了详尽说明。

其二，五行象。朱元昇认为，五行是天所生，它分布在天地之中，构成万物。他指出："天生五行，充满宇宙间，无在无不在，布象于天，则为五星；分位于地，则为五方；禀赋于人，则为五常；播于音律，则为五声；发于文章，则为五色。"（卷六）河图洛书属于自然之易，是伏羲画卦之基础，也是黄帝《归藏易》之所本，故在河图洛书中"具五行生生之理"。在此，他重审了河洛五行。他认为，洛书五行相生，而河图五行不相生，是因为河图为纳音所用。"水本无音，因土激之则有音，故水居五土之数。火本无音，因水凑之则有音，故火居一六水之数。土本无音，因火陶之则有音，故土居二七火之数。惟木金自能有音，故不易其数。是以水生木，木生火，火生土，土生金，金生水，位序相联，生生而不息矣。"（卷五）八卦六十四卦本于河图，故皆有五行。朱元昇将五行分为阴阳，用五行阴阳说明八卦六十四卦。他说："五行一阴阳也，阴阳一太极也。五行在天地间独阳不生，独阴不成，未尝无偶，然金木土之卦分阴分阳以为偶，水火之卦何无偶也。坎为水，阴中涵阳，离为火，阳中涵阴，阴阳之精，互藏其宅。"（同上）此所谓有偶，是指金木土于八卦之中有阴阳之分，乾为阳金，兑为阴金，震为阳木，巽为阴木，艮为阳土，坤为阴土。坎水离火无阴阳，是由于坎离阴阳"互藏其宅"。与此相联系的六十四卦也有五行，且五行亦分阴阳，而六十四卦的五行是据其外卦所属五行确立的，如否外卦是乾，故其五行同于乾阳金，以此推算六十四卦五行数，"属金之卦十有六，属火之卦八，属木之卦十有六，属水之卦八，属土之卦十有六，是之谓六十四卦属五行之例然也"（同上）。然而，卦之五行虽有相同者，但又有阴阳之分，更有五行之分。即五行可以再分为五行，如木，有金之木，火之木，木之木，水之木，土之木。朱氏是这样概括的："乾兑属金，而乾兑宫有金之金，金之火，金之木，金之水，金之土。离属火，而离宫有火之金，火之火，火之木，火之水，火之土。震巽属木，而震巽宫有木之金，木之火，木之木，木之水，木之土。坎属水，而坎宫有水之金，水之火，水之木，水之水，水之土。艮坤属土，而艮坤宫有土之金，土之火，土之木，土之水，土之土。迭相错综，更相经纬，其变化可胜穷哉。是知五行配六十四卦，初不见其不足，一行中各具五行，亦不见其有余散。"（卷六）由此，六十四卦所属五行各自区分，又互相联系。朱氏的易卦五行理论至精至细，达到了无可复加的地步，丰富和发展了中国古代五行说和象数易学。

关于干支配五行，朱元昇作"黄帝六甲纳音例图"，其配法是，先计算出六甲中每一对干支的策数，再用此策数除以十，其余数就是五行数。他解释说："今六甲纳音遇策数之十皆除去不用，而用者乃策数所除之余耳。余一与六为火，余二与七为土，余三与八为木，余四与九为金，余五与十为水。"（卷五）如"甲九子九"与"乙八丑八"，其策数共为三十四（9＋9＋8＋8＝34），除以十，则余四。据上面所言，四与九为金，故甲子为阳金，乙丑为阴金。又如"丙七寅七"与"丁六卯六"，其策数共为二十六（7＋7＋6＋6＝26），除以十，则余六。六为火数，故丙寅为阳火，丁卯为阴火。又如"戊五辰五"与"己九巳四"，其策数为二十三（5＋5＋9＋4＝23），除以十，则余三。三为木数，故戊辰为阳木，己巳为阴木。其他依此类推。这就是朱氏的六甲纳音。由于干支相配有五行，六十四卦也有五行，那么五行就成为连接六甲与六十四卦的纽带，即六甲与六十四卦通过五行而统一起来。在这个意义上说，没有五行，就没有《归藏易》，《归藏易》就是五行易。朱氏曾概括地说："《归藏易》以六甲配六十四卦，所藏者，五行之气也；所用者，五行之象也。以其气之藏者言之，金火木水土之序，自东而之南，自南而之西，自西而之北，终而复始，是为气之运也，即天左旋之理也。又以其象之用者言之，金火木水土之序，自北而之西，自西而之南，自南而之东，终而复始，是为象之运也，即日月星辰右旋之理也。"（卷六）此是言《归藏易》所反映的是气象旋转、自然造化之理，而这个气是五行之气，这个象是五行之象，因此《归藏易》中的象学即是五行说。

三、后天象数思想

《周易》是后天易，它是文王整合了先天《连山易》而成的。朱元昇说："盖以《周易》取则伏羲《连山易》，犹《连山易》取则天出图书者也。文王演上经首乾坤，演下经首震艮巽兑，演坎离犹上下经之用，演《连山》变对为《周易》反对，演《连山》八八为《周易》六六，演《连山》之策万有一千五百二十为《周易》之策万有二千九百六十，演《连山》画卦之一阳一阴为《周易》序卦之一阳一阴。"（卷八）因此，就象数而言，《周易》象数必然本于先天《连山易》象数。

1. 反对卦与互体卦

朱元昇所谓反对卦是指卦画完全相反的卦。唐人孔颖达曾提出《周易》六十四卦"二二相偶，非反即覆"。朱氏取其"反"为对，视每对"覆"卦为一卦，故《周易》经卦为六，别卦为三十六。其经卦为六，是指八卦从卦画看实则为六卦。即☰乾、☷坤、☲离、☵坎、☴巽（覆为兑）、☳震（覆为艮），用六个经卦相重，则为三十六卦。他认为无论是经卦还是别卦，皆据先天卦而演，他说："先天之卦八，后天反对为六，先天之卦六十四，后天反对为三十六，六十四者八之演也，三十六者六之演也。"（卷八）此是说，先天六十四得之于八，后天三十六得之于六，从形式上看似乎自成体系，其实质是后天源于先天。先天六得之于八，八卦中相覆之卦视为一卦，八卦即六卦。先天三十六也得之于六十四，六十四卦中有八个不变之卦，即乾、坤、坎、离、中孚、颐、大过、小过。其余五十六卦皆为覆卦，相覆之卦可视为一卦，则五十六卦即二十八卦，二十八加八即为三十六。这就是朱元昇所谓文王"演《连山》变对为《周易》反对，演《连山》八八为《周易》六六"（同上）。以此看文王《周易》六十四卦之分为上下经，也取反对之义。上经三十，其中乾、坤、坎、离、颐、大过是不变之卦，其余二十四卦两两为覆卦，可视为十二卦，故上经十八卦。下经三十四，其中中孚、小过两卦为不变之卦，其余三十二卦两两为覆卦，故可视为十六卦，故下经亦十八卦。上下两经，从反对卦看是等量的。朱元昇的反对卦思想并不是他的发明，而是继承了邵雍的思想。他在解释《周易》上下经卦数不等的原因时指出："夫圣人之作经，岂不能均齐上下经而一其数，下经之卦其数多于上经者，果何以哉？噫，此其所以为反对之妙也。上经三十卦，反对则为十有八，下经三十四卦，反对亦为十有八。曷为其十有八也？邵子曰：体者八变，用者六变，是以八卦之象，不易者四，反对者二，以六变而成八也。重卦之象，不易者八，反易者二十八，以三十六变而成六十四也，故爻止乎六，卦止乎八，策穷乎三十六而重于一百八十四也。"（同上）此处直接引用邵子之言说明其反对卦思想，其思想直接源于邵子明矣。

朱氏虽然主张后天卦得之于先天卦，但并未忽略二者差异，故他又将先天和后天之反对卦作了比较。其相同者十六卦，"先天乾对坤，后天乾坤亦对也；先天泰对否，后天否泰亦对也；先天随对蛊，后天随蛊亦对也；先天颐对大过，后天颐大过亦对也；先天坎对离，后天坎离亦对也；先天渐对归妹，后天渐归妹亦对也；先天中孚对小过，后天中孚小过亦对也；先天既济对未济，后天既济未济亦对也"（卷八）。不同者四十八，如"先天屯对鼎、蒙对革，后天屯对蒙、鼎对革；先天需对晋、讼对明夷，后天需对讼，晋对明夷；先天师对同人、比对大有，后天师对比、同人对大有……"（同上），这种不同只是相对而言，即后天反对卦是改变先天反对卦而成，从这个意义上说，此"不同者未尝不同也"。

关于互体说，朱氏认为，它是易象之变，是观象系辞之根据，他说："互体者，易之变也，象也。占之必有辞，《周易》卦辞、爻辞、彖象之辞指互体而为辞者。"（卷十）他举例说明《周易》有互体，如《小畜》卦辞"自我西郊"，指互兑；《屯》爻辞"女子贞不字，十年乃字"，指互坤；《大过》象辞"刚过而中"，指互乾；《困》象辞"君子以致命遂志"，指互巽。同时，他考察了《左传》《易传》，证明互体说很早就有。《左传》中有使用互卦的筮例，如晋侯将纳王，筮之遇《大有》之

《睽》；懿氏生敬仲，筮之遇《观》之《否》，皆用互体。《系辞》曰"杂物撰德，辨是与非，则非其中爻不备"，"二与四同功而异位"，"二多誉四多惧"，"三与五同功而异位，三多凶，五多功"，皆是言互体。他说："夫子独取中爻二四三五以为言者，互卦之谓也。互卦取二三四为下互，是二与四为应。互卦取三四五为上互，是三与五为应。若夫六爻之正例，初与四相应，二与五相应，三与六相应，宜与互爻之应不相似然者。夫子言二与四同功，三与五同功，举互体之例为言也。"（同上）因此，他提出研《易》者当重视互体，"舍互体而言《易》者非善言《易》者也"（同上）。

朱氏对反对卦与互体的说明没有停留在一般层面上，而是上升到了他眼中的易学最高层次——河图洛书之数加以论证。如前所言，象数易学源头是河图洛书，"图书之数有正有变，故卦画之象亦有正有变"。河图正数四十五，其数相涵。如一九、二八、三七、四六、五五之和皆为十，故其变数外八位皆可变为十，内五虚中，为四十，合之为一百二十，即为变数。洛书正数五十五，一二三四五分别涵于六七八九十中，而六七八九十之和为四十，四十即变数。从卦象看，"小成之卦八，大成之卦六十四者，正也，除之而为反对之三十六，乘之而为互体之百有十二者，变也"（卷十）。在朱氏看来，文王六十四卦可以互体出一百二十象，对此他如此解释："乾坤二卦纯体不互也，夬姤乾之体，剥复坤之体，不互；既济未济坎离之体，不互也。余五十六卦皆互也。"一卦互两卦则为一百一十二，当然，这里的"不互"，并不是真的没有互体，而是指互体出的卦仍为本卦，如乾互体出两卦还是乾，姤互体出两卦亦是乾。因此，他说："不互者，用本卦。互者，除本卦。"其互者一百一十二，不互者八卦，用本者八（乾坤本卦为二，夬姤、剥复为二，既济未济各二），共一百二十。这个数正是河图变数。再除以三则正是洛书变数。如他所言："其象百有二十，合于河图之变数百有二十也。三而约之则为四十，合于洛书之变数四十也。"（同上）

2. 用交图来概括后天易之精神

所谓"交"，指天地阴阳相互交感。它是人们认识自然变化的关键，"造化杳冥，人之所以能测之者，每于其交际之间得之"（卷九）。因此，在朱元昇看来，取法自然的《易》也非常注重"交"，"观其《归藏》者必于子午巳亥之交，《泰·象》九三者必曰'天地际也'"（同上）。后天易也有交，"惟于乾坤离坎震巽六宫之交"，故朱氏作"后天六宫交图"。从此图看，在后天易，交主要是指经卦相互重叠，"举乾之交言之，乾交坎，其卦为需，反之则坎交乾为讼"，"乾交离，其卦为大有，反之则离交乾为同人"，"乾交坤其卦为泰，反之则坤交乾为否"。此为两卦相交生出别卦。他从此图出发，考察了三十六卦分布在六宫中的情况，即"乾体者，隶乾宫卦之具；坤体者，隶坤宫卦之具；坎离体者，隶坎离宫卦之具；震艮巽兑体者，隶震艮巽兑宫卦之具"（同上）。否泰以乾坤交隶乾宫，而既济未济以坎离交隶坤宫，晋明夷需讼以乾坤坎离交隶震艮巽兑宫，其原因是"坎离在上经则佐乾坤，在下经则佐震艮巽兑"，故朱氏认为通过此图可见"文王作《易》之心"。

从上下经看，"乾坤宫十二卦隶上经者八，隶下经者四；震艮巽兑宫十二卦隶上经者四，隶下经者八；坎离宫十二卦隶上经者六，隶下经者六……用乾坤主上经，用震艮巽兑主下经，用坎离佐上下经"（同上）。隶乾坤宫之卦多在上经，隶震艮巽兑宫之卦多在下经，隶坎离宫之卦均匀分布于上下经，"此正文王作《易》之心然也"。从"后天六宫交图"审视两位相对卦，衍其策数皆为三百六十。如乾对坤为三百六十，夬姤对剥复为三百六十，遁大壮对临观为三百六十，而且《周易》上经序卦、下经序卦，衍之其数亦三百六十"。如乾坤策数为三百六十，屯蒙策数亦为三百六十。由此，朱元昇认为，这不是偶然的，而是"合乎自然"。他用后天数合皇极经世数说明之，认为后天数三十六乘三百六十为万有二千九百六十，再乘十，则为十二万九千六百。此"皇极经世一元之数也"。而皇极一元数由三百六十乘以三百六十而得，因此，"三百六十之数，天地人物咸备焉"。

四、朱元昇在易学史上的地位

朱元昇一生，苦心旧学，笃志遗经，上引先秦典籍为据，下继宋初道家易之统，尤得邵氏易之旨，创立三易之体系，使三易中的《连山易》《归藏易》失而复得。虽然经他整理的

《连山》《归藏》未必就是原作，其中许多论述也未必正确，但他能一以贯之，整合诸种资料，形成一个完备的体系，为后世考辨、研究三易提供了详细的资料，当在易学发展史上占有一席之地。林千之《序》曰："公于三易可谓补苴隙漏，张皇幽渺，寻坠绪之茫茫，独旁披而远绍者矣。"（《经义考》卷三十九引）四库馆臣也肯定朱氏其人其书之价值："元昇学本邵子，其言河图洛书则祖刘牧，其言《连山》以卦位配夏时之气候，其言《归藏》以干支之纳音配卦爻，其言《周易》则阐反对、互体之旨，虽未必真合《周官》太卜之旧，而冥心探索以求一合，亦可谓好学深思者，过而存之，或亦足备说《易》者之参考耳。"

如果撇开三易之外在的形式，就其象数而言，朱氏阐发了汉宋以来主要的象数思想。汉代象数易学多言互体、反对，并以此取象注《易》，魏晋时王弼反对包括互体、反对在内的象数易学。至宋代，虽然义理之学占主流，但朱震等易学家重申了互体、反对等卦象。朱熹继起，提倡象数易之研究，却排斥汉人互体、反对说，故治朱子易者多不言互体、反对。既使言互体、反对者也视为非《易》之正宗。朱元昇不盲从权威，大讲互体、反对，并视互体、反对为《周易》所固有，与河图洛书相吻合，体现了《易》作者之意。他提出了"舍互体而言《易》者非善《易》者也"，重新确立了互体、反对在《周易》中的地位。

宋初陈抟等人传授图书之学，探讨《易》之本原，融旧铸新，使象数易学在新的形势下再度发展，形成了三大派别：一是周敦颐的太极图学，二是刘牧的河洛之学，三是邵雍的先天之学。前者属象学，后二者属数学。周敦颐太极图为义理易学所吸取，成为理学家阐发义理之学的源头。刘牧之学为程大昌等人所阐发，先天之学则为张行成等人继承。朱熹站在哲学的高度探讨了象数易学，确立了河洛之学和先天之学在学界的地位。朱元昇承袭了宋易的传统，在推阐《连山易》和《归藏易》之体系时，从邵易入手，融合刘牧河洛之学，辨明河图洛书之义。他论证伏羲画卦本于河图洛书，考察了伏羲画卦的过程，总体上继承了朱熹的思想，阐发了邵子之旨。但他并未照搬朱熹的思想，如他支持刘牧"河图九、洛书十"的观点，主张三易象数一脉相承，皆本于伏羲易。伏羲易取法于河洛，故他用河洛解说先天易、中天易和后天易，排斥朱熹的"河图十、洛书九"的思想，反对朱熹割裂先天易与后天易，他的河图纳音之说及其五行之说也是朱熹所未及的。因此，他的象数易学既有刘牧、邵雍、朱熹的思想，又有自己的体悟。林千之曾用"异"与"合"来概括他与朱熹象数易的关系："由是观之，公之说，若与文公异，而又未尝不与之合也。"（《经义考》卷三十九）可见朱氏易学可以说是对朱熹象数易学的修正和发展。

总之，朱元昇以三易作为形式，总结和发展了宋代象数易学，在宋代象数易学乃至整个易学发展中占有重要地位。家铉翁在进献《三易备遗》的文状中如此评价道：

义理之学，托象数而传者也。昔河南程氏倡道于洛时，则邵雍发经世不传之妙；新安朱氏讲学武夷时，则蔡元定明图书未发之旨。今其遗编皆在，而世之学者，知读程朱之书而不知穷邵蔡之学，象数之传无传焉，幸而有一人事此为事，学此为学，盖千百而一二者也。……朱元昇苦心旧学，笃志遗经，独探象数之传，自悟羲黄之蕴，著中天归藏书数万言，为图数十，以述其所自得之学，其说谓伏羲易先天学也，黄帝易中天学也。……《归藏易》自汉初已亡，元昇述其意而为此书，以自然之数纳自然之音，符自然之象，纵施横设，无一不合，皆元昇所自悟者也。至于邵氏之《经世》，蔡氏之图书，与近代诸儒象数之学，皆能洞究其义，为之折衷，其用功甚勤，其探讨甚精，非徒掇拾前人之文字语言，为之讲解，漫以学问自见者比。

朱氏之子朱士立在《三易备遗跋》中云：

夫子既没，迄今七百年间，诸以《易》名家者专于理则简于象数，专于象数则荒于理，因注迷经，因疏迷注，致十翼本旨不白于世。而世之学者，果于袭旧，疑于知新，罕研圣人作《易》之根柢。我先君子述《三易备遗》曰："河出图，洛出书，圣人则之"，此夫子明作《易》之根柢也。故言理必考象，言象必考数，理象数无牴牾，然后措诸词、写诸图，自谓得圣人之心于注疏解释之外，有先儒所未发者。……功不在名世诸儒下。

二者皆从易学史角度评价朱元昇象数易，然家氏偏重于象数易发展线索，而朱士立则立足于易学研究形式及方法，对朱元昇所做的贡献予以肯定，他们的评价虽不无溢美，但基本上还是公正的。

第七章　俞琰正别二传象数易学思想

一、生平著述

俞琰（1253—1316），吴县（今江苏苏州）人，字玉吾。生活在宋元之际，宋亡不复有仕进意，隐于林屋山著书立说，故自号林屋山人，因所居旁有一石涧，学者称石涧先生。他始学儒家，"后得异人金液还丹之妙"（《吴中人物志》），而成为一个道教学者。他也常以道号自称。如纳兰成德所言，俞琰"宋亡隐居不仕，自号石涧道人，又称林屋洞天真逸"（《周易集说序》）。俞氏一生熟读经、史、子、集，以词赋闻名，雅好鼓琴，尤精于易学。他自幼承其家学，刻苦研《易》三十余年，自言："琰幼承父师面命，首读朱子《本义》，次读《程传》。"（《周易集说自序》）又言："予生平有读《易》癖，三十年间，虽隆冬大暑不辍。每读一字一句而有疑焉，则终日终夜沉思，必欲释其疑乃已。洎得其说则欣然，如获拱璧。亲戚朋友咸笑之，以为学虽勤而不见用于时，何乃不知时变而自苦若是耶。予则以理义自悦，犹刍豢之悦口，盖自得其乐，罔知所谓苦也。"（《经义考》卷四十引《周易集说后序》）其易学著作有：《周易集说》四十卷、《读易举要》四卷、《易图纂要》二卷、《易古占法》一卷、《易外别传》一卷、《大易会要》一百三十卷，还有《易经考证》《易传考证》《读易须知》《六十四卦图》《卦爻象占分类》《易图合璧连珠》等书。所著书大部分佚失。据朱彝尊考证，尚存者有《周易集说》《读易举要》《易图纂要》《易古占法》《易外别传》，其中《读易举要》《易古占法》朱氏未见。而《周易集说》《读易举要》《易外别传》影响比较大，是其代表作。

《周易集说》是集解性著作。是在《大易会要》基础上完成的。俞琰说："历考诸家易说，撷其英华萃为一书，名曰《大易会要》，凡一百三十卷。不揣固陋，遂自至元甲申集诸说之善而为之说，凡四十卷，因名之曰《周易集说》云。"（《周易集说自序》引自《经义考》卷四十）此书以朱子为本，参以程氏，又集诸说之善者。他指出："予自德祐后集诸儒之说为卷一百二十，名曰《大易会要》，以程朱二公为主，诸说之善者为辅，又益之以平昔所闻于师友者为《周易集说》四十卷。"（同上）其书历时二十七年方完成，四易其稿。他说："自至元甲申下笔，解上下经并六十四象辞，与夫《象传》《爻传》《文言传》，期年而书成，改窜者二十余年，凡更四稿。或有勉余者云：'日月逝矣。《系辞传》及《说卦》《序卦》《杂卦》犹未脱稿，其得为完书乎。'予亦自以为欠，至大辛亥，自番禺归吴，憩海滨僧舍，地僻人静，一夏风凉，闲生无所用心，因取旧稿《系辞传》读之，不三月并《说卦》《序卦》《杂卦》改窜皆毕，遂了此欠。"（《后序》，引同上）自至元甲申到至大辛亥（1284—1311），正好是二十七年。

《读易举要》一书，《文渊阁书目》、焦竑《国史经籍志》、朱睦㮮《授经图》均有著录，但其传本很少。难怪朱彝尊云"未见"。《四库全书》据《永乐大典》辑成四卷。此书不是依经立注，而是论述其易学体例或观点。其《易外别传》是用先天之学解说道家经典，用道家思想印证先天之学。他在该书《后序》中说："《易外别传》一卷，为之图，为之说，披阐先天图环中之极玄，证以《参同契》《阴符经》诸书，参以伊川、横渠诸儒之至论，所以发朱子之所未发，以推广邵子言外之意。"

二、《周易》正传的象数思想

严格地说，俞琰不是一个象数易学家，他的易学体系以程朱易学为本，既注重义理，又兼顾象数，融象数与义理为一体。颜尧焕在《周易集说序》中指出："《集说》主之以朱子《本义》，而邵子之数，程子之理，一以贯之，其辞简而严，明而理，将以扩三子之蕴，开后学之蒙，有功于《易》多矣。"今人徐志锐在《宋明易学概论》中将俞氏定为"象数义理学派"，正是出于这个原因。然而，象数与义理之关系中，象数是根本，如俞氏论象辞理时指出："夫《易》始作于伏羲，仅有六十四卦之画，而未有辞，文王作上下经乃始有辞，孔子作十翼，其辞乃备，当知辞本于象，象本于画，有画斯有象，有象斯有辞，《易》之理尽在于画，讵可舍六画之象而专论辞之理哉？舍画而玩辞，舍象而穷理，辞虽明，理虽通，非《易》也。"（《周易集说自序》这表明了其易学倾向，虽讲义理，但更偏重象数。从注经这个角度看，他的象数思想多本于六十四卦三百八十四爻之符号及《易传》之解说。也就是说，他的象数思想基本上未离开《周易》经传，是依《周易》经传，参照朱子、邵子思想而形成。这一点从他对象数的论说中，可以得到印证。

（一）关于象的学说

对易象之理解历来有争议，俞琰于此提出自己的看法，他说：

> 愚谓《易》有画乃有象，如乾象天，坤象地，巽下坎上而为井，巽下离上而为鼎之类皆是也。……象即像之谓，既谓之像，则不过其理近似而已。（《周易集说》卷三十三）
>
> 所以谓之卦象者，物理之似，有取六画之象者，有取三画之象者，亦有取一画之象者，无非象也。（同上卷二十八）
>
> 《易》有一画之象，三画之象，六画之象，皆象也。如奇画象阳，偶画象阴，此一卦（画）之象也。如天地雷风水火山泽，此三画之象也。如井、鼎之类，此六画之象也。（《读易举要》卷一）

　　以上是俞氏对象的解说，在此，他指明了"卦象"的本质是卦爻画，"《易》有画乃有象"，"象本于画"，其特点是表征事物之理，这个表征不是丝毫不差，而仅是近似。"所以谓之卦象者，物理之似"，"象即像之谓，既谓之像，则不过其理近似而已"，说的就是此意。从他对"象"的理解看，无论是一画之象，三画之象，六画之象，皆与《周易》卦爻画紧密相关。当然，就《易》成书而言，其取象并不是局限于某一卦或某一爻，有时也用卦与卦、爻与爻之间的内在的联系取象。如有取前卦为象者，也有取后卦为象者，有一爻兼两象者，有一象兼两爻者，有取主爻为象者，也有取互体为象者，对于此，他举例一一说明之。他说："象辞取象有取前卦为象者，如《中孚》肖《离》，有飞鸟之象，而《小过》云'飞鸟遗之音'是也。又如《复》前有《剥》，而以《剥》六爻并《复》初爻则七，而《复》云'七日来复'是也。有取后卦为象者，《观》属八月，而《临》云'八月有凶'是也。若以《象传》观之，则又有别取他卦为象者，'颐中有物曰噬嗑'是也。"他又说："爻辞取象有一象而兼两爻者，《履》六三、九四'履虎尾'，《姤》九二、九四'有鱼''无鱼'是也。有一爻而兼两象者，《坤》初六'履霜坚冰'，《剥》上九'君子得舆，小人剥庐'是也。有本爻自取一象而他爻又别取一象者，《颐》初九自取'龟'象，而六四又指之为'虎'，《姤》初六自取'豕'象，而九二、九四又指之为'鱼'是也。有取主爻为象者，《噬嗑》二、三、五所谓噬，皆指九四而言。《豫》初'鸣豫'、三'盱豫'，皆指九四而言之也。有取应爻为象者，《屯》六二、六四言'婚媾'是也。有取近爻为象者，《明夷》六二'用拯马壮'，指九三；《涣》初六'用拯马壮'，指九二；《遁》《萃》初爻皆言'用黄牛之革'，并指六二。……《离》为龟，《颐》无龟，《损》《益》亦无龟，而言'龟'者，《颐》肖《离》，《损》《益》皆互离也。"（《读易举要》卷一）

通过分析《周易》卦爻取象，俞氏提出了其象学的基本理论。主要有以下几个方面：

1. 卦体说

卦体本指六爻卦上下卦，但俞氏认为其也包括与上下卦相关的卦。俞琰说："卦体不特是内外上下二体，如对体、覆体、互象、伏体、积体皆是也。"（《读易举要》卷二）所谓对体，就是汉儒所说的"反卦"，指卦画完全相反的两个卦。有时又称"反体"。他解释说："先儒谓乾、坤、坎、离是反，震、巽、艮、兑是对，以先天图观之，其实皆对体也，岂独以震巽艮兑为对哉。"（同上）而覆体即是覆卦，指将一卦卦画颠倒而为另一卦。在他看来，反体、覆体本于先天图，六十四卦反者八卦，覆者五十六。《周易》上下经卦数不等，若将一对覆卦视为一卦，则上经十八卦，下经也十八卦。三画之八卦则为六卦。他指出："反体、覆体皆原于先天图卦位之相对，乾与坤刚柔相反，坎与离刚柔相反，如颐、大过、中孚、小过皆是也。覆体者，屯颠倒翻转则为蒙，需颠倒翻转则为讼是也。六十四卦，惟乾、坤、坎、离、颐、大过、中孚、小过不可倒，余皆一卦倒转为两卦，故上经三十卦约为十八，下经三十四卦亦约为十八。三画卦亦然，震倒转为艮、巽倒转为兑，并乾坤坎离为八卦不过六卦而已。"（同上）其实，其所谓反体、覆体就是汉虞翻"反卦"与"旁通"，覆体是虞氏的"反卦"，反体是虞氏的"旁通"。也是唐孔颖达"非覆即变"的"覆"和"变"，反体即是"变"，覆体即是"覆"。不同的是俞氏用先天易解释之，故其反体覆体说带有时代特色。

　　所谓"伏体"，指两个相反的卦相互包含，即两卦之爻阴含阳，阳含阴，卦表现为伏卦。他对伏卦之渊源及用法进行了说明："伏体之说出于京房占法，如乾伏坤、坤伏乾之类，以见者为飞，不见者为伏，如《同人》言'大师'，盖全体伏师卦也。或攻伏体不可用，以为认坎为离，是水火无别也，然亦有可取者，如《小畜》六四互离，而言'血去'者，离乃坎之反体，伏坎为血，见离而不见坎，故曰'血去'。"（《读易举要》卷二）所谓"积体"，指一卦卦画象另一三画之卦卦画积累而成。他说："积体如剥、复、夬、姤、遁、大壮、临、观、颐、大过、中孚、小过是也。中孚、颐皆肖离，此离之积也。小过、大过皆肖坎，此坎之积也。朱子曰：中孚、小过是双夹底离、坎，颐、大过是厚画底离、坎。临肖震，遁肖巽，观肖艮，大壮肖兑，是震、巽、艮、兑之积而厚画者也。项平庵曰：临、观、剥、复，震、艮之象也。遁、大壮、夬、姤，巽、兑之象也。"这是说一卦象另一三画之卦，而视此卦卦画为三画之卦卦画积累而成。如中孚☲、颐☲均外阳中阴，象离☲，故视为离爻画之积；又如临䷒、复䷗上阴多，下阴少，象震☳，故视为震爻画之积；观䷓、剥䷖上阳少，下阴多，象艮☶，故视为艮爻画之积，其他类同。

所谓互体，是指本卦上下两体相交而求出的卦。互体有三画之互、六画之互。三画之互是基础，六画之互本于三画之互，是据三画之互而求出别卦。俞氏解释说："互体者，上下两卦之体交相互也。有三画之互，又有六画之互。三画之互有两，六画之互有五。何谓两互？如《屯》下震上坎，中互坤艮，此两互也。何谓五互？如《屯》自初至四互复，自三至上互蹇，去初互比，去六（上）互颐，去初上互剥，此五互也，它卦皆然。"（同上）他所说的"两互"指互三画之卦，一卦六爻取其中可以互出两卦。而"五互"，是指一卦六爻，其相连的四爻、五爻相组合可以分别互出两个三画卦，然后根据两个三画卦组成一个六画卦。一卦六爻四画相连有三种情况：初、二、三、四，二、三、四、五，三、四、五、上。五画相连有两种情况：初、二、三、四、五，二、三、四、五、上。以上合计可以互出五卦，如《屯》䷂，初至四互出复（即初二三互为震，二三四互为坤，上坤下震为复），二至五互出剥，三至上互出蹇，初至五互出颐，二至上互出比，共五卦。可见俞氏互体说与汉儒无异。所谓"交体"，指一卦上下两体互易，变为另一卦。他说："王太古曰：交体原于先天方图，以两角对立而相交也。雷风为恒，而风雷之益曰'勿恒'。泽天为夬，而天泽之履曰'夬履'。亦有不如此者，如水天之需，乃曰'利用恒'，何耶？"其实，此"交体"，就是汉虞翻的"两象易"。

2. 爻象

俞氏的爻象，主要有两个内容：一是主爻，二是乘承比应。关于主爻，指一卦之中，起决定性作用的爻。他把三画卦和六画卦分开谈主爻。他说：

> 三画卦，乾坤坎离以中爻为主，震巽以初爻为主，艮兑以末爻为主。六画卦，乾坎以九五为主，坤离以六二为主，震以初九为主，巽以六四为主，艮以九三为主，兑以上六为主，其余诸卦刚柔杂者亦多取六子刚柔之少爻为主。（《读易举要》卷二）

以上是以三画、六画之八卦为例说明卦之主爻。三画主爻比较简单，六画之主爻相对比较复杂，故他对六画之卦的主爻确立作了专门的说明。他认为，六画之八卦主爻的确立主要根据爻位尊卑得正原则："乾主九五、坤主六二，君正位乎上，臣正位乎下也。坎离得乾坤之中，故坎主九五、离主六二。震初九正而四不正，故主初九。巽初六不正而六四正，故主六四。艮九三正而上九不正，故主九三。兑六三不正而上六正，故主上六。"（《读易举要》卷二）同时，他又对十二个消息卦的主爻作了规定。他指出："五阴一阳卦，以一阳为主；五阳一阴卦，以一阴为主，复姤夬剥是也。临主六三者，下体兑，兑以阴爻为主也；遁主九三者，下体艮，艮以阳爻为主也；大壮主九四者，上体震，震以阳爻为主也；观主六四者，上体巽，巽以阴爻为主也；乾主九五，坤主六二，君臣上下之义也。泰否具乾坤二体，故泰以九二主内，六五主外，否以六二主内，九五主外。"（同上）十二卦主爻图如下：

复	临	泰	大壮	夬	乾
䷗	䷒	䷊	䷡	䷪	䷀
初九	六三	九二主内 六五主外	九四	上六	九五

姤	遁	否	观	剥	坤
䷫	䷠	䷋	䷓	䷖	䷁
初六	九三	六二主内 九五主外	六四	上九	六二

但是，八卦和十二消息卦之主爻往往不能与卦义或卦辞一致。如"艮以九三为主，九三不吉，而上九乃吉"，其原因是艮有止之义，"三互震，动则非艮止之道，故艮之时用不在三，而在上"。"观以六四为主，而六四曰利用宾，谓其位逼九五，是不宜为主，而宜为宾也，此亦崇阳抑阴之微意也。"而姤卦主爻与卦辞一致，"姤九二曰包有鱼不及宾。鱼，指初六。宾，指九四。初为主，则四其宾也"。

其他卦的主爻也比较复杂，除了根据爻位外，还要具体地分析其卦义，如"颐有两刚爻，独取上九为主，而不取初九"。按照卦义，颐有口之象，"口容止，颐道贵静不贵动。初九震体躁动，非颐之主也，故不取。上九艮体之止，得颐道之静，故取之为主。"噬嗑卦则比较特殊，从卦象看，与颐关系密切，

"噬嗑卦成之由，盖因于颐，而九四间于其中为'颐中有物'之象"。虽然"噬嗑下震上离，在他卦则离以柔爻为主，震以刚爻为主"，但此卦"诸爻皆以去九四远近取义而不以初九、六五为主爻"，即以九四为主爻。在丰卦，主爻不止于一，根据八卦之爻，此卦上震以阳爻为主，即丰九四爻为主爻，下离以阴爻为主，即丰六二爻为主爻，若据卦辞，则六五为主爻。他说："《丰》初九之'配主'，（皆）指离之六二，二乃离之主爻也。……《丰》九四之'夷主'，指六五，五为丰卦之主。四为震之主爻，均是主也。"

卦主说自汉京房提出，经魏王弼阐发，再至俞琰解说，形成了比较完整的理论体系，在注《易》中发挥了它应有的作用。俞氏的卦主思想在易学史上起到了承前启后的作用。元人吴澄、清人李光地等皆言卦主，与俞氏对卦主说之倡导是分不开的。

"乘"、"承"、"比"、"应"，是汉儒常用的取象法。在汉代用得较多的当为以荀爽为代表的费氏易学，他们以《易传》为据，取"乘"、"承"、"比"、"应"注《易》。俞氏继承了这一传统，对"乘"、"承"、"比"、"应"作了说明：

　　爻有乘承比应。乘者，在上而乘下也。承者，在下而承上也。比者，与相近比也。应，与也。三画之卦，其位分上中下，重为六画，则下与下应，中与中应，上与上应，如琴瑟之弦，一与四、二与五、三与六同声而相应也。爻以初九应六四，六二应九五，九三应上六，是为正应；若初六遇九四，九二遇六五，六三遇上九，虽相应而非正也。(《读易举要》卷二)

"乘""承"反映了爻与爻之间的尊卑关系，阳爻尊阴爻卑，"阴承阳、阳乘阴则顺；阳承阴、阴乘阳则悖，是固然矣"。但有时阳承阴表示阳"以大事小，以贵下贱"，"不失其为谦德"。"比"指相邻两爻，这是常见的取象方法。"应"，相对而言较复杂，俞氏将"应"分为正应和非正应两种，并指出"应"形成的原因是重卦，经卦相重则为别卦，故两经卦初、中、上各自相应。同时，他还探讨了六十四卦"乘"、"承"、"比"、"应"的情况。他认为除了乾坤以外，其余各卦皆有"乘"、"承"、"比"、"应"。他在注《屯·象》时说："《易》六十四卦惟乾坤二卦纯刚纯柔，无所谓上下之乘承，亦无所谓内外之配应。其余六十二卦则皆刚柔错杂，乃有乘承配应。既有乘承配应，则其说千变万化而无穷矣。"(《周易集说》卷十四)

以上是俞氏的象学，也是他注《易》所遵循的取象方法。从其内容看，主要吸收了汉代象学，总体上并无突破。然而，他的象学又有其特点，即像丁易东易学一样，不盲从前人，尤其是对待汉代象学，采取了批判继承的方法，在谈象时，紧紧围绕着《周易》卦画和卦爻辞，对汉代以及宋代象学加以选择，建立了一整套与《周易》经传密切相关的行之有效的易象理论或取象方法。并以基本卦义为尺度，对以往的象学，尤其是汉人的象学进行了清算。具体表现在以下几个方面。

其一，卦变说不可用于解经。

汉儒依据《彖传》所谓刚柔"上""下""往""来"提出卦爻之变动可使一卦变成另一卦，即所谓卦变说，而且广泛地运用于注经中。宋儒李挺之、朱震、朱熹等人承之，倡导卦变说，使卦变说日趋完备。而俞氏反对卦变说，认为这是"舍近求远，去此而取彼"。他认为《彖传》所云刚柔上下往来是言两卦反对，他说："《彖传》凡言'刚来'、'柔来'与'刚柔上下'，皆以两卦反对取义，如《讼》九二云'刚来'，盖自《需》九五来；《无妄》云'刚自外来'，盖自《大畜》上九来。"（《周易集说》卷十五）也即所谓刚柔上下往来是指反覆卦互变，而使此卦内卦某一爻变成另一卦外卦某一爻，或者使此卦外卦某一爻变成另一卦内卦某一爻，此绝无爻之升降之义。

若就一卦而言，卦体有内外上下之分，故刚柔上下往来皆指某一爻在内外卦。他说："或曰卦体有内外上下之分，凡阳爻为主于内则曰刚来，曰刚下；有一于外则曰刚上。凡阴爻在内则曰柔来，曰柔下；在外则曰柔进，曰柔上。……愚谓此说固干净矣。"（《读易举要》卷一）在此基础上，他提出升降之义与爻辞或两爻相应有关，与卦变无涉。因此，他总结说："《彖传》每以两卦相并而言，故不就本卦升降取义；爻辞或以两爻相应而言，则就本卦升降取义。读《易》者宜审思而明辨之，不可执一而废一也。"一言以蔽之，按照他的看法，《象传》中没有卦变说，这是他的发明。如他所说："自秦汉之后，唐宋以来，诸儒议论，绝无一语及此。"（同上）他论卦变不符合《象传》之义。故云："或谓一阴一阳卦皆自复、姤来，二阴二阳卦皆自临、遁来，三阴三阳卦皆自泰、否来，非也。或又谓《象传》凡言'刚来''柔来'皆从乾坤二卦来，亦非也。"（《周易集说》卷十六）

当然，俞氏虽然认为《象传》无卦变说，但并没有否定卦变说的作用。他说："卦变之说用之占法则可，用之解经则不可。盖忘其本爻之义也。"（《读易举要》卷一）此是说卦变说不符合《易》之本义，故不可以解经，但是它可以用于筮占。据此，他对宋人进行了评论：朱熹取卦变用于占法"不可废"，程颐注《易》"不取卦变，不取诚是也"，朱震则取之注《易》"亦未为得也"。《象传》"刚柔往来"比较复杂，其含义前后往往不一致，俞氏用两卦反覆理解《象传》刚柔往来，可备一说，但他以此批判汉儒卦变说，证据不足。

其二，论卦气、纳甲之附会。

卦气说在宋代比较流行，李溉曾作卦气图，朱震等人曾论及。俞氏认为，宋人所传李氏卦气图，"其说出于纬书，盖焦京占候之学也"（《读易举要》卷三），从内容看，除了十二消息卦外，其余与《易》不通，故不能用于解《易》。他指出："卦气图惟十二辟卦与《易》同，其余则否。解《易》者以《屯》为十二月，《蒙》为正月，《需》为二月，《太玄》则然，《易》不然也。《易》以《复》为十一月，《复》之象辞盖言'至日'也。若又以中孚为十一月，则是《太玄》之法，非《易》之法也。"他认为卦气之说不仅与《太玄》通，也与历法通："六日七分之说，历家用之，《易》无取焉。"又引汲斋文稿之言，说明《太玄》用卦气说，是星历气候之学，而《易》是道德性命之学："道德性命之理与星历气候之学本不相涉"，"司马公乃欲因《玄》以求《易》"，"求《玄》愈深，去《易》愈远"。同时，他还指出卦气说本身存在着一些问题，如论六十四卦之爻数配三百六十日余五日四分日之一，"其亦迂曲牵强甚矣"。又如卦气起于中孚，不符合经文所云"七日来复"。他引李隆山之语："月有五卦，五卦分爻，爻主一日。九月剥也，有艮、有既济、有噬嗑、有大过，凡五卦而后成坤。十月坤也，有未济、有蹇、有颐、有中孚，凡五卦而后成复。则自坤至复安得谓之七日来复乎？复主冬至，冬至中气起于中孚，自中孚之后七日而复。故七日来复者，自中孚而数，不自坤数也。"

纳甲之说出于京房之占法，东汉魏伯阳配之月体而言炼丹之术，虞翻取之注经。至宋代，言纳甲者不乏其人，如朱震、丁易东、项安世等人皆取之注经。俞氏考察《周易》经文，认为纳甲不合经文，是后人附会。他认为，从卦爻辞及对应的卦象看，"《泰》有坤故言乙，《归妹》无坤而亦言乙"，"《蛊》无乾而言甲，《巽》无震而言庚"。因此，他说："纳甲之法惟术家用之，于《易》无预焉。"而《周易》中"甲""乙""庚"之辞，不是取纳甲，而是指方位。他解释说：《蛊》象辞云：

'先甲三日，后甲三日。'甲指震而言，震东方之卦，东方属甲乙木。《蛊》之三四五互震，故称'甲'。《泰》《归妹》爻辞皆曰'帝乙'者，《泰》六五互震，《归妹》六五震体，而皆柔爻，故皆称'帝乙'。《巽》九五曰'先庚三日，后庚三日'者，庚指互兑而言，兑西方之卦，西方属庚也。即非用纳甲法。"俞氏以纳甲说不能从经文中得到印证为由，推出纳甲说与《易》无预的结论，应当说看到了汉人取象的牵强性。但他又用互体求出方位，用方位解说《周易》中的"甲""乙""庚"之辞，其实是用一种方法取代另一种方法，不能从根本上真正驳倒纳甲说。因为据汉人解《易》之法，虽然从以上三卦中不能直接找到与"甲"、"乙"、"庚"相对应的卦象，但变化卦之某一爻后即可找出。如虞翻注《蛊·象》云："初变成乾，乾为甲。"注《归妹》六五云："三四已正，震为帝，坤为乙，故曰帝乙。"注《巽》九五云："变初至二成离，至三成震，震主庚。"

（二）关于数的学说

俞氏对易数亦进行了研究，并提出了自己的观点。他认为，天地之数与天地是一致的，皆与阴阳相关，所不同的是天地是阴阳对立的统一之实体，而天地之数是对这个统一体的抽象，反映了阴阳变化的次序。他指出：

　　　　阳数奇，故以一三五七九为天；阴数偶，故以

二四六八十为地。天地者阴阳对待之定体，一至十则阴阳流行之次序。(《周易集说》卷三十）

这个阴阳变化的次序，其实就是阴阳生万物的过程，即由阴阳而产生五行，由五行而有四方。五行本身就是数。五行在天上表现为五行，在地上表现为五材，五行五材皆为数，"一三五七九乃天之五行，二四六八十乃地之五材"。其阴阳变化"一生一成，往来造化功用皆不出乎此"。同时就其数而言，五行有生数成数，"以五行言之，不过一二三四五，盖正数也。六七八九十乃其配耳。一属水，其位居北。二属火，其位居南。三属木，其位居东。四属金，其位居西。五属土，其位居中央。以五加北方之一则为六，加南方之二则为七，加东方之三则为八，加西方之四则为九，复以四方之一二三四会而归于中央则成十"。正数即生数，配数即成数。这里，他把一二三四五视为生数，把六七八九十视为成数，"一二三四五，生数也；六七八九十，成数也"(《读易举要》卷三），而其中五、六分别是生、成数之主，"五六，天地之中数也，五居天中为生数之主，六居地中为成数之主"（同上）。不仅如此，五、六之数还与干支数、大衍之数、揲蓍之数有关。"干数十，倍五而为十也；支数十二，倍六而为十二也。以五十有五去其五，余得五十是为大衍之数，以五十有五去其六，余得四十有九是为揲蓍之数。"这就通过五、六两个数将天地之数五十五与大衍之数五十、蓍数四十九联系起来，视天地之数为大衍之数、蓍数之本。

那么，为什么大衍之数为五十？或者说为什么要将天地之数减去五？

其原因在于大衍之数与天地之数不同，它不是客观存在的，而是推衍出来的，其推衍结果正好为五十。他指出：

> 愚谓推衍者，自太极生两仪，则阳一阴二，衍而为三。两仪生四象，则太阳一，少阴二，少阳三，太阳（阴）四，衍而为十。四象生八卦，则乾一、兑二、离三、震四、巽五、坎六、艮七、坤八，衍而为三十六。通太极之一，两仪之三，四象之十，八卦之三十六，则其数五十。今曰"大衍之数五十"，其殆是乎。（《周易集说》卷三十）

此是用太极生八卦来解说大衍之数五十。《系辞》云："易有太极，是生两仪，两仪生四象，四象生八卦。"邵雍将此段理解为伏羲画卦，即所谓先天之学。朱熹等人据邵氏之意，视伏羲画卦为阴阳符号叠加。俞氏取此推衍过程中产生之数，说明大衍之数，即太极为1，太极生两仪，其数为1+2=3；两仪生四象，其数为1+2+3+4=10；四象生八卦，其数为1+2+3+4+5+6+7+8=36。故太极数、两仪数、四象数、八卦数之总和为：1+3+10+36=50。关于"大衍之数五十，其用四十有九"，历代众说纷纭，汉京房取辰宿解之，荀爽以卦数八乘爻数六再加"二用"解之，郑玄取天地之数减五行解之，宋人朱熹以河图洛书解之，而用天地之数解之的诸家说法各不同，如邵雍取天数而释五十，丁易东则用天地之数及衍数解五十和四十九。俞氏取天地之数之和减去中数五、六，并用太极衍八卦之数印证"大衍之数五十，其用四十有九"，在古代蓍数理论中别具一格。

当然，他的这些蓍数理论有些是继承了前人的成果，如用太极生八卦之数释大衍之数五十，是继承了郑武子、黎时中的观点。对此，他曾明言道："愚向见郑武子揲蓍古法云：'天地之数五十有五，而大衍不尽天地之数，何也？盖太极生两仪，两仪生四象，四象生八卦，数所衍者不及五也。'近得临江黎时中之说云：'大衍之数五十者，太极一，两仪三，四象十，八卦三十六，共五十也。太极一也，太极生两仪，一衍而三也；两仪生四象，两衍而十也；四象生八卦，四衍而三十六也。一为太极之数，盖先天之本体，而妙用所由起。四十九为两仪、四象、八卦之数。"（《读易举要》卷三）

俞氏于易数的另一贡献是，对宋以降流行的许多蓍数理论进行了批判。其一，他批判了卦与大衍数相应的观点。史学斋曾提出："《革》居四十九，应大衍之数，故云天地革而四时成。《节》居六十，而甲子一周，故云天地节而四时。"洪容斋亦谓："《革》之象言治历明时，而革之序正当四十九。"俞氏批评道："此皆偶合耳，圣人作《易》之意果如是乎？""或谓大衍之数五十而震居五十一，数穷而复始也。此与六十卦甲子既周而起中孚之说无异。"

其二，他批判了张行成《周易》以四起数的观点。张行成治邵雍先天之学，以《乾》"元亨利贞"为据，说明《周易》以四起数。俞氏批评说："'元亨利贞'在文王只是二事，不过谓大亨而利于正，至孔子方分作四件。朱子言之详矣。张行成乃谓《周易》起数以四，而孔子于此发其端，此岂圣人之意哉？张氏为邵子之学，故其说如是。"他指出张氏之说不符合圣人之旨，也指明了张氏出现错误的原因，即受邵子之学的影响。

其三，他驳斥了图书之学。他认为，河图、洛书是有文彩的玉石，因产于黄河、洛水，故名之曰河图、洛书。他在注《系辞》"河出图，洛出书"时说：

> 按《书·顾命》云："天球、河图在东序。"天球，玉也。河图而与天球并列，则河图亦玉也，玉之有文者尔。昆仑产玉，河源出昆仑，故河亦有玉。洛水至今有白石，洛书盖白石而有文者也。（《周易集说》卷三十一）

他以文献记载和当时的地理状况肯定了河图、洛书是有纹理的玉石，而非由数字组成。他对此又作了进一步的说明：

> 河图自《易》言之，吾又于《顾命》见之矣，不过曰"天球、河图在东序"；又于《论语》见之矣，不过曰"河

不出图，吾已矣夫"；又于《礼运》见之矣，不过曰"河
出马图"。未尝有所谓五十数，亦未尝有所谓四十五数。
（《读易举要》卷三）

这是从经典之记载看，河图、洛书与数无关，而从《周
易》角度看，《周易》言"数"却未言河图洛书。他说：

夫五十五数，《易》数也，《易》固有之也，《易》安
有所谓四十五数哉。（《周易集说》卷三十一）
《易》之数不过天一至地十，五十五数而已，未尝名之
曰河图，亦未尝名之曰洛书。（《读易举要》卷三）

因此，将易数与河图洛书联系起来不是圣人之旨，而是汉
儒之附会。如他说："四十五数……分布而为九宫，子华子言
之，《大戴礼》言之，《乾凿度》言之。在《易》则圣人无一语
及之，盖非易数也。"（《周易集说》卷三十一）"旧说以此为河
图，或以为洛书，皆无所据其实。"（同上卷三十）"四十五数，
九宫数也，乃后人推出以附会于易数尔。"（《读易举要》卷三）
"河图之数五十五，洛书之数四十五，圣人既不明言，则汉儒
之说臆说耳！非圣人之本意也。"（同上）

汉儒言河图洛书只限于文字，而宋儒则图文并茂，使之
成为专门之学。俞氏除了批判汉儒外，还把矛头直指宋之图
书之学。如他认为刘牧"以五十五数为洛书，四十五数为河

图，可谓以谬攻谬"，而蔡元定"引蓍龟二者证图书，以为泛言圣人作《易》作《范》其原皆出于天之意，其说虽通，然亦不过循汉儒旧说耳"。由此可见，俞氏否定了宋代流行的伏羲取法河洛之数画卦的权威说法，提出"圣人则之谓则其文以画卦"的论断。同时，否定了大衍之数与河洛之数的关系，当然也就否定了宋儒图书之学。这是继北宋欧阳修、李觏之后，向图书之学的再次挑战。从易学起源这个角度言之，俞氏这些批判起到了正本清源的作用，当予以肯定。当然，图书之学有其价值，如它以新的形式复活象数易学，丰富了象数易学的内容等，这是问题的另一个方面，也是俞氏所没有看到的。

这里，还有一个问题，即朱熹在探讨易学起源时，既采先天之学，也取图书之学。对此，俞氏采取了比较慎重的态度，凡朱熹言河图洛书处则避之，只断章取义，用其不利于河图洛书之言，如他引朱熹语说明图书之学是汉人附会："圣人说数说得简略，高远疏阔，《易》中只有奇偶之数，天一至地十是自然之数也，大衍之数是揲蓍之数也。惟此二者而已。愚亦曰舍此二者之外，《易》岂有所谓戴九履一之数哉，乃汉儒牵合附会云尔。""朱子曰：大衍之数说蓍，天地之数说造化生生不穷之理，此外是后人推说出。愚亦曰：易数不过大衍之数五十，天地之数五十有五。……四十五数九宫数也，乃后人推出以附会于易数尔。"俞氏回避批评朱熹，原因或在于朱熹在当时地位很高，其易学属于官学，故俞氏不敢公然向朱熹宣战。其实，俞氏逆潮流而动，批判汉宋河图洛书之学，特别是公开批判了朱熹的学生蔡元定，对朱熹是不战而战了，已表现了非凡的胆识。

三、"易外别传"之人体象学

《易》之别传，是相对正传而言的。易学正传指正宗易学，即以孔子儒学易为本，占主导地位的诸派易学，而与方技结合、流入民间的易学则属易学别传。在汉代，传孔子易的是正传，得隐士之说的是别传，如清皮锡瑞指出："成帝时，刘向校书，考《易》说，以为诸《易》家说皆祖田何、杨叔、丁将军，大谊略同。唯京氏为异党，焦延寿独得隐士之说，托之孟氏，不相与同。据《汉书》，则田何、丁宽、杨何之学，本属一家，传之施、孟、梁丘，为《易》之正传；焦、京之学，明阴阳术数，为《易》之别传。"（《经学通论·易经》）在宋代，二程、朱熹是新儒家代表，其易学占主导地位，传程朱易的是正传，而与程朱相违背的，或者流入方技术数的易学则为别传。俞氏的《易外别传》，是易学与道教相结合的产物，其将先天易与《参同契》相互印证，形成具有易学特色的道教理论，故属于易外别传。俞氏在《易外别传叙》中指出："《易》外别传者，先天图环中之秘，汉儒魏伯阳《参同契》之学也。人生天地间，首乾腹坤，呼日吸月，与天地同一阴阳。《易》以道阴阳，故伯阳借《易》以明，其说大要不出先天一图，是虽易道之绪余，然亦君子养生之切务。"从易学而言，此书通过解说邵氏先天图阐发了邵氏的先天易学，主要表现在以下几个方面。

（一）天根月窟说

天根月窟说是邵雍为了解释先天图而提出的，其在《观物吟》诗中有云：

> 耳目聪明男子身，洪钧赋与不为贫。
> 因探月窟方知物，未蹑天根岂知人。
> 乾遇巽时观月窟，地逢雷处看天根。
> 天根月窟闲来往，三十六宫都是春。

此所谓"天根"、"月窟"是指阴阳交接处，天根是指冬至将至而未至之时，月窟指夏至将至而未至之时。从先天八卦图看，乾巽二卦之间为月窟，乃是一阴将生之处；坤震二卦之间为天根，乃是一阳将生之处，即是"乾遇巽时观月窟"，"地逢雷处看天根"。而从先天六十四卦圆图看，坤复之间为天根，乾姤之间为月窟。先天八卦其数总和为三十六，先天六十四卦中八个不易之卦和二十八个可易之卦总和也为三十六，故先天八卦和先天六十四卦圆图象征了阴阳周流变化，即所谓"天根月窟闲来往，三十六宫都是春"。邵雍在这里，用诗的形式表达了先天卦圆图中的卦气思想。俞琰运用天人合一思维，以天根月窟说解释人之身体。既然先天图能够体现自然界阴阳变化，而天与人同一，故先天图同样也能体现人体之变化。因此，在俞氏看来，魏伯阳《周易参同契》是借《易》明丹道之术，"其说大要不出先天一图"。俞氏据邵氏先天图，作"天根月窟图"如下：

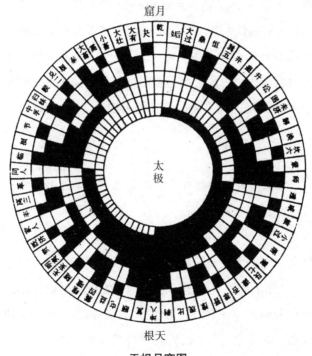

天根月窟图

此图中央为太极，自内而外，成六十四卦，即六十四卦圆图。俞氏参照此图对邵氏天根、月窟进行了解说。他说："愚谓月窟在上，天根在下，往来乎月窟天根之间者，心也。何谓三十六宫？乾一兑二离三震四巽五坎六艮七坤八是也。"（《易外别传》，以下凡引此书皆略）在俞氏看来，太极居图中心，是宇宙之本，由太极生阴阳，阴阳有动静，而其图分为阴阳两大部分，就是邵氏所说的此"天地一岁之呼吸"："冬至后自复而乾属阳，故以为呼；夏至后自姤而坤属阴，故以为吸。呼乃气之出，故属冬至之后；吸乃气之入，故属夏至之后。"这种气之呼吸其实就是阴阳动静，"图左自复至乾，阳之动也；图右自姤至坤，阴之静也"。由于阴阳有动静变化，那么就有月窟天根。月窟天根是阴阳交接处。阴阳变化犹如夏冬交替，循环往复，其关键在于月窟天根，二者又以天根为主，他说：

> 图之妙在乎终坤始复，循环无穷，其至妙则又在乎坤复之交，一动一静之间。（《易外别传叙》）

坤复之交则为天根，俞氏又称天根为"无极"，他说："朱紫阳曰：'邵子就图上说循环之意，自姤至坤是阴含阳，自复至乾是阳分阴，坤复之间乃无极。'袁机仲曰：'朱子谓坤复之间乃无极，其论察矣。'又诗云：'忽然夜半一声雷，万户千门次第开。若识无中含有象，许君亲见伏羲来。'无中含有象，即是坤复之间，无极而太极也。邵子之学非朱子孰能明之？"这里，俞氏引朱子及弟子之言，说明天根在太极之上。那么这个天根是什么呢？他认为是造化之真机，是一种原初的恍惚不定之物。他引邵氏诗《恍惚吟》云：

> 恍惚阴阳初变化，氤氲天地乍回旋。
> 中间些子好光景，安得工夫入语言。

他解释说："愚谓康节此诗泄尽天根之极玄。"由此可以看出，俞氏将天根视为一种恍惚之物，且比太极更为根本，这似乎与前所说太极往来于月窟天根之间有些矛盾。这里应当说明的是，参照先天图及朱子思想对邵子月窟天根说作解释只是他思想的基点，而非最终目的，其最终目的是以此为出发点，解说《周易参同契》人身修炼之理，或者说用《周易参同契》丹道思想来印证邵子的先天之学。他指出：

> 愚谓人之一身即先天图也，心居人身之中，犹太极在先天图之中。朱紫阳谓中间空处是也。图自复而始，至坤而终，终始相连如环，故谓之环。环中者，六十四卦环于其外，而太极居其中也，在《易》为太极，在人为心。人知心为太极，则可以语道矣。

此是释邵雍"先天图者环中也"之意。如前所言，先天图是一张反映自然界阴阳消长变化的卦气图，而人来自自然，是由自然演化而来的，具有自然属性，与天地自然相同一，人体变化就是自然变化，因此先天图不仅适应自然界，也适应于人身。从人身言之，人之一身即一张先天图，人心居人身之中，"犹太极在先天图之中"，六十四卦三十六个宫"不在纸上而在吾身中"。六十四卦分为阴阳，反映自然界季节交替中气之呼吸，动静变化，人体也有如此变化。如"冬至后自复而乾属阳，故以为呼；夏至后自姤而坤属阴，故以为吸"，"大则为天地一岁之呼吸，小则为人身一息之呼吸。《参同契》云'龙呼于虎，虎吸龙精'，又云'呼吸相含育伫息为夫妇'，盖以呼吸为龙虎为夫妇"。此用"龙虎"、"夫妇"说明人体有气之阴阳变化。又如"图左自复至乾，阳之动也；图右自姤至坤，阴之动也。一动一静之间乃坤末复初，阴阳之交，在一岁为冬至，在一月为晦朔之间，在一日则亥末子初是也。……愚谓吾身之乾坤内交，静极机发，而与天地之极相应"。人身之乾坤指头腹，乾为首，坤为腹，《参同契》以乾为炉，以坤为鼎，是炼气之根本，因此，人体内有动静之机，也就是说，人体内有"天根"和"月窟"。从静到动，静动之间是"天根"。从动到静，静动之间是"月窟"。

（二）先天图阴阳升降说

邵氏在《观物外篇》中曾论述了天地阴阳升降，指出："自下而上谓之升，自上而下谓之降。升者，生也；降者，消也。故阳生于下，阴生于上，是以万物皆反生。阴生阳，阳生阴，阴复生阳，阳复生阴，是以循环而无穷也。"（《皇极经世书》卷十四）其《乾坤吟》云："道不远于人，乾坤只在身，谁往天地外，别去觅乾坤。"俞氏据此作一图，名曰"先天六十四卦直图"，他认为此图既是天地阴阳升降图，也是人体运气图，图如下：

先天六十四卦直图

他指出：

> 愚谓乾坤阴阳之纯，坎离阴阳之交。乾纯阳为天，故居中之上。坤纯阴为地，故居中之下。坎阴中含阳为月，离阳中含阴为日，故居乾坤之中。其余六十卦，自坤中一阳之生而至五阳，则升之极矣，遂为六阳之纯乾。自乾中一阴之生而至五阴，则降之极矣，遂为六阴之纯坤。一升一降，上下往来，盖循环而无穷也。天地如此，人身亦如此。子时气到尾闾，丑寅在腰间，卯辰巳在脊膂，午在泥丸，未申酉在胸膈，戌亥则又归于腹中，此一日之升降

然也。一息亦然，吸则自下而升于上，呼则自上而降于
下。……人能知吾身之中以合乎天地之中，则乾坤不在天
地，而在吾身矣。

此图是按照各卦阴阳多少进行排列，自上而下阳爻依次递
减，阴爻依次递增，即由六阳卦、五阳一阴卦，四阳二阴卦、
三阳三阴卦、二阳四阴卦、一阳五阴卦，至六阴卦。反之亦然，
即自下而上阳爻依次递增，阴爻依次递减。此图其实是卦变图，
乾坤为父母，由乾六阳变一阴卦、二阴卦、三阴卦、四阴卦、
五阴卦，最后变六阴坤卦，反之，由坤六阴变一阳卦，二阳卦，
三阳卦，四阳卦，五阳卦，六阳乾卦。此图自上而下，自下而
上，一升一降，上下往来，循环无穷，而人身之气运行亦自下
而上，即自尾闾至泥丸，又自上而下，即自胸至腹中，此是一
日中气之升降，而在每一刻也有呼吸，呼为自上而降于下，吸
则是自下而升于上。这正是先天直图对人身的生动体现。

（三）其他图式

俞氏还根据先天图及后天图画了大量的图式，并用《参
同契》解说这些图式。如他据先天图和后天图中的乾坤坎离
作"地承天气图"、"月受日光图"、"先天卦乾上坤下图"、"后
天卦离南坎北图"、"乾坤坎离图"、"天地日月图"等，他认为
这些图式除了体现自然界之气及由这种自然之气而形成的物体
外，与此相应，还体现了人体器官和气之运行。

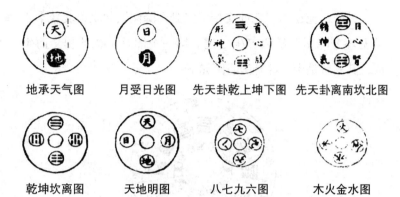

地承天气图　　月受日光图　　先天卦乾上坤下图　先天卦离南坎北图

乾坤坎离图　　　天地明图　　　八七九六图　　　　木火金水图

其"地承天气图"是指"人之元气藏于腹，犹万物藏于坤。神入地中，犹天气降而至于地。气与神合，犹地道之承天。天地以此而生物，吾身以此而产药"。其"月受日光图"，本指自然界中月无光而受日光，此指气海受人心，"气与神合，与太阴（月）受太阳（日）之光无异"。其"先天卦乾上坤下图"与"后天卦离南坎北图"，本是指天地日月，而在人身，乾为首，坤为腹，离为目，坎为肾，其中间为心，与这些器官相应的则是意识，即形神气和精神气，三者分别相交则为药物。他说："人之一身，首乾腹坤而心居其中，其位犹三才也。气统于肾，形统于首，一上一下，本不相交，所以使之交者，神也。神运乎中，则上下混融，与天地同流。"此是言"神"在人体中起决定作用，"神"守于肾则静，守于首则动，静而妙合而成药，动而不息则为火。其"乾坤坎离图"、"天地日月图"是指在人体乾为首、坤为腹，日月为呼吸。其"八七九六图"与"木火金水图"本指五行及五行成数，此用所谓的"赤龙"、"黑虎"，喻人体之呼吸。

　　另外，他还用"乾坤交变十二卦升降图"、"坎离交变十二卦循环升降图"解说养生之道。第一个图是由乾坤相交而生成，其实就是十二辟卦图。图如下：

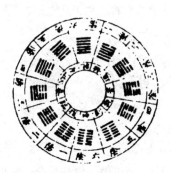

乾坤交变十二卦升降图

　　他认为这个图是人体变化图，"乾上坤下，吾身之天地也。泰左否右，吾身天地之升降也"。从人身角度言之，复不是十一月，也不是子时，而是"身中之子"；姤不是五月，亦不是午时，是"身中之午"。

　　第二个图是由坎离相交而生成，也是十二卦。图如下：

坎离交变十二卦循环升降图

此图坎居北，离居南，以示"吾身之水火"。既济居东，未济居西，以示"水火之升降"。屯居寅，蒙居戌，以示"吾身之火候"。而寅戌在此不是时间，而是身中之寅戌。

由此，他引申出一套炼丹理论，即六十四卦"以乾坤为鼎、坎离为药，因以其余六十卦为火候。一日有十二时，两卦计十二爻，故曰用两卦，朝屯则暮蒙，朝需则暮讼，以至既济、未济一也。屯倒转为蒙，有一升一降之象。屯自内而升为朝、为昼、为春夏，蒙自外而降为暮、为夜、为秋冬。诸卦皆然"。所谓火候，是指炼丹的时间。俞氏在这里系统地解释了《参同契》中炼丹的方法，此法是依据今本《易》六十四卦卦序，以乾坤为器具，以坎离为水火，再以六十卦为炼丹的时间，即每两卦为对，主十二时，爻主一时，气有升有降，六十四卦正好与一月三十日相配，依次循环，从而保持气运行在人体中，达到养生的目的。

俞氏这套养生理论，是邵子易学与《参同契》相结合的产物，邵易与《参同契》在此之所以能结合，而且结合得如此巧妙和完善，一方面取决于《参同契》，《参同契》是一部假借《周易》概念及理论体系而写成的炼丹著作，故它与《周易》有着千丝万缕的联系，另一方面，俞氏精通易学与道教理论，更为重要的是得到了隐士的指点。他在《易外别传》的叙中指出："图之妙在乎终坤始复，循环无穷，其至妙则又在乎坤复之交，一动一静之间。愚尝学此矣。遍阅云笈，略晓其一二，忽遇隐者授以读《易》之法，乃尽得环中之秘。反而求之吾身，则康节邵子所谓太极，所谓天根月窟，所谓三十六宫，靡不备焉，是谓身中之易。"这里的"身中之易"就是指养生理论，这种养生理论是借助易学而建立起来的，尤其是易图对于建立养生理论起到了重要作用。

象数易学有象学和数学之分。邵氏先天之学，是经过数的推衍而建立起来，凸显了数的作用，属于数学。而俞氏在解释人体修炼之术时取其图，用其图中卦象，说明人体之器官和气之运行的时间和程序，显然不属于数学，而属于象学。他虽然也言数，但将数视为象。如前所言，他把七八九六解释为人体之气呼吸，即属人体之象。他说："丹家有所谓赤龙黑龙者，东方苍龙七宿运而之南，则为赤龙；西方白虎七宿运而之北，则为黑虎，无非譬喻身中之呼吸。究而言之，何龙虎之有？何金水木火之有？何七八九六之有？皆譬喻耳。"此是他《易外别传》属象学又一明证。但他这个象学又有自己的特点：一，其象学是用图式表现出来的，这与汉儒用文字说明不同。这也是时代特色。宋代图书之学流行，受其影响，易学家治《易》，多作图阐发易学思想。二，其象学属于人体之象。汉宋易学家言象者，多言自然之象，如卦气说、太极图说、先天图、河图、洛书，皆属自然之象，而俞氏在此运用天人合一理论将天地自然之象转化为人体之象。故他的《易外别传》是"身中之易"，也是身中之象学。

四、俞琰对易学史的贡献

俞琰一生"乐贫安道，华皓一节"，承其家学，博览群书，潜心易学三十余年，形成了独特的易学体系，对宋代易学乃至整个易学史做出很大贡献。易学发展至宋，虽改变了晋唐以玄学治《易》的传统，但义理、象数泾渭分明，各引一端，"尚占而宗邵康节者，则以义理为虚文；尚辞而宗程伊川者，则以象数为末技，而邵程之学分为两家，羲画周经亦为两途，遂使学者莫之适从。逮夫紫阳朱子《本义》之作，发邵程之未发，辞必本于画，理不外于象，圣人之本旨于是乎大明焉。"（《周易集说·自序》）即至朱子象数义理始融合为一。然而，由于朱子笃信图书之学、先天之学，后学皆尊崇推衍之，故一时图书之学泛滥，远离了《易》的本旨。在此之际，俞氏一方面以朱子《本义》为宗，兼顾义理与象数，考诸家易学，撷其英华，对调整易学研究方向、促进象数义理融合起到了很大的作用。纳兰成德在《周易集说序》中指出："至其集众说之善，以朱子《本义》为宗，而邵子程子之学，义理象数一以贯之，诚有功于《易》者也。"（引自《经义考》卷四十）颜尧焕在《周易集说序》中也明言："余友俞石涧，家传易学，潜心于此三十余年，作《集说》，主之以朱子《本义》，而邵子之数、程子之理，一以贯之，其辞简而严，明而理，将以扩三子之蕴，开后学之蒙，有功于易学多矣。"（同上）

另一方面，俞琰以朱子易为宗，却不固守朱学、盲从权威。他以《周易》经传为圭臬，规范易学，提出卦体说，坚持爻象说，反对汉儒的卦气说、纳甲说，否定宋儒所倡导的图书之学、卦变说，尤其排斥朱子等人用图书之学解释蓍数，有利于易学正本清源，更有利于纠正当时易学附会之风。而其中关于河图洛书的解释，自成一家之言，如四库馆臣所言："至谓《尚书·顾命》'天球、河图在东序'，河图与天球并列，则河图亦是玉名，如此之类则太奇矣。然其覃精研思积三四十年，实有冥心独造，发前人所未发者，固不可废也。"（《四库全书总目·易类三》）

就象和数而言，俞氏言象，除了前面所言，主卦体、爻象，反对卦变、卦气、纳甲外，还就人体之象进行了研究。他以先天图为最基本的图式，运用天人合一的思维，提出先天图中所表现的自然界阴阳往来升降变化，在人体中皆可以得到体现，故他结合图式中的易卦卦象申说人体中气之运行的程序和时间，形成了易学史上独具特色的象学，无论是对易学还是对道教理论皆有重大的影响。

其言数，用天地之数之和减去天地之中数五、六，以此解释"大衍之数五十，其用四十有九"，又用太极生八卦的数印证大衍之数五十。同时，还批判了卦与大衍之数相应和《周易》以四起数这两种观点，更为重要的是他驳斥了当时流行的图书之学。他的这些观点和批判，持之有故、言之成理，有利于易数的研究。

总之，俞琰易说，在易学史上占有重要地位，无论其正传，还是别传，皆有独到之处。

第八章 丁易东象数易学

丁易东，生活在宋元之际，其生平事迹史书无载。《四库全书总目》称："其字汉臣，武陵（今湖南常德）人。官至朝奉大夫、太府寺簿兼枢密院编修，入元不仕，乡里以终。"又据《武陵县志》记载：丁易东字汉臣，咸淳戊辰（1268）进士，官至太府寺簿丞兼枢密院编修官，入元屡征不仕。筑石坛精舍，捐田以赡学者，事闻于朝廷，赐额"沅阳书院"。授以山长。著有梅花诗百余律，《周易象义》十卷，《大衍索隐》三卷。但《湖南通志》称，丁易东为龙阳（今湖南汉寿）人。考其《周易象义自序》，自称"武陵丁易东"，又章鉴《序》称"武陵丁石潭"。石潭是其号，武陵是其籍贯。又按《武陵县志》："沅阳书院遗址，在郡城东一里，不在龙阳。其为邑人无疑，旧府志讹为龙阳人，《通志》盖因之。"故《湖南通志》记载有误。

一、以朱震易为宗，整合汉儒旧说

《周易象义》是一部注《易》之作，从书名可以看出作者治《易》的方法，即重在"象"，以象求义。历史上研《易》者分为象数和义理两大派别，当然也有兼取两种方法者调和折衷两派。丁氏于此书前，开宗明义，先言取象，显然其著作属于象数易学。就取象而言，自汉至宋，众说纷纭，莫衷一是。丁氏首先对先儒取象进行了总结。认为先儒取象虽多，若归其类，不外乎十二例。他说："先儒之求象亦未尝以一例拘，大率论之，其义例亦十有二：一曰本体，二曰互体，三曰卦变，四曰应爻，五曰动爻，六曰变卦，七曰伏卦，八曰互对，九曰反对，十曰比爻，十一曰原画，十二曰纳甲。"（《周易象义·易统论中》）进而，他对十二象之义蕴作了解说。

他所说的"本体"，即本卦上下二体，或称内外卦，由本体取象，即本体之象。他说："何谓本体？如乾为天，坤为地，凡《说卦》所取之象，各以其本卦上下二体得之者是也。"（同上）他所说的"互体"，是指汉人的互体经卦，即一卦六爻，二三四互一卦，三四五互一卦。他说："何谓互体？《系辞》曰：'若其杂物撰德，辩是与非，则非其中爻不备。'先儒于上下二体之外，以二至四为一卦，三至五又为一卦是也。"（同上）他又区分了两种互体，"有自本体而互者，有因爻变而互者"。他批评了朱震对互体的误解，他说，互体一般指三画而言，而《象传》"颐中有物曰噬嗑"，"此乃以六画之卦比并而论"，非"论互体"，"若以噬嗑互体言，则二以上又互艮，三以上则互坎，非互颐也。朱子发非不知之，乃以颐为互体，误矣"（《凡例》）。

他所说的"卦变"，同于汉人，是指由爻变而引起卦的性质的变化，多以"某卦自某卦来"指称。他从卦变形成原因区分了两种卦变，"有自一爻变者，如《随》《贲》之类是也。有自两爻变者，如《睽》《升》之类是也"（《易统论中》）。他认为朱震卦变说之失误在于"止以一爻取义，故于《小过》《中孚》有所不通"。

他所说的"应爻"，是指阴阳按照爻位相应。一卦六爻自下而上，一、三、五为阳位，二、四、上为阴位，一四、二五、三上彼此相应。若处相应爻位之两爻是一阴一阳，则为正应；若二者皆为阳爻，或皆为阴爻，则为不应，或称敌应。他说："何谓正应？如初与四应、二与五应、三与上应之类是也。以阴应阳，以阳应阴，谓之正应。以阴应阴，以阳应阳，谓之无应，或亦谓之敌应。"因此，他提醒治《易》者，取爻象注《易》时，若"求于本爻则不见其象"，"此应爻不可不求"。这种"应"不同于纳甲筮法中的世应，"若晁氏以道但欲以世应论爻而谓他爻不可以言应者，则是京房卜筮之学也"。

他所说的"动爻"，是指阳爻变阴爻、阴爻变阳爻，此本于筮占中的爻变，即老阳变阴，老阴变阳。他说："何谓动爻？夫'爻象动乎内，功业见乎外'。又'爻也者，效天下之动者也'。故此爻本阳也，以老阳而变为阴；此爻本阴也，以老阴而变为阳，则又自其动者取象焉。"动爻取象有两种，一种是"以本爻之动取象者"，一种是"以与应爻相易取象者"。

他所说的"变卦"，是指由爻之变而使一卦变成另一卦，又称为"之卦"。他对"变卦"解释道:"何谓变卦?如《左氏传》筮《易》所谓'《乾》之《姤》'、'《乾》之《同人》'之类是也。然有以三画卦变取义者,如乾变为巽之类,有以六画卦变取义者,如《乾》变为《姤》之类是也。至若《蒙》之有《困》、《需》之有《恒》,则又以诸爻迭变而取焉。"在这里丁氏阐释了变卦取象的三种方法,即取经卦象、取别卦象、取爻象,三法当根据需要取舍,"不可一例拘"。他还区分了卦变与变卦,在他看来,卦变与筮占没有关系,从成因言之,仅限于一爻或二爻变;而变卦与筮占紧密相关,且不限于一爻或二爻变,故一卦可变六十三卦。他说:"按某卦自某卦来之类,皆以阴阳多寡为类相易,此卦变也。象辞言其本体所自来也,如九六之变,此变卦也,一卦可变六十三卦也,占筮之事也。"(《凡例》)他认为朱震"论屯临之变而引《春秋》某卦之某卦为言",其失在于混淆了二者界限。

他所说的"伏卦",指一对阴阳爻完全相反的卦。这两卦之爻互藏,即阳爻藏阴爻,阴爻藏阳爻,由于爻互藏而使卦互伏。伏,有藏之义,他说:"何谓伏卦?如'天地定位,山泽通气,雷风相薄,水火不相射',此伏卦例也。谓乾伏坤、坤伏乾、艮伏兑、兑伏艮、震伏巽、巽伏震、坎伏离、离伏坎是也。"(《易统论中》)伏卦有两种,一种是本卦伏,"乾之伏坤是也";一种是动爻伏,"若乾之初九变巽而伏震之类是也"。这种飞伏卦与纳甲筮法中的飞伏不同,纳甲筮法中的飞伏,只取一爻,"若晁氏以道每卦专以一爻飞伏取纳甲者,则又惑于

《火珠林》矣"。丁易东认为,朱震于伏卦也有误,"伏卦谓乾坤相伏,震巽相伏,皆以其对待言,如《乾》初九伏震,乃因变巽而伏震。朱子发非不知之,至其释《乾》乃曰'初九变坤,下有伏震',误矣。若三画变可为坤,又无伏震矣。九二之变则为离,于坤亦无与,子发乃云九二坤变为离,三画变可为坤,又无离矣。坤变为离,乃是坤之初与三变也,于乾九二何与焉"(《凡例》)。

他所说的"互对",就是汉儒的"旁通"。"互对"与"伏卦"取象相类似,"以旁通论象即前所谓伏卦",但二者又有不同,"伏卦止以本爻论,旁通则以全体论。如《复》有《姤》,《泰》有《否》之类是也,此在先天图中互对是也"。此是说伏卦偏重于爻,而旁通偏重于卦。

他所说的"反对",是将一个卦卦画颠倒后得到另一卦,即"以上为下,以下为上",其实就是虞翻所说的"反卦",孔颖达所说的"覆卦"。丁氏于此解释说:"何谓反对?即《损》与《益》、《夬》与《姤》、《既济》与《未济》之类,反而观之,则此之初即彼之上,此之二即彼之五,此之三即彼之四。卦中亦有其辞同者,故《损》之五、《益》之二皆言'十朋之龟',《夬》之四、《姤》之三皆言'臀无肤',《既济》之三、《未济》之四皆言'伐鬼方'是也。"

他所说的"比爻",指一卦中两个爻相邻。即"初与二比、二与三比、三与四比、四与五比、五与上比之类是也"。因为两爻相比,其取象相互牵连,"或此爻动而连彼爻之动以取象，或彼爻动而连此爻之动以取象焉。如《乾》之初九连九二之动而取诸《遁》，《离》之上九与六五相易而四为乾首是也"。

他所说的"原画"，指推原某爻来自何卦，而取爻象，其实就是郑玄所谓的"爻体"。他说："何谓原画？谓推原此画本属何卦也。若阳画属乾，阴画属坤，初九、九四属震，初六、六四属巽，九二、九五属坎，六二、六五属离，九三、上九属艮，六三、上六属兑，是皆推原卦画所自来也。如《讼》之六三以坤取象，《观》之六二以离取象，《颐》之初九以乾取象之类是也。"

他所说的"纳甲"，是将天干与八卦相配，"如乾纳甲壬，坤纳乙癸之类"。纳甲有两种，一种是"本卦纳者"，一种是"因卦变伏卦而纳者"。前者与纳甲筮法相通，"今卜筮家乾初爻纳甲子，坤初爻纳乙未之类是也"。而后者则与筮占不相通，"卦变伏卦纳者，如《蛊》之'先甲''后甲'，《巽》之'先庚''后庚'，又自卦变及伏卦而纳也。若用占筮家之说推之，则不通矣"。

以上十二取象法，是丁氏在研究了汉以来诸家取象之后进行的概括和归纳。他认为，这十二法在注《易》时当根据需要灵活运用，"不可以一例拘"。即"当取本体则遗互体，当取互体则遗本体，当取卦变则取卦变，当取应爻则取应爻，当取动爻则取动爻，当取变卦则取变卦，当取伏卦则取伏卦，当取旁通则取旁通，当取反对则取反对，以至当取纳甲则取纳甲，初不可以一例拘也。孔子所谓'惟变所适，不可以为典要'欤"。

通过以上论述可以看出，丁氏对汉以来象学的总结，有以下几点值得肯定：其一，对每一种取象法做了界定，并举例加以说明，尤其是对容易混淆的取象方法加以区分，如卦变和变卦，伏卦与旁通等。以前许多易学家因没有严格区分其义，常常混用。经丁氏界定，确定了每一种象的内涵，完善了象学，为后世易学家准确地掌握以象注《易》方法提供了条件。其二，他所列举的十二取象方法，基本上概括了汉以来象学的内容。人易说皆已失传，而从李鼎祚《周易集解》所引资料看，荀爽、郑玄、虞翻等人所用的取象法，除了极个别的，如郑玄爻辰、孟喜的卦气等没有被列入丁氏十二法中，其余皆在其中，因此，他的总结，有一定的代表性。其三，修正了朱震的象学。在宋代，朱震较早地研究汉儒取象，提出动爻、卦变、互体、五行、纳甲五种象学体例（或称五象），而在注《易》中，除了运用这五种基本象外，还采用了卦气、伏卦、世应等象。但是他没有对这些卦象加以规范，而使许多取象混淆不清，因而其象学显得繁杂，遭到后世易学家责难。丁易东在研究象学时，广泛地吸取了朱震的思想，并对其中许多取象进行甄别修正，剔除了不合理的成分，从而使汉易象学系统化、条理化，推动了象数易学发展。

在象学问题上，丁氏并没有满足于对前人的总结，而是提出了自己的独到见解。他认为，汉以来在取象问题上，众说纷绘，然要而言之，只是"三体"而已。他说：

> 大抵《易》之取象虽多，不过三体，所谓本体、互体、伏体是也。然其为体也，有正有变，故有正中之本体，有正中之互体，有正中之伏体焉。有变中之本体，有变中之互体，有变中之伏体焉。其余凡例固非一途，要所从来，皆由此三体推之耳。(《自序》)

所谓正中，是指未变之体，他解释说："正非中正之正，但谓其卦中未变之体耳。"丁氏从《周易》符号本身出发，提出三个最基本的取象，即本体、互体、伏体，又立足于《易》之变占性质，把三体取象分为正、变两种，探讨其在治《易》中的运用。从其象所示吉凶而言，正体有吉有凶，变体也有吉有凶，"自其以正体示人者观之，正而吉而无咎者，变则凶则悔吝也；正而凶而悔吝者，变则吉则无咎也。自其以变体示人者观之，变而吉而无咎者，不变则凶则悔吝也；变而凶而悔吝者，不变则吉则无咎也"。因此，取象可以正体取之，也可以变体取之，"以正体取象者不待变，而其象本具者也。以变体取象者必待变，而其象始形者也"。亦可以"兼正、变而取象者"。在注《易》如何选择象，当取决于卦本身特定的意义，即他所说的"可以变，可以无变，惟时义所在也"。

基于此，丁氏反对取象时只言正体不言变体。他认为，《易》特点是变易，言义理者"皆知之"，但一些言象者往往止于正体，"凡以变言象率疑其凿，是以《易》为不易之《易》，不知其为变易之《易》"。既然不通晓变易之《易》，很容易为其反对派抓住把柄，"以象为可忘之筌蹄也"，"既以象为可忘之筌蹄，毋怪以象变之说率归于凿也"。为了使象学不为人诟病，在取象时当"必错之以三体，而综之以正变，则统之有宗，会之有元，《易》之象可得而观矣"，从而做到"因象以推义，即义以明象"。

那么，在此出现了一个问题，前面言取象"以十二例推之则无不通"，在此又言只要错综三体正变，易象即可得观，这是否矛盾？丁氏认为二者并不矛盾，三体取象是最基本的，而其余取象法是由三体而推出，这就好比纲目，"十有二例，其目也。三体，其纲也。其纲举而后其目张，得其三体之正变，则十二例在其中矣"。(《易统论中》)在此强调了易象之间的内在联系，应该说比较合理，但是还有一个问题：纳甲是卦爻纳天干，不是《易》本身所固有的，此法已远离卦爻符号，用三体如何能推得出？恐是丁氏一失。

丁氏治《易》，力主汉易象说，以"三体正变说"为基础，推出十二例，从易学倾向看，其著作属象学无疑。然而，其象学又有自己的特点，即他关注的不仅仅是会取"象"，会用"象"，而且还注重对"象"的总结和理论的阐发，如前面他用辩证的观点来论述"三体正变说"。更为重要的是，他还能从哲理的高度解说"三体正变"的内在根据。太极生卦问题，既关乎宋人的宇宙观，也是一个易学原初生成的问题，宋儒曾围绕此进行争论、阐发，成为宋代理学中一个重要话题。丁氏利用这种具有哲理性的理论，从太极论到万物形成，从阴阳言及八卦六十四卦创立，最后论证了"三体变正"的合理性。从其思维方法看是取朱子等人的"理一分殊"说。就太极与物的关系而言，他认为，"太极者天理之尊号是也"。太极生万物，万物皆统一于太极，而一物各具一太极。因《周易》是模拟天地万物而作，与天地准，故在《易》之中太极生阴阳两仪，生四象八卦，生六十四卦，生四千零九十六卦，而太极便在两仪、四象、八卦、六十四卦、四千零九十六卦之中。因此他说："一物各具一太极也，然而统体之一太极全具于一物之中，而一物之太极即统体之太极，故全易之太极具于一卦之中，而一卦之太极即全易之太极也。统体之太极全具于物物之中，而物物之太极即统体之太极，故全易之太极具于六十四卦之中，而六十四卦各一太极即全易之太极也。"（《易统论下》）其实，这是现象和本质的问题，太极是本质，物和六十四卦则是现象，本质通过某一现象反映出来，也可以通过诸多现象反映出来，无论是某一种现象，还是众多现象，所反映的皆是一个本质。他又说："然而一物之理遍在万物之中，而万物之理具在一物之中，是故一物各具一太极，即物物各具一太极，故一卦遍在六十四卦之中，而一卦所具之太极即六十四卦各具之太极也。物物各具之太极即一物各具之太极，故六十四卦具在一卦之中，而六十四卦各具之太极即一卦所具之太极也。"此论无非是要说明卦与卦之间的区别与联系。就静态而言，卦与卦相互区别，界限分明，不可混淆。就动态而言，卦与卦相互联系、相互转化，一卦可以变六十四卦。他指出："自其不变而言之，一卦止为一卦，六十四卦止为六十四卦；自其变通而言之，会万于一，则六十四卦具在一卦焉。散一于万，则一卦遍在六十四卦焉。"换言之，"自其变通而言之，则一卦有六十四卦，而六十四卦各有六十四卦；自其不变而言之，一卦止为一卦，而六十四卦亦各为六十四卦焉。"其象有正变也本于此。"自其合者言之，则万象森然而不必分；自其分者言之，则卦各有象，而不可乱。自其分者言之，有正中之本体、正中之互体、正中之伏体；自其合者言之，有变中之本体、变中之互体、变中之伏卦。"这种正变之分，"非假借非牵合"，完全出于天地之理，即他所说："太极之理无不在也。"

　　丁氏的易学，从渊源上讲，其义理之学本于王弼、程朱，而象学则主要本于李鼎祚《周易集解》、朱震《汉上易传》，当然也有取之宋代其他象数易学家者。他在《自序》中对此曾作过专门说明："予少而学《易》，得王辅嗣之注焉，得子程子之传焉，得子朱子之《本义》焉。……逮壮游四方，旁搜传注，殆且百家。其间言理者不可缕数。若以象言，则得李鼎祚所集汉魏诸儒之说焉，朱子发所集古今诸儒之说焉，冯仪之所集近世诸儒之说焉。间言象者则有康节邵氏之说焉，观物张氏之说焉，少梅郑氏之说焉，吴兴沈氏之说焉，京口都氏之说焉，长乐林氏之说焉，恕斋赵氏之说焉，平庵项氏之说焉，节斋蔡氏之说焉，山斋易氏之说焉，朴卿吕氏之说焉，古为徐氏之说焉。"在他看来，古代言象者虽多，而李鼎祚、朱震最纯，当为正宗，其他则各有所偏，"邵氏张氏则明易之数，本自著书，非专为卦爻设也。沈氏都氏则明卦之变，赵氏项氏易氏冯氏徐氏则明卦之情，蔡氏徐氏祖述《本义》，皆非专为观象设也。林氏之说则反覆八卦，既为朱子所排，郑氏之说又别成一家，无所本祖。其专以《说卦》言象者，不过李氏鼎祚与朱氏子发耳。朱氏之说原于李氏者也，李氏之说原于汉儒者也。李氏所主者康成之学，于虞翻荀爽所取为多，其源流有自来矣。"（《自序》）因此，他在《周易象义》中注《易》取象，以《周易集解》和《汉上易传》为主而兼收其他诸家。他在该书《凡例》说："凡卦象去取或本虞仲翔，或本荀慈明，或本九家，或本李鼎祚，或本朱子发，或本郑东卿，或本林黄中，或本项平甫，或本冯仪之，或本徐古为，或本吕朴卿，缘皆参错其中，难于尽标其名，非敢掠前人为己美。"当然，他在注《易》时，并不是完全照搬前人，而是有选择地采用，同时，在取象上还有自己的见解。他说："汉儒之说于象虽详，不能不流于阴阳术数之陋。朱氏虽兼明乎义，而于象变纷然杂出，考之凡例，不知其几焉。"（《自序》）又说："鼎祚《集解》则失于泥，子发《集传》则伤于巧。"（《易统论上》）其他诸家也存在种种弊端，他力图改正之，如前引他对朱震的指正就是例证。因此他的象学既取前人成果，又有自己发明。章鉴在《序》中言，《周易象义》"虽本之鼎祚、汉上，而兼摭虞翻、干宝诸子之所长，故能萃聚而成一家之书"，即是此意。

二、胪采先儒绪论，索隐大衍之数

丁易东于易学，不仅言象，而且更重视数，其著作《大衍索隐》属"数学"之作。全书共分三卷：卷一"原衍"，卷二"翼衍"，卷三"稽衍"。

大衍之数，一直是易学家争论的焦点。丁氏在其书的"原衍"部分中，专门就"大衍之数五十、其用四十九"及筮法中的问题进行了探讨。汉代郑玄较早地将天地之数与大衍之数联系起来，视天地之数为大衍之数之源，提出："天地之数五十有五，以五行气通，凡五行减五，大衍又减一，故四十九也。"（引自《汉上易传·丛说》）宋儒朱熹则认为五十是五乘十。丁氏采纳了郑玄、朱熹的观点，并在此基础上又作了新的论证。他认为，天地之数各五，合而衍之得九位，这九位数各有奇，其中五位有偶，奇之数则得四十九，偶之数则得五十，此为五十、四十九之数的来历。他说：

> 天地之数各五，合而衍之，通得九位，一与二为三，二与三为五，三与四为七，四与五为九，五与六为十一，六与七为十三，七与八为十五，八与九为十七，九与十为十九。九位各有奇，而五位各有偶。置其五位之偶，是为五十，大衍之体数也。存其九位之奇，则得四十有九，大衍之用数也。（《大衍索隐》卷一）

　　此所谓合衍天地之数，是将相比的天地之数依次相加，共得三、五、七、九、十一、十三、十五、十七、十九这九个数。此"九位有奇"，是指前四位数和后五位数减去十所得之余数（即一、三、五、七、九），均为奇数，其和为四十九。"五位各有偶"，是指九位数中后五位数含有五个十，其和为五十，因此，在他看来，大衍之数五十，其用四十九，皆得之天地之数合衍出的奇偶。在这里，大衍之数五十与四十九各自独立，毫无瓜葛，与前人所说的五十减一为四十九相矛盾，这如何解释呢？他又采用了朱熹等人观点，认为揲蓍之法起自蓍草。大衍法之所以以蓍草为道具，原因在于蓍草根踊而百茎，其二分之为五十。由此，他主张一百置一而不用，则为九十九，"除其用四十有九，则一握之外尚余五十茎焉"。又采罗长源"奇数自倍倍之为五十。而一无倍为四十九"之说，指出："夫以奇数自倍而一无倍，质之余图，则三、五、七、九、十一、十三、十五、十七、十九，除五位偶数之十，其三、五、七、九皆有倍，独一无倍耳。"从这里可以看出，丁氏从两个方面论证了大衍之数五十与四十九的关系：一方面从蓍草根一茎百这个角度言，二者共处于一百之中，一百去一为九十九，分为二则一为五十，一为四十九；另一方面，天地之数合而衍得九位数，在九位数中，奇数之和为四十九，而在这九位数中，除一之外，皆有倍数。若九位数加一则为五十。因此，四十九与五十可以通过没有倍数的一联系起来。

　　进而，他又研究了九位奇数与策数、四象、八卦、六十四卦的关系，既然九位奇数之和为四十九，那么它必然与行蓍法相通，与卦数、爻数皆有着内在联系。由前可知，九个数前四个数三、五、七、九相加为二十四,二十四为八卦之爻数（3×8＝24），而后四个数十三、十五、十七、十九相加为六十四，为卦数。若只看九个奇数，分别是三、五、七、九、一、三、五、七、九。中间之"一"不用，前四位数和为二十四，后四位数和为二十四,二十四又可分为十二，此就是蓍法挂一分二揲四之象，其数又有八卦爻数和六十四卦之象。他曾作"大衍之数五十其用四十九图"（见下）以释此意。图上方第一排数是天地之数，第二排是合衍之数，其中偶数五十，奇数四十九。奇数一居中间，两边分别为二十四。他解

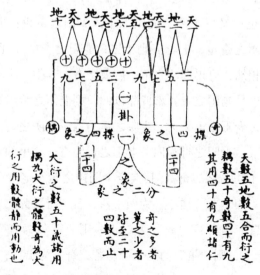

大衍之数五十其用四十九图

释说："一居其中，而左右之位各四，有挂一分二揲四之象焉。三与九合，五与七合，皆成十二。四其十二即以四揲之而合奇与策通成十二之象也。左右各二十有四。二十有四者，奇与策之中数，奇止于二十四，而策起于二十四也。"三画之八卦，其爻为二十四，二十四加二十四，则为四十八，四十八则为六画八卦之爻数，"八卦之上又生八卦而上下之体具，六十四卦之象默寓于其中矣"（《大衍索隐》卷一）。

由天地之数合衍九位数，还可以推出老少阴阳之策数和老少阴阳之奇。其合衍九位数，如前所言：三、五、七、九、十一、十三、十五、十七、十九，"若以十九合十七则三十六，老阳之策也；十七合十五则三十二，少阴之策也；十五合十三则二十八，少阳之策也；十三合十一则二十四，老阴之策、老阴之奇也；又以十一合九则二十，少阳之奇也；九合七则十六，少阴之奇也；七合五则十二，老阳之奇也"。此是将九位数依次相加，可得四象之策、四象之奇，其中二十四既是老阴之策，也是老阴之奇。若皆除以四，则老阳之策为九，少阴之策为八，少阳之策为七，少阴之策为六，老阴之奇为六，少阳之奇为五，少阴之奇为四，老阳之奇为三，这里的"奇"是指"归奇于扐"之"奇"。其实老少阴阳之策与老少阴阳之奇密切相关。四十九"挂一"为四十八，若"奇"为二十四，则"策"为二十四；若"奇"为二十，则"策"为二十八；若"奇"为十六，则"策"为三十二；若"奇"为十二，则"策"为三十六，反之亦然。以上数若分别除以四，其阴阳老少策数、奇数类同。四十八除以四则为十二，故"策"多则"奇"少，或"策"少则"奇"多。今录"大衍合数生四象图"以备参考：

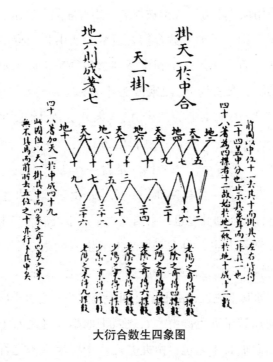

大衍合数生四象图

他还用加法和乘法的关系，反复论证大衍之数与天地之数及四象、卦爻的关系。天地之数合而衍之为三、五、七、九、十一、十三、十五、十七、十九。若用加法，自一加三始，依次与这九位数相加则数相生，一加三为四，一生四；四加五为九，四生九；九加七为十六，九生十六；十六加九为二十五，十六生二十五；二十五加十一为三十六，二十五生三十六；三十六加十三为四十九，三十六生四十九；四十九加十五为六十四，四十九生六十四；六十四加十七为八十一，六十四生八十一；八十一加十九为一百，八十一生一百。他用加"本方"表示被加数，用"廉隅"表示加数。其实"廉隅"即是天地之数合衍九位数。而由相加得出的和再相加则为三百六十。这个相生系列数用乘法可以表示为：二乘二为四，三乘三为九，四乘四为十六，五乘五为二十五，六乘六为三十六，七乘七为四十九，八乘八为六十四，九乘九为八十一，十乘十为一百，其总和也为三百八十四。用他的话说："由一一之一生二二之四，是自一而加其三也；由二二之四生三三之九，是自四而加其五也；由三三之九生四四之十六，是自九而加其七也；由四四之十六生五五之二十五，是自十六而加其九也；由五五之二十五生六六之三十六，是自二十五而加其十一也；由六六之三十六生七七之四十九，是自三十六而加其十三也；由七七之四十九生八八之六十四，是自四十九而加其十五也；由八八之六十四生九九之八十一，是自六十四而加其十七也；由九九之八十一生十十之百，是自八十一而加其十九也。"因此，在他看来，乘加相含，"则其合数之中已寓乘数之妙矣"。按照他的思路，用天地之数合衍九位数经过加乘，可以推出四、九、十六、二十五、三十六、四十九、六十四、八十一、一百这九位数。反之，用天地之数各自乘以自身，经过加减，则可以推出天地数合衍九位数。其图如下：

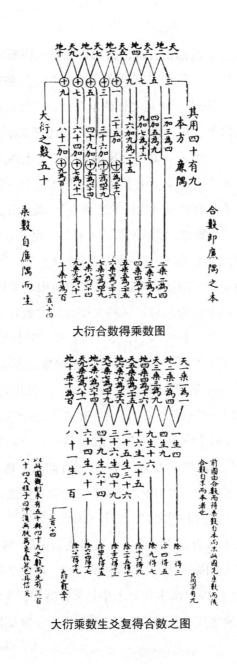

大衍合数得乘数图

大衍乘数生爻复得合数之图

丁氏费尽心机推衍其数，其用意无非是证明天地之数中包含了卦爻数、蓍策数、阴阳奇数等。如他引用张行成的话解释道，"二二为四者，天地之体数也"；"三三为九者，老阳之数也"；"四四十六者，地体之析数也"；"五五二十五者，天数也"；"六六三十六者，老阳之策数也"；"七七四十九者，蓍数也"；"八八六十四者，卦数也"；"九九八十一者，元范之数也"；"十十为百者，真数三变之极也"。而"由二二之四至十十之百，其为数也，通得三百八十有四，则《易》之爻数具焉"。这一切皆自然而然，"岂人力之所为哉？"

他又用乘法、加法、减法求得老少阴阳之策数和老少阴阳之奇数。其方法有两种：一种先用天地之数各自相乘，而获得一、四、九、十六、二十五、三十六、四十九、六十四、八十一、一百，共十个数。然后使之乘数之相生，而成为九个数，这九个数即是前十个数去其一，再用这九个数隔位相减，即十六减四为十二，二十五减九为十六，三十六减十六为二十，四十九减二十五为二十四，六十四减三十六为二十八，八十一减四十九为三十二，一百减六十四为三十六。十二为老阳之奇，十六为少阴之奇，二十为少阳之奇，二十四为老阴之奇，亦为老阴之策，二十八为少阳之策，三十二为少阴之策，三十六为老阳之策。这就是他们说的"若以奇数减奇，偶数减偶，隔位而除之，则四象之奇、四象之策有不期而合者焉"。丁氏以中国古代算术中加法、减法、乘法为工具，通过推衍天地之数，揭示了天地之数与大衍之数及卦爻数、蓍策数的关系。虽然未必合乎《系辞》作者之意，却能自圆其说，成一家之言，为后世易学家研究大衍之数开拓了新的视野。故从象数易学发展这个角度，当予以肯定。

河图洛书与天地之数及大衍之数的关系，宋人多有论及。以朱震、朱熹为代表的易学家，用河图洛书释天地之数、大衍之数，主张天地之数即是河洛之数，而大衍之数本于河洛之数。丁氏不同意这种以数推衍的方法，而主张用位的推衍，从河图可以推出大衍之数，从洛书可以推出其用数四十有九。他在《翼衍》中提出，先儒以其数衍之者，"每牵强而不合，若以位衍之则其数自然配合，非一毫人力之所能为矣"。那么，他所谓"位衍"是何意？他这样解释道："河图之数虽五十五，实则十位；洛书之数虽四十五，实则九位，若各以五衍之，则十位之数至五十而止，九位之数至四十九位而止矣。"此言河图以位衍之，用十乘五则为五十位，不难理解；为了符合大衍之用数，他又言洛书以位衍之，以九乘五而得四十九位，则令人费解。丁氏为了解决这个问题又作了一番辩解。他说：

> 洛书九位以五衍之亦止得四十有五，谓之四十九，何哉？曰：洛书虚十而不用，故十无所附，而所谓一十、二十、三十、四十者，特虚包于数中而已，故九与十一之间即十也，十九与二十一之间即二十也，二十九与三十一之间即三十也，三十九与四十一之间即四十也。四位之十隐然于其间，则其为数，自然四十九矣。(《大衍索隐》卷二)

此从虚十入手，将四十分别加到洛书每一个数上，故数一周围又有十一、二十一、三十一、四十一四个数，数二周围又有一十二、二十二、三十二、四十二四个数，数三周围又有一十三、二十三、三十三、四十三四个数，其他依次类推，经虚包后每一个数变成五个数，其间隐含了四位之十，即"九与十一之间包十，十九与二十一之间包二十，二十九与三十一之间包三十，三十九与四十一之间包四十"。共四位，加上原来四十五位，则为四十九位，这就是他所说的"洛书九位之数，以五衍之虽止得四十五位，然以数合之，则实成四十有九，盖虚包四位之十于其中故也"。

将此虚包四位之十之洛书加以排列（见以下二图），则可以得出许多"皆天理之自然"之数，"若以其对待者论之，则固皆五十矣；以其周围者论之，固皆二百矣；以其纵横者论之，固皆三百二十五矣，亦无非自然而然者也"。这些数皆是二十五的倍数，而其总数为一千二百二十五，"以四十九除之则各得二十五。其得五十者，二其二十五也；其得二百者，八其二十五也；其得三百二十五者，十三其二十五也；此二十五者，四十九数之中数也。"故这些数与《易》的关系，"中二十五，天数也。以中统外，其纵横之数，每位各统其六，则六爻之象也。其周围之数，每重各统其八，则八卦之象也。然始画八卦止三爻耳，八卦而有六爻焉，则六十四卦在其中矣。以中之一统外十二，又有贞悔之象焉，则四千九十六卦之变皆自此出矣"。

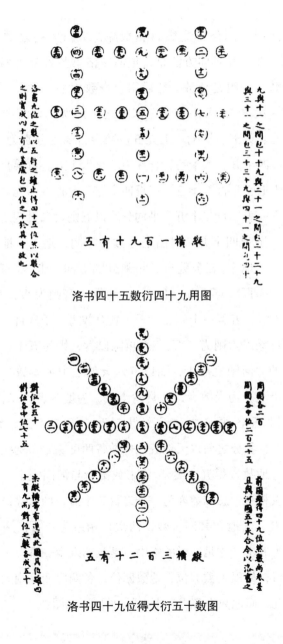

洛书四十五数衍四十九用图

洛书四十九位得大衍五十数图

他又用河图洛书之数目相乘除，推衍大衍之数五十及用数四十九，其具体方法是，把河图洛书数各分为两组，一组是天数，一组是地数。然后用自身数相乘，再乘一次（即天地数 3 次方），再平均分（即除之）两次，如河图天数天一、天三、天五、天七、天九五位数乘自身则分别为一、九、二十五、四十九、八十一，合计为一百六十五。再乘自身则为一百二十七、一百二十五、三百四十三、七百二十九，这五位数合计为一千二百二十五，平均分除以五则为二百四十五，再除以五，则为四十九。河图之地数相类同，地二、地四、地六、地八、地十，五个数自身相乘分别为四、十六、三十六、六十四、一百，合计为二百二十。再乘自身则为八、六十四、二百一十六、五百一十二、一千，其总数为一千八百，然后用一千八百除以六则为三百，三百再除以六，则为五十。这就是他所说的"河图之数十，而以五六天地之中为本数，初乘得三百八十五。为天数者，一百六十五，为地数者，二百二十。又以五十五各再乘之，天数得一千二百二十五，地数得一千八百，各分之而以天地五六中数各两度除之，则天数皆得四十九，地数皆得五十矣。"洛书数推衍与河图完全一致，其天数两次相乘，总和数亦为一千二百二十五，两次除以五，则为四十九。其地数共四位数，两次自相乘为八百，两次除以四，则为五十。这是他说的洛书"地数初乘得一百二十，再自乘得八百，故以天数五位，地数四位，各两度而除则天数亦各得四十九，而地数亦各得五十也"。见以下二图：

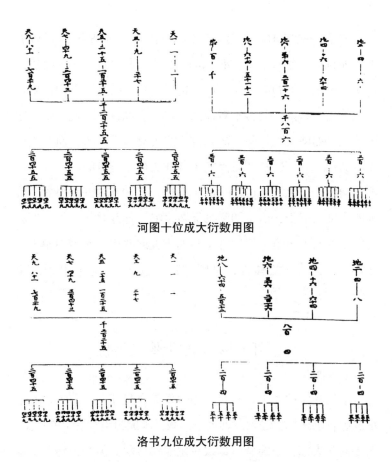

河图十位成大衍数用图

洛书九位成大衍数用图

在这里丁氏证明了河图洛书既相异又相通，相异表现为数之不同则其推衍也异；相通是指推衍结果一致，"河图用五六之中数，而洛书用五四之位数，今此河图既用五十五数而除，故此洛书之数亦用二十五而除，用虽不同，数则一耳"。另一方面他又揭示了河洛与蓍数的关系，大衍之数五十，用其四十九，皆可以从河图洛书中推衍出。

关于乘除之用，丁氏受到杨忠辅启发，但是又与杨氏有别。他说："天数以二十五除，地数以三十六除，本河南杨氏之说，子之说毋乃袭之欤？曰：杨氏以再自乘之数而用自乘之中数除之，吾则以其再乘者而除之也。若如杨氏之说，则河图固可除，而洛书不可除，故知杨氏之说犹滞于一隅，而吾之说无不通也。"他又说："河南杨氏但知天数之五可为四十九，而不知河图十位之并亦可以为四十九也；但知河图五六中数之可为四十九与五十，而不知洛书天数之五、地数之四各再除而亦得四十九与五十也；但知五十与四十九之并列，而不知四十九之用所以成五十之体也，是则得其一遗其二，岂若吾说之全备哉？"

三、丁氏易学的价值及地位

丁氏易学的产生，与当时易学发展息息相关。宋兴，易学承袭魏晋以来易学之风，近人事、阐义理成为当时易学的主流。诸多易学大家苦心经营，再次否定了汉代象数易学，建立了空前的、具有高度哲理性的易学体系，易学发展走向一偏，在此之际，一些包括义理派在内的易学家已经意识到了这一点，力图纠其偏，故而著书立说，重新梳理、解说象数，欲改变这种以义理为主的格局。在新的形势下阐发的这些象数思想纠正了义理派注经的流弊，的确起到了很大的作用。但是由于汉代象数易自身存有无法克服的矛盾，对此宋人治汉易只注重象的运用而疏于系统的整理和合理的解说，因而使其象数易有很大的局限性。丁氏曾对当时易学流派存在的种种问题一一指正。他说：

　　《易》之为书，由汉以来解者甚众，各是其是，为说纷然，以其所主不同故也。余尝类而别之，大抵其义例十有二：一曰以理论《易》，二曰以象论《易》，三曰以变论《易》，四曰以占论《易》，五曰以数论《易》，六曰以律论《易》，七曰以历论《易》，八曰以术论《易》，九曰以事论《易》，十曰以心论《易》，十一曰以老论《易》，十二曰以释论《易》。以理论《易》者，若胡安定、程伊川、张横渠是也。然皆莫如程子之精且详，但既详于论理则略于论象焉，故伊川自谓止说得七分正以是也。以象论《易》者，若李鼎祚、朱子发、郑少梅是也。然鼎祚《集解》则失于泥，子发《集传》则伤于巧，郑少梅则又别成一家而失之杂，以三家言之，子发为最胜，但于卦变止用三爻，既有未通，且牵合。子云《太玄》并阴阳家之术数，不免失之冗焉。以变论《易》者，若沈氏该、都氏洁是也。其说本左氏筮《易》，如《乾》初爻变则为《姤》之类。沈氏既用变卦，又用变爻，若《乾》变卦为《姤》，则变爻为巽。都洁但论变卦，则多以之卦取义，于本卦反略焉。夫变卦诚不可少，然爻爻以之卦言，则不通矣。以占论《易》者，若朱子、蔡伯静、冯仪之是也。然朱子、蔡氏专主于占而于象之难明者尚多阙疑焉。虽《象》言变而有所未尽焉。

以数论《易》者，若邵康节、张文饶、刘志行是也。夫《易》之生数，止于加一倍法，其著数止于大衍五十。若康节之说则四四而变，归于《皇极经世》，别成一家。文饶虽本康节而又取《太玄》，及司马氏《潜虚》、卫元嵩《元包》之数，而失之杂。志行则又祖述列子一变为七、七变为九、九变为一之说，至于太易、太初、太始、太素与太极列而为五，杂又甚焉。以律论《易》者，若郑康成注《周礼》六律六吕是也。其说以黄钟为《乾》初九，以大吕为《坤》上六，以阳爻配六律，以阴爻配六吕可也。然而《泰卦》不得为寅月而为辰，《否卦》不得为申月而为卯，则又与辟卦不同焉。以历论《易》者，若京房卦气，以《乾》初九为子月；辟卦，以《坤》初六为午月辟卦是也。夫十二月卦始《复》终《坤》，论其大体可也。至若始于《中孚》而终于《颐》，每以六日七分应一候，仅合"七日来复"一语，而于他卦无所发明。至一行之说，则又以起历二始、二中、二终之数，附会大衍，不但于《易》义无所取，于《易》数亦未尝合焉。以术论《易》者，若《易林》《轨革》是也。《易林》之繇既自别成一家，而不合于《易》，至于《轨革》则以直年直事归之一定之数，而人事无与，可乎？以人事论《易》者，若干宝、晁子止、杨廷秀是也。夫以人事言，若帝乙归妹、箕子明夷之类，《易》固有之，干宝专以三代事，爻爻证之，多失之凿。近世晁子止，又以后世事证之，亦失之拘。至诚斋虽能融化史事为己用，又不免近于举子之程文，先儒谓三百八十四爻岂止可用于三百八十四事哉？以心论《易》者，若杨敬仲、钱子是、黄景元之说是也，其学本于象山，故以本心为主，凡《易》之爻象大率皆归于心。夫《易》固圣人所以洗心，若爻爻牵合，俱以心言，则非《易》之本旨矣。以老庄论《易》者，若王辅嗣、韩康伯、程泰之之说是也。其于《易》不可谓无所得，但辅嗣以形为累，韩康伯以一为无，泰之以《易》为通于老，则非圣门之学矣。至若魏伯阳作《参同契》，又以是而为内丹之火候，虽空同道士尝取之，盖假《易》以论丹，非《易》之有待于彼也。以释氏论《易》者，若孔颖达所引江左《义疏》所谓住内住外之空、就能就所之说，斯乃义涉于释氏，非为教于孔门是也。若唐李通玄作《华严》，论至以文殊表艮少男，而近世《语录》亦有《华严》可当艮卦之论。盖借是以明各止其所之义，非真谓其无异旨也。借此以明彼可也，以彼即此不可也。《易》论人事，岂彼所谓出世法哉。（《周易象义·易统论上》）

这是丁氏对汉以来易学发展的总的概括。在此他既划分了易学的派别，又对每一派作了辩证的评价。他所作的这些划分及评价，虽然未必那么准确，但他确实发现了当时易学研究中所存在的许多问题，如义理派精于理、疏于象；象学派或"失于泥"，或"伤于巧"，或"失之于杂"；数学派"失之杂"，或"杂又甚"等等。这些问题大部分是当时易学研究中存在的而又急需澄清的，这些问题不解决，势必会阻碍易学的发展。有感于此，丁易东于象学方面，以"因象以推义，即义以明象"为宗旨，"观象玩辞，探赜索隐，用功于易"，通过整理汉易旧说，融旧铸新，提出"三体正变说"，使其象学"上溯汉儒之传，亦可以免汉儒之凿"。于数方面，以中国古代算术为工具，用天地之数、河洛之数反复印证大衍之数，为数学发展开辟了一条新路。比较而言，丁氏对于数学之贡献大于象学，其象多是对前人的整理，而数学不同，他对大衍之数的论证，从天地之数到河图洛书，皆采用了乘除加减法，而且能自圆其说，虽在某些方面曾受启于杨忠辅，但更多的是自己的发明。他说过："大衍数用，余尝深思而得其说者凡三，以天一至地十合而衍之，此一说也；以河图洛书五而衍之，又一说也；以河图洛书乘数再自乘而除之，又一说也。"（《大衍索隐·翼衍序》）因此，丁氏象数易，一方面其产生绝非偶然，是适应了当时易学研究的需要；另一方面，他对象数学的总结和对数学的阐发，客观上推动了象数易的发展。虽然，与强大的义理之学相比，他与朱震等人的努力难以与之颉颃，其象数学还未占主导地位，但不可否认它是清儒复兴汉儒象数易的先声，故在易学史上的地位不可否定。

当然，丁易东的象数易并不是完美的，其象学虽克服了汉易中一些缺点，但总体上未跳出汉易窠臼，而其数学独辟蹊径，运用算术，印证大衍之数，有极强的逻辑性，虽与汉易有异曲同工之妙，却有画蛇添足之嫌。

第九章　雷思齐河洛之学

　　雷思齐（1230—1301），字齐贤，南宋抚州临川（今江西抚州）人。早年受儒家教育，宋亡之后，独居乌石观（今福建闽侯县城内西南隅），转治道家，著书立说，由儒士转变为道士，时人称"空山先生"。揭傒斯在《易图通变序》中说："雷先生思齐，字齐贤，临川之高士也。遭宋亡，独居空山之中。……去儒服，称黄冠师。"袁桷《空山雷道士墓志铭》云："思齐……幼弃家，居乌石观。"（《青容居士集》卷三十一）晚年居广信（今江西上饶），与人交游，讲学论道。袁桷《墓志铭》云："晚讲授广信山中，暨终也。"雷氏当时在道教中亦具有一定地位，如吴全节在《易图通变序》中云："昔世祖皇帝既定江南，首召三十六代天师入朝。未几，天师奉旨掌道教，还山，遂礼请先生为玄学讲师，以训迪后人。"另外，雷氏与当时的士大夫学者如吴澄等亦有交游。揭氏《序》云："与故淳安令曾公子良、今翰林学士吴公澄相友善，四方名士大夫慕其人，往往以书疏自通，或闻其讲学，莫不爽然自失。故翰林侍讲学士袁公桷，博雅君子也，称其所著书，援据精切，感厉奋发，合神以穷变，尽变以翼道。"其著作有《易图通变》五卷、《易筮通变》三卷。另有《老子本义》《庄子旨义》及《诗文集》二十卷、《和陶诗》三卷，今已佚。

一、河图本数四十

易学史上，对河图洛书数有两种说法，一是刘牧主张河图数九，洛书数十，程大昌等遵从此说。一是朱熹主张河图数十，洛书数九，后世学者多取此说。雷氏从刘牧，认为河图数九，但与刘牧不同的是他将河图数规定为四十，而不是四十五。其图如下：

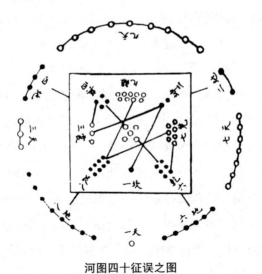

河图四十征误之图

此图中方图与刘牧河图无异，而圆图为雷氏所创，体现了其河图思想。他在解释此图时指出：

河图本数兼四方四维，共四十，员布为体。以天五地十虚用，以行其四十，故合天地之数五十有五。(《易图通变》卷首)

在此，雷氏一方面指出了天地之本数为四十，另一方面揭示了河图数与天地之数的关系，即天地之数五十五，虚用天五地十则为四十。那么，为什么天地之数要虚用天五和地十？或者说河图本数为何确立为四十？雷氏对其原因作了探讨。他认为，河图本数四十的确立取决于四象和八卦之数。他指出：

易为太极。极，中也，一也。中自一也。是生两仪。仪，匹也，二也。匹而二也。两仪生四象，一二三四分之以为四，生数。四象生八卦，则六七八九合之以为四，成数也。四奇为阳，阳虽有生成之异，而各列于四方之正。四偶为阴，阴亦有生成之异，而同均于四维之偏。由正生偏，由偏成正也。(《易图通变》卷一)

雷氏从太极推出四象、八卦。就其数而言，四象数为一二三四，这四个数是由一推衍出的："自一分，一而二，一二而三，一三而四，是四象立矣。"(《易图通变》卷二)由四象生八卦，八卦数则为一二三四五六七八，就其方位而言，八个数中四奇为四正，居四方之正，四偶为四维，居四偏。这八个数中一二三四为生数，六七八九十为成数，成数是由生数加五而成。从天地数考察之，"天数之有五，地数之有十，均合于阴阳奇偶而同谓之生成，乃独无所见于四方之位"。其原因在于"四象无五，八卦无十"。所谓"四象无五"，是说天地之数一至五，用为生数，而在四象数中不显五。所谓"八卦无十"，是说天地之数六七八九为成数，而八卦数只有六七八九，不见十。他用实体和虚用来说明这个问题：

> 一二三四而五同为生数，一至四其实体，五其虚用也。六七八九而十同为成数，六至九其实体，十其虚用也。四象无五，八卦无十，坦然明白矣。(《易图通变》卷一)

雷氏在这里提出"虚用"，用"虚用"来说明河图数何以取天地之数四十，而不取五十五。然而，"虚用"不是不用，而是用而不显。故他专门论述了虚用的问题。他说："坎以一始于正北，而一五为乾六于西北；坤以二分于西南，而二五为兑七于西；震以三出于东，而三五为艮八于东北；巽以四附于东南，而四五为离九于正南。故阳得五而阴，偶得五而奇，阴得五而阳，奇得五而偶，是生数之所以成，成数之所以生者也。"五虽然不显，其用却在八卦数的联系之中，若没有五，则八卦数难以形成。

十也是如此，它存在于四象八卦之中。四象一二三四总和为十，八卦数两两相加亦可以得十，即"坎一离九而十，坤二艮八而十，震三兑七而十，巽四乾六而十，皆一生一成也。一必九、三必七者，四方四奇之十，阳十也。二必八、四必六者，四隅四维之十，阴十也"。此是说，虽然十在河图中没有实位，不显其数，但是通过河图中的数可以表现出来。因此，它与"五"不同，五居中，具有生成性能，十不居中，而行中，即经过中数相加而为十，即所谓"五为立中之体而生，十为行中之用而成也"。二者表现形式不同，"立者，寄于虚以体其实；行者，布其实以用其虚"。

正是由于这个原因，雷氏把五与十视为太极之中道。他说：

> 数始于一，而中于五，而终于十。中于五者分其四之偏，终于十者合其八之正。盖一之始，其全体无余不足，不可得而用，而独得于中。既以其一寄生于五，遂以其一寄成于十以终之。（《易图通变》卷二）

此是言五居中，分其数，阴阳不平衡，由五生成的成数六七八九，阴数为十四，阳数为十六，"皆阴数少而阳数多"，"五不得中而寄于四阳之偏"。而十使八个数不偏，即合之为十，分之为五，十为阴数，五为阳数。十而为两个五，即阴阳平衡。他把一视为"太极"，"天数始于一则太极之全也"（《易图通变》卷一）。太极生成于五和十，即他所谓的"一寄生于五"，"寄成于十"。太极之道就是中道，"极，中也"。五、十也就是中道。他又以儿时玩的八格戏证之。八格戏中其局不过是□加+×之文，而+×即是十五。他说："儿时于牧竖间见

所谓八格戏者，其局不过□中加 +× 之文而已。时极厌薄之，以为至鄙至贱，未尝加之意也。不谓年逾七十乃知其然。……盖今之□即古文之○，今之五即古文之 ×，今之十犹古文之 +，而画为 +× 于□中，此十五之法由之以有所见矣。况又十下画一则土文之为中者从可知已。故云中土也。其中直笔之 | 即可见南北为经，天尊地卑，天地设位。横笔之一则可见东西为纬，分阴分阳，阴阳成列。从而 × 之则四维之偏各得其均，四方之正亦随以定。……率由五与十以立中道也。"正是在这个意义上说："四象有五，八卦有十。"

雷氏在此，一方面提出了"四象无五，八卦无十"，以确立河图之数四十；另一方面又论述了五与十在河图中生成的作用，承认了"四象有五，八卦有十"，证明了河图与天地之数、大衍之数的关系。从这里可以看出，他对河图之看法与前人有明显不同，虽以九为河图同于刘牧，但又以河图之本数为四十，河图本于自然之数，以五与十为太极中道，异于刘牧及其他人。如朱伯崑先生所说，雷氏将"五"与"十"视为太极中道，其"理论意义在于说明天地之数凭十五之虚数方能演变为河图四十之实数，从而宣扬万有本于虚无的道家思想"[1]。

二、参天两地说与河图说

《说卦》指出：圣人作《易》时，"参天两地而倚数"。历

---

[1]　朱伯崑《易学哲学史》第三卷，华夏出版社，1994年，第21页。

代易学家众说纷纭，尤其对于"参"和"两"的解释，争议较大。如有解释为天地之数相掺杂者。有解"参"为三，解"两"为重者，即分天象为三才，重六画为一卦。有解为天地之数配卦者，起天三顺配阳四卦，从地二逆配阴四卦。有释参为奇，训两为偶者。有解为天得三合，一三五，地得两合，二与四者。雷氏对于"参""两"提出了自己的看法。他说：

> 参也者，一二之所以变也。由一自分其一以为二，起自为之对，则见其二，而不见其一矣。其一又自参出于二之中，故三也。于参之法是即为一小成。是三画之立，见人参于天地之中以生也。积三小成，参其三而合于乾元用九，是参之始制，即阳奇之所谓天者所由然也。（《易图通变》卷二）

> 两也者，由一生二，起而对，并以立，既以象两仪，因之两其二以象四象。夫一本自一而二，而参其一以为三，况二本一之对，岂不得三其二而反对之乎？故从而三其二以成六，即合于坤元用六，是又两之始制，兼三才而两之故六。因之六画成卦，六位成章，即阴耦之谓地者亦由以然也。（同上）

他训"参"为变三，即由一变出二，这个二加上原来的一即为三，《周易》三画之卦和乾元用九的根据就在于此。"夫参天者，成象谓乾，于是参阳数之三三，以统乾元用九"。他又训"两"为变两。由一变二，二是两个一，如前所言，一可变三，两个一则可以变六，《周易》重卦六爻和坤元用六，其根据亦在于此。"两地者，效法谓坤，于是两阴数之二二，效法于乾遂参其三而六之，以会坤元用六"，他对"参""两"的诠释，近于前面所列第二种意见，即虞翻之说，但比虞氏更具体和详尽。而他对"参天两地"的进一步发挥与虞氏及其他诸家截然不同。他所理解的"三天"是用三乘以三再乘以三，"两地"是用三乘以二再乘以二。他指出：

> 必参其三三，两其三二，是参两之一小成矣。故必又参其三三，而参之为参天；两其三二，而两之为两地。是天地之数无从而合且分矣。乃以其初不入于用之一数，寄于十以行其中，而为之分且合，以成其中制者，是一也。而求于图之数，如环无端，其一莫见何在，而所见维（惟）十尔。夫参其三三与两其三二，合而为大参两，斯有以见天地浑成一始终者所以然矣。（《易图通变》卷二）

在此，他把"参""两"分为两种：一是参两之小成，即用三乘以三为九，用三乘以二为六。九六乃是阴阳爻之称，乾元用九，坤元用六。一是"大参两"，即用三乘以三，再乘以三，为二十七，用三乘以二，再乘以二，为十二，这是"参天两地"。他作"参天两地倚数之图"以说明参天两地与河图的关系。图如下：

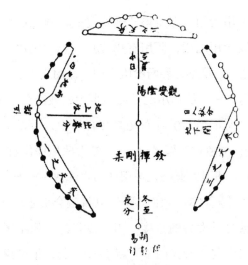

参天两地倚数之图

从图上看，艮八合震三中之一为九，是"一之参天"；离为九，是"二之参天"；乾六合兑七中之三，为九，是"三之参天"。而巽四合震三中之二，为六，是"一之两地"；坤二合兑七中之四，为六，是"二之两地"。从其数看，河图数之排列符合"参天两地"。不同的是，河图数为四十，而参天两地数为三十九，二者相差"一"。为了自圆其说，雷思齐对此进行辨解。他说："四方之数各十，合参其九而二十有七，两其六而一十有二，总之则三十有九，而特遗其一。"一不用，是因为它寄于十数之中，控制着参天两地之数或者河图之数，即他所说的"其初不入于用之一数，寄于十以行其中，而为之分且合也，以成其中制者，是一也"。其实，这里的"一"，是太极，是中道。如前所言，一是太极之全体，通过五与十发生作用，以不用为用。即所谓"惟坎之一，独无所可用，特立于中，而以无用之用，而用有用之用，则中之用，不既大矣哉！故坎之一，虽不在参两参伍之用，而用之以制参天两地参伍之制焉"。"一"的作用就是使不得中的数交合于中，"中也者，合数之所不得其中者而使之交合于中，所以中其不中者也"。在此，他通过解释《说卦》"参天两地而倚数"，既阐明了八卦三画、重卦六画、乾坤用九用六的内在根据，又揭示了河图与《说卦》数理一致而不悖。其说融会贯通，自成一家之言，从象数易学发展的角度，当予以肯定，但用现代眼光审视之，将河图与"参天两地"糅合在一起，很难说不是一种附会。

三、参伍错综与河图

《系辞》云："参伍以变，错综其数。"其本义与筮法有关。古人多训"参伍"为三五，或掺杂三五之数。雷氏从文字学角度论述了"参伍"。他认为，"参伍"有人参入天地之中之意。从字形上看，"参""两""伍""什"等字，皆有"人"立其中或其旁，反映了人与天地参。他说："'参'文之'厽'、'彡'，'两'文之'帀'、'从'，至维伍维什，皆立'人'于维中维旁者，斯可默识古人立心立极之制有在于是矣。"（《易图通变》卷二）此是说"参"、"伍"等字本有人与天地相掺杂之义。从"伍"字古字形上看，"参其两二而交 × 以合之是伍也"。此是说两个二相交而成五："'五'之文，古之体为×，象一三交午以为五，今之体为Ⴟ，见阴阳之三交变于二之中以为五。"（《易筮通变》卷下）故"参伍"有掺杂相合之义。其错综也是就五而言，错指未与五合，综指已与五相合。他说："其谓之参伍错综者，五以前之数，少于五，无所用伍。五以后之数，多于五，故参以五。伍于其中，错且综之，而行其制中之法也。"（《易图通变》卷二）此是说五以前的数一二三四，少于五，未与五合，未与五为伍。五以后的数六七八九，多于五，其中包含了五，即以五为伍。与五未合者为错，与五已合者为综。他作"参伍以变错综数图"探讨河图中的参两错综数。

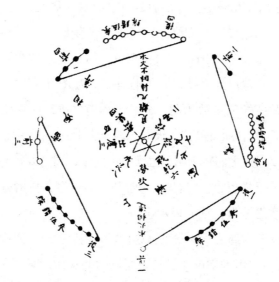

参伍以变错综数图

他指出：

> 天一起于坎，地六附于坤（乾），是一六之合，综之则七也。参以天五，错伍于中，并列而求之，其首尾各一也。故坎之一数为阳，立极于北方之始，而乾之六数为阴，附于西北之维也。天三出于震，地八附于艮，是三八之合，综之则十有一也。参以天五，错伍于中，并列而求之，其首尾各三也。故震之三数为阳，立于东方之正，而艮之八数为阴而附于东北之维也。（《易图通变》卷二）

此以河图为例，解说"参伍以变，错综其数"，是说天一地六合为七，五居中，五前后各一。故坎一居北，为阳之始，乾之六为阴，居西北方位。天三地八合为十一，五居中，五前后各三，故震三为阳数，居正东方，而艮之八数为阴，居东北方位。其他以此类推，如天七地二合为九，五居中，五前后各二，故"坤之二数为阴，先处于西南之维，而兑之七数为阳，始立于西方之正也"。天九地四合为十三，五居中，五前后各四，故"巽之四数为阴，退守东南之维，离之九数为阳，正南面而立于极位也"。这里的"参伍""错综"，讲的是数之分合，由数之分合，从而揭示出数字一、二、三、四、六、七、八、九或者八卦之间的联系。这种联系当以五作为媒介，如雷氏所指出："由是知乾兑艮离之所以六七八九，即坎震坤巽之一二三四也。故阳得五而阴，阴得五而阳，耦得五而奇，奇得

五而耦。乾之六乃一五而六也，兑之七乃二五而七也，艮之八乃三五而八也，离之九乃四五而九也。"(《易图通变》卷二)

其实，雷氏的分与合，从现在看来，指的就是区别与联系。河图之数或者八卦之数是确定的，它们之间不相混；但是，它们的区分又不是绝对的，而是相对的，即通过五可以使这些数或这些卦相互联系在一起。因此，他讲的"参"、"错"是数或卦之间的区别，而"伍"、"综"则是数或卦之间的联系，正是基于这些理论，他指出：

> 参伍以变，参乾坎、参艮震，自北而东；参兑坤、参离巽，自西而南。参而分，伍而合，是谓参伍以变。错而分之见其参，综而合之见其伍，是谓错综其数。而错综者即参伍也。散而错之，如一二三四之重分。敛而综之，乃六七八九之复合也。是谓五位相得而各有合。(《易图通变》卷二)

此释"参伍以变，错综其数"，所谓"参"是相参之意，伍是以五为伍。八卦数从北到东，从西到南，掺杂排列，相互区分。但它们通过五连接起来，即一二三四分别加五而为六七八九。即所谓"参而分，伍而合"。错是分，如前所言，是将合之数分出五和首尾之数，从而显出分前之数，即"参"，此所谓"错而分之见其参"。综是合、相加，如前所言，将两个数相加，此数与五为伍，即去首尾数为五，而求出六七八九，此所谓"综而合之见其伍"。

从而，雷思齐论证了河图数四十的合理性，河图中一二三四六七八九之数皆是"参伍以变，错综其数"的结果，故"知河图之数，纵横顺逆，莫非自然而然，不待人为牵合傅会以使然"。雷氏别出心裁，以参伍错综论河图之数，可以说发前人所未发。但若分析其理论根源，则没有脱离五行生成之数或河图生成之数的理论及天地数相合理论。也就是说，其对"参伍"、"错综"的解释，是建立在上述理论基础上的。不仅如此，其中有些论证不像他所说的"不待人为牵合傅会"，而恰恰就是"人为牵合傅会"。如他将河图与后天八卦相配，以地六配乾，违背了六与乾的阴阳属性，显然是一种错误。

四、参两错综与河图

雷氏在研究了"参天两地"和"参伍错综"的基础上，又进一步探讨了"参天两地"与"参伍错综"的关系。他认为，河图八卦数，从其生成而言，相互掺杂错开，但又以五相互联系，即一二三四加五为六七八九，六七八九以五为伍，这就是参伍。按照这种生成理论，使一二三四与六七八九依次相合，如一六合，二七合，三八合，四九合，合之数有伍，然后取其五，分首尾数与一二三四同，这种合是综，这种分是错。从其数的构成而言，则又是参天两地，即有三个"参天"，有两个

"两地"。(参照下图)雷氏说:"又损震后之一以退益艮之全八而九,三而三之,始参之制也。析震中前之二以合巽之全四分而六,则两之继始也。惟离之全数自得于九,且当始终之中,三而三之,中参之制也。兼坤之全二,以贯兑中前之四,合而六,则两之代终也。绝兑后之三,以补乾之全六,三而三之,终参之制也。是则参天两地之纲领于此亦可见。"(《易图通变》卷二)因此,他认为"参天两地"与"参伍错综"是一致的,"错而分,综而合,参之两之,参两之制亦必伍也。是则参伍之大通变太极数也"。

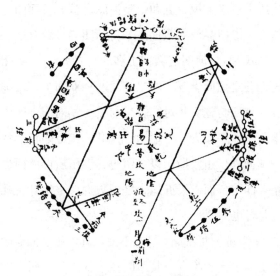

参两错综会变总图

进而,雷氏又就"参两"与"参伍"的关系作了论证。他认为四象无五,但却包含了五,"一四而五,二三亦五,是两伍

矣"。加上本数之天五，则为"参伍"。天数一二三四五中有参
天两地，"天数之一三五则九"是参天，"地数之二四则六"是
两地。从六推衍到九皆有五，"一五亦六也，一六而七，二五亦
七也；一七而八，三五亦八也；一八而九，四五亦九也"。因此，
四象八卦参伍、参两相互包含，则有变化。在这里，他重点说
明了两个问题：

其一，河图本于天地之数五十五。河图"参伍""参两"
皆未离五与十，"参天两地"与"参伍"以变相通，也是以五
和十作为桥梁，没有五和十就没有河图，也没有河图参伍参两
之变，从这个意义上说，五和十是河图之核心。河图虚其体和
位，正体现了参伍参两之数理。若将河图与虚数合之，则为天
地之数。雷氏说："河图之数四方各十，故坎一与离九相对而
十，中虚天五之用而十五；坤二与艮八相对而十，中虚天五之
用而十五；巽四与乾六相对，震三与兑七相对而十，中虚天五
之用而十五。以是知天五与地十皆无其体与位之正，特虚用其
数以相 ×＋ 而什伍也。斯所以参伍也，参伍所以参两也。故河
图之数止实四十，而以天五地十之虚数通用之以计，凡天地之
数五十有五者也。"

其二，《周易》九六变，七八不变。九六为老阳老阴，七八
为少阳少阴，老变少不变，其原因在于九六是三两、三伍之变
的结果。雷氏说："七为少阳，八为少阴，其合固成十五，然
其生数不备不能变。九为老阳，六为老阴，其合亦虽只十五，
而生数之一三五而九，二四而六，故六之变则九，九之变则六。

此通重易之爻不见七八而无非九六，而'参伍以变''参天两地'莫非是也。"

五、对河图之辨证

雷氏把河图数确立为四十，宏观上从两个方面作了论证，一方面如前所述，他立足于"虚实"、"体用"、"参两"、"参伍"、"错综"等角度，说明河图数四十出乎自然，而不是人为之附会，其虚用十与五，"横斜旁正、相生相成之进退赢缩，一阴一阳之奇偶分合，八体二用之虚实变通，殆有造化神明莫穷之蕴，非人之所能为，而殆乎天地之自然者，宜其为羲文所以作《易》之本原也"（《易图通变》卷四）。另一方面，在研究前人成果的基础上，雷氏清理和批判了图书之学，具体表现在以下几个方面：其一，他考察了图书之学的演变。先秦经传中言及河图、洛书者很少，仅有《尚书·顾命》"河图在东序"、《系辞》"河出图，洛出书"。及至汉代，孔安国、刘歆等人才以河图为八卦，洛书为九畴，并有龙马负图、神龟负文之说。郑玄以纬书注《系辞》，说河图有九篇，洛书有六篇，但影响并不大。在考察了汉唐有关图书的记载后，雷氏总结说："由汉而唐，《易经》行世，凡经传疏释之外，未有及于图书之文，刊列经首者。"（《易图通变》卷五）他认为，图书发端于陈抟，"宋之初，陈抟图南始创意推明象数，自谓因玩索孔子三陈九卦之义，得其远旨，新有书述，特称龙图，离合变通，图余二十"。雷氏自称："幸及其全书，观其离合出入，具于制数之说"。他介绍，陈氏图"全用《大传》天一地二至六五地十五十有五之数，杂以纳甲，贯穿易理"（卷五）。这些图中有九宫图"标为河图"，有将五十五数排列于四方为洛书。这是他见到的最早的河图、洛书。宋代其他学者之图书学皆传自陈抟。"自图南五传而至刘牧长民，乃增至五十五图，名以《钩隐》，师友自相推许，更为唱述。""时则有李觏泰伯著六论以驳其非是……删其图之复重，存之者三焉，河图也，洛书也，八卦也"。欧阳修反对河图、洛书，因《易传》有"河出图，洛出书"之言，遂疑《易传》非孔子所作。程大昌作《易原》承刘牧说，"时能理到"。朱熹、蔡元定"直以图南始标误之洛书为河图，而以其初正指河图反以为洛书"。雷氏在此详细地考察了以往有关河图、洛书的记载诸家之说，并以此为据，阐明图书之学的来龙去脉，为其进一步评析诸家之说打下了坚实的基础。

其二，雷氏对不同于自己的诸家观点进行了剖析和批判。其中陈抟、刘牧是宋代图书之学的先驱，且影响最大，故雷氏矛头直指陈抟和刘牧。

陈抟最早作《龙图》，推明象数，以九宫为河图，又"置列《大传》五十有五之数于四方及中"，称为洛书，主张河图、洛书并出。雷氏否定了陈氏关于洛书的观点。他认为，陈氏所说的洛书，"虽其纵横错综、分合体用之意皆在本图，而五十有五之数，既离而别出世，遂舍本逐末，因疑图书并出，虽是若非，无以究其诣极，而徒长纷纷之论"（《易图通变》卷四）。从其洛书排列看，陈氏"以一二三四置于四方之内，而以六七八九随置其外者，案其方而数之则可也。不知将何以循序回环以运行之乎？况不知五与十者特有数寄于四方之位而虚用之也"。此是说，按照雷氏观点，河图有阴阳升降，有回环运行，有五与十寄于四方而虚用，而陈氏洛书则没有，故"其初作已自失之矣"。雷氏指出，陈氏之说本之于汉儒所传的洪范五行说："原其初意，盖由汉儒袭传。《洪范》初一之五行，其二曰火，四曰金，《太玄》准《易》，实本之，亦以二为火为南，四为金为西。今河图乃置二于西南，置四于东南，是火金改次矣。既不敢遂改河图，乃别以其五十五数析为洛书，而以《洪范》二火次于南，四金次于西，且以七随二，九随四，而易置其南、西焉。"从陈氏著作看，其图称为龙图，且与天地之数五十五相关，"考图南之为龙图，虽自谓得于孔子三陈九卦之旨而作，然其《序》曰'龙图者，天散而示之，羲合而用之，孔默而形之'，且明称始图之未合，惟五十五数，则是谓《大传》天数二十有五、地数三十合而言之。不知何以于其未改标之以为洛书，殆其始误也"（《易图通变》卷五）。按照雷氏之意，陈抟始称龙图，此龙图原是散而未合，即天地之数五十五，陈氏后又改其为洛书，这种改法没有根据。若从《尚书》角度言之，《洪范》九畴数与五十五数不合："《书》之九畴，各畴自有成数，如一五行，二五事，犹或得以五行五用之数，从而强推引之，至于五皇极，则已不可指实之为何物何事……今徒实以五点，而五点者，乃遂得为中乎？畴自一至九，界界然各存本有之数，不知何自而可以合于五十有五之数。强谓其合者，盖其人之妄也。"（《易图通变》卷四）因此，陈抟以五十五数为洛书"是其传疑之始也"，是"其初作已自失之矣"，是"舍本逐末"。

陈抟书皆已失传，而今能见到的最早的河图、洛书是刘牧的《易数钩隐图》。刘牧之学出于种放，传陈抟之学。朱震曰："陈抟以先天图传种放……放以河图、洛书传李溉，溉传许坚，坚传范谔昌，谔昌传刘牧。"（《汉上易传表》）此所谓"自图南五传至刘牧长民"，刘牧于河图、洛书的基本观点是"以九为河图，十为洛书"，视河图、洛书为《易》之原，完全本于陈抟。故刘牧的错误本于陈抟，是"承误而益增其误，遂真以为洛书而有五十五图，以实其误"（《易图通变》卷五）。如陈抟运用汉儒的五行思想论洛书，"以《洪范》二火次于南，四金次于西，且以七随二，九随四，而易置其南西焉。以故长民不识其由，至谓火金易位也。夫离之数九，居正南为火，兑之数七，居正西为金，乃天地自然参伍以变之数，断断无以易之，岂容以汉儒任意比校《洪范》火金之二四得而移易之乎？况《洪范》只有五行之数，今增以七九，又以七随二，九随四，又何所本哉？"（《易图通变》卷四）当然，刘牧之误也与种放、范谔昌等人有关。如范谔昌著《大易源流》，以五行为八卦之源，主张在四正卦之外，以四成数同于四方，刘牧以此推衍其说，以数定卦画。雷氏批评此说云："图所传有四方而无四维之数者，是谔昌已元不识图南所以标异，特因《太玄》准《易》，取于《洪范》一水二火三木四金五土而然。凿空无故，造端老子，增立怪话……又谓天上八卦，坎离对中之外，移置乾兑坤于东，艮震巽于西，不谓五行之说，多起于《易》后，而反引五行以为定卦之原，此又其敢于创异之大端也。是宜长民不独增以五十五图，又因谔昌坎离震兑四正之外，而以四成数同于四方，谓坎六退本卦三数，以余三数三画为乾；离七退本卦三数，以余四数四画为巽；震八数退本卦三数，以余五数五画为艮；兑九数退本卦三数，以余六数六画为坤。皆以数为画，标为河图，是不揣本而齐末。"（《易图通变》卷五）。

李觏不满于刘牧的河图洛书说，认为其图重复驳杂，故删定之，著《删定刘牧易图序论》。经删定而存者有三图：河图、洛书、八卦。而其观点与刘牧一致，也主张河洛同出，为《易》之原。雷氏对李觏也进行了批判。他说："长民之多为图画，固未知其是，而泰伯亦元未识此图之三本之则一尔。河图本列八卦而数五十有五也，及长民辈始破洛书古说，谓非只是《洪范》，必别有书出于羲之上世，羲乃得而并则之以作《易》也。泰伯之见，则又与之同，此愚又莫能知何为其然也。"（《易图通变》卷五）雷氏又分析《易大传》"河出图，洛出书"一语认为："由河之出图，羲前既得以则而画卦，因及于洛之出书，禹后复得以则而叙畴尔，又岂害于比类而互言之哉？岂尝直欲以图书之数之义之条贯比而同之哉？岂尝直谓图书并出于一时哉？"雷氏说，正是由于刘牧、李觏的错误，"自是已后，愈传愈失，愈失愈凿，至有因'河出图，洛出书'见于《大传》，而并致疑《大传》非孔子所作者，不知图本非书，书本非图"（《易图通变》卷四）。

朱熹、蔡元定笃信河洛之学，谓："河图七前六后八左九右。洛书之文，九前一后，三左七右，四前左，二前右，八后左，六后右。"（《易图通变》卷五）他们反对刘牧以九为河图，十为洛书，认为他"托言出于希夷，与诸儒旧说不合"。雷氏对此提出批评，他指出："朱蔡之指斥又如此，而直以图南始标误之洛书为河图，而以其初正指河图反以为洛书，则朱蔡实自误，而反罪长民之先误，专己自是，张其辩说，不克自反一至于此。……久则舍图取书，又久乃遂以书为图，荒然莫知河图为何物……执其五十五数以为图，不知其五十五数其始特以误及洛书，今反执之为图，是图既非图，其谓书以为图者，书益非其书者矣。徒自言人人殊，使学者亡羊多歧，求马唐肆，纷如聚讼，吾谁适从，不啻三百年于此。""至其甚者，以五十五数之图，乃妄谓之河图，而以图南所传之河图反谓之洛书，颠倒迷缪，靡所底止，殊不明河图八卦。"（《易图通变》卷四）

雷氏对河图、洛书演变的考察及对诸家的批判，还是十分有意义的，尤其是他提出"由汉而唐，《易经》行世，凡经传疏释之外，未有及于图书之文，刊列经首者"的结论，及他对陈抟、刘牧、朱熹等人的批判，对于今天研究图书之学，辨其真伪有一定参考价值。当然，他主张河图本数四十，只是一

家之言。而他以此作为尺度来衡量和评判诸家观点，亦有失于
公允。

六、蓍　数

与传统观点一致，雷氏也主张天地之数与大衍之数有内
在的联系："天地之数五十有五……而大衍之数遽损其五而特
谓之五十。"他对于"损其五"，有独到见解。他认为，在太极
之上有原初物质，即太易、太初、太始、太素，加上太极而为
五。他说："易之有太极，而太极也者，特浑沦之寄称尔。浑
沦而上，既有谓易、谓初、谓始、谓素，凡四其称，而至于浑
沦而五。故以浑沦为太极，是之谓五太也。"（《易筮通变》卷
下）太易、太初、太始、太素之说，取之《易纬·乾凿度》。
他认为，太极是在这四种原初物质后出现的第五种，这"五
太"是宇宙之本，万物之源。此时，虽有气有形有质，但"万
物相浑沦而未相离"，"故天地之数五十有五，而大衍之数乃
五十者，既虚其太极已上之五，而取用于五十之妙也"。这是
虚五的一个理由，另一个理由是就五的作用而言。四象无五，
八卦无十，但五与十在四象八卦中始终起着作用："四象之
一二三四所以为八卦者，不过再用一二三四，而各以五参之为
六七八九尔。其数止四十，八卦之一九而二八，三七而四六，相
交而 ×＋之，其数亦止此四十，未尝有天五地十之定位者，正
以天五与地十，以五乘十而为此大衍之五十。"此言八卦生成

取决于五，河图四十亦取决于五，而大衍之数五十得之五乘十，就连行蓍时揲之以四，以求阴阳老少之数六七八九，也未离五。"故衍之于揲，必以四以象四时，五十之用，正在于是。其揲之以四者，盖由五其一二三四于上，而十其六七八九于下。"也就是说，行蓍结果皆与一二三四六七八九相关，而这八个数中前四个数是由二五组成的，后四个数是由前四个数各加五而成，因此大衍之数是天地之数减五。

对于行蓍方法，他运用了太极生八卦理论解释之。在他看来，大衍之数用四十九，分二，挂一，揲四，反映的就是易有太极、太极生两仪、两仪生四象、四象生八卦的过程。他指出：

易由太极以标其一，所以为成象之谓乾，即所谓形变之始，而乃所以为一也。由乾分其一——以为二，--而始谓之坤，是大衍五十不用之一象之为易有太极之一，而一之分为--，所以象两。夫两不谓二，而谓之象两，正以--之分也。故大衍之五十先尊其太极不用之一，以为生生之本。而谓其用四十有九者，盖由—之二其一以生两仪--，是分而为二以象两，—又参其一以为三才之道☰，是挂一以象三，—复三其一为四象，则北南东西之判，冬夏春秋之序，水火木金之位，莫不由是以著，则所以揲之以四以象四时者也，而河图之数所以四十者也。（《易筮通变》卷下）

此是说，太极为一，因它是生生之本，故大衍之数五十不用其一。由一分二，这个二不是阴阳两仪，而是阴爻--两仪，这是"分而为二以象两"。阴爻两画，再加一，而成三才之道☰，这是"挂一以象三"。由一分二，由二再分二则为四象，这是揲之以四以象四时。雷氏在《命蓍篇》中对此做了明确的解释："大衍之数盖五十其蓍，而其用乃四十有九者，盖已尊其一于不用，以为太极之全体，是所谓易有太极者也。乃分其四十有九之蓍列左右为二以象两，是所谓太极生两仪也。两仪者阴阳，阴阳相仪匹而有老少，则两仪已含四象矣。乃左取蓍而挂其一以象三，八卦之画以三而成，则三才之道也。"(《易筮通变》卷下）雷氏用太极生八卦理论解释大衍筮法，从思路上看，与俞琰等人一致，但就其内容而言，二者悬殊较大。俞琰等人用太极生八卦中所表现出的数解释大衍之数五十，即太极一、两仪三，四象十、八卦三十六之总和为五十（见本编第五章《俞琰正别二传象数易学思想》），而雷氏则用太极生八卦讲行蓍的方法，把行蓍的方法视为模写太极生八卦之过程，他的这种理论符合《系辞》之旨。

雷氏还探讨了河图与大衍数之关系。在他看来，二者关系主要表现在两个方面：一方面，河图数四十是由四象八卦所决定的，如前所言，因为四象无五，八卦无十，故天地之数虚五和十则为四十。而四象八卦则又是大衍之数"分"、"挂"、"揲"的理论基础，故河图与大衍之数通过太极生八卦而联系起来。另一方面，大衍之数五十，是河图虚天地之数五与十而得，"河图之实数四十，虚天五之二五而以地十，衍之而五十也"。而五十之数，不用一，又挂一，为四十八，此正是"河图四十以行八卦"。他说："以五十而始用其二，则未用之蓍正存四十有八，是用河图之数四十以行八卦也。"（《易筮通变》卷下）此谓河图四十，在河图中有八卦，四十加八则为四十八。当然，八卦六爻，共四十八爻，也与大衍用数相合。"八卦各六位，以八卦而其位各六而八之，非四十有八者乎？"在这里，河图数与大衍之数相互印证，做到了图和筮合一，即其图是筮之图，筮是图之筮。正是在这个意义上，今人詹石窗将雷思齐易学特点概括为"易筮易图一体化"。[①]

另外，在蓍数问题上，雷氏不同意孔颖达的某些观点。孔氏在《周易正义》中释"十有八变而成卦"时指出："每一爻有三变，谓初一揲不五则九，是一变也；第二揲不四则八，是二变也；第三揲是亦不四则八，是第三变也。"（《周易注疏》卷十一）此所谓的"五"、"九"或"四"、"八"，是揲蓍之后，"归奇"及"挂一"数。雷氏认为第一变不当是五和九。理由是五和九是把"挂一"加进去，"挂一"是在揲蓍之前，与揲蓍无关，不当加进去。雷氏说："殊不识此一之加为五为九，无成亏于所揲之四，而徒为扰扰耳。且夫挂一自当四营之一营，在分而象两之后，揲之以四之先，元未以之与于揲也。"（《易图筮变》卷下）正是由于第一揲有误，第二、第

① 见詹石窗《南宋金元的道教》，上海古籍出版社，1989 年，第 96 页。

三揲才得四与八，"若非以挂一之一误于自乱，则安得谓第二揲、第三揲而不四则八也"。因此，他说："孔疏始为此误，而后之来者既不加察而传信传疑，愈说愈纷，卒未能有以正其误者，千载良一嘅也。"从表面看，雷氏是在批判孔颖达理解上的错误，其实是用一种方法取代另一种方法。对于大衍筮法中阴阳老少的确立，古代有两解：一是据挂扐之数，四五为奇，九八为偶，三奇为老阳，三偶为老阴，二奇一偶为少阴，二偶一奇为少阳，即所谓的"挂扐法"。一是"过揲之法"，即经过四营，四十九数变为或三十六，或三十二，或二十八，或二十四，然后除以四，得六七八九，然后确立阴阳老少。雷氏主张用六七八九确立阴阳老少，显然是推崇"过揲法"，其反对孔氏"挂一"入"扐"，实质上就是否定传统的"挂扐法"。

七、雷思齐对象数易学的贡献

图书之学，由宋初陈抟发其端，五传而至刘牧，经李觏、程大昌等阐发而流行于世。再由朱熹、蔡元定等人修订整合，图书之学大兴，造成了言《易》者必及图书之局面。然而，对于图书之学的内容，却言人人殊，各执一理，以至于诸说纷然杂出，"愈传愈失，愈失愈凿"。在此之际，雷思齐潜心研究图书之学，以探求其本义为指归，作《易图通变》，力图正本清源，化解当时图书之争，使学归其一。如他所言："余因潜心有年，备讨众说，独识先圣之指归，遂作《通变》，传以与四方千载学《易》者，同究于真是焉。"(《易图通变自序》)应该说，其学说的形成，无论是对图书之学自身，还是对整个象数易学都有积极的意义。主要表现在以下几个方面。

其一，他对北宋以来图书之学进行了系统的总结，大致勾画出图书之学产生发展的线索。更为重要的是，他看到了诸家之说存在的问题，并就这些问题进行了批判，为清代朴学家全面总结和清算图书之学奠定了基础。

其二，他提出了河图数四十的观点，虽然此说与诸家之说并无两样，皆属附会之学，但他能围绕此旁征博引，反复推衍，尤其能以《系辞》《说卦》所言"参伍以变，错综其数"和"参天两地而倚数"为根据论证其观点，并阐述河图与筮法的关系，作为一家之说，开拓了图书学的思路，丰富了其思想内容。四库馆臣如此评价道："其说虽与先儒不同，而案以'出震''齐巽'之义，亦颇相吻合。林至《易裨传序》所谓'易道变化不穷，得其一端，皆足以为说者也'。"(《四库全书总目》卷三)

第三编

元代：图书之学发展，
并与汉易进一步融合

概　述

　　元代政权建立后，帝王为了巩固王权，加强对汉人的管理，稳定社会秩序，推行了"汉法"。有学者说："所谓汉法，除了指政治、经济制度以外，还包括与之相适应的意识形态，其核心便是以儒学为主体的思想文化。"[①]基于此，元代帝王十分尊崇孔子，极力褒奖理学家。如元文宗将周敦颐、程颢、程颐、张载、邵雍、司马光、朱熹、张栻、吕祖谦等人从祀孔庙。程朱的理学著作也被元代定为科举的考试内容，其"明经科内四书五经，以程子、朱晦庵注解为主"（《通制条格》卷五）。正式确立了程朱理学在元代的地位。功利所使，元代经学得以传播与发展。元代经学起自赵复。赵复是元代传理学于北方第一人。由于赵复传播，理学在元代传播开来。《宋元学案·鲁斋学案》："自石晋燕云十六州之割，北方之为异域也久矣。虽有宋诸儒叠出，声教不通。自赵江汉以南冠之囚，吾道入北，而姚枢、窦默、许衡、刘因之徒，得闻程朱之学以广其传，由是北方之学郁起，如吴澄之经学，姚燧之文学，指不胜

---

① 吴雁南等主编《中国经学史》，福建人民出版社，2001 年，第 412 页。

屈，皆彬彬郁郁矣。”（《宋元学案》卷九十《鲁斋学案》）按
照《宋元学案》记载，元代理学派别众多，有以许衡为代表的
鲁斋学派，以刘因为代表的静修学派，以吴澄为代表的草庐学
派，以金履祥、许谦为代表的北山学派，以陈栎、胡炳文、朱
升、倪士毅为代表的新安学派等。而最有影响的理学家主要有
北方的许衡和刘因，南方的吴澄，黄百家称：“有元之学者，
鲁斋、静修、草庐三人耳。草庐后，至鲁斋、静修，盖元之所
藉以立国者。”（《宋元学案》卷九十一《静修学案》）许衡主要
是承传程、朱之学，在元代影响很大，“鲁斋之功甚大，数十
年彬彬号称名卿材大夫者，皆其门人，于是国人始知有圣贤之
学。”（同上）刘因早年治章句之学，后得赵复之传，崇尚程朱
理学及邵雍之数学，以六经为本，发展理学。黄百家说吴澄
“从学于程若庸，为朱子之四传”，其所撰“《五经纂言》有功
经术，接武建阳（朱熹），非北溪（陈淳，朱熹高足之一）诸
人可及也”。（《宋元学案》卷九十二《草庐学案》）其思想大致
是折衷朱、陆之学。全祖望说：“草庐出于双峰（饶鲁），固朱
学也，其后亦兼主陆学。……然草庐之著书，则终近乎朱。”
（《宋元学案》卷首）

　　元代经学的最大特点在于，打破了门户之见，融综朱熹理
学与陆九渊心学之长，对后世产生了很大影响。然而，虽然元
代出现了有影响的大儒，对理学有所发展，但是就其创新性而
言，远不及宋代。

　　就易学而言，元代易学传承宋代易学，以程朱为主流，如

学者所说："元代易学承宋代易学之遗绪，虽象数义理图书兼有，而尤重义理，义理中以程朱易学为主流，象数次之。至于王弼易学及以史解易，论礼祥、重古易者亦兼有之，此皆承宋代易学而发展者也。"[①] 因为朱熹言图书之学,故元代易学家言象数必言图书之学。朱熹同乡胡一桂，承其父方平之学，撰《易本义附录纂疏》《易学启蒙翼传》，以恢复朱子易学本真、匡正他人篡改为宗旨，诠释和阐发了朱子的象数学。在图书问题上，胡氏主要继承和辨正了朱熹的图书之学和先天之学，批判了刘牧和欧阳修的图书观。其论取象及取象方法等皆以朱子象学为据，除此之外，他还研究了包括象数易在内的易学承传、易学文献，并站在象数易的立场，对之前的易学家进行评价。更为重要的是对已失传的《易纬》《焦氏易》《京氏易传》等汉代象数易代表作加以阐述，对其中一些疑难进行考辨，这在盲目崇拜权威、义理风气占主导的元代极为可贵。胡一桂同乡胡炳文，笃志朱子之学，撰《周易本义通释》，"据朱子《本义》，折中是正，复采诸家易解，互相发明"。于图书之学，他推崇邵雍与朱子，提出河图数本出自然之象，并以十二消息卦解释伏羲圆图。他力合《本义》与邵子，兼讲程子易学，阐发其精义。与胡炳文同，赵采作《周易程朱传义折中》，熊良辅作《周易本义集成》折中邵、程、朱之易学，以先天之学为本阐发程朱易学。其实，这些融合和折中，不是简单的拼凑，而

① 徐芹庭《元代之易学》，《孔孟学报》第 39 期，1980 年。

是以邵雍和程颐羽翼朱子易学，是对朱子易学的发展。

　　吴澄撰《易纂言》和《易纂言外翼》，传承朱熹易学。在图书之学问题上，他一方面把河图视为《易》之原，把洛书视为《洪范》之原，并用马毛、龟甲解说河图洛书，坚持了朱熹等人的观点。另一方面，他又围绕着自己的观点，对河图洛书之流传进行了考察，批判了刘牧等人之思想。同时，他通过考证经文，将易象分为九大类，其中以数为象，把十数配八卦，是其独创。他还与胡氏等人一样探讨了取象方法，如他以卦变、互体、纳甲、爻变、卦主等作为基本取象方法解说《周易》取象，补朱子所缺。元人黄泽作《易学滥觞》，也主要探讨象学，"其说《易》以明象为本，其明象则以《序卦》为本"。以上这些探讨，一方面坚持了以象注《易》的方法，另一方面又在某种程度上克服了汉代象学流于附会的弊端。王申子作《大易辑说》，以河图配先天卦，以洛书配后天卦，融河洛与先天之学为一体。萧汉中撰《读易考原》，"一论分卦，一论合卦，一论卦序。……大旨以圆图《乾》《坤》《坎》《离》居四正为《上经》之主卦，《兑》《艮》《巽》《震》居四隅为《下经》之主卦。复按图列说，申明《上经》三十卦、《下经》三十四卦，多寡分合之不可易。及《乾》《坤》之后受以《屯》《蒙》，《屯》《蒙》之后受以《需》《讼》，次序之不可紊。卷后论三十六宫阴阳消长之机，以互明其义"。(《四库全书总目》卷四)

　　另外，元代有专门讨论图书之学的著作，如张理《大易象数钩深图》、钱一方《周易图说》、谢仲直《易三图》等皆为推演图书之学之作。尤其张理于《大易象数钩深图》中汇辑了宋以来许多易图，如周敦颐太极图、刘牧河图洛书、郑东卿太极贯一图、邵雍先天图后天图、朱震纳甲图、李之才六卦生六十四卦图等，然后以周敦颐《太极图说》为纲领，融合了河洛和先后二天说。如以图解说陈抟的《龙图序》以推衍河图洛书形成，成为解释陈抟的图书之学的经典之作。再如他以图解说邵雍太极生八卦及六十四卦之说，阐发了朱子之学。又如他图解六十四卦卦象。其图说虽处处引宋儒邵雍、朱熹等人之言为据，但又与之不同，自成一家之言。钱一方撰《周易图说》，列易图二十七，"其所演二十七图，亦即因旧图而变易之。奇偶之数，愈推愈有。人自为说，而其理皆通"。(《四库全书总目》卷四)

总之，元代象数易学本之朱子，是对朱子易学的补充与阐发，总体上未超越朱子之易学，就其创新性而言，无法与两宋相媲美。但是，元代象数易学却有自己的特点，如折中河洛之学与先天之学，调和汉宋象数之学，推进宋代象数与义理结合等，对于某些易学问题也不乏独到见解，如吴澄关于图书之学的观点，胡一桂对于汉易的解说，张理对于河图洛书的新解释等等，说明元代象数易学在某些方面推动了易学发展，影响了明清易学中图书之学和汉学易的形成，是象数易学和整个易学发展过程中一个不可缺少的环节。

第一章　胡一桂象数易学思想

　　胡一桂（1247—?），字庭芳，徽州婺源（今江西婺源）人。生而颖悟，好读书，尤精于易学。南宋景定五年（1264）领乡荐，试礼部不第，退而讲学于乡里，远近师之，号"双湖先生"。其学源于父胡方平，治朱熹易学。《元史·儒学传》称："初，饶州德兴沈贵宝受《易》于董梦程，梦程受朱熹之《易》于黄榦，而一桂之父方平及从贵宝、梦程学，尝著《易学启蒙通释》。一桂之学，出于方平，得朱熹氏源委之正。"宋元之际，朱子易学被学者篡改，多失其义。有感于此，胡一桂承其家学，依朱子原书，撰成《易本义附录纂疏》《易学启蒙翼传》二书，以还朱子易学之原貌。他在《易学启蒙翼传序》中说："朱子于《易》有《本义》有《启蒙》，其书则古经，其训解则主卜筮，所以发明四圣人作经之初旨。至于专论卦画蓍策，则'本图书'以首之，'考变占'以终之，所以开启蒙昧而为读《本义》之阶梯，大抵皆《易经》之传也。先君子惧愚不敏，既为《启蒙通释》以诲之，愚不量浅陋，复为《本义附录纂疏》，以承先志。今重加增纂之余，又成《翼传》四篇者，诚以去朱子才百余年，而承学浸失其真。如《图》《书》已厘

正矣，复仍刘牧之旧者有之。《本义》已复古矣，复循王弼之
乱者有之。卜筮之教炳如丹青矣，复祖尚玄旨者又有之。若是
者，讵容于得已也哉！"此阐明了其易学是以恢复朱子易学本
真、匡正他人篡改为宗旨，而其易学象数思想多在整理和解说
朱子易学时阐发出来，也就是说，朱熹易学中的象数思想，胡
一桂皆能传之。除此之外，他还能对两汉易学加以概括。因
此，胡一桂与吴澄一样，是元代很少有的对象数有研究者。其
著作除了上述二部易学专著外，还有《朱子诗传附录纂疏》
《十七史纂》等。

一、胡一桂对象学的研究

南宋朱熹在《周易本义》卷首列九个图，并根据时间顺
序将易分为"天地自然之易"、"伏羲之易"、"文王周公之易"、
"孔子之易"四个阶段，提出各个阶段的易学各有特点，不
可混同，"伏羲自是伏羲易，文王自是文王易，孔子自是孔子
易"（《朱子语类》卷六十七）。胡一桂按照朱熹易学划分的基
本精神，区分了四圣之取象，提出《周易》"取象非一端"。他
说："由文王而周公，由周公而孔子，故象而后有爻，爻而后
有《说卦》，其人非一时，其书非一手，其取象非一端。"（《易
附录纂注》卷十五）此言《周易》并非一时一人所作，而是经
历几个时代几代人的努力，具体地说，伏羲画卦，文王作卦
辞，周公作爻辞，孔子作《易传》。从易象言之，也是如此。

他指出：

> 尝试论之，羲之象在卦中，文之象取其大纲，周公虽本
> 之文王，已多其所自取，夫子虽本之文王、周公，然其同者
> 间见，而其所自取者抑不止如周公之多于文王矣。

他一方面指出了四圣易象之间的联系，即时代后者本之时代前者。文王本伏羲卦而作卦辞，卦辞言象。周公本于文王而作爻辞，其象多为文王象之衍。孔子本于文王、周公而作《说卦》，《说卦》成为象学大全。正是在这个意义上胡一桂认为："卦者，象之原也；彖者，言象之始也；爻者，言象之衍也；《说卦》者，总彖爻取象之例也。"另一方面，文王取象不同于周公，孔子取象又不同于文王、周公。如胡氏说："坤为马，离为牛，文王之象也。乾称龙马，震坎称乘马，周公之爻也。自文王取象观之，乾何尝称马？坤何尝称牛？震何尝称龙？周公虽于大畜之乾称马，而于乾本卦但称龙，坤亦未尝称牛，震亦未尝称龙也。夫子则直曰乾为马，坤为牛，震为龙，是岂故欲异于文王、周公哉？又自有见于卦爻之象而取之也。"由此，他以朱熹的易学为基本准则，提出读《易》时对待诸圣人易象的态度。他指出：

> 朱夫子尝谓伏羲自是伏羲易，文王自是文王易，周公
> 自是周公易，孔子自是孔子易，各有不同，于其不同之中

而求其同可也。遽谓孔子易即文王、周公之易，而以象、
爻、大象尽求合于《说卦》，不可也。

　　读《易》者，毋执周公之象以求之文王，又毋执夫
子之象以求之文王、周公。同者自同，异者自异，要皆各
明夫伏羲之卦可也。必欲牵合傅会，尽强而同之，是乱数
圣人之象也。乱数圣人之象，而象终不可悟，其亦弗思之
甚也。

　　胡氏反复申明当区分不同时代圣人之象，其目的是要纠
正易学界长期以来因混淆不同易象而导致的牵合之弊。汉儒言
象，以《说卦》为基础，推而衍之，"不能不堕此弊矣"。王弼
"虽知非先儒之失实，自未尝勘破夫子取象本不必同于先圣，
是以卒无一说以为之剖决，但谓不必泥象，至有忘象之论，是
亦甚未为得也"。"近世西蜀大儒隆山李先生，优于明象者也，
其论坤卦直曰：'乾既称马，坤不得不称牝以别之。'……此亦
祖《说卦》以为论。"如此种种，"多祖《说卦》，子彖爻，孙
卦体，其有不合《说卦》者，则委曲牵合傅会以幸其中，而数
圣人取象之意，胥失之矣"。究其原因，只看到了诸圣人取象
的内在联系，忽略了其取象的区别。而胡氏就是要借朱熹这面
大旗，纠正易学界存在的这种弊端。他说："朱夫子易象说，
既深足以破古今忘象泥象者一偏之见。"为了达到这个目的，
他专作"卦象图"，以区分伏羲、文王、周公、孔子之八卦取
象。今录之如下，以备参考：

伏羲	文　王	周　公	孔　子
乾☰	大川	龙马、舆车	天、圜、寒、冰、玉、金、君、父、首、马、木果、大赤
坤☷	康侯、行师、庙、马、大牲	王母、腹、师、征伐、邑国、邑、国家、国、城隍、舆、龙、玄黄	地、臣、母、妻、腹、众、舆、釜、柄、牛、文、布、吝啬、均
震☳	震、七日、大川、侯、口	七日、九陵、侯、长子、马	雷、大涂、长子、足、龙、马、竹、萑苇、稼、玄黄、旉、健、决躁、蕃鲜
巽☴	云、大川、女、栋、豚鱼	月雨、号、妇、臀、栋、床、资、翰音、木、杨	风、长女、鸡、寡发、广颡、白眼、股、工、市、利、木、白、臭、长、高、绳直、进退、不果、躁卦
坎☵	大川、濡、心、庙、狐	雨、濡、大川、泥、涂、穴、宿、幽谷、石、弟子、寇、血、酒、车、舆、轮、弧矢、刑桎梏、徽缠、马、狐、豕、株木、蒺藜、丛棘	月、雨、云、泉、水、沟渎、中男、加忧、心病、耳痛、血卦、盗、弓、轮、舆、马、豕、木、赤、隐伏、矫揉、通
离☲	日、明、光、南、女、狱、牝牛	日、光、南、焚、妇、股、征、伐、牛、隼、雉、鸟、鹤、飞、龟	日、明、火、电、中女、目、大腹、甲胄、戈兵、鳖、蟹、蠃、蚌、龟、雉、木、乾卦

续　表

伏羲	文　王	周　公	孔　子
艮☶	童蒙、背、飞鸟	大川、丘、石、人身、童蒙、童仆、庐、床、牛、獭豕、虎视、鼠、硕果	山、径路、小石、少男、手、指、门阙、阍寺、狗、鼠、黔喙、木、果蓏
兑☱	八月、西郊、女、号、言、二簋、豚鱼	雨濡、西郊、西山、女、史巫、臀、涕洟、眇跛、涉灭、虎、羊	地、泽、少女、妾、巫、口舌、毁折、附决、羊

　　如前所言，这种分类可以使研《易》者把握象的产生和演化及诸圣易象的异同，消除在取象问题上的牵强附会。但是，这种分类反映不出事物性质方面的差别，如胡氏所言："愚于《本义》后既分八卦为象图，而系之以说矣，大概欲见三圣人取象不同之意，以今观之，尚有未备。"（《周易启蒙翼传》下篇）因而，他又将圣人取象纳入事物性质分类之下，"分天文、地理、人物等为类，首文王卦象、次周公爻象、次孔子十翼中《彖传》《象传》《说卦传》所取象以该之，庶乎不致有遗。"他将易象分为"天文类"、"地理类"、"岁月日时类"、"人道类"、"身体类"、"古人类"、"邑国类"、"宫室类"、"宗庙类"、"神鬼类"、"祭祀类"、"田园类"、"谷果类"、"酒食类"、"卜筮类"、"祐命类"、"告命类"、"爵禄类"、"车舆类"、"簪服类"、"旌旗类"、"讼狱类"、"兵师类"、"田猎类"、"金宝类"、"币帛类"、"器用类"、"数目类"、"五色

类"、"禽兽类"、"鳞介类"、"草木类"、"杂类"三十三类。每一类皆按照文王、周公、孔子再分之。每一象下皆引经传出处。这里所言之"象"已不单是八卦之象，而是《周易》经传中所有的象。胡氏言易象之多，分类之细，远在同时代的吴澄之上。

关于取象方法，他认为圣人"取象非一端"，大致有八种，"有取之全体者，有取之各体者，有取之互体者，有取之似体者，有取之应体者，有虽无其象而取卦名义者，有取之逐爻者，有取之远近，取之阴阳之爻者"（《易附录纂注》卷十五）。这里所说的"全体"，是指根据整个卦取象，如颐取象口，井取象水井，鼎取象鼎器。他认为"此伏羲取之全体者"，其特点为卦本身就是象。又如《大过》之"栋桡"，《小过》之"飞鸟"，《剥》之"床"，《咸》《艮》之"身"，如六十四卦之大象，是"文王、周公、孔子取之全体者"。其特点为根据一卦六爻含义而取象。所谓"各体"，指一卦内外卦而言，即取象于内卦或外卦。"如《屯》《豫》'建侯'，则'侯'属震。《大畜》'良马'，则'马'属乾。《说卦》八物各属八卦，此皆取之各体者。"其所谓"互体"与前人相似，即二三四互一卦，三四五互一卦，如"《中孚》《贲》称马，兼取互体震"。所谓"似体"，就是俞琰所说的"积体"，指某卦象某卦，如兑为羊，"大壮（☳）似兑（☱）而称羊"。另外，还有应体、随卦义取象等。在这些取象中，他特别重视互体，作"互体图"，指出了六十四卦互体八卦数。如互体乾者十二卦，互体坤者十二卦，其他六子卦分为十六卦。如互体乾的卦有：乾、夬、大有、大壮、同人、革、姤、大过、鼎、恒、遁、咸十二卦。互体坤者有：坤、剥、比、观、师、蒙、复、颐、屯、益、临、损十二卦。他以六十四卦横图说明互体八卦数。他说："若以六十四卦横图观之，尤有可言者。自第二画至第四画阳仪中互四乾、四兑、四离、四震、四巽、四坎、四艮、四坤；阴仪中亦互四乾至四坤。两以四卦数之，而周六十四卦。自第三画至第五画阳仪中前十六卦互二乾至二坤，后十六卦亦互二乾至二坤。阴仪中互体亦然，四以二卦数之而周六十四卦。"同时，他还探讨了八卦自身互体情况：乾坤互体加自身二体各四。六子卦，三男之卦互体则各为其他男，三女之卦互体则各为其他女。"如震卦自二至四互艮，自三至五互坎；坎卦自二至四互震，自三至五互艮；艮卦自二至四互坎，自三至五互震。"三女之卦也是如此。这就是他所说的乾坤"阴阳各得而不杂也"，六子"三男之卦各聚三男，三女之卦各聚三女"。在他看来，八纯卦之互体"自然而然，不加人力，有不容言之妙者"，因而读《易》者不可忽视。

总之，胡一桂总结和阐发了宋元以前的象学，对后世的象学研究有很大的启发。易学史上，对象学的研究，源远流长，自《周易》成书始，为卜筮的需要，人们开始探讨象，而《说卦》集当时象学之大成。自汉以来，象数易学兴盛，易学家们为了达到注经的目的，以《说卦》为基础，引而伸之，以象生象，或者变换取象方法，使象学蔚为大观。但是他们以推衍出的象注经往往违背经之本义。胡一桂一方面总结研究前人成果，并在此基础上，着眼于《周易》经传文辞，对易象分门别类，加以概括和总结；另一方面又以自己的观点为据，批判了汉儒象学存在的弊端，这些总结和批判有益于象数易学的发展。若没有胡一桂等人对易象的总结，很难想象会有清儒惠栋、张惠言、焦循等人对易象的考辨。

二、胡一桂对数学的研究

胡一桂的数学主要继承朱熹的图书之学和先天之学，是以探讨易学的起源为内容的。他认为，在自然界有自然之易，一是日月，一是图书："日月继照，真天地自然之易；图书迭出，真天地自然之数。"（《周易本义启蒙翼传》上篇）从"易"之字形看，从日从月，上日下月，日月奇偶已具，变化之道已含于其中。他说："愚谓于文，日中有一奇也，月中有二偶也。一而二，二而三，三才道立，万物生生变化无穷矣。"在此他说明了"易"字中不仅有日月变化之象，而且还有奇偶之数。因此，他提出"易之原，虽肇于图书，而易之为义，尤著明于日月"。

关于河图洛书，他与朱熹等人一致，皆认为《系辞》中关于"天地之数"的记载就是河图之数，而"古今言数学者，盖始于此"。在这里，他把天地之数一至十定为河图，并视其为数之原，百、千、亿皆为此数之积，而"天地人物古往今来万事万变与夫鬼神之情状皆在此数包罗中"。而数一为数之始，在一之后有太极之理，"太极之理虽超乎数之外而实行乎数之中也"。胡一桂虽然未像邵雍那样将数视为世界之本，但仍然突出了它在万物中的地位。

胡氏还继承了传统的观点，用五行生成说解释河图。他指出："天一生水，地六成之；地二生火，天七成之；天三生木，地八成之；地四生金，天九成之；天五生土，地十成之。"这里的"成之"是言六七八九十因加五而成，如："天一生水矣，水非土则原泉从何出？故一得五则成六，是地六成之也。"又如："地二生火矣，火非土则归宿于何所？故二得五则成七，是天七成之也。"八九十也是如此。因此，他说："一二三四五者，生之之序也；六七八九十者皆因五而后得，非真藉六七八九十之数以成之也。"由于五行之数决定了河图的结构，即三八生成木在东方，干为甲乙，支为寅卯，人五脏为肝；二七生成火在南方，干为丙丁，支为巳午，人五脏为心；四九生成金在西方，干为庚辛，支为申酉，人五脏为肺；一六生成水在北方，干为壬癸，支为亥子，人五脏为肾；五十生成土居中，干为戊己，支为辰戌丑未，人五脏为脾。"故图之左旋自东而南，南而中，中而西，西而北，合四时之序焉。"

他把数一至九定为洛书，其排列为"一居北，六居西北，三居东，八居东北，五居中"。从其构成看，它由河图数变易位置而成，即将河图九居南，四居东南，七居西，二居西南则为洛书。从数言之，洛书则与河图一致，不过是由五行数构成。不同的是方位，"河图五行之数各协五方之位"。而洛书五行之数与北、东、中位一致，其余不一致，这就是他所说的"洛书之数三同而二异"。另一个不同是河图左旋五行相生，洛书右旋五行相克。从洛书形成看，将河图"东、北二方之数相易"，使八居东北，六居西北，其五行"有相生而无相克"。若将河图"西南二方之数相易"，使九居南，七居西，二居西南，四居东南，则五行"有相克制之义"。即他说："自二方既易之后，书皆右转相克，北方一六水克南方二七火，南方二七火克西方四九金，西方四九金克东方三八木，东方三八木克中央五土，五土复克北方水焉。"若东北二方之数亦易，"非但无相克之象，又且于右转之序紊其位次，而无复自然之法象矣"。

他又从自然人伦关系论证了河图相生、洛书相克的原理。他认为五行相生之"生"是母子关系，五行相克之"克"是子为母报仇。如土克水，水之子木，又克土。水克火，火之子土，又克水。河图相生反映的是"理之常数之顺"，"受生者固亦不屑屑以报为事"，而洛书相克反映的是"理之变数之逆"，"受克之子者"必以报。"体常尽变则子必为母报仇，乃造化自然之象，人事当然之理而不可易者也。"胡氏对洛书的论证，无非是要说明洛书虽非出自然，却合乎自然。从八卦起源看，伏羲虽观河图而作八卦，但八卦"未尝不与洛书之位数合"。在此，他一方面坚持了伏羲据河图画八卦，禹据洛书叙九畴的观点，另一方面又解释了《系辞》"河出图，洛出书，圣人则之"之意，从而调和了历代关于这个问题的争端。

关于伏羲画卦，他采用了朱熹的叠加法解释太极生八卦，即由太极生阴阳，阳仪画—，阴仪画--，然后自下而上依次叠加，故卦有一画之卦二、二画之卦四、三画之卦八。值得注意的是，他在此对伏羲则河图洛书画卦提出新解。他说："愚观河图洛书皆木数，居东方。伏羲画卦自下而上，即木之自根而干，干而枝也。其画三，木之生数也；其卦八，木之成数也。重卦则亦两其三，八其八尔，三八木数大备而后六十四卦大成。"他用河图洛书合乎木数解释了经卦三画，其数为八；重卦六画，其数为六十四。

在图书问题上，胡氏批判了两种观点：一是刘牧以九为河图，一是欧阳修否定河图洛书。刘牧传陈抟之学，撰《易数钩隐图》，主张九为河图、十为洛书。胡一桂从以下几个方面反驳之。第一，刘牧图书之学"托言出于希夷"，而"不知希夷《龙图序》自以十数为河图也"（《周易本义启蒙翼传》下篇）。第二，伏羲"则九数之图以作《易》，而十数之书于《易》无预，却数千年后待大禹取之以作《范》，若使诚如牧说则大禹叙畴乃舍自然九宫之数而不则，却去则十数之书，不知将九畴与十数如何配合？"第三，《系辞》未明言一至九数，言五十五数详，而四十五数略，又不论"参伍两字该四十五数"，故以参伍以变为论，指九为河图"不可以此当之"。第四，从自然之数先后顺序看，"当先其多而后其少，先其全而后其略。多而全者，体数也。……或缺少而略者，用数也"。因而五十五为天地之体数，四十五为天地之用数，"必体立而后用行，十图九书义亦昭矣"。基于此，他认为刘牧之说"可谓臆度无理之妄谈矣"。

欧阳修不信图书之学，并因此怀疑"十翼"并非孔子所作。胡一桂引用司马光《通鉴》所载"魏明帝青龙间，张掖柳谷口水涌，宝石负图，状象灵龟，立于川西，有石马、凤凰、麒麟、白虎、牺牛、璜块、八卦、列宿孛彗之象"，指出："今观此图与河图洛书亦何以异？"以此批评欧阳修否定图书之学之举过于轻率。

胡一桂对数的论述，总体上并没有大的建树，其贡献在于通过阐述朱子之数学，正本清源，捍卫了朱子之易学。

三、胡一桂对易学史的研究

易学史的研究，是易学研究的一个重要内容。易学正是通过易学家对易学发展的研究，不断进行总结、选择、吸收、整合，一步一步走向成熟，从而形成博大的文化之流。对于易学史的研究，历代不乏其人，如《易传》对《周易》作者的追述，汉儒班固等对汉以前易学承传的陈说，唐孔颖达在《周易正义》卷首对《周易》成书、作者、《易》之传人及三易的概括，宋代朱震对宋初道家易学承传的记载，朱熹对宋及宋以前诸家易学的品评等皆属于易学史的研究，而这些研究在不同程度上启发了后世易学研究，推动了易学发展。但是，这些研究都比较零碎，还没有形成系统的思想。在易学史上，能够较系统、全面地研究易学发展的是胡一桂。

胡一桂对于易学史的研究主要有三方面的内容：一、《周易》版本的演变。二、易学承传。三、元代以前易学文献之著录。兹分而述之如下：

1.《周易》版本的演变

《周易》作为儒家的经典流传几千年，在其流传的过程中，形成了多种多样的版本。总其大要，主要有两大派：一是经传相分，即经是经，传是传，经二篇，传十篇，共十二篇，这是古易派。一是经传相合，即割裂传文，分附于经文相应部分，这是古易变乱派。胡一桂从古代易学文献出发，对《周易》版本进行考辨，并按照历史发展将《周易》版本的演变分为三个时期。第一是汉初"《周易》古初本"。即《汉书·艺文志》所载《易经》十二篇，施、孟、梁丘三家所传之本，其十二篇指"经则伏羲卦，文王卦下辞，周公爻下辞，翼则孔子传。上下《象》、上下《象》、上下《系辞》、《文言》、《说卦》、《序卦》、《杂卦》共为十翼之辞，经分上下则二篇矣"（《周易启蒙翼传》中篇）。第二是汉魏时"古易之变"。它起自费直，"西汉《儒林传》虽但谓费直以《彖》《象》《系辞》《文言》解说上下经，初不言其分传以附经，然而将《彖传》、大小《象传》逐卦自聚成一类，统置于上下经二篇之后，仅存一'传'字于《象传》之首以别经，悉去《彖》《象》《系辞》《文言》等篇目，则是古经已变乱于此矣"。至郑玄传费氏《易》"省去六爻之画，又省用九用六覆卦之画，移上下体于卦画之下，又移'初九'至'用九'爻位之文加之爻辞之上，又合《彖传》《象传》于经，于《彖传》加'彖曰'字，于《象传》加'象曰'字"。即先卦画，次言上下体，再引卦名、卦辞、爻名、爻辞，最后引《彖》《象》，"今王弼本乾卦存康成本之例也"。王弼注《易》用郑玄本，"谓孔子赞爻之辞本以释经，宜相附近，乃各附当爻，每爻加'象曰'以别之，谓之《小象》，又取《文言》附于乾坤二卦，加'文言曰'三字于首。若《系辞》《说卦》《序卦》《杂卦》等篇则仍其旧，别自为卷"。"王弼乾卦一同郑氏，但移《文言》附其后，加'文言曰'字。"第三是两宋时"古易之复"。以吕大防《周易古经》、晁以道《古周易》、程迥《古易考》、吕祖谦《古易》及朱熹《周易本义》为例，说明宋代《周易》版本以复古本为主。吕氏《周易古经》"凡经二篇，《彖》《象》《系辞》各二篇，《文言》《说卦》《序卦》《杂卦》各一篇，总十有二篇"。晁氏《古周易》则分为八，"《卦爻》一，《彖》二，《象》三，《文言》四，《系辞》五，《说卦》六，《序卦》七，《杂卦》八"。程迥《古易考》，经传十二篇，"曰《上篇》、曰《下篇》、曰《彖上》、曰《彖下》、曰《象上》、曰《象下》、曰《文言》、曰《系辞上》《系辞下》、曰《说卦》、曰《序卦》、曰《杂卦》。凡十有二篇，与康节百源《易》次序同"，亦"与二吕氏（吕大防、吕祖谦）合，只以《文言》在《系辞》之前为不同尔"。吕祖谦《古易》"因晁氏书，参考传记，复定为十二篇"，它与"微仲（吕大防）篇次一同，而微仲自一至十二之序小异尔"。即吕大防将《周易》经传分篇自一至十二。而吕祖谦则分经为二，分《易传》为十。朱熹因吕祖谦所定本作《周易本义》。

在经传分合问题上，胡一桂虽然肯定了经传相合有"欲学者寻省易了，日趋于简便"的作用，但更多是否定其有变乱十篇、混淆经传之弊，故赞扬"古易之复"有拨乱反正之功。他说："所谓古易者，孔子翼易不遽自附于先圣之后，伏羲画卦，文王卦辞，周公爻辞，自合为上下经二篇，孔子所作十翼，则自分为十篇，是为古易十二篇也。至前汉费直以《彖》《象》《系辞》《文言》解说上下经，东汉郑康成传费直易，又以《彖》《象》《文言》本解易卦爻，宜相附近，始以附入，其初犹若今乾卦《彖》《象》《文言》统附卦之末，至三国魏王弼又传郑学，以《彖》与《大象》之辞附卦辞下，分爻《小象》之辞各附当爻辞下，加'彖曰'、'象曰'以别之。……古经始变乱于郑氏，卒大乱于王弼。惜哉！原其初二家但欲学者寻省易了，日趋于简便，自是以来，古易十二篇遂亡，不复可见于后世，而后之读《易》者，但知有王弼本，猝莫别其何者为文王周公之《易》，何者为孔子之《易》，殽乱千有余年，而圣人制作谦退之盛心与夫示学者以盈科而后进之意，皆影响无传。至吕氏微仲始为复古易之倡，晁氏继之，东莱吕氏复因晁氏书定为十二篇，文公《本义》则因东莱所定本，揭十二篇以教天下，且发明象占大旨，真洗光咸池之日，为学者之一大快矣。"

胡氏之所以下大功夫辨正《周易》版本源流，取决于当时易学研究的需要。当时《周易》版本虽经诸儒匡正，已复原貌，然而"世儒解《易》又复仍王弼本，而莫觉其非，是何古《易》难谐于俗，而康成、辅嗣欲速好径之心使人骨醉魂迷而不返，推是心以往，舍范我驰驱而为之诡遇，不由其道而钻穴隙相窥，逾墙相从，亦何所惮而不为也"。为了不使宋儒前功尽弃，胡一桂将"复仍王弼本"者视为易学界之罪人。他说："呜呼，数圣人之经，何其变之易而复之难，复之难而再变之愈易也。由是观之，乱经本末，康成、辅嗣之罪为尚小，以其未见正于文公也。世儒之罪为尤大，以其既见正于文公，故为而叛之也。康成、辅嗣，三圣之罪人。世儒其又康成、辅嗣之罪人欤。"

2. 考证易学传授系统

中国古代易学研究有一个重要的特点是师承传授。即以《周易》为研究对象，通过师生传授的方式，使易学研究继往开来，代代相传。胡一桂以史书为据，对汉以来传《易》系统加以辨析。首先，他作"周末西汉易学承传表"（如下）阐述此时期师承传授状况。

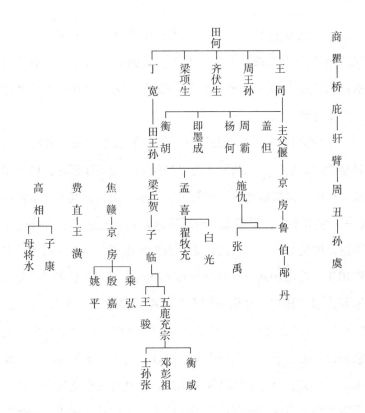

　　除了解说《汉书·儒林传》有关易学承传的记载外，胡一桂还提出了自己的看法。他认为："自商瞿受《易》孔子，六传兴于田何，何之学又盛于丁宽。"而丁氏"《易说》三万言"，不过训诂大义，《小章句》"只是文义章句，象数之学恐非所及也"。易学经丁宽再传而"盛于施、孟、梁丘"，施授张禹，张禹授彭宣。彭宣"位为上公，见险而止"，故传授停止。四川赵宾自称授易于孟喜，孟喜顺水推舟，"承取其名，云实授也"，"赵死而遂倍之，以至不见信于友，不获用于上"。梁丘贺初师京，传子临，"子临专行京法可见也"。再传王骏、五鹿充宗，"五鹿结党小人而倾排君子，三传而衡咸，为莽讲学大夫，梁丘氏易至此扫地矣"。"焦氏卦变，卓然自为一家，而又托于孟者，恶其无传也，是虽见摈于当时，卒显于京房"。京房政治上忠君忧国，而遭陷害，"亦可暴白其心于千载之下矣"。费直、高相当时虽行民间，"犹未显也"。胡氏把西汉易学特点概括为"重师法"，并探讨易学传和不传的原因。他说："愚独于赵孟之事，见古人崇重师法，朋友扶持于下，天子纲维于上，其严至可畏也。"（《周易启蒙翼传》中篇）这里显然是把易学的兴衰与政治、人际关系联系起来。若此人有德性、朋友多，政治上扶正去邪，则易学可以传授下去，相反，则传不下去。

其次，又据《汉书·儒林传》作"东汉易学承传表"，如下：

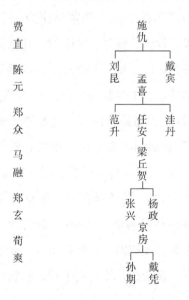

　　胡氏在阐述了东汉易学承传之后，对东汉易学进行了概括。在他看来，东汉易学特点是"重家法"，其表现是"虽取其专门之学而心心有主，喙喙争鸣"，这种"重家法"的易学研究，其弊则在于各自为是，不能相容，形成了门户之见。他说："愚谓圣经虽五，圣道则一。五经博士固所当置也。一经之中乃令各以家法教授，是虽取其专门之学而心心有主，喙喙争鸣，未免启自开户牖之弊矣，圣真何由而统一也。"（同上）同时，他又指出了四家易衰微和费氏《易》兴及变乱古易之开始。他指出："汉末四家卒以湮微，而费氏独存，其学又无章句，惟以《彖》《象》《系辞》《文言》参解上下经。先儒至谓凡以《彖》《象》《文言》参入卦中者皆祖费氏。古经变乱实已权舆于此，卒大坏于康成、辅嗣之徒，又可为之一慨矣。"

　　再次，他将三国两晋南北朝隋唐作为一个时期，将此时期的王弼、王肃、管辂、虞翻、韩康伯、孔颖达、陆德明等大易学家的生平资料加以汇辑，并阐述了此时期易学的承传。在他看来，此时期易学，主要有两大派，一是郑氏易，一是王弼易。"汉以后，惟王、郑易行世，江左及青齐多讲王易，河汾诸儒则习郑易。"而唐时"自孔氏《正义》取王弼，故先代诸儒专门之学并废"。从其承传关系看，两派皆出一家，"弼出康成，康成出费氏者也"。然而胡氏极力贬低王弼易学，视其为祸国殃民、败坏风俗的易学。他说："愚谓管、郭授受虽不可考，要亦京学未泯。孔疏而后，惟弼单行，余皆扫灭。究而论之，王杂玄，管、郭杂技。技易流于戏，然管忠告邓飏丁谧之

徒，郭谏王敦以死，犹卓卓名世。玄溺空谈，卒败坏风俗，祸
人国家，流弊不可胜言矣。至如孔颖达，王韩驱使庸奴耳，劣
哉，无以议为也。"

最后，他概括了宋代易学的承传，并列表如下：

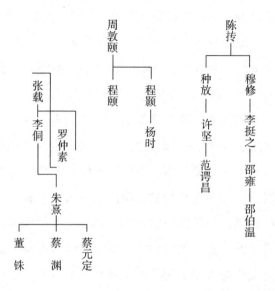

胡氏在研究宋代易学承传之后，提出宋易"三节"之说，
即宋易三大派。一派是陈抟、邵雍，专言象数；一派是周敦
颐、二程，专言义理；一派是朱熹"就象占上发明义理"。他
说："愚观前宋一代易学，自分为三节。希夷《先天》一图开
象数之门，至邵氏《经世书》而硕大光明；周子《太极》一
图，洪理义之源，至程子《易传》而浩博弘肆。然邵乃推步之
法，程子不言数。至朱子断然以《易》为卜筮作，且就象占
上发明义理以示教。而后一代之《易》理数大明，体用兼谈，

使天下后世识《易》之所由作，不迷于吉凶悔吝之涂而能适乎仁义中正之归，不其幸欤！噫，朱夫子于易学传授，其亦可谓金声玉振，集大成者矣。"

3. 易学著作之著录

由于政治上的需要和功利所使，中国古代易学传授不绝，源远流长，其著作如汗牛充栋。易学史的研究，不仅要考察历代易学承传、派别划分，阐述诸派易学的内容、特色，品评易学家之得失，揭示易学发展的内在规律，探讨易学与社会经济政治文化的关系，更为重要的是还要梳理、甄别、考辨历代的易学文献。因为每一时代的易学流派或易学家的易学思想皆通过其易学著作阐发出，而中国古代整个易学面貌正是透过各个时代的易学著作而被反映出来。从这个意义上说，易学资料的整理，是研究易学发展的必不可少的环节。胡一桂已认识到了这一点，他特别关注易学资料的搜集与整理。除了注意有关史志和书志记载的《周易》书目外，还广泛收集诸志以外易学书目。如他说："愚合唐宋《艺文志》、唐《五行志》、晁氏（公武）德昭《郡斋读书志》、郑氏（樵）渔仲《通志》所载《易经》注解，及愚收拾所得在诸志外者，互相参订，件列于左，通计三百余家。"（《周易启蒙翼传》中篇）这里所说"收拾所得在诸志外者"，主要指他所见的私人藏书。对此，他专门作过交代："愚家藏《周易》传注，自程朱外，仅十余家。闻吾州桂岩戴君晋翁伯仲城居、滕君山臒家多书，踵门而请，获观数十余家。继又访诸前集贤学士鄱阳初庵傅公，左塾邂逅王君葵初，最嗜谈《易》，多见所未尝。因得件列于此，其间有宋志、晁记所不载者，通计若干家。"由此可见，胡一桂所编的易学书目在当时是最全面、最权威的。

当然，胡一桂并没有停止在易学书目的著录上，他还依据当时存留的资料，对一些易学著作的真伪、作者、版本、卷数、内容及前人的评价作了考辨，如他考析《子夏易传》云：

> 《卜子夏易解》十卷。晁氏曰：汉《艺文志》已无子夏书，此书约王弼注为之者，止《杂卦》。景迂云：张弧伪作。又案孙氏曰：世有《子夏传》，以为亲得孔子之蕴。观其辞略而不甚粹，间或取左氏《春秋传》语证之，晚又得十八占，称天子则曰县官。尝疑汉杜子夏之学，及读杜传，见引明夷对策，疑始释然。不然，班固叙《儒林》，何以止言始于商瞿子木而遽遗卜商也哉？沙随程氏曰：《子夏易传》，京房为之笺，先儒疑非卜商也。近世有陋儒，用王弼本为之注，鄙浅之甚，亦托云子夏，凡先儒所引《子夏传》此本皆无之。熙宁中，房审权萃训诂百家，凡称子夏，乃取后赝本。东莱吕氏曰：《崇文总目》剟去子夏名，以袪误惑，最为有理。愚又尝读《杜邺传》，观其说王商，引"东邻杀牛不如西邻禴祭"之义，亦足为证。今晁、孙之论，姑两存之。沙随说亦不可不知也。（《周易启蒙翼传》中篇）

可见，关于《子夏易传》的真伪，他既引前人研究的成果，又提出自己的观点。又如他对朱震《汉上易传》的介绍和评价：

> 朱震《集传》十一卷,《易卦图》三卷,《丛说》一卷。宋《艺文志》序《易》云：汉以来，言《易》者局于象数，王弼始据理义为言，李鼎祚宗郑玄，排王弼。国朝邵雍亦言象数，及程颐《传》出，理义彰明，而弼学浅矣。张载、游酢、杨时、郭忠孝、雍皆祖颐。高宗时，朱震为《集传》，其学以颐为宗，和会雍、载之论，合郑、王之说为一，兼取动爻、卦变、互体、五行、纳甲。至郑刚中为《窥余》，兼象义。冯氏曰：毛伯玉力诋其卦变、互体、伏卦、反卦之失，谓如乾五为坎，坎变离，离为飞，故曰飞龙之类，切中其膏肓云。愚谓变、互、伏、反、纳甲之属，皆不可废，岂可尽以为失而诋之。今观其取象，亦甚有好处，但牵合走作处过多，且是文辞烦杂，使读者茫然不能晓会。朱文公尝谓：汉上解如百衲袄相似，以此进读，教人主如何晓，看来汉上自是一老儒，无书不读，无事不晓，只是不善作文，窒塞不通尔。汉上《进表》谓：起政和丙申，成于绍兴甲寅，首尾十九年。噫，亦难矣，读者未可甚忽诸。（《周易启蒙翼传》中篇）

在此，胡氏对《汉上易传》介绍甚为全面，既有作者生平、易学源流、内容提要、成书时间等，又有较为客观的评价，是一篇极为标准的提要。他对其余易学著作，尤其是宋以后著作的介绍，大致相同。胡氏所撰写的提要，其意义在于，一方面为后世易学家提供了方便，通过这些提要可以掌握宋以前易学著作大致内容，以便研究时取舍。另一方面为后世编写易学著作提要提供了典范。朱彝尊在写《经义考·周易考》时多参照此书，四库馆臣在撰写《四库全书总目》易类提要时亦多以此为典范，并常援引胡氏此书资料、观点。如四库馆臣在撰《汉上易传》提要时就引用了胡一桂对朱震《集传》的评价。

4. 易外别传的研究

前面所言易学文献，是就《易》之传注而言的。而在《周易》传注之外，还有许多与易学相关的著作，这些著作多被称为"易外别传"。胡氏又撰《周易启蒙翼传外篇》，专门对《周易》传注以外的讲象数或筮占的易学著作进行整理和研究。他在此书《题辞》中指出："所谓外篇者，凡非《周易》传注而自为一书，皆入于此。以纬书为首，如《焦氏易林》、《京氏易传》、郭氏《洞林》犹皆是《易》卜筮事，然占法序卦已非先圣之旧。卫氏《元包》用京卦序而卦辞皆自为，魏氏《参同》发明二用六虚，极为的当，但借坎离为修养之术。至于扬雄《太玄》、马公《潜虚》、关氏《洞极》，则《易》之支流余裔，可谓外之又外者矣。若夫邵子《皇极经世书》直上接伏羲先天易，专用其卦，不用其蓍，立为推步算法，大而天地之运化，微而万物之生殖，远而上下古今之世变，皆妙探于卦爻中，前知无穷，却知无极，巍乎高哉！何扬《玄》、马《虚》、关《洞》之所可仰望者乎，特其作用不同于文王、周、孔，列诸外篇然。"从他的《题辞》中可以看出，其外篇所涉多为应用之术，有《周易》相关的著作，如《易纬》《焦氏易林》《京氏易传》《周易参同契》《元包》等，也有并不直接与《周易》相关的，如《太玄》《潜虚》《洞极》等。因易外别传多涉象数易，故此专就胡氏此类研究成果加以阐述。

其一，论《易纬》。他通过考证，提出《易纬》出自汉哀平之世，非上古之作。他说："愚尝于《正义》见所引《纬》。如《乾凿度》云'垂皇策者羲卦，道演德者文，成命者孔'，如《通卦验》云'昌牙通灵，昌之成；孔演命，明道经'等语，皆一样文法，造句大奇，非有古人浑厚体，况既自伏羲说至孔子，安得又是孔子以前作。今曰：出哀平之世，安知非出当时儒者之手乎？第汉去古未远，虽秦烬之余，犹或尚有祖述，如羲之用蓍，九宫之于洛书，皆有裨于《易》教。"同时，他又以《后汉书》注引郑玄《易纬》注为据，认为《易纬·乾凿度》中所说的"九宫"即是宋人所谓洛书。他指出："案后汉张衡疏云：'臣闻圣人明审律历以定吉凶，重之以卜筮，杂之以九宫。'《汉书》注云：'《易·乾凿度》曰：太一取其数以行九宫。郑玄注：太一，北辰名，下行八卦之宫，每四乃还中央。中央者，北辰所居，故谓之九宫。……是以太一下九宫从坎宫始，自此从坤宫，又自此从震宫，又自此从巽宫，所从半矣，还息中央之宫，既又自此从乾宫，又自此从兑宫，又自此从艮宫，又自此从离宫，行则周矣。上游息于太一之星，反子宫行起，始坎终离。'故姚小彭云：'今所传戴九履一之图，乃《易·乾凿度》九宫度也。'"

其二，论《焦氏易林》。胡氏概括了《焦氏易林》的卦变法，认为《焦氏易林》通篇取之卦变："延寿卦变法，以一卦变为六十四卦，六十四卦通变四千九十六卦，而卦变之次，本之文王序卦，首乾坤而终既未济，且如以乾为本卦，其变首坤，次屯蒙，以至未济。又如以坤为本卦，其变首乾，次屯蒙，以至未济。又如以末一卦未济为本卦，其变亦首乾，次屯蒙，以至既济。每一卦变六十三卦，通本卦成六十四卦，且每一卦变成诗六十四首，六十四卦变共四千九十六首以代占辞。"他以乾卦为例说明卦变："乾为本卦不变而为变卦之首"。由乾至坤，"谓乾六爻尽变坤"。由乾至屯，"谓此乾二三四上变成屯，是为乾四爻变也"。乾至蒙，"谓此乾初三四五爻变成蒙，亦为乾四爻变也"。乾至需，"谓此乾四上变成需，是为一卦二爻变也。"在胡氏看来，《焦氏易林》的价值在于卦变，但此书不取卦爻象，这是它的缺陷。他说："今焦氏诗既不本之卦爻辞，又不取之卦爻象，虽其变卦次第本文王序卦而义则无取，如沈丞相占略与诗应，亦其偶然，不过如签辞之适中尔，非真卦象然也。特其以一卦变六十四卦引而为四千九十六卦，则自我作古，深有可取焉。"他认为朱子卦变虽出自焦氏，但克服了焦氏的缺点："朱子《启蒙》六十四卦变例，只三十二图，每一图反覆成两图，共成六十四图。如以乾为主，一爻变六卦，二爻变十五卦，三爻变二十卦，四爻变十五卦，五爻变六卦，六爻变只一坤卦，自坤反观又成一图，其法条理精密，且乾坤震巽坎离艮兑各各相对，不乱其占，一以卦爻辞为据。"

同时，他还主张《焦氏易林》有"分卦值日法"，其法为："一爻主一日，六十卦为三百六十日。余四卦震离坎兑为方伯监司之官，所以用震离坎兑者，是二至二分用事之日，又是四时各专主之气，各卦主时，其占法各以其日观其善恶也。"这与京房卦气不同，"京主六日七分，此但主一日；京用《太玄》之序，此用《周易》之序耳"。

其三，论《京氏易传》。京房易学是西汉易学的高峰，它以独特的思维方式和丰富的内涵，深深地影响了易学的发展。东汉郑玄、三国吴人陆绩、晋干宝等易学大家皆治京氏易，并将京氏易学融合于其易学研究之中；但两晋以后，京氏易衰，出现了"有书无师"的局面；至南宋，朱震始以京氏易注经，京氏易再次受到重视，但是朱震缺乏对京氏易的系统的阐述，故至元代，真正懂京氏易者极少。胡一桂则是其中佼佼者，他全面系统地论述了京氏易学。

首先，他概括了《京氏易传》的内容。他说："京氏易以八宫卦为序，分上中下三卷，上卷首乾宫八卦（乾、姤、遁、否、观、剥、晋、大有），次震宫八卦（震、豫、解、恒、升、井、大过、随），次坎宫八卦（坎、节、屯、既济、革、丰、明夷、师），次艮宫八卦（艮、贲、大畜、损、睽、履、中孚、渐）。中卷首坤宫八卦（坤、复、临、泰、大壮、夬、师、比），次巽宫八卦（巽、小畜、家人、益、无妄、噬嗑、颐、蛊），次离宫八卦（离、旅、鼎、未济、蒙、涣、讼、同人），次兑宫八卦（兑、困、萃、咸、蹇、谦、小过、归妹）。盖专主八纯卦变六十四卦也。下卷杂论卜筮一篇，首论圣人作《易》揲蓍布卦，次及纳甲法，次二十四气候配卦，与夫天地人鬼四易，父母、兄弟、妻子、官鬼等爻，龙德、虎刑、天官、地官与五行生死所寓之类。"

其次，他对京氏易体例进行了总结。主要有纳甲、卦变、世应、起月例、飞伏例等。纳甲，指将天干纳入六十四卦之中，即乾纳甲壬，坤纳乙癸，震纳庚，坎纳戊，艮纳丙，巽纳辛，离纳己，兑纳丁，然后将各卦视为八纯卦内外卦的任意组合，故十干也纳入其他卦。然后再将地支纳入八纯卦中，以同样方法，将十二支纳入其他卦中。这里最为关键的是八纯卦与干支的配合，即纳甲纳支最重要的是八纯卦。胡一桂作"浑天六位图"以示八纯卦所纳干支：

离	坤	坎	乾
火巳己	金酉癸	水子戊	土戌壬
土未己	水亥癸	土戌戊	金申壬
金酉己	土丑癸	金申戊	火午壬
水亥己	木卯乙	火午戊	土辰甲
土丑己	火巳乙	土辰戊	木寅甲
木卯己	土未乙	木寅戊	水子甲

兑	巽	艮	震
土未丁	木卯辛	木寅丙	土午庚
金酉丁	火巳辛	水子丙	金申庚
水亥丁	土未辛	土戌丙	火午庚
土丑丁	金酉辛	金申丙	土辰庚
木卯丁	水亥辛	火午丙	木寅庚
火巳丁	土丑辛	土辰丙	水子庚

　　胡氏还以沈括、项安世的观点解释八卦纳甲的根据。沈括认为，八卦纳甲是按照自然规律而形成的，它体现了"天地胎育之理"："乾纳甲壬、坤纳乙癸者，上下包之也；震巽坎离艮兑纳庚辛戊己丙丁者，六子生乾坤包中，如物之处胎甲者。"由乾坤相交而生六子："乾初爻交坤生震，故震初爻纳子午，中爻交坤生坎，故坎初爻纳寅甲（申），上爻交坤生艮，故艮初爻纳辰戌。"其坤初爻、中爻、上爻依次交乾，则为巽初爻纳丑未，离初爻纳卯酉，兑初爻纳己亥。物之生，自下而上，故纳甲亦自下而上。他说："乾坤始于甲乙，则长男长女乃其次，宜纳丙丁，少男少女居其末，宜纳庚辛，今乃反此者，卦必自下生，先初次中，末乃至上，此《易》之叙，亦胎育之理也。物处胎甲，莫不倒生。自下而上者，卦之叙，而冥合造化胎育之理，至理合乎自然也。"项安世总结纳甲的规律为："阳卦纳阳干阳支，阴卦纳阴干阴支，阳六干皆进，阴六干皆退，惟乾纳二阳，坤纳二阴，包括首尾，则天地父母之道也。"胡氏引沈氏、项氏观点，表明他对二者观点的认同。

卦变，是就京氏六十四卦排列而言的。《京氏易传》打破《序卦》六十四卦排列次序，转而按照八宫进行排列，即把六十四卦分成八组，分别以八纯卦为首，按照爻变排出其他卦。因此，各宫中纯卦与其他七卦之间存在一种关系，这种关系为：八纯卦初爻变为一世卦，二爻变为二世卦，三爻变为三世卦，四爻变为四世卦，五爻变为五世卦，五世卦变第四爻为游魂卦，游魂卦变下三爻为归魂卦。胡氏将这种关系视为卦变。他指出："案京氏所定变法，八纯卦只各变得五卦，至于游魂卦已是所变第五卦，第四爻所变归魂卦又是游魂卦下体三爻连变所得者，则是六十四卦内八纯卦所不能变者，游归凡十六卦，而八游卦必自各八卦内第六卦第四爻来，八归卦亦必自八游卦内卦来，而八宫卦亦不宜交互变矣。"此是由八宫卦的排列而推出的卦变。这种卦变与筮变不同。筮法变卦，不仅初至五爻能变，上爻亦能变。从先后而言，筮变在先，八宫卦区分在后，且八宫卦的区分是不确定的，"得卦后，某卦属某宫几世，某卦属某宫游归，则不可易尔"。

世应是京氏易中的一个重要体例。它不仅可以用于筮占，以爻之主次，定吉凶福祸，而且还可以用于注经。胡氏用项安世观点阐述了京氏世应例的确立。世应例的确立与八宫卦卦变相关，除了八纯卦以上爻为世，三爻为应外，其他卦"皆以所变之爻为世，世之对为应"。这里的"所变"不是筮法中九六之变，而是指八宫卦从纯卦某爻所变："凡其所谓变者，非以九六变也，皆自八纯卦积而上之，知其为某爻之所变耳。"如：

"乾初变姤为一世卦，初六为世，九四为应；再变遁为二世卦，六二为世，九五为应；三变否为三世卦，六三为世，上九为应；四变夬（观）为四世卦，六四为世，初六为应；五变剥为五世卦，六五为世，六二为应；剥之四复变为晋，谓之游魂卦，九四为世，初六为应；晋下卦皆变为大有，坤复归乾，谓之归魂卦，九三为世，上九为应。"用此方法确立世应，则免去死背硬记之苦，简便易行。

起月例，是八宫卦与十二月相匹配的结果。按照京氏之意，六十四卦世卦、游魂卦、归魂卦可以表示一年十二月。胡一桂根据《京氏易传》将"起月例"归纳如下：

一世卦，阴主五月，一阴在午也；阳主十一月，一阳在子也。

二世卦，阴主六月，二阴在未也；阳主十二月，二阳在丑也。

三世卦，阴主七月，三阴在申也；阳主正月，三阳在寅也。

四世卦，阴主八月，四阴在酉也；阳主二月，四阳在卯也。

五世卦，阴主九月，五阴在戌也；阳主三月，五阳在辰也。

八纯上世，阴主十月，六阴在亥也；阳主四月，六阳在巳也。

游魂四世所主与四世卦同，归魂三世所主与三世同。

一世二世为地易，三世四世为人易，五世与八纯为天易，游魂归魂为鬼易。（《周易启蒙翼传外篇》）

八宫卦五世加八纯共六，每一世主两个相对立的月，正好为十二个月，游魂同于四世，归魂同于三世。值得注意的是，胡氏所谓的"阴""阳"不是阴宫阳宫，而是指世爻之阴阳。故对于卦的月份之确立，则以世爻阴阳为准，凡世爻为阴爻之卦，则同于其本世卦中世爻为阴爻的消息卦；同样，世爻为阳爻之卦，则同于其本世爻中世爻为阳爻的消息卦。《易纬·稽览图》云："世阳从阳，世阴从阴。""假令《贲》卦，世在初，十一月，世属阳。"按照此原则确立卦所属月份，则打破了八宫中阳宫阴宫的界限。如一世卦，表示午（五）月卦为：姤（阳宫）、豫（阳宫）、旅（阴宫）、困（阴宫），此四卦世爻皆为阴爻，此所谓"一世卦阴主五月，一阴在午也"。一世卦，表示子（十一）月卦为：复（阴宫）、贲（阳宫）、节（阳宫）、小畜（阴宫），此四卦世爻皆为阳爻，此所谓"阳主十一月，一阳在子也"。其他依次类推。今人黄庆萱先生《魏晋南北朝易学书考佚》和朱伯崑先生《易学哲学史》将胡氏"阴""阳"理解为阴卦阳卦，从而推出以姤卦为十一月，以复卦为五月等结论。刘玉建对此曾作过反驳，兹不再复述[1]。

---

[1]　刘玉建《两汉象数易学研究》，广西教育出版社，1969 年，第 281—284 页。

飞伏，是京氏发明的易学体例。胡一桂引项安世的观点，认为京氏的飞伏有两层含义。一是指八纯卦之飞伏。两个卦相反，互为飞伏。"凡卦见者为飞，不见者为伏，其在八卦止以相反者为伏，乾见伏坤之类。"二是八卦与所变的世卦飞伏。"自一世至五世同以本生纯卦为伏。盖五卦皆一卦所变，至游归二卦则又近取所从变之卦为伏。"如《乾》一世《姤》，《姤》初爻由《乾》初爻变，两爻飞伏，因两爻分别处巽和乾中，《姤》下体巽，飞为巽，伏为乾。故京氏《姤卦传》言："与巽飞伏。"二世卦《遁》，《遁》二爻由《乾》二爻变，《遁》二爻与《乾》二爻飞伏。因此两爻分处在《乾》下体乾和《遁》下体艮中，则艮为飞，乾为伏，故京氏《遁卦传》言："与艮为飞伏。"五世卦四爻变游魂卦，游魂卦四爻与五世卦四爻飞伏，游魂卦四爻为飞，五世卦四爻为伏。因两爻处两卦上体之中，故言卦之飞伏，如《剥》四变《晋》，《剥》为五世卦，《晋》为游魂卦，《晋》四处上体离之中，《剥》四处上体艮之中，离飞，艮伏。即"飞为离四己酉，伏为艮四丙戌"。故京氏《晋卦传》云："与艮飞伏。"游魂卦下三爻变为归魂卦，两卦三爻飞伏，归魂三爻为飞，游魂三爻为伏。因两爻分别处两卦下体之中，故言卦之飞伏，如《晋》变《大有》，是《晋》下体坤变乾，故《大有》下体乾为飞，《晋》下体坤为伏。由此可见，京氏飞伏实际是两卦爻之飞伏，变出之卦阳爻为飞，与之相应的原卦阴爻为伏；反之，变出之卦阴爻为飞，与之相应的原卦阳爻为伏。这种对京氏飞伏说的规定，与南宋朱震比较，更进了一步。朱震关于飞伏的解说，只停留在第一层面上，将飞伏视为"乾坤坎离震巽兑艮相伏者"，而未论及京氏爻变之飞伏。胡氏等人弥补了其不足，全面地揭示了京氏飞伏说的蕴义，这是胡氏等人对京氏易的贡献。

胡氏还反对朱震的卦气图，认为朱氏依据京氏易所作的卦气图，存在着内在矛盾。如既以八卦四正四维代表一年变化，又以十二消息卦代表十二个月，则自相矛盾，"若以八卦为主，则十二卦之乾不当为巳之辟，坤不当为亥之辟，巽不当侯于申酉，艮不当侯于戌亥。若以十二卦为主，则八卦之乾不当在西北，坤不当在西南，艮不当在东北，巽不当在东南，彼此二说互为矛盾"。他以李隆山的观点，指出朱震卦气图之误，认为："朱氏依京房，以六十卦主七十二候，而列辟卦十二分缀其下，其图自多违戾。"如："六十卦主七十二候三百六十五度四分度之一，而辟卦乃主十二月三百五十四日，上下不相应，其失一也。"又如："六十卦每卦直六日七分，辟卦亦在其中，是亦六日七分矣，而又列之于下使主一月，上下不相应，其失二也。"

另外，他批判了卦气起于中孚说，认为此说没有道理。从卦气言，以复为冬至，或以屯为冬至，"犹有说也"，而以中孚为冬至则"无一说也"。若是取其孚信之义，"则谓之起于无妄可也，何必中孚"。

总之，胡氏的上述研究，客观地再现了易学在某些方面的演变与发展，指出了王弼玄学易、二程义理易、邵氏先天学之不足，肯定了朱熹在重义理的同时，又发明象数，这些观点应当说是正确的，为后世研究易学史、把握易学发展提供了宝贵的资料。但是，他的易学史的观点，由于受朱熹的影响，也在不同程度上表现出门户之见，即以朱子易学为尺度，凡与之有异的则贬低之，凡与之一致的则褒扬之。如在《易》之版本分合问题上，朱熹用古本《易》，故胡氏也反对郑玄、王弼割裂易传，分传入经。又如朱熹注《易》既重义理，又重象数，"且就象占上发明义理"，以此出发，在阐述易学承传和评价易学著作时，胡氏只看到了王弼易学有崇尚虚华之缺陷，而看不到其易学在纠正汉易之弊、解放思想方面的进步意义。如胡氏将王弼以老庄注《易》、孔颖达取王弼注而为之疏视为"败坏风俗，祸人国家"，"驱使庸奴"，显然批之过勇。他又以朱熹图十书九之说，批评刘牧图书之学"自易置河图洛书二图外，余皆破碎穿凿"，也有失公正。

四、胡一桂易学的价值及影响

胡一桂秉承父志，以匡正和阐发朱子易学为目的，对朱子易学进行了一次全面、系统的整理和研究，其易学价值在于纠正了当时人们对朱子易的篡改和歪曲，恢复了朱子易之全貌，使朱子易学得以发扬光大。四库馆臣在评价其《周易启蒙翼传》时指出：

一桂之父方平，尝作《易学启蒙通释》，一桂更推阐而辨明之，故曰"翼传"。《自序》称："去朱子才百余年，而承学渐失，如图书已厘正矣，复仍刘牧之谬者有之；卜筮之数灼如丹青矣，复祖尚元旨者又有之。因于《本义附录纂疏》外，复辑为是书。"凡为内篇者三：一曰举要，以发辞变象占之义。二曰明筮，以考史传卜筮卦占之法。三曰辨疑，以辨河图洛书之同异。皆发明朱子之说者也。（《四库全书总目》卷四）

四库馆臣在此一方面概括了胡氏《周易启蒙翼传》的内容，另一方面又指出其贡献在于推阐辨明朱子易学。从今天看，胡氏易学价值远不止此。如他对《周易》版本的考辨，对易学承传的阐述和历代易学文献的著录及评价是不能仅以阐发朱子易学来概括的。就影响而言，其易学因"得朱氏原委之正"而为当时及后世易学家尤其治朱子易学者所肯定，按史书记载，他在当时非常出名，"远近师之"。胡炳文作《周易本义通释》、董真卿撰《周易会通》皆受其影响。胡炳文（1250—1333）、胡一桂皆与朱熹是同乡，其治朱子易学，除了"笃志家学"外，不能不受到胡一桂父子易学的影响。而董真卿从父命"从先师新安双湖先生读《易》于武夷山中"，其作"兼取先师所编，采其精详而有绪者，各益其未备，续于传之后"，"诸家之解有相发明者，以先师《纂疏》为本，又以平日所闻父师者，增益之更广参说"（见《周易会通序》《周易会通·凡例》)。尤其是到了明代,胡广等人奉命撰修《周易大全》,则取胡一桂、胡炳文、董真卿等易著,胡一桂易学被定为官学,"二百余年以此取士,一代之令甲在焉"(《四库全书总目》)。

从象数易学言之,胡一桂阐发了朱子的象数易学。朱熹易学虽然重义理,兼顾象数,但他的易学精华则在象数。因此,胡一桂的贡献,首先是诠释和阐发了朱子的象数学,其论取象及取象方法等皆以朱子象学为据,其言河图洛书、先天之数及筮占也未离朱子数学。除此之外,他还研究了包括象数易在内的易学承传、易学文献,并站在象数易的立场,对象数易学家及玄学易进行评价。更为重要的是他对已失传的《易纬》《焦氏易》《京氏易传》等汉代象数易代表作加以阐述,并对其中一些疑难进行考辨,这在义理风气占主导的元代极为可贵。从象数易发展看,他的著作起到了保存薪火的作用。象数易学之所以能够在清代复兴,并且占统治地位,与胡一桂等人的努力是分不开的。

第二章　吴澄象数易学思想

一、吴澄生平及易学渊源

吴澄（1249—1333），抚州崇仁（今江西崇仁）人，字幼清，因"所居草屋数间，钜夫题曰草庐，故学者称为草庐先生"（《宋元学案·草庐学案》），谥文正。他出生在南宋末，但大部分人生是在元朝度过的。吴澄出身于世儒之家，受家庭熏陶，自幼读儒家著作。七岁诵《论语》《孟子》，十岁读《中庸》《大学》，十五岁读朱熹《大学章句》，十六岁拜临安书院山长程若庸为师，十九岁正式就读于临安书院。二十岁应乡试中选。元朝建立后，在临安书院学友程钜夫及左丞相董士选的极力推荐下，先后任应奉翰林文字兼国史编修、江西提学副提举、国子监丞、司业，后迁翰林学士、太中大夫、经筵讲官等职。虽任过许多官职，但"旋进旋退"，时间很短，其大半岁月都是居于穷乡陋壤，孜孜于理学，"研经籍之微，玩天人之妙"。撰有《五经纂言》《孝经章句》《草庐精语》《道德经注》等书，后人编为《草庐吴文正公全集》，其易学著作有《易纂言》《易纂言外翼》《易叙录》。

　　吴澄学术渊源于朱熹和陆九渊。如前所言，他曾学于程若庸，而程若庸学于饶鲁，饶鲁学于黄榦，黄榦是朱熹的弟子，故吴澄是朱熹的四传弟子。又因吴澄家居江西抚州这一心学发源地，他又曾师从程绍开，而程是陆九渊的弟子，因此吴澄又接受了陆九渊的思想。从其倾向看，更近朱子之学。如全祖望所言："草庐出于双峰，固朱学也，其后亦兼主陆学。盖草庐又师程氏绍开，程氏尝筑道一书院，思和会两家，然草庐之著书，则终近乎朱。"（《宋元学案·草庐学案》）

　　就象数易学言之，吴澄早年曾研究过邵雍《皇极经世》，并作《皇极经世续书》，还订定《邵先生集》，作《邵子叙录》，自称"能因其言得其意"。故吴澄象数思想除继承了朱熹外，还吸收了邵雍的思想。今人徐志锐曾指出："吴澄的易学思想实得于朱熹和邵雍，在象数学方面多承于上述两家。"[1]徐氏所言极是。

　　吴澄的象数思想主要见于《易纂言》和《易纂言外翼》，前者是《周易》笺注之作，后者是对前者易例的归纳和总结。如四库馆臣所言："澄所著《易纂言》义例散见各卦中，不相统贯，卷首所陈卦画亦粗具梗概，未及详言，因复作此书，以畅明之。"（《四库全书总目》卷四）

---

① 徐志锐《宋明易学概论》，辽宁古籍出版社，1997年1月，第292页。

二、以图书之学解说卦之起源

吴澄图书之学发扬了朱熹的思想，以十为河图，九为洛书，并视河图为伏羲前之物，伏羲依此而画卦。他指出："河图者，羲皇画卦之前，河有龙马出，而马背之旋毛有此数也。其数后一六、前二七、左三八、右四九、中五十，五奇五偶相配。羲皇平日观于天地人物，无非阳奇阴偶两相对待，见河图之数而有契焉，于是作一奇画以象阳，作一偶画以象阴，加而倍之，以成八卦，又加而倍之，以成六十四卦，所谓伏羲因河图而画八卦者，此也，以背毛之旋文如图星者之圆圈，故名之曰图。"（《易纂言外翼》卷七）吴氏在这里主要说明了三个问题：一，河图出自龙马背上旋毛数，此数正是河图数。关于龙马负图说，汉儒早已言及，但未及马毛，吴氏以汉儒之说为据，提出龙马背上旋毛数即为河图数，富有新义，发展了朱子的学说。二，观天地阴阳与河图契合而画卦。《系辞》言圣人仰观俯察画八卦，又言则河图洛书而画卦，欧阳修等人曾提出二者相矛盾，并以此作为否定孔子作《易传》的重要根据之一。吴氏提出天地阴阳与河图契合，伏羲观之而画八卦，一方面比较圆满地解决了画卦的问题，另一方面从根本上回击了欧氏的发难。三，八卦和六十四卦成于加倍法，即先画一奇象阳，画一偶象阴，然后自下而上叠加，每一次叠加，则卦数成倍增加，一画为二、二画为四、三画为八、四画为十六，一直到六十四，体现了邵雍先天数学。以上三点，除了第一点外，基本上沿袭了邵子与朱子的思想，没有多大的创建。其第三点最为突出。他在《易纂言》卷首中画有图，并从文字上作了详细的解说，其图与朱熹《易学启蒙》并无两样，文字解说则引邵子之言和朱子对邵子的阐发作为根据。吴氏之意明矣。

关于洛书，吴澄认为在大禹治水之时，有神龟出，其甲上坼文有此洛书数："其数后一前九，左三右七，右前二，左前四，右后六，左后八，中五，四方四隅中央，其位有九。"禹作九畴如同伏羲画卦一样，观其天道人事与洛书数相契合而作。他说："禹平日默计天道人事之大要，其类有九，见洛书之数而有契焉，于是以天道人事分为九类，品其缓急先后之次，以配龟甲一二三四五六七八九之文，是为《洪范》九畴，所谓大禹因洛书而叙九畴者此也。"在此，他肯定了洛书九数来自神龟甲上坼文，《洪范》九畴是效法洛书而作。同时，也将河图洛书、《周易》与《洪范》严格区分开来。

以此为出发点，他考察了河图洛书流传的情况，指出，河图洛书本是天降之祥物，人则能传其图象，"周之时河图与天球宝玉同藏于王府"，作为一种贵重之物。至秦汉，"官府既不收贮，学者亦不复见观"，刘歆所云"伏羲氏继天而王，受河图而画之八卦；禹治洪水，赐洛书，法而陈之《洪范》"，则本孔安国，为"祖述相传之辞尔，非曾亲见图书之象者也"。东汉郑玄注《礼记》"不识河图之为何物"，及魏晋何晏等人为

《论语》《尚书》作注，谓《周易》八卦即河图，洪范九畴即洛书，"虽皆用孔刘之说，而颇失其意"。唐宋时孔颖达、邢昺为经作疏，"杂取伪书怪诞之说，皆由不曾见图书十数九数之象故也"。后图书之学不传，而流入方技之家。一直到唐宋之际，"有豪杰之才，兼孔老之学"的陈抟从方技家得之，"当时有穆修、种放游其门，故穆得其古易，种得其图书，穆传李之才，再传而至邵雍；种传李溉、许坚、范谔昌，四传而至刘牧"（以上所引见《易纂言外翼》卷七），从而使图书之学流传开来。

吴澄分析了河图洛书一度失传的原因，即因河图洛书只有象而无文辞，凡有象而无文辞则不能诵记，易失传。他说："周后汉初，儒流专门之学率是口耳授受，故凡有文辞可记诵者有传，而无文辞不可记诵者无传。五经皆存而独《乐》之一经亡，三百五篇诗皆存，而独笙诗之六篇亡，盖以无文辞非可记诵故也。若先天古易止有卦画，河图洛书止有图象，则儒者亦不传，是以汉魏晋唐宋初之儒不见图书、羲易。"

宋代图书之学流行，但有反对者，有支持者，而在支持者内部又有分歧。吴澄对此又一一作了辨析。王安石曾提出"图以示天道，书以示人道"，欧阳修不信河图，吴澄批判说："欧阳氏、王氏二文人皆不见河图洛书，然欧阳氏直以河图洛书为无，不信图书，故并疑《系辞》非孔子所作，王氏虽以河图洛书为有，而未尝见其图象，故以意臆度，悬空立言，又误以龙马之龙为真龙也。"刘牧以九为河图，十为洛书，按照吴氏看法，这不是刘牧故意改换图书之名，而是"其初所传，但得二图，不曾分别何者为图何者为书，是致混淆而不免差互，非刘氏之罪也"。而且刘牧在书中曾言九者为河图，又言九者为洛书，"前后自相牴牾如此，刘牧差互于初传之时盖不足怪"。吴氏认为，应该怪罪的是后儒不明是非，虽然朱熹、蔡元定已"辨析明白"，"而陋儒犹或循袭，愚儒犹或执泥，以刘牧之误者为是，斯其倥侗颛蒙，奚异涂塞耳目者哉！"

吴澄的马毛之说很容易引起误解，若马毛有星点十数，龟甲有坼文九数，为何今马、龟则无数？他解释说："河图之马不异于凡马，洛书之龟不异于凡龟，……圣人者出亦不异于常人。特其心之所知能尽其性，身之所得能践其形，为法于天下，可传于后世，此为异尔。"又有人提出：马毛之旋如星点之圆圈者曰图，龟甲之坼如字画之纵横者曰书，而自陈抟传之河图洛书为何皆作圆圈？他以"省易"解释之："三代以后，图书隐晦千有余年，幸而方技家藏之，得不泯绝。……然方技家之所取用不过以其数之多寡而已，故传写洛书与河图通作圆圈，取其省易也，如后世以隶书代篆，以掷钱代蓍之类，亦取省易云尔。"

吴澄一方面把河图视为《易》之原，把洛书视为《洪范》之原，并用马毛、龟甲解说河图洛书，坚持了朱熹等人的观点。另一方面，他又围绕着自己的观点，对河图洛书的流传进行了考察，批判了刘牧等人的思想。就其贡献而言，后者比前者更为重要。图书之学自宋初至元已流行几百年，其内容异常复杂，故吴氏对河洛之学流传情况的分析和考察，其实是对宋代以来图书之学的总结。由于历史条件所限，他的总结还带有一定的倾向性，没有亦不可能做到客观公正，虽然如此，其在易学史上的作用仍不可抹煞。其图书之学尽管与好友雷思齐有很大差别，而从其作用看，二者大致相同，都开启了清初总结清算图书之学的风气。

三、从《周易》经传推考取象

对于易象的解释，历代有争论，吴澄本于《周易》之经传对易象提出了新解。他说："羲皇所画之卦画谓之象，文王所名之卦名谓之象，象辞爻辞泛取所肖之物，亦谓之象。"（《易纂言外翼原序》）。此易象包括三方面内容：一是卦画，指伏羲易先天八卦卦画。二是卦名，指文王重卦之象。三是卦爻辞所取物象，卦爻辞中凡表述天地万物者皆属此类。为了更准确地把握易象，他还从文字学入手，对"象"作了诠释。他指出："象，兽名，象其形而为字，因假借其字，为物形肖似之称。凡虎兕鹿兔马牛羊犬等字皆象其形也，而肖似之义独于'象'字取之者，象为极南之兽，中土所无，惟观图画而想见其形，由是图写物形之肖似谓之象。羲皇八卦之画象天地八物，则谓八卦之画为象。文王重卦之名象上下二体，则谓重卦之名为象。"（《易纂言》卷五）在此他分析了以"象"作为象物之字的原因。即象这种动物生活在南方，北方则未见其真，只见其图。由此凡"图写物形之肖似谓之象"。那么，易象也是取此意。八卦之象、重卦之象及卦爻辞所记物象，皆为易象。他通过考证《周易》经文，将《周易》取象分为九大类，即"取于天者"、"取于地者"、"取于人者"、"取于动物者"、"取于植物者"、"取于服物者"、"取于食物者"、"取于用物者"、"取于采色方位时日名数者"。

取天象者，有天、日、月、斗沫、雨、云、霜、冰。

取地象者，有地、田、渊、川、河、谷、井、泉、泥涂、沙、石、磐、干、山、林、鹿、丘、陵、陆、道、行、衢、达、易、野、郊、国、邑、墉、藩、巷、穴、庙、家、宫、门、户、牖、栋、屋、庐、庭、背、阶、次等。

取人象者，有人、大人、幽人、君子、天子、君、公、侯、王侯、臣、宗、家人、父母、考、祖妣、王母、夫士、妇妻、子、小子、女、妹、宫人、妾、童仆、随、婚媾、同人、朋、交、尚、仇、敌、邻、主、宾客、旅、行人、邑人、官、虞、史巫、武人、师、戎、寇、小人、我、尔、它、首、舌、颐、须、目、耳、鼻、肱、心等。

取动物象者，有龙、马、牛、羊、豕、牲、虎、豹、狐、鼠、禽、鸟、隼、鸿、鹤、雉、翰音、龟、贝、鱼、豚鱼、角、革、翼、羽等。

取植物象者，有木、桑、棘、蒺藜、果、瓜、茅、莽、葛藟等。

取服物象者，有簪、帛、繻、衣、袂、裳、绂、履等。

取食物象者，有酒、食、血、肤、膏、肉等。

取用物象者，有鼎、匕鬯、尊、缶、瓶、筐、床、机、舆、輹、轮、茀、弧、矢、斧、律、圭、金、资、囊、包等。

取色彩、方位、时日、名数象者，有章、玄、白等色，东西南北上中下内外等方位，甲庚己等时，一二三七八九十等数。

在吴澄看来，《周易》中这些象，皆与卦爻画相关。从起源上看，《易》是"观象系辞"而成。"文王之名卦皆象各卦之二体而立名，既设卦名，则观其名之所肖似，于卦名之下系象辞。……周公又因文王之象辞而系爻辞"（《易纂言》卷七），也就是说，卦爻辞中的"象"皆出自卦爻画，因此，他用八卦及其卦爻来解释这些"象"。如取天象者，卦爻辞中有"天"，皆出自乾，与五上位相连。他说："卦象乾为天，卦位五上为天。凡以天为象者，皆五上之位，阳刚之画也。"（《易纂言外翼·象例第七上》）他举例说明之，《乾》五言"飞龙在天"，《大有》上言"自天祐之"，《大畜》上言"何天之衢"，《明夷》上言"初登于天"等，此《明夷》上为阴爻，其反体则为《晋》，而"《晋》之上九亦刚画也"。又如卦爻辞中取"日"象，凡言"日"者对应离，离为日，如《晋》卦辞言"昼日"，其卦上为离，《离》九三言"日昃"，其卦上下皆离。而《乾》九三言"终日乾乾"，《豫》六二言"不终日"，《巽》九五言"三日"，《震》六二言"七日"，《蛊》卦辞言"三日"，《大畜》九三言"日闲"，卦中无离，但实际却隐藏了离,"《乾》九三变为柔,《豫》六二变为刚,则二三四成离","《震》初二三四、《蛊》《大畜》三四五上皆成四画之离"。

其他取象,他皆能解通,兹不复述,值得注意的是他在论取象时,将数纳入象,提出了数象。他引用邵雍的话说:"有意象,有言象,有象象,有数象。"所谓数象,指以数为象。具体地说,"一数属艮坎,二数属离兑,三数属坎震,四数属巽离,五数属乾,六数属巽,七数属震乾,八数属兑坤,九数属艮,十数属坤。每卦之数各两,艮九一,坎一三,震三七,乾七五,巽六四,离四二,兑二八,坤八十"(《易纂言外翼·象例第七下》)。这是将数一至十与八卦相配的结果。要使二者搭配得均衡,必须找出最小公倍数,十与八的最小公倍数是四十,数一至十每一数分为四份,共四十份,除以八卦,每一卦皆得五,因此每一卦皆跨两个数,吴氏用"全""少""太""半"说明每一卦占每个数分数的多少。他说:

> 一数析为四分,十数凡四十分,每卦占五分,乾得五之全、七之少,震得七之太、三之半,坎得三之半、一之太,艮得一之少、九之全,坤得十之全、八之少,兑得八之太、二之半,离得二之半、四之太,巽得四之少、六之全。

所谓"全"，指某个数全部，即四分。所谓"少"，指某个数的少部分。所谓"半"，指某个数一半，即两分。所谓"太"，指某个数的大部分。如图所示：

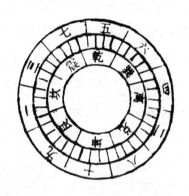

乾占五之四分、七之一分，而言"乾得五之全、七之少"。震占七之三分、三之两分，而言"震得七之太、三之半"。坎占三之两分、一之三分，而言"坎得三之半、一之太。"艮占一之一分、九之四分，而言"艮得一之少、九之全"。坤占十之四分、八之一分，而言"坤得十之全、八之少"。兑占八之三分、二之两分，而言"兑得八之太、二之半"。离占二之两分、四之三分，而言"离得二之半、四之太"。巽占四之一分、六之四分，而言"巽得四之少、六之全"。故乾五七、震七三、坎三一、艮一九、坤十八、兑八二、离二四、巽四六。

吴澄在注《易》时运用了数象理论。如《睽》上"一车"，《损》三"一人"，《萃》初"一握"，《旅》五"一矢"，他注释说："凡一者，艮与坎也。《损》卦艮上，《萃》二三四互

艮,《睽》《旅》皆三四五互坎。"此《旅》三四五互不成坎,
则一二三四五成四画之坎。又如《需》上、《损》三"三人",
《讼》二"三百户"、上"三褫之",《师》二"三锡命",《比》
五"三驱",《晋》卦卦辞"三接",《解》二"三狐",《革》
三"三就",《巽》四"三品",《同人》三、《坎》上、《困》
初、《丰》上"三岁",《既济》三、《未济》四"三年",《蛊》
象、《明夷》初、《巽》五"三日",他说:"凡三者,坎与震
也。《坎》《既济》《未济》皆坎也,《需》《比》坎上,《讼》
《师》《解》《困》坎下,《晋》三四五互坎,《巽》初二三四
肖坎,《同人》《革》九三变为柔成震,《蛊》《明夷》三四五
互震。"《周易》经文中涉及其他数,吴氏皆能用此方法一一
融通。

吴氏着眼于经文推考易象,并将这些易象划分为九大类。
然后对这些象加以解释,揭示了象辞之间的内在联系,深化了
"观象系辞"这一论断。其推考论证,言之成理,持之有故,
不失为元代易学之一大家。尤其是他提出"数象",将数与象
融为一体,以数为象,自圆其说,发展了汉儒象数理论。

四、沿袭汉儒取象法探讨取象

汉儒注《易》注重象,以象证辞,当象不足时,或推衍
《说卦》中八卦之象,或变换取象方法,以达到以象融通《易》
的目的。吴澄继承了汉儒取象方法,即采用了卦变、互体、爻

变、对卦等方法，找出与卦爻辞中之象对应的卦或爻，揭示象
与辞的联系。

1. 卦变说

卦变说是象数易学中一个重要内容。汉荀、虞始言卦变，
至义理之学占易学统治地位的宋代，卦变说仍倍受推崇。一些
易学家在汉儒卦变说的基础上，不断创制出新的体系。李挺之
曾作《变卦反对图》与《六十四卦相生图》，前者是以乾坤二
卦交索而生出其他卦，后者是以乾坤生复、姤、遁、临、泰、
否，然后由这六卦生出其他卦。朱熹在《周易本义》卷首也
置《卦变图》，其内容则是以复、姤、临、遁、否、泰、大壮、
观、夬、剥为生卦之母，其他一阴一阳之卦、二阴二阳之卦、
三阴三阳之卦、四阴四阳之卦、五阴五阳之卦皆自这十卦来。
赵以夫作《易通》，以六子卦合十辟卦而推演六十四卦的变化。
吴澄在此基础上提出了一套新的卦变体系。

然而，在《易纂言外翼原序》中只存有卦变之目，正文则
缺，吴澄卦变思想散见于《易纂言》中。又《宋元学案·草庐
学案》录谢山之言云：“世所传朱枫林卦变图，以十辟、六子
为例，实则本诸草庐。”今据《易纂言》及明朱枫林卦变图阐
述吴氏卦变思想。

吴氏卦变说大体框架是：“乾坤变而为六子、十辟，六子、
十辟变而为四十六卦。”（《易纂言外翼原序》）具体言之，乾坤
是纯阳纯阴卦，是父母。他在《易纂言》注《乾》云：“纯父，
六阳辟。”注《坤》云：“纯母，六阴辟。”乾坤是十辟卦和六

子之根本，即由乾坤变化生出"六子"和十二辟卦。其"六子"为震、巽、坎、离、艮、兑六纯卦。十二辟卦去掉乾坤则为复、临、泰、大壮、夬、姤、遁、否、观、剥十辟卦，复是"一阳辟"，临是"二阳辟"，泰是"三阳辟"，大壮是"四阳辟"，夬是"五阳辟"，姤是"一阴辟"，遁是"二阴辟"，否是"三阴辟"，观是"四阴辟"，剥是"五阴辟"。

由十辟卦和六子卦变出其他四十六卦。自十辟卦所变者：一阳在内体，自复变，凡二卦（师、谦），一阳在外体，自剥变，凡二卦（豫、比）；二阳在内体，自临变，凡二卦（升、明夷）；二阳在外体，自观变，凡二卦（晋、萃）；二阳在内体，一阳在外体，自泰变，凡九卦（归妹、恒、井、蛊、丰、既济、贲、节、损）；一阴在内体，自姤变，凡二卦（同人、履）；一阴在外体，自夬变，凡二卦（小畜、大有）；二阴在内体，自遁变，凡二卦（无妄、讼）；二阴在外体，自大壮变，凡二卦（需、大畜）；二阴在内体，一阴在外体，自否变，凡九卦（益、噬嗑、随、涣、未济、困、渐、旅、咸）。有自六子所变者，二阳分在内外，不处震之主爻者自震变（蹇、蒙），不处坎之主爻者自坎变（小过、颐），不处艮之主爻者自艮变（解、屯）。二阴分在内外，不处巽之主爻者自巽变（睽、革），不处离之主爻者自离变（中孚、大过），不处兑之主爻者自兑变（家人、鼎）。从爻之升降言之，自十辟卦所变者，以一爻升降，自六子所变者，以两爻升降。（详见黄宗羲《易学象数论》卷二）

吴澄建立这个卦变说的体系，其目的是为注经，故在《易纂言》中注经"每卦先列卦变"（《易纂言提要》）。如《师》《谦》二卦一阳在内体，自《复》变，他注《师》曰："一阳复变。"注《谦》云："一阳复变。"《豫》《比》一阳在外体，自剥变，他注《豫》云："五阴剥变。"注《比》云："五阴剥变。"《升》《明夷》二阳在内卦，自《临》变，他注《升》云："二阳临变。"注《明夷》云："二阳临变。"《晋》《萃》二阳在外体，自《观》变，他注《晋》云："四阴观变。"注《萃》云："四阴观变。"《归妹》《恒》《井》《蛊》等二阳在内体，一阳在外体，自《泰》变，他注《归妹》《恒》《井》《蛊》等皆曰："三阳泰变。"其他卦，皆以此方法释之。

吴澄的卦变说很有特色，虽然与赵以夫相近，但其爻变则不同。今人徐志锐总结说："赵以夫的卦变法是一爻之变在上下二体之内进行，即在比爻之间互相更易。如颐（䷚），由八纯坎（䷜）变，即由'二之刚易初'，'五之刚易上'。吴澄则打破比的关系，在上下二体之间相易，即'先以二易上'，'再以五易初'。又如家人（䷤），由八纯兑（䷹）变，赵以夫以'三之柔易二'，'上之柔易四'。吴澄则以'三往易四'，'上来易二'。凡六子所变出的十二卦无不如此。"[①]

2. 互体

互体之说，早在春秋之时已经产生，《左传》庄公二十二

---

①　徐志锐《宋明易学概论》，辽宁古籍出版社，1997年，第298页。

年，周史为陈侯筮，遇《观》之《否》，曰："风为天于土上，山也。"杜预注："自二至四有艮象，艮为山。"此互体说之始。汉晋相承，京房、郑玄、虞翻等易学大家皆言互体。其后，王弼等人以老庄注《易》，力排互体。受其影响，在王弼以后很长一段时间内，易学家很少言互体，就连宋代大易学家朱熹也只用互体而不言互体之名。宋元时期，随着恢复古易之风的兴起，部分易学家开始探讨互体之说，并运用于注《易》，如朱震、林黄中、俞琰、丁易东、吴澄等都很注重互体说，其中具有代表性的是朱震、林黄中、吴澄。黄宗羲说："朱子发于一卦互两卦，又于互体伏两卦。林黄中以六画之卦为太极，上下二体为两仪，合二互体为四象，又颠倒看二体及互体通为八卦。"（《易学象数论》卷二）吴澄在《易纂言外翼》十二篇中，专列互体一篇，提出："重卦有上下二体，又以卦中四画交互取之，二三四成下体，三四五成上体。"（《自序》）但现存版本中此篇只有篇目，内容已缺失。黄宗羲在《易学象数论》中曾引吴澄先天互体圆图，并对此图作了解说。据全祖望考证："《外翼》十二篇，曰卦统，曰卦对，曰卦变，曰卦主，曰变卦，曰互体，曰象例，曰占例，曰辞例，曰变例，曰易原，曰易流，则是书之卷第也。姚江黄梨洲征君著《易学象数论》中引草庐先天互体圆图，《纂言》中无之，当即系十二篇之一。"（《宋元学案》卷九十二《草庐学案》引《答董映泉问草庐〈易纂言外翼〉书》）这里引吴澄互体先天图（见下）及其言论，以说明其互体思想。

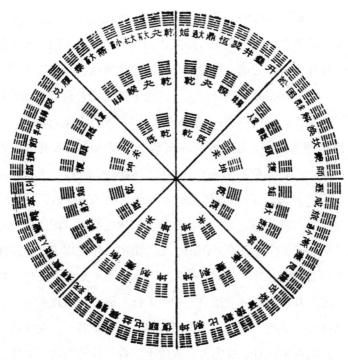

吴澄互体先天图

　　此图是所谓"伏羲先天圆图"，将六十四卦中间互体得出三十二卦（每两卦会互体出一相同的卦）。其排列特点是隔八卦得两卦，"图之左边起乾、夬，历八卦而至睽、归妹，又历八卦而至家人、既济，又历八卦而至颐、复；图之右边起姤、大过，历八卦而至未济、解，又历八卦而至渐、蹇，又历八卦而至剥、坤。左右各二卦互一卦，合六十四卦"。然后再互体得十六卦，这十六卦，互之得四卦，即乾、坤、既济、未济。吴澄用互体说作为桥梁，沟通先天卦序与后天卦序。他说："《周易》始乾坤，终既济、未济，以此欤？"也就是说今本《周易》卦序是由先天卦序互体而成。互体先天图，其实是吴澄对互体说的运用，其贡献是将图与互体结合，论证先天易与后天易，这在元代还是首次，这对于传播先天易与互体说有着重要意义。全谢山称："草庐之《易》，愚所不喜，至于先天互体之例用圆图，创作隔八缩四诸法，以六十四卦互成十六卦，以十六卦互成四卦而止，为汉魏诸儒所未有。"(《宋元学案·草庐学案》) 谢山所言吴澄先天互卦图"为汉魏诸儒所未有"属实，但是其思想框架及思路在宋代已有之。南宋张行成在《易通变》中，曾将互体用于先天图中，作"坎离四位互体成十六卦合先天图"，并解释说："《易》之六爻上下二体，得三画之二卦者，乾坤之用也。初上无位，取中爻以观互体，亦成三画之二卦者，坎离之用也。二体之变阴阳各六，共十有二变，而成六十四卦，故先天会数用十二者，从乾坤也。互体之变，阴阳各八，总六十四卦，而得十有六变，故先天位数用十六者，从坎离也。"他也用此证明了后天卦序为何始乾坤，终既济、未济。他说："此十六卦，惟乾坤之体不变而既未济之体相交。温公曰'始于纯，终于配，天地之道也，故《易》始于乾坤，终于既未济。'"张行成所言十六卦与吴澄十六卦完全相同。由此可见，吴澄的互体先天图渊源于邵氏之学，而直接源于邵氏传人张行成。

同时，吴澄还将互体法运用于取象上。如前所言，吴氏认为，象是《周易》所固有的，是系辞的根据，易辞所取之象皆与卦画相关。故释辞当以象为据，但是有些卦找不到与辞对应的象，或者说用一卦中的卦象无法解释其辞中的象。在这种情况下，常用互体之法，互出一个新卦，以解决象与辞之间的矛盾。这是吴氏在取象问题上惯用的一个手法。如《周易》言雨云之象。《小畜》象言"不雨"，上九言"既雨"；《睽》上九言"往遇雨"；《夬》九三言"独行遇雨"；《鼎》九三言"方雨"；《小畜》象、《小过》六五言"密云"。他释之云："卦象，坎为水为云为雨。《小畜》二三四互兑，《小过》三四五互兑，兑变坎下画，水壅塞而不流，云密蔽而不雨之象。《小畜》上变则成坎，故云'既雨'。《睽》三四五互坎，《夬》三五、《鼎》九三变为柔，则三四五亦成坎，故云'遇雨'、'方雨'也。"（《易纂言外翼》卷二）

　　但是有时互体出之三画并不是《易》辞所言之象，吴澄又用四画卦近似某一三画卦说明之。如离为日。他释《震》初二"七日"、《大畜》九三"日闲"、《蛊》卦辞"三日"时说："《震》初二三四，《蛊》《大畜》三四五上，皆成四画之离。"其实这里互体的卦象即是俞琰所谓"积体"，即将四画之卦或者五画之卦视为三画卦之积，如上言《震》初二三四，《蛊》《大畜》三四五上，四画上下两爻皆为阳，中间两爻皆为阴，象离三画之积。

3. 其他

　　吴澄对爻变、纳甲、卦主、卦对等皆有论述。爻变是爻之阴阳互变。由于爻之变化，卦也随之变，故又称卦变，一卦可以变为六十四卦，这就是他所说的："《易》以刚柔相推而生变化，刚画变则化柔，柔画变则化刚，而一卦可为六十四卦。"（《易纂言外翼·原序》）。这种爻变之说在汉时已有，焦氏《易林》就是由一卦爻变而引伸出六十四卦。至宋代，朱熹在《易学启蒙》中又重提此法。吴澄显然也继承了此法。不过，吴氏在注《易》时则是取一爻变，如乾九三曰"终日"，《豫》六二曰"不终日"，他释之曰："卦象离为日，《乾》九三变为柔，《豫》六二变为刚，则二三四成离。"（《易纂言外翼》卷二）他在以象注《易》时，凡遇到困难，常用爻变法，通过爻变可以直接找出相应卦象，亦可以再通过互体求得相应的卦象。同时，解爻象，"每爻先列变爻，次列象占"（《四库全书总目》）。如注《乾》初九云："初之画得九为《乾》之《姤》。"注九二云："九居第二画为《乾》之《同人》。"注九三云："九居第三画为《乾》之《履》。"注九四云："九居第四画为《乾》之《小畜》。"注九五云："九居第五画为《乾》之《大有》。"注上九云："上之画得九为《乾》之《夬》。"（《易纂言》卷一）爻变的使用，使取象的灵活性大大增加，为以象数方法注经提供了极大的方便，一切问题在这里迎刃而解。也正因为如此，吴氏的象学重蹈了汉儒覆辙，失去了严肃性，成为一种附会之学。

纳甲法，是汉儒注《易》使用的方法，也是吴氏取象的重要方法。如《小畜》上、《归妹》五、《中孚》四皆言"月几望"，他注曰："卦象坎为月，纳甲震为生明之月，兑为上弦之月，乾为望之月，巽为既望之月，艮为下弦之月，坤为晦之月。……澄按此'几'当作'既'，月既望，巽之象。《参同契》曰：'十六转受统，巽辛见平明。'《小畜》《中孚》上体巽，《归妹》五变成巽，日常盈，月常亏，月既望则盈而与日敌，《小畜》《归妹》《中孚》皆阴为主之卦，阴盛得时，故以'月既望'为象。"（《易纂言外翼》卷二）此是以巽为既望之月，《小畜》《中孚》有巽，《归妹》无巽，六五阴爻变阳爻，三四五互巽，故三卦皆言"月几望"。又如《革》卦辞及六二皆言"己日"，他注云："离纳己，故言'己日'。"（同上卷四）此是说《革》下为离，离为日，离纳己，故言"己日"。

　　需要说明的是，吴氏的纳甲说与先儒稍有不同。汉宋诸儒纳甲说，一般将天干多余的壬癸归于乾坤，乾纳壬、坤纳癸。而吴氏将壬癸归于坎离，即坎纳壬、离纳癸。他指出："坎为月，戊者月之体，望日午时，月在壬，与日相正对，故坎纳戊，又纳壬。离为日，己者日之体，朔日子时，月在癸，与日合为一，故离纳己又纳癸。"吴澄之所以对先儒纳甲说作出修正，目的在于以此法取象注经。《巽》九五有"先庚三日，后庚三日"之辞，在他看来"先庚"指丁日，"后庚"指癸日，为了说明这一点，他以离纳癸，注《巽》五云："《巽》二三四互兑纳丁，先庚三日也；三四五互离纳癸，后庚三日也。"

　　另外，他还讲卦对，即根据卦画特点，探讨卦与卦之间的联系。他说："六画之卦不反易者八，其反易者二十八，为五十六卦。奇阳偶阴，无独必有对，或上下二篇相对，或上下各篇自对二体之互易者。"（《易纂言外翼原序》）他所说的"不反易"，即乾、坤、大过、颐、中孚、小过、离、坎八个卦反覆不变，且每一对卦画阴阳相反。他说的"反易"，指一卦卦画颠倒后为另一卦。《周易》六十四卦减去"不反易"卦还剩五十六卦，五十六卦共二十八对，这二十八对即是"反易"卦，因一卦之画颠倒即为另一卦，故二卦可视为一卦，这就是他所说的"其反易者二十八"。吴氏"不反易卦"与"反易卦"，其实就是虞翻说的"旁通"与"反卦"，孔颖达说的"变"与"覆"。说《周易》六十四卦"不反易者八，其反易者二十八"，源于邵氏之学。他所说的"互易"，指一卦两体互易而成另一卦，即是虞翻的"两象易"。他从后天六十四卦排列说明"互易卦"，认为上篇屯蒙、小畜履、随蛊、临观、噬嗑贲、无妄大畜、颐大过十四卦与下篇解蹇、姤夬、渐归妹、萃升、丰旅、大壮遁、小过中孚十四卦互易，也就是说，上篇十四卦两体上下互易为下篇十四卦，反则亦然，下篇十四卦两体互易为上篇十四卦，如上篇屯与下篇解为互易卦，屯上下互易为解，解上下互易为屯。吴氏在此解说卦之"不反易"、"反易"、"互易"，其实是想通过揭示卦象之间的联系找寻一种取象的方法，以达到注《易》的目的。当用互体、卦变等方法不能取象时，可以用这种卦与卦之间"不反易"、"反易"、"互易"的关系补充之。如他注《坤·象》"以大终"时说："坤六画皆柔小也，用六者纯柔，俱变为刚，是始小而终则大，故曰'以大终'。"（《易纂言》卷五）此是用不反易卦注《易》。他注《明夷》六四"出门庭"云："三四五艮之反体，艮为门阙。"（同上卷二）此是用反易卦注《易》。《明夷》互体无艮，将《明夷》倒置，则为《晋》，《晋》二三四互艮，他言《明夷》"三四五艮之反体"，即是此意。他注《屯·象》云："若震坎二象上下互易，变屯为解，则雷动乎上，雨降而满盈乎下。"（同上卷三）由此可见，他所谓"不反易"、"反易"、"互易"是一种取象的方法。

以卦主取象与以卦变取象一样，是吴澄最常用的方法。如四库馆臣所言，其注《易》"每卦先列卦变主爻"（《四库全书总目》），并用卦主注《易》辞。如注《坤》"先迷后得主"云："凡卦各有一爻为主，象爻之辞言主者皆谓主爻也。坤之上六为主爻，主在卦终，故'后乃得主'。"（同上卷一）关于卦主说，吴氏有自己的独到见解。他先将易卦分为两种，一种是小成之卦，一种是大成之卦。然后分别对两种卦的卦主作了说明。他认为，小成八卦，由于理解角度不同，其卦主也不同。从乾坤交易而成六子看，"小成之卦八，震巽下为主，坎离中为主，艮兑上为主，此因乾坤交易而定也"（《易纂言外翼》卷一）。从阴阳消长看，"震一阳、巽一阴下为主，兑二阳、艮二阴中为主，乾三阳、坤三阴上为主，此因阴阳消长而定也"。小成之卦卦主的确立，为大成之卦卦主确立奠定了基础，如艮兑或主上或主中，遁下体为艮，故主二，剥上体为艮，故主

五，是取艮主中。临下为兑，故主二，夬上为兑，故主五，取
兑主中。按照这个原则，十二消息卦，"复、姤一阳一阴主初，
临、遁二阳二阴主二，泰、否三阳三阴主三，大壮、观四阳四
阴主四，夬、剥五阳五阴主五，乾、坤六阳六阴主上"。从整
个六十四卦看，由小成卦乾坤确立卦主的卦有乾坤泰否四卦，
由坎离确立卦主的卦有二十八个，由震巽确立卦主的卦有十六
个，由艮兑确立卦主的卦有十六个。这里需要指出的是，以
小成卦主确立大成卦的卦主，有先后之分，乾坤六子同出现
在一卦两体中，则以六子卦为主，若无六子卦，则以乾坤为
主。六十四卦中只有四卦卦体无六子卦，即乾坤泰否内外皆乾
坤，则以乾坤主之，乾坤以上爻为主，泰否以三爻为主。若坎
离与震巽艮兑同出现在一卦上下两体中，则以坎离为主，"惟
无坎离者，然后震巽艮兑为主也"。若乾与坤、坎与离、震与
巽、艮与兑同出现在一卦两体中，则以内卦为主，而八纯卦则
以外为主，即他所说的"重者悔（外）为主，合者贞（内）为
主也"。若震巽艮兑互相合者，则以内卦为主，即他说的"颐、
大过、中孚、小过、随、蛊、渐、归妹，雷风山泽之互相合
者，四卦无反对，四卦有反对者，贞为主也"。吴澄关于卦主
的思想与传统说法有别。自汉京房始，经过陆绩、王弼，一直
到宋元之际的俞琰，多以爻位、阴阳爻之多寡及卦爻义为据确
立卦主。而吴氏一反传统，以小成之卦卦主来确立大成之卦
卦主，丰富发展了卦主说理论，从象数易学角度看，应予以
肯定。

五、吴澄对象数易学的贡献及影响

吴澄是元代著名的经学家，他于象数易学上所取得的成就与其整体的经学研究是分不开的。经学由汉唐至宋元已形衰微，宋儒以孔孟的正统自居，一反汉唐经学注重训诂的传统，注重经文义理的阐发，从而形成了经学的变古派——理学。南宋朱熹是理学集大成者，他通过对诸经的诠释和阐发，建立了庞大的理学体系。但是，朱熹对经学的研究还未做到尽善尽美，尤其对于五经中三《礼》的整理和考订、解说还没有完成，"朱子考定《易》《书》《诗》《春秋》四经，而谓三《礼》体大，未能叙正。晚年欲成其书，于此至惓惓也，《经传通解》乃其编类草稿，将俟丧祭礼毕而笔削焉，无禄弗逮，遂为万世缺典"（《宋元学案·草庐学案》引《诸经序说》）。正是由于这个原因，吴澄在以《周易》"元亨利贞"论儒学道统时，将朱熹视为"利"。他说："道之大原出于天，神圣继之。尧舜而上，道之元也；尧舜而下，其亨也；洙泗邹鲁，其利也；濂洛关闽，其贞也。分而言之，上古则羲黄其元，尧舜其亨，禹汤其利，文、武、周公其贞乎！中古之统，仲尼其元，颜曾其亨乎，子思其利，孟子其贞乎！近古之统，周子其元，程张其亨也，朱子其利也。"（《元史·吴澄传》）吴澄在此将朱熹定为"利"而不定为"贞"，不仅要说明朱熹在经学上有未成之事，更重要的是要说明自己将继承朱熹的事业。吴澄自年轻时，自比于程、朱，并开始校注五经，至晚年终于完成了《五经纂言》，在三《礼》编纂上，实现了朱熹的夙愿。他说："由朱子而来，至于今将百年，以予之不肖，犹幸得私淑其书，用是忘其僭妄，辄因朱子所分礼经，重加伦纪。"（《宋元学案·草庐学案》引《诸经序说》）又说："用敢窃取其义，修而成之，篇章文句，秩然有伦，先后终始，颇为精审。"吴澄对五经的研究，尤其是对三《礼》的研究，是对经学一大贡献。如黄百家所言："朱子门人多习成说，深通经术者甚少，草庐《五经纂言》有功经术，接武建阳（朱熹），非北溪（陈淳）诸人可及也。"

　　而在五经中，吴澄自称："于《易》书用功至久，下语尤精。其象例皆自得心，庶乎文、周系辞之意。"（《宋元学案·草庐学案》）故其对易学的贡献和影响远远超过了其他诸经。观其易学，他除了能顺应当时的历史潮流，致力于义理之学外，还能承袭两汉易学的传统，从《周易》经传出发，系统地总结《周易》取象方法，形成了一个完整的象学理论体系。更为重要的是，他的不少独到见解丰富和发展了象数易学。同时，他还严格按照两汉易学取象法注《易》，做到了"词简理明，融贯旧闻，亦颇赅洽"，因此，他的易学在易学史上占有重要地位。后世学者对吴澄象学给予很高的评价，明儒焦竑说：《易》者，象也。昔圣人赜天下之故，穷造化之隐，而其妙有难以言示者，于是拟诸形容，若身与物皆取而寓之于象，象立而易斯显矣。……郑康成《易传》九卷一主于象，王氏之说盛行而郑学始绌。至颜延之为祭酒，一以辅嗣为师，非是族也，不置学官，而目击道存之旨日微。陆澄有言：'《易》自商瞿之后，虽有异家，一以象数为宗。不此之求而欲以明《易》，是负苓者之妄人也。'洛诵之流沿而不返，近世复有理数并言者，是索理于象外，而不知其非二物也。吴氏幼清洞契于斯，作《纂言》一编，总若干万言而一决之象，超然卓诣，绝不为两可之辞，稽疑抉奥，契于吾心者，抑何多也。学者执是以求之则可以见羲文之心，见羲文之心则能见天地之心矣。"（《经义考》卷四十二引）四库馆臣指出："自唐定《正义》，《易》遂以王弼为宗，象数之学，久置不讲。澄为《纂言》，一决于象，史谓其能尽破传注之穿凿，故言《易》者多宗之。是编类聚区分，以求其理之会通。如卦统、卦对二篇，言经之所以厘为上下，乃程朱所未及。象例诸篇，阐明古义，尤非元明诸儒空谈妙悟者可比。"（《四库全书总目》）从今天看，吴澄象数易学虽然提出了一些新的观点，但是其体系性却无法与两汉象数易相提并论，也就是说，吴澄的贡献不在于他发明了什么理论，而在于两汉象数易学通过他得以在元代保存了薪火，为后世研究两汉象数易学奠定了基础。正是在这个意义上，清儒称他："在元人说《易》诸家，固终为巨擘焉。"

第三章　张理图式化的象数易学

　　张理，字仲纯，元代清江（今江西清江）人。据《宋元学案·草庐学案》记载，他曾举茂才异等，历任泰宁教谕、勉斋书院山长，元仁宗延祐间（1314—1320）为福建儒学副提举。早年从杜本学《易》于武夷山，"尽得其学，以其所得于《易》者，演为十有五图，以发明天道自然之象"。其著作有《易象图说》三卷、《大易象数钩深图》三卷，"后至元二十四年，贡师泰序其书传世"。但对张理著作的记载，各书多不相同。朱睦㮮《授经图》载其著作有《周易图》三卷、《易象数钩深图》六卷、《易象图说》六卷。焦竑《国史经籍志》与《授经图》同，不同的是其著录《易象数钩深图》作三卷。《道藏·洞真部·灵图类》有张理著《易象图说》三卷，并收有《大易象数钩深图》三卷。《四库全书》收有张理《大易象数钩深图》三卷、《易象图说》内外篇各三卷。关于《周易图》，今本《道藏》收有一书名《周易图》，但未著录作者姓名，考其内容，多集宋人易图，并多引朱震、郑东卿之言，作者应为南宋以后人，又对比张理《易象钩深图》一书，两书内容大致相同，恐此书是张理《易象钩深图》之别本。

一、图说陈抟《龙图序》

陈抟首言图书，曾撰《易龙图》一卷，但今已佚失，只存有《龙图序》，见《宋文鉴》，《易象图说》内篇中也保存了此文。张理在该书中对陈抟的龙图思想进行了系统的解说和阐发。按照陈抟之意，"龙图"出现在"羲皇之代，在太古之先"，为"天散而示之"，而其形象是一种未合状态，"始龙图之未合也，惟五十五数，上二十五，天数。……下三十，地数"。张理解释了"龙图天地未合之数"，认为天数二十五，分为五位，每位为五，其排列"纵横见三，纵横见五，三位纵横见九，纵横见十五"（其图见下）。

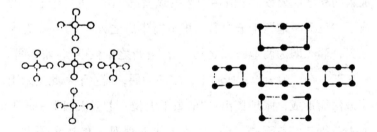

所谓"见三"，指纵横三组；所谓"见五"，指每组皆五，纵横视之皆五；所谓"见九"，是指纵横视之皆有九数；所谓"见十五"，指纵横三组皆十五。这就是陈氏所说的"中贯三五九，外包之十五者"。地数三十，分为五位，每位为六（图如上）。在张理看来，龙图未合之数就是天地之数五十五，

即天地之数 至十相加之和，如他所言："积一三五七九亦得二十五焉。……积四二六八十亦得三十焉。"

陈抟认为，龙图"未合而形其象"，"伏羲合而用之，仲尼默而形之"。张理作"已合图"（见下）并解释了"龙图天地已合之位"。

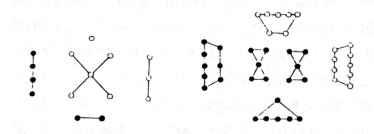

这里的"已合"，指的是天数、地数原秩序已被打破，形成新的秩序：天数二十五由原来的纵横三、五、九、十五，变成了"三天两地"十五之数，即五行生成之数，"合一三五为三天，偶二四为两地，积之凡十五，五行之生数也"。如上图，一三五是奇，为天数，居右上，二四为偶，居左下。此是采用了减法而形成，张理指出："前象上五位，上五去四得一，下五去三得二，右五去二得三，左五去一得四，惟中 × 不动。"（内篇卷上）为何要分别减去一二三四，他没有解说，但从后面看，完全是为了迎合河图洛书的推衍的需要，河图中有阴阳、三才、四象、五行、八卦，故原数分别减去一二三四，才能形成阴阳、三才、四象、五行、八卦相对应的数。他在解释新形成的图式含义时指出："此图，其上天o者一之象也，其下地●●者--之象也，其中天 ⟨图⟩ 者四象五行也。左上一〇太阳为火之象，右上一〇少阴为金之象，左下一〇少阳为木之象，右下一〇太阴为水之象。土者，冲气居中，以运四方，畅始施生，亦阴亦阳。右旁三 ⟨图⟩，三才之象，卦之所以画三。左旁四 ⟨图⟩，四时之象，蓍之所以揲四。"

地数三十由原来"分五位"，变成了六七八九十，五行之成数。其排列为下六、上七、右九、左八、中十。此为分中六而成，"前象下五位以中央六分开，置一在上，六而成七；置二在左，六而成八；置三在右，六而成九；惟下六不配而自为六，《序》言'六分而成四象，地六不配'者，此也"。构成这样一个图式，也完全出于迎合河图洛书之需要，河图洛书有六七八九十，且与蓍卦有关，故在此特别强调蓍与卦，"七者，蓍之圆，七七而四十有九；八者，卦之方，八八而六十有四；九者，阳之用，阳爻百九十二；六者，阴之用，阴爻亦百九十二；十者，大衍之数以五乘十，以十乘五，而亦皆得五十焉。是故下形六七八九者，蓍数卦爻之用也"。

那么天地已合之数如何变成河图洛书呢？

张理对此作了阐发。他认为，自然界中天动地静，在太乙遁甲阴阳二局图中表现为，天盘在上随时运转，地盘在下布定不易，同理，他旋转天数已合之数，与地数已合之数相交相重，而成河图洛书。他说："案一二三四，天之象，象变于上；六七八九，地之形，形成于下。上下相重而为五行，则左右前后生成之位是也；上下相交而为八卦，则四正四隅九宫之位是也。今以前后图参考，当如太乙遁甲阴阳二局图，一二三四犹遁甲天盘在上，随时运转，六七八九犹遁甲地盘在下，布定不易，法明天动地静之义。"这里所说的五行生成位是指河图，九宫之位是指洛书。他不同意陈抟将五行生成图视为洛书，九宫数视为河图（龙图），并且怀疑这是由陈抟"传写之误"。

张理详细地论述了天地已合之数"相重""相交"而构成河图洛书。他说："一在南起，法天象动而右转，初交一居东南，二居西北，三居西南，四居东北，四阳班布居上右，四阴班布居下左，分阴分阳而天地设位。再交一居东北，二居西南，三居东南，四居西北，则牝牡相衔而六子卦生，合是二变而成先天八卦自然之象也。然后重为生成之位，则一六、二七、三八、四九阴阳各相配合，即邵子、朱子所述之图也。三交一居西北，二居东南，三居东北，四居西南，则刚柔相错而为坎离震兑。四交一居西南，二居东北，三居西北，四居东南，则右阳左阴而乾坤成列，合是二变而成后天八卦裁成之位也，再转则一复于南矣。"在此，他一方面指出河图洛书是旋转天数一二三四与地数六七八九而成。即当"一转居北而与六合，二转居南而与七合，三转居东而与八合，四转居西而与九合，五十居中而为天地运行之枢纽"，则为河图。当"一居西北，二居东南，三居东北，四居西南"与地数六七八九相合，而形成"洛书天地交午之数"，然后二四、七九、一六、三八各易其位，则为洛书。他把图书形成视为"参伍""错综"的结果。《系辞》云："参伍以变，错综其数。"他认为此一节是"发明图书之变"。他指出:"参谓参于两间,如《记》云'离坐离立,毋往参焉'之参,考之图变,如一二三四参居六七八九之间者是也。伍谓伍于五位,如什伍部伍之伍,考之图变,如一二三四伍于六七八九之上者是也。错者交而互之,一左一右之谓,考之图变,则三四左右互居是也。综者,综而挈之,一低一昂之谓,考之图变,则一二上下低昂是也。既参以变,又伍以变,错而互之,综而交之,而天地之文成,天下之象定,然则河图洛书其肇天下之至变者与!"在这里,他用"参伍错综"解释了天地已合之数旋转相交相重而成河图洛书。

另一方面,张理说明了先天八卦和后天八卦的形成。即天象右转"初交",一三七九"四阳班布居上右",二四六八"四阴班布居下左",经过"再交",阴阳数相间而生成"六子",也就是他说的"牝牡相衔而六子卦生"。合此二变而"成先天八卦自然之象"。按照张理之意,此指旋转天象,再交地而成下列图式:

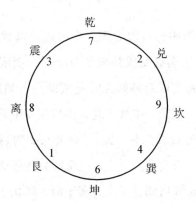

此图之意是"乾七兑二位乎刚，离八震三位乎柔，天之四象交乎地也。坤六艮一位乎阴，坎九巽四位乎阳，地之四象交乎天也"。七二、八三、六一、九四易位，则成先天八卦之象。"三交"自下而上，左三八二（阳阴阴）为震☳，右一九四（阳阳阴）为兑☱，上二七四（阴阳阴）为坎☵，下三六一（阳阴阳）为离☲，此所谓"刚柔相错而为坎离震兑"。"四交"左为七一九三，右为四八二六，即"右阳左阴而乾坤成列"。按照张理之意，此"四交图"如下：

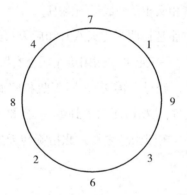

其图左边为阴、右边为阳，将右边三奇数变成卦画则为乾☰，将左边三偶数变成卦画则为坤☷，而阴阳交界处二奇一偶或二偶一奇变成卦画则为巽☴或艮☶，然后，升"三交"中离于南，降"三交"中坎于北，再将四变中乾坤分别置于西北、西南，就是后天八卦，即："后天八卦为财成之位，观其初交而两仪立，再交而六子生，三交震兑相望而坎离互宅，四交乾坤成列而艮巽居隅，圣人升离于南，降坎于北，而四方之

位正，置乾于西北，退坤于西南。……后天见财成之位者至明著矣。"这里，他在解释陈抟河图洛书的同时，又阐发了八卦的理论，其目的是要揭示河图洛书中内涵了八卦，为进一步说明河图洛书是《易》之源打下了基础。他在《易象图说外篇》中提出"图书者，倚数之大原，卦画之准则"的结论，皆以此作为论证的出发点。张理解说陈抟图书之说，杂糅朱熹、邵雍等人的思想，提出自己的独到见解，自称"前此诸儒未有能发其旨"，应当说这是对陈抟及朱子思想的发展和超越。正如时人所评价："虽其说不本先儒，然象数既陈而义理昭著，不害自为一家之言也。子朱子尝曰：'无事时好看河图洛书数，且得自家流转得动。'今观仲纯此说而尤信。"

二、图说画八卦

追溯《易》之起源，探求圣人画卦过程，是宋代易学一个重要的课题。刘牧运用河洛之学探讨之，邵雍以先天学探讨之，至南宋朱熹、蔡元定则综合两家思想言圣人画卦，自此以后，众家效法之，张理也不例外。从形式上言，其《易象图说内篇》完全仿照《易学启蒙》，先言"本图书"，其次言"原卦画"，再次言"明蓍策"，最后言"考变占"。其中前两部分是言画卦，通过解释陈抟的《龙图序》，揭示图书与八卦关系，接着又从宇宙本原太极出发，推衍八卦。

《系辞》云："易有太极，是生两仪，两仪生四象，四象生八卦。"与大部分易学家一致，张理认为，这段话是言圣人画卦。所谓太极，是世界之本，万物之源："谓之太极者，至极之义，兼有标准之名，实造化之枢纽，品汇之根柢也。"其中有理，内涵阴阳浑沦之气。但从表现形式上看，它是无，即"无形体声臭之可指"。故他取周敦颐之画法，画一圈为太极。太极动而生阳，静而生阴，而成两仪，两仪即天地。"太极判而气之轻清者上浮为天，气之重浊者下凝为地。"天、地用河图符号表示则为〇和●●，画卦则为一和--，—曰奇为阳，--曰偶为阴。他作图如下：

天地设位

此图中圆圈为太极，圆圈中上为天、为奇、为阳，下为地、为偶、为阴，中为天地之气交，也就是张理所说的"上奇下偶者，天地之定位。中 × 者，天地气交。四象八卦万物化生之本"。

由天地阴阳交，阳仪生一奇一偶为阴阳，阴仪生一奇一偶为刚柔，阴阳刚柔就是四象。加上中间相交处，则为五行，其图如下：

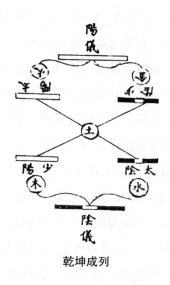

乾坤成列

　　张理的图式与朱熹书中所保留的图有明显的不同。朱子的图是太极之下并列两仪，两仪之下并列四象，从太极到四象，由少到多，由简到繁，依次排列，其符号上下组合，反映的是宇宙生成的秩序性。而张理的图，是两仪分别居上下，由两仪上下交而生成的四象则居中间，四象符号是平排，反映的是现实自然界的空间布局。在古人看来，天居上，地居下，由天地相交生成事物而居天地之中。张理对这一点作过解释：“旧图四象平布，生生不息。今图阳仪下生一奇一偶为阴阳，阴仪上生一奇一偶为刚柔，四象圜转，循环不穷，刚交于阴，阴交于刚，阳交于柔，柔交于阳，上下左右相交而万物生焉。”

除此之外，还有一点值得说明，那就是他将四象加上其相交处为五行，使得五行不再是单纯的五种物质，而是五大类物质，如"阴仪上生一奇为少阳。少阳者，阴中之阳，东方阳气生物，于时为春……在天为风，在地为木，上为岁星，在德为元……在体为筋，在藏为肝，通于目，在志为怒，其声呼，其色苍，其味酸，其音角……其数三"。其"阳仪下生一奇为太阳。太阳者，阳中之阳，南方阳气养物，于时为夏……在天为热，在地为火，上为荧惑星，在德为亨……在体为脉，在藏为心，通于舌，在志为喜，其声笑，其色赤，其味苦，其音徵……其数七"。其"阳仪下生一偶为少阴。少阴者，阳中之阴，西方阴气敛物，于时为秋……在天为燥，在地为金，上为太白星，在德为利……在体为皮毛，在藏为肺，通于鼻，在志为忧，其声哭，其色白，其味辛，其音商……其数四"。其"阴仪上生一偶为太阴。太阴者，阴中之阴，北方阴气藏物，于时为冬……在天为寒，在地为水，上为辰星，在德为贞……在体为骨，在藏为肾，通于耳，在志为恐，其声呻，其色黑，其味咸，其音羽……其数六"。其"中央者，阴阳之中，四方之内，经纬交通，乃能端直，故中绳，于时为四季，在天为湿，在地为土，上为镇星，在德为诚，在体为肉，在藏为脾，通于口，在志为思，其声歌，其色黄，其味甘，其音宫……其数五"。

四象生八卦，则是由四象阴阳刚柔上下左右相交而成，如他所言："四象阳下交于柔，柔上交于阳，而成乾坤（天地定

位）艮兑（山泽通气）；刚上交于阴，阴下交于刚，而成震巽
（雷风相薄）坎离（水火不相射）。天秉阳垂日星（离为日，兑
为星），在天者仰而反观，故乾兑离震，天之四象自上而下生。
地秉阴窍山川（艮为山，坎为川），在地者俯而顺察，故坤艮
坎巽，地之四象自下而上生。"其图如下：

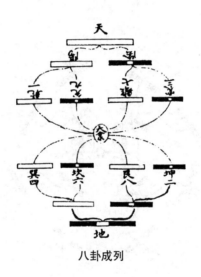

八卦成列

　　这里的"八卦"不是《周易》中的八卦，而是自然界中
八种最基本的物质，而其所谓"太极生八卦"也不是圣人画卦
的过程，而是宇宙由一至多、由简单到复杂的衍化过程。即
这个过程不是人为的，而是客观的。因此，上图是宇宙衍化
图。《周易》中八卦形成就是依据这张图，将此图中三组符号
相重而形成《周易》中具有三才之道的八卦。张理指出："八
卦相错，上者交左，下者交右，则乾南坤北离东坎西而先天

八卦圆图之象著矣。震艮互观，反震为艮，反艮为震，则乾坤艮巽居隅，坎离震兑居中而后天八卦方图之象著矣。"此是说，将阳仪所生天之四象置于左，阴仪所生四象置于右，即将图中上半部分放在左，下半部分放在右，使其阳阳仪相对，然后三个符号组合，则成为《周易》中先天八卦方位图。图如下：

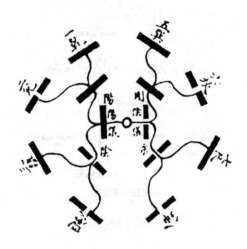

从图上可以看出，左边阳仪三画依次组合则为乾一、兑二、离三、震四；右边阴仪三画依次组合则为巽五、坎六、艮七、坤八。此为先天八卦图。由此可知，先天八卦图本于自然界八卦之象，是由太极推衍出的，而后天八卦图本之于先天八卦图。张理说："四象生八卦图中四卦反观之则为震兑坎离，旁四卦正观之则为乾坤艮巽，故此象坎离震兑居四方之正，乾坤艮巽居四隅之偏。"这是说，将先天八卦图中的艮震反观，

"反震为艮，反艮为震"，则排出四正卦次序，坎居北，离居南，震居东，兑居西，然后，其他四卦居四隅，则为后天八卦（关于后天八卦图本于先天八卦图，在后面详论）。

然从数这个角度言，八卦之方位是依河图洛书确立的。而河洛之数取决于宇宙衍化之四象及大小衍之数。张理画图如下，并对此作了解说。

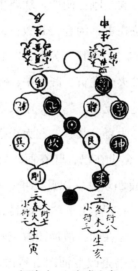

河洛十 × 生成之象

上图结构体现了河图洛书，"此象纵横十有 × 数，正则河图中宫天 × 乘地十之象。其中◉者易也，即图书中 × 之中。动而阳上同乎天，其象为○；静而阴下同乎地，其象为●。天○下生○● 为阴阳，地● 上生○● 为柔刚，即图书中 × 之上下左右"（《易象图说外篇》卷上）。但就其数而言，太极生两仪、生四象，四象数一、二、三、四可以推出河图洛书数，以此而定八卦方位。"其数则阳一阴四刚三柔二，衍而一六、二七、三八、四九，即图书四维之东西南北，分为八卦，合为五行。五行之生也，各一其性。"在这个意义上张理提出："此图之象原其生，而河图之位据其旺，而洛书之位总其变，大衍之周揭其实。"此是说，从宇宙生成之序看，太极生两仪，两仪生四象，四象次序为阳一柔二刚三阴四。坎巽生于地之刚，此刚属四象中的少阳，其位在寅，为春，其数三，小衍之数五，大衍之数十，五去其三为二，十去其三为七，"二七为火"，按照五行在十二支中的生旺，火生在寅，旺在午，故河图取二七居南午位，乾兑得其位，兑二乾七。乾兑生于天之阳，此阳属四象中的太阳，其位在巳，为夏，其数一，大小衍数分别减去一，则为四九，四九为金，金生在巳，旺在酉，故河图取四九居西酉位，巽坎得其位，巽四坎九。以此类推，一六为水，生在申，旺在子，故河图取一六居北子位，坤艮得其位，坤六艮一。三八为木，生在亥，旺在卯，故河图取三八居东寅位，离震得其位，震三离八。洛书是改变河图五行次序而成，"河图木东火南金西水北正也，洛书金火易位，金南火西变也"。因此河图洛书蕴含了先天八卦方位，而后天八卦方位则据先天八卦方位而成。因此，张理所理解的圣人画卦"则"河图洛书，是指法河图洛书象数而定八卦方位。他明言：《传》曰：'河出图，洛出书，圣人则之。'则者，法其象与数也。"

要而言之，张理图式化的八卦生成理论，可以概括为以下几点：一、它是建立在中国古代宇宙发生学的基础上，即将太极生八卦视为宇宙衍化的过程。张理所绘制的太极生八卦图是宇宙衍化图，其中四象八卦不是《周易》中的四象八卦符号，而是代表自然界的物类的阴阳符号，也就是说，没有从太极中直接推导出具有三画的八卦符号，只有将宇宙衍化图中的符号重新加以组合才是《周易》的八卦符号。二、注重五行在生成八卦中的作用。宋人一般讲太极生八卦，很少言五行，如邵雍、朱熹等人讲四象，不讲五行，而张理把四象与五行结合起来，提出五行"交贯四气而作其枢纽也"。三、重新解说了河图洛书与四象八卦的关系。认为四象数与大小衍数定河图数，由河图可变洛书，河图洛书定八卦之方位。以上三点与宋儒有明显的不同，但是从其渊源看，张理的理论是杂糅了前人学说而形成的，如太极五行的图式和思想多本周敦颐之说，而四象八卦说又出自邵雍、朱熹之说，从这个意义上说，张理的八卦图式及其理论虽然处处表现出新意，但却多引前人学说为据，故其在总体上并未超出宋人的思维框架。

三、图说六十四卦排列

张理以《易传》为据，将先后天八卦相错、相重、变通、推衍而画出四个六十四卦图，并认为这四张图符合邵雍之意，"察其自然之妙，非人力之所能为也"。其一是"六十四卦循环图"，如下：

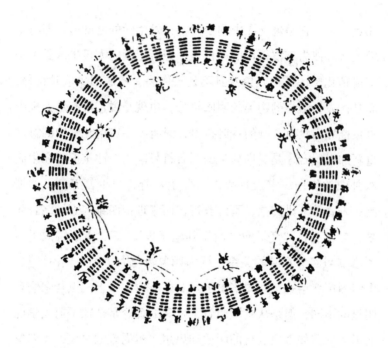

此图是据先天八卦相错而成。《说卦》云："天地定位，山泽通气，雷风相薄，水火不相射，八卦相错。"张理认为，这是"明先天六十四卦圆图之象"。这里的相错，是指左右相错。即左右内卦不动，在左而与右相错，在右而与左相错。他说：

> 以内象言，主乎静而镇位者也。八卦相错，错者，交而互之，一左一右之谓。乾互巽，而巽互乾；坎互兑，而兑互坎；离互艮，而艮互离；坤互震，而震互坤。此以外象言，主乎动而趋时者也。圜转推荡，而成六十四卦，环周于八方。

此是言先天八卦，左右相对，乾对巽，兑对坎，离对艮、震对坤，相对而相交错，在左者与右者相交成为右者外卦，在右者与左者相交成为左者外卦，这就是他所说的"乾兑离震阳仪之卦，本在左方，今互居右方阴仪之上；坤艮坎巽阴仪之卦，本在右方，今互居左方阳仪之上。由是刚柔相摩，八卦相荡，而变化无穷焉"。如乾为左，则依次与右巽、坎、艮、坤相交而成为其外卦。坤为右，则依次与左震、离、兑、乾相交而成为其外卦。其他依次类推，这是就整体而言的。而就每一卦而言，除了与相反方面的卦相交外，还以此为起点右旋，与包括相同方向的卦在内的其他卦相交，如"震宫八卦，震交于坤，起于复，次震，次噬嗑，次随、无妄、益、屯，至颐"。震与坤相对，震交坤，先天八卦中自坤右旋为震、离、兑、乾、巽、坎、艮，震依次相交，得到震、噬嗑、随、无妄、益、屯、颐。又如离宫八卦，离与艮相对，与之相交，自艮始右旋，为坤、震、离、兑、乾、巽、坎，故依次相交"于艮起于贲，次明夷，次丰，次离、革、同人、家人，至既济"。其他宫类同。在他看来，整个图完全符合自然界节气变化规律，"环而观之，则乾、坤、泰、否、坎、离、既济、未济、随、蛊、渐、归妹、颐、大过、中孚、小过凡一十六卦交易反对，三位相间，累累若贯珠，若网在纲，有条而不紊"。从一岁节气论之，震交坤为复，冬至之卦，"乾起复之初九，而尽于午中"。巽交乾为姤，坤起姤，夏至之卦，"坤起于姤之初六，尽于子中"。"冬至变坤阴多，多寒，昼极短而夜极长；夏至变乾阳多，多热，昼极长而夜极短"。乾坤相交而为坎离，坎离交而为既济未济，既济为春分之卦，未济为秋分之卦。"春分变既济而为节，是以坎起于节之九二，而尽于酉中。秋分变未济而为旅，是以离起于旅之六二，而尽于卯中。"此时三阴三阳，气候温凉适宜，昼夜平等。颐为立春卦，中孚为立夏卦，"颐卦二阳外而四阴内"，"中孚四阳外而二阴内"，此春夏阳在外而阴在内。大过为立秋卦，"二阴外而四阳内"，小过为立冬卦，"四阴外而二阳内"，此秋冬阳在内而阴在外。因此，卦之阴阳与节气变化完全一致。从一月论之，则"重坤之时，乃晦朔之间，以次而生明。小过之震，三日昏时出庚之西也。大过之兑，八日上弦在丁之南也。至十五则乾体就望而盛满，出于东方甲地，以渐而生魄。中孚之巽，十八日平明见辛之西也。颐卦之艮，二十三日下弦直丙之南也"。这里六十四卦圆图中坤、小过、大过、乾、中孚、颐之外卦分别为坤、震、兑、乾、巽、艮，正是月体纳甲之卦。从这里可以看出，张理六十四卦圆图内涵节气变化和月体消长，其实是一种卦气说。虽然此卦气说受邵雍的影响，但与邵氏卦气说有明显的不同，主要表现在六十四卦的排列上。邵氏六十四卦先天图是按照数排列出，据朱熹解说，是由阴阳符号叠加而成；而张理的图则是用每一卦与其他卦右旋而成。故张氏的图与邵氏的图中六十四卦顺序稍有差别。因此，其卦气说自然区别于邵氏卦气说，而从其内容看，张理卦气说则胜邵氏一筹。蔡元定研究了邵氏六十四卦图后，承认邵氏先天六十四卦图包含卦气说，但对于卦的排列，有多处不解。张理依据新的方法排列六十四卦，既不失邵氏之原意，又更好地体现了卦气说，应当说是对邵氏思想的发展。

　　其二，"六十四卦方图"（图如下）。此图是根据《说卦》"雷以动之，风以散之，雨以润之，日以晅之，艮以止之，兑以说之，乾以君之，坤以藏之"中八卦顺序，从里向外排列八卦，然后纵横相重而成。从《说卦》排列顺序看，先言震巽（雷风），故震巽居中，次言坎（雨）离（日），故坎居巽外，离居震外，再言艮兑、乾坤，故艮居坎外，坤居艮外；兑居离外，乾居兑外。将八卦"左右上下纵横相因，六十四卦方位所由定矣"。此图与十二个月阴阳变化和天象相应。从节气

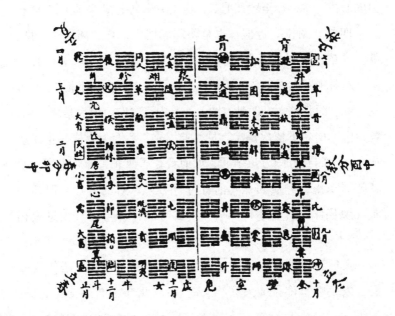

言之，"东南阳方，而乾居之，乾四月之卦也，故位乎巳；西北阴方，而坤居之，坤十月之卦也，故位乎亥；泰正月之卦而位乎寅，否七月之卦而位乎申，此寅申巳亥四隅之位也。冬至子中一阳生而复卦直之，复十一月之卦也；夏至午中一阴生而姤卦直之，姤五月之卦也；春分卯中而大壮应二月之卦也；秋分酉中而观卦应八月之卦也，此子午卯酉四正之位也"。而辰戌丑未之月，对应之卦偏居四隅。临十二月（丑）近泰，位东北；夬三月（辰）近乾，位东南；遁六月（未）近否，位西南；剥九月（戌）近坤，位西北。从天象言之，"周维二十八卦上应天之二十八宿"："自乾至大畜凡七卦，上应东方苍龙七宿"，"自泰至谦凡七卦，应北方玄武七宿"，"自坤至萃凡七卦，应西方白虎七宿"，"自否至履凡七卦，应南方朱鸟七宿"。此图与伏羲六十四卦方图排列近似，也是将震巽居中，坎、离、兑、艮、乾、坤依次居外，不同的是八卦排列位置。伏羲六十四卦方图，八卦中巽向左上依次为坎、艮、坤，中震向右下依次为离、兑、乾。而张理六十四卦方图，八卦中震向左上依次是离、兑、乾，中巽向右下依次是坎、艮、坤，故二者上下纵横相重而形成之六十四卦方图方位不同，如前者乾居西北，坤居东南；后者乾居东南，坤居西北。前者符合后天八卦之方位，但却与卦气说相悖，后者不符合后天八卦方位，却与卦气消息说相一致。

张理为了能使自己的说法立住脚，引用朱熹之语作为根据。朱熹在释邵雍《大易吟》时说："此释方图两交股底卦，东南角坤，便对西北角乾，天地定位也。"张理认为有传抄之误，他将这句话改为"东南角乾，便对西北角坤，天地定位也。"其实，张理是错误的，考《周易本义》卷首所载"伏羲六十四卦方位图"，是坤居东南，乾居西北。其注也云："方布者，乾始于西北，坤尽于东南；其阳在北，其阴在南。"因此，张理本意是引权威的话作为根据，却弄巧成拙。

其三，"六十四卦变通图"，如下：

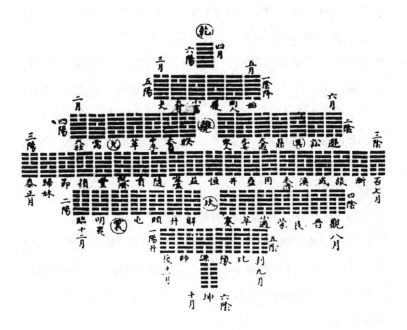

上图以《系辞》"刚柔者立本者也，变通者趋时者也"为根据画成。刚柔立本，指乾刚居上，坤柔居下。变通趋时，指由坤变乾，由乾变坤，随时而变。如张理所说："坤初爻柔，变而趋于刚为复、为临、为泰、为大壮、为夬，进之极而为乾，自冬而夏也。乾初爻刚，化而趋于柔为姤、为遁、为否、为观、为剥，退之极而为坤，自夏而冬也。故曰变通者趋时者也。"故卦之排列，一爻变一阴一阳之卦自复姤推之，二爻变二阴二阳之卦自临遁推之，三爻变三阴三阳之卦自泰否推之，四爻变四阴四阳之卦自大壮观推之，五爻变五阴五阳之卦自夬剥推之。由坤变乾，一爻变自复始，一阳自下而上升分别为复、师、谦、豫、比、剥六卦。二爻变自临始，二阳自下而上升依次为临、明夷、震、屯、颐、升、解、坎、蹇至观十五卦。三爻变自泰始，三阳自下而上升依次为泰、归妹、节、损、丰、既济、贲至否二十卦。四爻变自大壮始，四阳自下而上升依次为大壮、需、兑、中孚至遁十五卦。五爻变自夬始，五阳自下而上升依次为夬、大有、小畜、履、同人、姤六卦。然后六爻变为乾，由乾变为坤，自上而下，由一爻变、二爻变、三爻变、四爻变、五爻变依次为一阴降自姤始，二阴降自遁始，三阴降自否始，四阴降自观始，五阴降自剥始，爻变卦数与坤变乾相同。乾坤互变反映阴阳升降、昼夜交替。张理说："阳主进，自复而左升；阴主退，自姤而右降。泰否则阴阳中分，自寅至申皆昼也，而乾实冒之；自酉至丑皆夜也，而坤实承之。"

张理还与俞琰一样，将此图视为人体修炼图，认为该图中乾坤互变、阴阳升降合乎人体中气的运行。他说："按朱子谓《参同契》以乾坤为鼎器，坎离为药物，余六十卦为火候，今以此图推之，盖以人身形合之天地阴阳者也。乾为首而居上，坤为腹而居下，离为心，坎为肾。心，火也。肾，水也。故离上而坎下。阳起于复，自左而升，由人之督脉起，自尻循脊背而上，走于首。阴起于姤，自右而降，由人之任脉至，自咽循膺胸而下，起于腹也。"

　　从卦与卦关系看，此图并无新意，其实就是卦变。汉宋易学家言卦变，多基于此思路，即乾坤为父母，由乾坤消息生十二辟卦，十二辟卦生其他卦。俞琰、张理等人将前人卦变图稍加改造，并赋予其自然、人体阴阳变化的意义，使卦变说和卦气说融合为一体，丰富了卦变说的内容。

　　其四，"六十四卦致用之图"，如下：

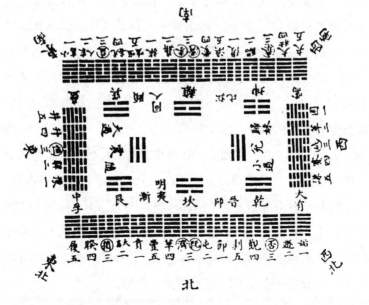

此图中后天八卦本之先天八卦，其排法根据"变""反"的思想将先天八卦变为后天八卦。所谓"变"是将这一卦全变而成为与之相反的卦，所谓"反"是将此卦倒置反观。按照张理的解释，天倾西北，故乾居西北，坤当东南，而地不满东南，故由巽居东南，"长女代居其位"，坤退居西南，乾坤三爻变互相反对，"乾坤之位纵矣"。离火炎上而居南，坎水润下而居北，坎离三爻皆变而互相反对，"坎离之位纵矣"。艮反先天震而位东北，巽反先天兑而位东南，艮三爻变为兑，反观为巽，巽三爻变为震，反观为艮，艮巽互变，其位纵矣。离火炎上，故以上爻变为震，故"震居正东先天离位"。震三爻变为巽，反观为兑。坎水润下，以下爻变为兑，故兑居西先天坎位。兑三爻变为艮，艮反观为震，兑震互变，"故震兑左右相反对而其位横矣"。因此，他的后天八卦是变化先天八卦次序而成，正是在这个意义上说，先天是体，后天是用。与八卦相关的别卦也两两相反，他以八宫卦说明之，"今时所传卜筮宫卦亦乾坤相反、坎离相反、震兑相反、艮巽相反"。而相对之两宫中卦亦两两相反，如乾宫姤、遁、否、观、剥分别与坤宫夬、大壮、泰、临、复相反。其他坎离宫、艮巽宫、震兑宫卦亦两两相反，而其游魂归魂卦不在八宫正变之内，故图不列。六十四卦，去游魂归魂卦十六和八纯卦则为四十，即图中所列别卦四十。从这里可以看出，此图的创制，糅合先后天八卦和八宫说，其目的是为封建礼法作论证。他说"周旋左右，升降上下，王者之礼法尽于是矣"，其意正是如此。

四、图说六十四卦卦象

卦象是《周易》四大要素之一，它是系辞之根本。一般说来，《周易》形成，先有卦爻象，后据卦象而系辞，因此，卦象除了用于卜筮外，还多用于注经。汉儒注《易》多取《说卦》之象，若不足，或变化取象方法，或引申八卦之象，使象外生象，以便做到象与辞一一对应。在张理著《大易象数钩深图》中保留了六十四卦卦象图并附以说明，今举几例加以说明：

1. 屯卦

此屯卦之象，从整体而言，上坎下震，坎为水居北方，震为木居东方，坎是一阳陷于中，震是一阳动于下。故张理说："北方之坎是谓太阴，东方之震是谓少阳，少阳之气入于太阴，阳动而阴陷，斯所以为屯也。"（《大易象数钩深图》卷中）从爻象而言，自二至上，四阴一阳，"群阴之中遂有林象，王居阴中如鹿在林"。在此他解释了屯何以有"难"义和六三"即鹿无虞，惟入于林中"之爻辞。

2. 井、鼎卦

"井卦以阳为泉"，故五爻三爻二爻为泉水。坎居北方，故坎中一阳谓之寒泉。巽二阳也为水，其一阳处下，曰井谷，一阳处人位"可用汲"。井初爻为阴爻居下，水下有泥，有井

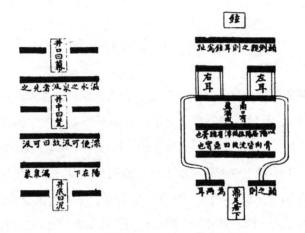

泥之象。四爻是井内空处，即爻辞所谓的"井甃"。上爻阴爻居上，为井口，"井口曰幕"，故上爻辞曰"井收勿幕"。鼎卦象鼎器之形，有鼎器之象。初六阴爻居下，为鼎两趾；九二、九三、九四为阳爻，九二居下为骨肉，九三居九二之上，"以阳居阳位故浮有脂膏也"，九四满则戒。六五是鼎的左右耳，上九是鼎铉。鼎卦铉、耳、趾皆全，若鼎倒则趾在上，故初六言："鼎颠趾。"

3. 革卦

革卦有炉鞲之象。"革虽有鼎鬲革生为熟之象，然以炉鞲之象为正"。下为离火，上为兑金，故"以离火鼓铸兑金，而金从革也"。九五金成器如虎变。革卦与鼎卦相接，是因"以鼓铸而成鼎也"。革卦卦象显然是一幅冶炼图。

4. 艮卦

此卦象人，初六阴爻为趾，六二居
初爻上，为左腓、右腓，九三阳爻为腰，
六四阴爻，"中虚心腹象"，六五象左右
手，上爻为首，其下"中虚有口舌象"，
其左为左颊，其右为右颊，故艮卦为人体
之象，而此卦卦爻辞多言人之器官。

张理书中所载卦象图与《道藏》中
《周易图》之卦象图完全一致，而《周
易图》云："六十四卦图并说，合沙先生
撰。""合沙"即是郑东卿，他曾撰《易卦疑难图》。冯椅说：
"东卿，字少梅，自称合沙渔父，《周易疑难图解》三十卷。"
（《经义考》卷二十五引）《文献通考》作二十五卷。在此书中，
郑氏曾画六十四卦卦象图，并作解说。郑氏《自序》称："此
为朋友讲习而作也。富沙丘先生告某曰：'《易》尽在画中，当
求诸画中，始得其理。若《易》之用则画有所不尽。'于是画
一卦置之座，则六十四卦周而复始，积日累月，几五年而后有
所入。"陈振孙说："其书以六十四卦为图，外及六位、皇极、
先天卦气等图，各附一论说，末有《系辞解》。"由此可知，卦
象图并非张理自作，而是辑郑东卿说。郑东卿此书已失传，张
理将六十四卦卦象图保存在自己的书中，表明了他对郑氏图式
化解说的认同，更为重要的是，采用这种有象取之、无象不
强取的方法，对于规范易学取象，纠正汉儒附会之风有重要

的意义。

五、张氏对象数易学的贡献

张理一生博览群书，尤精于易学，通过研究两宋象数易学，建立了自己独特的易学体系。他沿着宋人所开辟的以图说《易》的思路，推衍河图洛书、太极生八卦及六十四卦之说，以图式符号为形式，重点突出其中的阴阳、五行、八卦，六十四卦卦象及相关的卦气说，故其易学属于象学。他虽处处引宋儒邵雍、朱熹等人之言为据，但又与之不同，自成一家之言。对此，黄镇成在《易象图说原序》中作过说明："清江张君仲纯，资敏而学笃，于诸经无不通，而尤邃于《易》，尝以其玩索之力，著为《易象图说》一编，其极仪象卦图，以奇上偶下各生阴阳刚柔，内外交变，而卦画之原、四时之义、性命之说、图书之数、蓍策变占，靡不周备。六十四卦圆图以乾兑离震坤艮坎巽循环旋布，而天地之动静、一岁周天之气节、一月太阴之行度皆可见。方图以乾兑离震巽坎艮坤，纵自上而下，横自左而右，而《参同契》、邵子《大易吟》、十二月之卦气、二十八舍之象皆可推。变通图由乾坤反覆相推，阳以次而左升，阴以次而右降，而六阴六阳辟卦之序，粲然可考。致用图以后天八宫各变七卦，而四正四隅反对之象秩然有纪。皆巧妙整齐，不烦智力，无毫发可以增减，无纤隙有所拟议，所谓出于自然而无所穿凿者，当续邵子、朱子之图而自为一家，亦可以见易象无所不通，惟学者能随所见而实有所得焉，然后可以传世而不惑也。"黄氏对张理的象学给予高度的评价，他说张理的象学体系"巧妙整齐"、"无毫发可以增减，无纤隙有所拟议"、"无所穿凿"，皆为过誉之辞，但他的确看到了张理象学的独特、博大和在运用图式解说象学时所表现出的较高的逻辑性，尤其是他称张理"续邵子、朱子之图而自为一家"，比较中肯。从象数易学发展看，张理的象学体系具有极为重要的意义。归结起来主要有以下几个方面：

一、总结了两宋的图书之学。图书之学自陈抟发端，几经传播，盛行于两宋，成为易学研究的一个分支。从其内容看，五花八门，除了河图洛书外，还有先天图、后天图，受其影响，《周易》象学都可用图表示，如纳甲图、爻辰图、卦变图、卦气图、升降图及与蓍筮法有关的图，而就某一种图而言，又分为多种画法，如河图洛书、先天图、卦变图都有多种画法。张理作《大易象数钩深图》汇辑了宋以来许多易图，如周敦颐、刘牧、郑东卿、邵雍、朱震、李之才等人的许多易图，为研究宋代图书之学提供了条件。

二、融象数为一体。宋代象数易学，各有偏重，周敦颐作《太极图》属象学，刘牧河洛之学、邵雍先天之学属于数学，朱熹、蔡元定杂糅河洛和先天学，也是数学。张理"以周敦颐《太极图说》为纲领，将河洛和先后二天说皆纳入其中"[1]，把

---

① 朱伯崑《易学哲学史》第三卷，华夏出版社，1995 年，第 63 页。

河洛之学和先天之学改造为象学，促进了宋代象学和数学的融合，发展了象数易学。

三、赋予象学丰富的义理。张理之前，大多数易学家注重区别象理，不注重二者联系，言象不及理，而张理建立其图式化的象学时，极为重视其理的阐发，如他的四象八卦图，是以宇宙衍化为基础而画出的，是一张宇宙衍化图，其四象八卦并不直接含二或三画的卦，而是象征了自然界四大类或八大类事物。除此之外，他还赋予四象八卦图以社会人生之理。他从四象八卦图中推衍出"四象八卦六位之图"、"四象八卦六节之图"、"四象八卦六体之图"、"四象八卦六脉之图"、"四象八卦六经之图"、"四象八卦六律之图"、"四象八卦六典之图"、"四象八卦六师之图"，以说明四象八卦图内含自然、人体、社会之道，故此图成为解说自然、社会、人生的基本图式。如他指出："推而图之章之为六位而三极备，叙之为六节而四时行，合之为六体而身形具，经之为六脉而神气完，表之为六经而治教立，协之为六律而音声均，官之为六典而政令修，统之为六师而邦国平。是故因位以明道，因节以叙德，因体以原性，因脉以凝命，因经以考礼，因律以正乐，因典以平政，因师以慎刑。"(《易象图说自序》)因此，他图式化的易象包含了丰富义理，这就加速了象数易学与义理之学的融合。

总之，张理在易学史上不可忽视，虽然其影响无法与程朱相提并论，但就其所探讨的问题看，无论是深度和广度，皆达到了一定水平，不失为一大家。

参考文献

古籍文獻

1. ［唐］孔颖达撰：《周易正义》，中华书局，1987 年。

2. ［唐］李鼎祚撰：《周易集解》，中国书店影印本，1984 年。

3. ［宋］刘牧撰：《易数钩隐图》，《四库全书》本。

4. ［宋］邵雍撰：《皇极经世》，《四库全书》本。

5. ［宋］周敦颐撰，［清］贺瑞麟编：《周子全书》，清光绪
   十三年刻本。

6. ［宋］朱震撰：《汉上易传》，《四库全书》本。

7. ［宋］程大昌撰：《易原》，《四库全书》本。

8. ［宋］朱熹撰：《周易本义》，《四库全书》本。

9. ［宋］朱熹、蔡元定撰：《易学启蒙》，《四库全书》本。

10. ［宋］朱熹：《晦庵先生朱文公文集》，《四部丛刊》本。

11. ［宋］黎靖德编，王星贤点校：《朱子语类》，中华书局，
    1986 年。

12. ［宋］朱鉴编：《朱文公易说》，《四库全书》本。

13. ［宋］张行成撰：《皇极经世索隐》，《四库全书》本。

14. ［宋］张行成撰：《皇极经世观物外篇衍义》，《四库全书》本。

15. ［宋］张行成撰：《易通变》，《四库全书》本。

16. ［宋］林至撰：《易裨传》，《四库全书》本。

17. ［宋］蔡渊撰：《易象意言》，《四库全书》本。

18. ［宋］蔡沉撰：《洪范皇极内篇》，《四库全书》本。

19. ［宋］税与权撰：《易学启蒙小传》，《四库全书》本。

20. ［宋］王应麟撰：《困学纪闻》，台湾商务印书馆，1986 年。

21. ［宋］董楷撰：《周易传义附录》，《四库全书》本。

22. ［宋］胡方平撰：《易学启蒙通释》，《四库全书》本。

23. ［宋］朱元昇撰：《三易备遗》，《四库全书》本。

24. ［宋］丁易东撰：《周易象义》，《四库全书》本。

25. ［宋］丁易东撰：《大衍索隐》，《四库全书》本。

26. ［宋］雷思齐撰：《易图通变》，《四库全书》本。

27. ［宋］雷思齐撰：《易筮通变》，《四库全书》本。

28. ［宋］俞琰撰：《周易集说》，《四库全书》本。

29. ［宋］俞琰撰：《读易举要》，《四库全书》本。

30. ［宋］俞琰撰：《易外别传》，《道藏》本。

31. ［元］胡一桂撰：《易本义附录纂疏》，《四库全书》本。

32. ［元］胡一桂撰：《易学启蒙翼传》，《四库全书》本。

33. ［元］吴澄撰：《易纂言》，《四库全书》本。

34. ［元］吴澄撰：《易纂言外翼》，《四库全书》本。

35. ［元］张理撰：《大易象数钩深图》，《四库全书》本。

36. ［元］张理撰：《易象图说》，《四库全书》本。

37. ［元］脱脱等撰：《宋史》，中华书局，1977 年。

38. ［明］宋濂等撰：《元史》，中华书局，1976 年。

39. ［清］黄宗羲撰：《易学象数论》，《大易类聚初集》本。

40. ［清］黄宗羲撰，全祖望补修，陈金生点校：《宋元学案》，中华书局，1986 年。

41. ［清］朱彝尊撰：《经义考》，《四部备要》本。

42. ［清］胡渭撰：《易图明辨》，巴蜀书社，1991 年。

43. ［清］张惠言撰：《易义别录》，《皇清经解》本。

44. ［清］李富孙：《李氏易解剩义》，《丛书集成初编》本。

45. ［清］永瑢等撰：《四库全书总目》，中华书局影印本，1960 年。

46. ［清］李道平撰，潘雨廷点校：《周易集解纂疏》，中华书局，1994 年。

47. ［清］马国翰辑：《玉函山房辑佚书》，上海古籍出版社，1990 年。

48. ［清］刘毓崧撰：《通义堂文集》，文物出版社影印本，1984 年。

49. ［清］孙堂辑：《汉魏二十一家易注》，《无求备斋易经集成》本。

50. ［清］皮锡瑞撰：《经学历史》，中华书局，1981 年。

51. ［清］曹元弼撰：《周易集解补释》，《无求备斋易经集成》本。

出土文献

1. 清华大学出土文献研究与保护中心编，李学勤主编：《清华大学藏战国竹简（肆）》，中西书局，2013 年。

学术论著

1. 冯友兰撰：《中国哲学史新编》，人民出版社，1998 年。

2. 钱穆撰：《中国近三百年学术史》，九州出版社，2011 年。

3. 牟宗三撰：《心体与性体》，上海古籍出版社，1997 年。

4. 侯外庐等撰：《中国思想通史》，人民出版社，1957 年。

5. 侯外庐等撰：《宋明理学史》，人民出版社，1984 年。

6. 刘大钧撰：《周易概论》，齐鲁书社，1988 年。

7. 刘大钧编：《大易集述》，巴蜀书社，1998 年。

8. 黄庆萱撰：《魏晋南北朝易学书考佚》，台湾幼狮文化事业，1975 年。

9. 金景芳撰：《周易全解》，上海古籍出版社，2005 年。

10. 朱伯崑撰：《易学哲学史》（第一卷），北京大学出版社，1986 年。

11. 朱伯崑撰：《易学哲学史》（第二卷），北京大学出版社，1988 年。

12. 徐志锐撰：《宋明易学概论》，辽宁古籍出版社，1997 年。

13. 徐芹庭撰：《魏晋七家易学之研究》，台湾成文出版社，1977 年。

14. 徐芹庭撰：《易学源流》，台湾"国立编译馆"，1987 年。

15. 余敦康撰：《汉宋易学解读》，华夏出版社，2006 年。

16. 李学勤撰:《周易溯源》,巴蜀书社,2006年。

17. 廖名春撰:《帛书〈易传〉初探》,台北文史哲出版社,1998年。

18. 唐明邦撰:《周易纵横录》,湖北人民出版社,1986年。

19. 萧汉明撰:《周易本义导读》,齐鲁书社,2003年。

20. 张克宾撰:《朱熹易学思想研究》,人民出版社,2005年。

21. 唐琳撰:《朱熹易学研究》,商务印书馆,2016年。

22. 简博贤撰:《今存三国两晋经学遗迹考》,台湾三民书局,1986年。

23. 吴雁南等主编:《中国经学史》,福建人民出版社,2001年。

24. 姜广辉主编:《中国经学思想史》(第三卷),中国社会科学出版社,2010年。

25. 辛冠洁主编:《中国古代佚名哲学著作评述》,齐鲁书社,1984年。

26. 石训等撰:《中国宋代哲学》,河南人民出版社,1992年。

27. 詹石窗撰:《南宋金元的道教》,上海古籍出版社,1989年。

28. 詹石窗撰:《道教文学史》,上海文艺出版社,1992年。

29. 祝亚平撰:《道家文化与科学》,中国科学技术大学出版社,1995年。

30. 李迪撰:《中国数学史简编》,辽宁人民出版社,1984年。

刊物及论文集

1. 朱伯崑主编:《国际易学研究》(第五辑),华夏出版社,

1999 年。

2. 刘大钧主编:《象数易学研究》(第三辑),巴蜀书社,2003 年。

3. 李明辉编:《儒家经典诠释方法》,台北喜马拉雅基金会,2003 年。

西人著作

1.（德）黑格尔著,贺麟译:《小逻辑》,商务印书馆,1981 年。

2.（德）伽达默尔著,洪汉鼎译:《真理与方法》,上海译文出版社,2002 年。

3.（美）皮尔斯著,赵星植译:《皮尔斯:论符号》,四川大学出版社,2014 年。